Conceito de Direito e Império da Lei

Gilberto Morbach

COLEÇÃO TEORIA E
HISTÓRIA DO DIREITO

Coordenação
José Reinaldo de Lima Lopes
Fernando Rister de Sousa Lima

Conceito de Direito e Império da Lei

Gilberto Morbach

ALMEDINA
BRASIL
Rio de Janeiro, 2025

Conceito de direito e império da lei

ALMEDINA é uma empresa do Grupo Editorial Alta Books (Starlin Alta Editora e Consultoria LTDA).

ISBN: 978-85-8493-816-2

Impresso no Brasil — 1ª Edição, 2025 — Edição revisada conforme o Acordo Ortográfico da Língua Portuguesa de 2009.

Dados Internacionais de Catalogação na Publicação (CIP)
(BENITEZ Catalogação Ass. Editorial, MS, Brasil)

M827.
1.ed. Morbach, Gilberto
Conceito de direito e império da lei / Gilberto Morbach. - 1.ed. - Rio de Janeiro : Almedina Brasil, 2025.
304 p.; 15,7 x 23 cm. - (Coleção teoria e história do direito)

Bibliografia.
ISBN 978-85-8493-816-2

1. Direito - História. 2. Ética jurídica. 3. Filosofia do direito. 4. Hart, Herbert, 1907-1992 - Crítica e interpretação. 5. Legislação - Direito - Aspectos morais e éticos. I. Título. II. Série.

05-2025/156 CDD 340.1

Índice para catálogo sistemático:
1. Filosofia do direito 340.1
Aline Graziele Benitez - Bibliotecária - CRB-1/3129

Grupo Editorial Alta Books

Produção Editorial: Grupo Editorial Alta Books
Diretor Editorial: Anderson Vieira
Editora-Chefe: Manuella Santos de Castro
Vendas Governamentais: Cristiane Mutüs
Gerência Comercial: Claudio Lima

Produtora Editorial: Andreza Moraes
Diagramação: IO Design
Revisão: Michelle Morikawa

ALTA BOOKS
GRUPO EDITORIAL

Rua Viúva Cláudio, 291 — Bairro Industrial do Jacaré
CEP: 20.970-031 — Rio de Janeiro (RJ)
Tels.: (21) 3278-8069 / 3278-8419
www.altabooks.com.br — altabooks@altabooks.com.br
Ouvidoria: ouvidoria@altabooks.com.br

Editora **afiliada à:**

ASSOCIADO

GILBERTO MORBACH

Pesquisador de pós-doutorado, como bolsista da FAPESP, na Faculdade de Direito da USP.

Doutor em Direito, *summa cum laude*, como bolsista do CNPq, pela Unisinos.

Pesquisador visitante no *Cambridge Forum for Legal and Political Philosophy* (CFLPP), como bolsista da CAPES, na Universidade de Cambridge.

Mestre em Direito, *summa cum laude*, como bolsista do CNPq, pela Unisinos.

AGRADECIMENTOS

À minha família, *sine qua non.*

À Bruna Grün, melhor parte de mim.

Ao prof. Lenio Luiz Streck, pela generosidade, pela amizade, por ter me acolhido, por tanto.

Ao prof. José Reinaldo de Lima Lopes, exemplo de virtude e do homem que quero ser.

Ao Andre Spritzer e ao Eduardo Wolf, amigos que se tornaram refúgio intelectual e moral nas horas boas e nas horas ruins.

Ao Chico Motta, por me ensinar sobre a própria amizade sob sua melhor luz.

Ao Daniel Murata, um dos pesquisadores mais brilhantes que eu já conheci, por todas as dicas fundamentais.

Ao prof. Matthew Kramer, verdadeiro estoico, exemplo de postura acadêmica, por ter me acolhido genuinamente em Cambridge, por oferecer as melhores objeções aos meus argumentos.

Ao Daniel Damian e ao Martin Petiz — um por todos, todos por um.

Aos amigos Cassius Bonotto Guerra e Daniel Caraffini, por serem meus amigos verdadeiros.

Por fim, um agradecimento especial ao CNPq, pela bolsa de doutorado no Brasil, à CAPES, pelo financiamento de meu estágio doutoral em Cambridge, e à FAPESP, pela bolsa de pós-doutorado, já vigente quando finalizei os últimos detalhes para a versão final deste livro.

Granted my lungs all sounds except the howl;
switched to a whisper. [...]
Yet until brown clay has been rammed down my larynx,
only gratitude will be gushing from it.

(Joseph Brodsky, *May 24, 1980*)

PREFÁCIO

Creio que não é mero acaso que uma das mais célebres frases de Hegel, ou pelo menos uma das mais popularmente citadas, se encontre no prefácio de seus *Princípios da Filosofia do Direito*: "Quando a filosofia chega com a sua luz crepuscular a um mundo já a anoitecer, é quando uma manifestação de vida está prestes a findar." Filosofar sobre o direito e, no caso do livro de Gilberto Morbach, sobre o *Estado de direito*, o império do direito, ou o governo das leis (*rule of law*), talvez seja debruçar-se sobre uma forma de vida a ponto de desaparecer. Uma forma de vida que está "prestes a findar", no seu crepúsculo.

De fato, a vida jurídica que conhecemos e à qual aspiramos — pelo menos alguns de nós e, certamente, o autor deste livro e eu — está sob ameaça em toda parte. O governo das leis, durante tanto tempo assimilado ao regime democrático, é contestado de várias maneiras: de um lado, por aqueles que o consideram um estorvo e obstáculo à eficiência, prosperidade e lucratividade do regime de mercado (oligopolista, naturalmente) ou ao exercício da força das maiorias tradicionais de sempre; de outro, pelos que o consideram mal realizado e mal organizado sob a democracia representativa, insuficiente ou defeituoso de um ponto de vista moral sublime e radical.

Essa contestação se revela na crescente perda de prestígio e legitimidade das democracias e respectivas constituições, bem como na violência política crescente — no Brasil, o assassinato de líderes políticos nos últimos anos é um fenômeno a ser observado —, na perda de pudor dos ocupantes de cargos públicos e magistraturas em suas manifestações, no descarado *lobby* de interesses econômicos, que vai a pouco e pouco minando os partidos políticos representativos, e mesmo na violência cotidiana. Nesta, evidencia-se a perda daquele nobre propósito referido já na introdução deste livro, consistente em substituir o império da força pelo império do direito, a prevalência da agressão pela prevalência das razões e do discurso.

É nesse contexto real e concreto que Gilberto Morbach nos convida a pensar sobre o "conceito" de governo das leis (grafado em minúsculas, *rule of law*) de modo inseparável do "ideal" de vida sob as leis (grafado em maiúsculas, *Rule of Law*). Essa maneira de tratar o tema é de fato muito correta. O governo das leis não é apenas um fato, um dado, um estado de coisas: é também um ideal. Da mesma maneira que um relógio não pode ser concebido sem um bom relógio — vale dizer, não se pode ter a ideia do que é um relógio senão a partir de uma ideia de um bom relógio —, um sistema jurídico não pode ser imaginado senão a partir do padrão do bom sistema jurídico.

O problema filosófico que este livro enfrenta encontra-se justamente nessa encruzilhada entre um governo das leis que signifique, de modo simples, uma organização efetiva de certos poderes de mando e um governo das leis que leve a sério a condição de autonomia de cada um e de todos os seres humanos. Às perguntas dos céticos ou cínicos sobre o bom sistema jurídico — "Bom para quê? Bom para quem?" —, a resposta, dada e elaborada ao longo da história e assumida por Morbach, diz que é bom para vivermos juntos, seguros e ao mesmo tempo livres, e bom para qualquer um. Para as gerações formadas sob o positivismo metodológico, o relativismo ético e a preguiça filosófica do Brasil, isso não é fácil de ver e entender.

Por isso o texto vai longa e pacientemente, como se faz mesmo em filosofia, reconstruindo o debate mais recente entre os defensores e os detratores da união entre o conceito e o ideal ou, se quisermos, entre direito e moral, isto é, entre o direito empírica e positivamente dado e o ideal de direito, como faríamos se tivéssemos pacientemente que ensinar a uma criança a diferença entre um telefone ou um relógio que realmente funciona e um arremedo de telefone ou de relógio que lhe compramos numa loja de brinquedos. A filosofia é, como nos lembrava Henrique Carlos de Lima Vaz em sua linguagem hegeliana, rememoração do pensamento sobre os conceitos. De certo modo, é isso que faz o autor deste livro, ao relembrar e organizar os debates havidos entre, por exemplo, Hart e Fuller, no século passado, e Kramer e Postema, neste século.

O que está em jogo neste livro, e no debate que ele reconstrói e cuja solução propõe, é de grande importância. De certo modo, esteve presente em toda a tradição jurídica propriamente dita: "É melhor ser governado pelas leis do que pelos homens", escreveu Aristóteles na sua *Política*. Alguns séculos depois, Cícero argumentaria diante de um tribunal que todos "somos servos da lei para sermos livres". Tais ideias ressoam na discussão, ou nos debates, que vivemos nas universidades e na política do século XX, matizadas pelas circunstâncias históricas em que vivemos. Na academia jurídica, tratou-se do encantamento que o positivismo exerceu sobre os espíritos; fora da academia, ocupou-se do surgimento e da consolidação dos estados burocráticos.

Nesse debate, reconstruído com maestria nesta obra, enfrentaram-se nas universidades os que propuseram a distinção entre a esfera moral e o direito e os que, cientes da novidade do estado burocrático, incomodavam-se com essa separação. Os primeiros, afastando-se da longa tradição que via no direito uma das esferas do uso prático da razão, encantaram-se com a perspectiva de um saber jurídico capaz de sustentar-se exclusivamente no direito posto, histórico e contingente. Auxiliados pela ideia de que os soberanos podem dispor das leis como quiserem, alguns chegaram a separar radicalmente as duas esferas. Em suas obras, chegaram mesmo a sugerir algo que os filósofos do direito natural nunca disseram, isto é, que a moral consistiria em um sistema normativo e, por isso, paralelo e independente do sistema jurídico, comunicando-se com ele de forma apenas contingente e episódica. Os segundos tentavam, de forma nem sempre clara ou bem-sucedida, reconstruir isso que Gilberto Morbach vai chamar neste livro de "ponte" entre o *ideal* de vida sob as leis e o *conceito* de sistema jurídico.

O desafio dos juristas foi, portanto, enfrentar esse novo regime, essa nova forma de vida: o Estado moderno. Inicialmente, surgiu como uma ideia moral, que substituísse o governo dos homens, mais precisamente, o governo dos monarcas ou das dinastias, por alguma forma impessoal. Daí o esforço para separar os reinos das coroas e depois longamente articular ou mesmo substituir o conceito de reino pelo de nação e povo, bem como para promover a retomada da palavra "república" em alusão à sociedade política organizada sob essa nova forma. Tal ideia moral era também veiculada pelo ideário de participação de todos nas decisões das coisas públicas. Para que cada um valesse tanto quanto qualquer outro, imaginou-se um sistema de eleições e votações, cujo resultado aritmético seria tratado como expressão da vontade geral, vontade essa justificada como racional.

Esse ideal moral fundou o Estado contemporâneo e, não por acaso, é o objeto das obras de filósofos do direito, como foram Locke, Rousseau, Kant, Hegel... Mas esse estado, no qual Hegel veria o ápice da vida moral, pela universalidade impessoal que o justificava, converteu-se no "comitê executivo dos negócios da burguesia", como disse Marx, ou no manipulador em massa das consciências dos cidadãos, comandado por uns poucos e influentes grandes senhores dos meios de produção (inclusive de produção de ideias). Esse estado, com o qual o direito havia se confundido, mostrou-se capaz de monstruosas ditaduras e regimes, e fragilíssimo para efetivar o ideal político e moral que o havia moldado em seu nascimento, de liberdade e igualdade universal e sempre em expansão. O viver sob as leis colocou, então, um problema: viver sob quaisquer leis postas?

Aqui se encontra uma das linhas de força desta obra, sua tese mesma: explicar de forma clara a relação intrínseca entre o viver sob leis numa comunidade política e viver moralmente, ou seja, segundo uma concepção de ser humano, que reconhece em todos os outros seus semelhantes capazes de autonomia e racionalidade. Trata-se da relação que o autor afirma entre *legalidade* e *império da lei*, ou entre o conceito mesmo de direito e o ideal de vida política. Nesses termos, todos os que vivem sob as leis — e não apenas sob as leis políticas, que tratam das relações entre cidadãos e governantes, por exemplo — vivem sob um ideal de legalidade. Naturalmente, a racionalidade e a autonomia não são produto de desenvolvimento orgânico. As capacidades intelectuais desenvolvem-se em seres humanos, que são organismos vivos, mas elas mesmas precisam ser cultivadas. Esse cultivo dá-se tanto em cada individuo quanto na sociedade considerada como um todo. Muitos equívocos se esclareceriam se essa ideia de autonomia e racionalidade se compreendessem como capacidades desenvolvidas ao longo de nossas vidas.

E aqui vale a pena destacar um dos pontos do debate reconstruído por Gilberto Morbach: quem diz "viver sob as leis" está falando de distintos níveis de comprometimento com as leis. Pode ser que se trate de um nível genérico e mais abstrato, o de aceitar como legítimo, ou seja, digno de obediência, um certo regime, um certo sistema jurídico e, em razão disso, aceitar, mesmo a contragosto, certas leis particulares que se encontram nesse sistema. Assim, a aceitação do direito, o ponto de vista do agente individual, pode ser perfeitamente o de aceitar o direito positivo como um todo, embora lute contra alguma lei em particular.

Se, no entanto, houver uma divergência profunda entre o cidadão e o direito "como um todo", então estaremos diante de um caso de resistência por motivo de consciência. Pode, ainda, acontecer que as pessoas em geral abandonem a obediência, que vejam cada vez mais vantagem em agir "a despeito" da lei. Nesse caso, a própria forma de vida consistente em aceitar a legalidade se esvai, a vida social se dissolve. Pode demorar muito tempo, pode acontecer de repente, mas, nessas circunstâncias, uma sociedade sem direito, sem legalidade, sem o império das leis e do direito — objeto da reflexão desta obra — não sobrevive. O estado civil desaparece.

O livro que se vai ler recompõe com minúcia e rigor em forma de controvérsia essa reflexão sobre o que há de mais essencial na vida sob as leis. Dá-nos novas perspectivas sobre o tema ao retomar a boa tradição filosófica, fazendo confessadamente uma escolha metodológica, claro está, pela vertente analítica. Essa escolha, contudo, não o limita, uma vez que esclarece honestamente ainda que um dos autores importantes para sua concepção, apesar de relativamente esquecido, é Lon Fuller, não um analítico propriamente, talvez mesmo um "jusnaturalista institucional", como disse Luis Fernando Barzotto. Tudo isso é feito numa prosa escorreita, clara, inteligível e agradável, estilisticamente adequada para conduzir o leitor, valendo-se, inclusive, do recurso da recapitulação periódica do percurso transcorrido.

Boa e proveitosa leitura a todos.

José Reinaldo de Lima Lopes
Arcadas, no inverno de 2023

Yet law-abiding scholars write:
Law is neither wrong nor right,
Law is only crimes
Punished by places and by times,
Law is the clothes men wear
Anytime, anywhere.
Law is Good-morning and Good-night.

Others say, Law is our Fate;
Others say, Law is our State;
Others say, others say
Law is no more.
Law has gone away.

(W. H. Auden, *Law Like Love*)

SUMÁRIO

INTRODUÇÃO

Steve Pyke, fotógrafo britânico que se tornou referência em seu estilo de retratos, com colaborações a revistas como a *New Yorker* e a *Vanity Fair*, fez aquilo que talvez jamais alguém tivesse imaginado: encontrou em *filósofos* um grupo suficientemente interessante de pessoas a serem retratadas não apenas em um, mas em dois volumes. Acredito que compartilho desse estranho interesse, dessa estranha crença de Pyke de que a filosofia, afinal, pode mesmo ter algo a dizer. Agora, não é apenas por isso que retomo aqui a série de retratos de Pyke — embora seja bastante oportuno reafirmar essa convicção em uma obra sobre teoria do direito. O principal motivo pelo qual introduzo este livro assim está na frase que acompanha o retrato de Jeremy Waldron — professor da NYU, um dos mais importantes nomes da filosofia política e jurídica contemporânea —, na segunda edição de *Philosophers* (como na primeira, os retratados ofereciam junto de sua pose um breve comentário). Waldron diz acreditar que "[o] direito é uma coisa muito mais importante do que concede a maioria dos filósofos morais e *jurídicos*. Um compromisso de se *governar por meio do direito*", diz Waldron, "representa uma mudança paradigmática nas atividades humanas, da força bruta ao *respeito pela dignidade humana*. Não é que abandonemos a força exatamente", ele concede; "mas [a questão é que] embarcamos na paradoxal empreitada da *coerção respeitosa*".[1]

Waldron é uma das bases teóricas mais fundamentais desta obra, em uma série de aspectos, mas certamente não é a principal. Dito isso, a frase que acompanha seu retrato é uma síntese quase perfeita de muita coisa que pretendo aqui, e é por esse

1 Tradução livre, ênfases minhas. "*Law is a much more important thing than most legal and moral philosophers allow. A commitment to govern by law represents a momentous shift in human affairs from brute force to respect for human dignity. Not that we abandon force exactly, but we embark on the paradoxical enterprise of respectful coercion*", PYKE, Steve. *Philosophers*. Oxford: Oxford University Press, 2011, p. 204.

motivo que, além de trazê-la, trouxe-a decomposta e com alguns itálicos destacando pontos específicos que quero comentar brevemente. Comecemos pelo final: não apenas o direito, a própria natureza humana — não é preciso ser um *hobbesiano* para constatar isso — tem uma relação com a coerção, com a força. O ponto é que o direito inaugura essa empreitada tão paradoxal, civilizatória, de um uso *respeitoso* da força. O que seria essa coerção respeitosa? Penso que há elementos aqui que conduzem a discussão para termos como *legitimidade* e *justificação*, termos que assumem especial relevância aqui neste livro e que serão nele tratados. Mas a própria frase de Waldron já dá alguns indicativos: a coerção respeitosa tem um elemento de respeito à dignidade humana, e a marca do respeito a essa dignidade está na transição da força bruta ao governo das leis, ao *compromisso de se governar* por meio do direito.

Mas não é só isso. Waldron já fala dessa transição, do império da força ao império do direito, logo após apontar a importância *do direito*, ponto, não (apenas ou diretamente) do *rule of law* ou do estado de direito. Isso já sugere uma aproximação entre o direito enquanto empreitada e o ideal normativo que informa nossa compreensão acerca do que significa o império da lei — algo que também, por sua vez, é um dos grandes fios condutores desta pesquisa e que marca exatamente Waldron como um de seus autores de base. Mencionarei ainda outros autores, porque me parece interessante situar o leitor, em sede de introdução, quanto aos autores que implícita ou explicitamente me ajudaram e ajudam a articular aquilo que proponho. Antes, porém, atentemo-nos ainda para o modo como Waldron inicia seu comentário. Ao levantar a questão sobre a importância do direito, ele diz que o fenômeno não é só mais importante do que parece supor a maioria dos filósofos morais — ele diz também que a maioria dos filósofos *do direito* não parece reconhecer essa importância. Além de curioso, isso é interessante porque Waldron parece ter razão: a teoria do direito é um campo predominantemente analítico e, ao mesmo tempo em que este livro acaba conservando algumas das características desta abordagem — a pretensão explicativa, a importância do rigor no uso dos conceitos, enfim —, a tradição da *analytical jurisprudence* parece restringir (demasiada e artificialmente, penso eu) seu próprio campo de pesquisa, seu próprio centro de gravidade. É também nesse sentido que caminha este livro, jogando exatamente no campo analítico para mostrar que o propósito de melhor explicar o fenômeno do direito — em seus termos, e da forma como usamos esse conceito — exige que não seja tão estanque, tão rígida a linha entre o "descritivo" e o "normativo", entre a filosofia do direito e a filosofia política, entre o direito e a moralidade.

Waldron, como dito, é um dos autores de base do livro, e este é um bom momento para citar outros — que, novamente, como dito, aparecem de maneira implícita ou explícita e ajudam a formar tanto as conclusões aqui apresentadas quanto as premissas e as concepções que informam e sustentam essas conclusões mesmas. Primeiro, gostaria de marcar meu débito para com dois autores de cuja teorização eu acabo *discordando* aqui, em maior ou menor grau: H. L. A. Hart, enquanto símbolo de um positivismo jurídico e da própria matriz analítica em suas melhores versões, e Matthew Kramer,[2] talvez um dos maiores discípulos de Hart. Minha proposta surge aqui como contraponto a várias das conclusões de Kramer e Hart — mas, em uma introdução, faço questão de reconhecê-los igualmente como bases fundamentais de minha pesquisa. Faço isso, primeiro, pela minha admiração por ambos, uma vez que representam, para mim, aquilo que há de melhor na perspectiva analítica sob sua melhor luz: repito e reafirmo, o rigor e a clareza, o cuidado no uso dos conceitos, a elegância escrita (na qual Hart é um dos maiores exemplos que conheço). Acontece que, fundamentalmente, em uma série de pontos, me encontro discordando de Kramer e Hart *dentro de pressupostos que eles mesmos articularam e dos quais compartilho*, dentro de uma grande preocupação que foi Hart quem também inaugurou, de certo modo. De mais a mais, penso que aqueles de quem discordamos, quando o desacordo se dá nos termos que este se dá, são tão importantes quanto aqueles com quem concordamos.

Quanto aos acordos, por óbvio, não se tratam apenas das questões e preocupações lançadas pela Crítica Hermenêutica do Direito, de Lenio Streck, ao longo da orientação da pesquisa que originou este livro. Como disse, uma das pretensões aqui está em enfrentar — e oferecer — objeções dentro do campo analítico, rejeitando algumas de suas premissas e procurando levar outras às suas últimas consequências. Assim, há autores que dialogam dentro dessa tradição, dentro de seus paradigmas, de quem me aproximo mais, e que também merecem destaque. Lon Fuller é um autor fundamental — seu debate com Hart é um ponto que me parece subestimado na teoria do direito, e falarei um pouco e brevemente sobre isso ainda nesta introdução. Agora, Fuller não é exatamente um analítico, de modo que aqueles que o são e que constituem a base fundamental aqui presente devem ser também mencionados. Além do próprio Waldron — e dos já mencionados Hart e Kramer, no polo oposto —, Gerald Postema, John Gardner,

---

2 Fui orientado por Kramer em meu período como pesquisador visitante em Cambridge. Minha orientação ao longo da tese que deu origem a este livro, assim, foi muito rica: liderada no Brasil por Streck, exemplo máximo de uma perspectiva hermenêutica, e temperada no exterior por Kramer, que tem o perfil do analítico *par excellence*.

Neil MacCormick e R. A. Duff são importantíssimos. De certo modo, também John Finnis, mas em aspectos mais metodológicos (já que, definitivamente — embora não seja objeto da pesquisa, mas faço questão de dizer aqui —, afasto-me de algumas de suas conclusões). Falarei sobre esses autores em maior detalhe quando abordar suas teorias. No Brasil, destacaria o pensamento do prof. José Reinaldo de Lima Lopes, cuja aproximação entre filosofia analítica e hermenêutica, ainda que por um caminho diferente, conduz a uma interpretação sobre o direito muito similar à que procuro desenvolver aqui. Penso que o prof. de Lima Lopes foi pioneiro nesse sentido, na busca pelo *sentido da prática*.

Com essas bases, e jogando no campo analítico, meu principal objetivo de pesquisa talvez tenha sido o de investigar e reafirmar as conexões e as relações entre o direito e a própria ideia de legalidade. Esse grande objetivo passa por questões sobre o próprio método (mais) adequado à teoria do direito e uma explicação mais completa do fenômeno (discurso sobre o método); por investigar a ideal de império da lei, de *rule of law*, e contrapor algumas das leituras e interpretações tradicionais acerca do conceito (Capítulo 01); por recuperar e reivindicar a teoria e a obra de Lon Fuller, um autor que me parece subestimado e que merece os méritos por inaugurar, à sua maneira e do modo a que pretendo dar sequência nesta pesquisa (Capítulo 02); e por, finalmente, articular tanto a herança dos autores de base aqui mencionados quanto toda a discussão antecedente chegando a conclusões mais específicas em debates contemporâneos sobre esse que é meu grande objetivo — oferecendo como proposta a unificação e a releitura de alguns argumentos, além de outros novos, em favor de uma leitura mais adequada do conceito de direito à luz do império da lei corretamente compreendido (Capítulo 03).

A relevância teórica do trabalho que deu origem a este livro, parece-me, está em propor uma discussão que, por mais que pareça bastante *teórica* mesmo, à primeira vista, traz repercussões e implicações bastante importantes a respeito de conceitos absolutamente centrais em nossas vidas políticas. É claro, seria pretensão demais dizer que *o livro* tem toda essa importância, mas ao menos a discussão aqui proposta é, a meu ver, de relevância inegável. Por esse mesmo motivo, e porque não há um grau zero de sentido, as questões aqui colocadas não são exatamente novas; mas penso que aquilo que está sendo dito ainda não foi dito deste modo na medida em que procuro (1) oferecer uma nova interpretação sobre conexões intrínsecas entre o direito e a legalidade e (2) reler argumentos que já existem na literatura unindo uns aos outros, combinando autores diferentes de matrizes diferentes em uma mesma direção. Isto é, além de oferecer minha própria leitura, por óbvio, procuro aqui recorrer a diferentes sugestões, de diferentes autores, que me parecem corretas, e então relê-las, ressituá-las e, sobretudo, *fundamentá-las* e *reforçá-las* com *outros* argumentos de *outros* autores de diversos pontos de vista. Se os novos argumentos aqui empregados fazem sentido ou não, e se a releitura e combinação de argumentos já existentes que aqui retomo, reinterpreto e reivindico fazem sentido ou não, são questões que ficam em aberto a mim enquanto autor — mas a ideia é, dentro de meus limites e possibilidades, contribuir para com os debates na teoria do direito, no contexto original no qual essas ideias foram trazidas e, principalmente, aqui no Brasil, onde penso que ainda há um longo e rico caminho a ser percorrido nesse tipo de teorização.

Por fim, ainda em sede de introdução, gostaria de incluir alguns esclarecimentos. Sobretudo nos capítulos 01 e 02, o livro conta com alguns trechos mais 'descritivos', de caráter um pouco mais exegético. No Capítulo 01, isso é assim porque procuro dar algum destaque para certas discussões específicas dentro do assunto proposto e, principalmente, porque os autores ali trabalhados *já denotam uma opção teórica tomada* e que nem sempre é abordada. Pretendo recuperar não apenas o ideal de império da lei em sentido amplo, mas favorecer *uma concepção específica* de *rule of law*; uma concepção que aparece mais detalhadamente nos autores ali trazidos e, é preciso que se diga, numa leitura que me parece ainda pouco trabalhada no Brasil — de modo que uma atenção mais detida aos originais parece-me surgir como imperativo, cumprindo um caráter de consolidação e de acesso a diferentes teses e abordagens para pesquisadores do país.

É nesse mesmo sentido, de algo que me parece ainda pouco discutido por aqui, que se justifica também, por sua vez, a atenção mais exegética dedicada ao debate Hart–Fuller no Capítulo 02. Penso que, em nosso contexto, esse debate é ainda pouco disseminado e, nas raras vezes em que realmente mencionado, reduzido a apenas um de seus vários pontos (ademais, uma de minhas teses aqui é precisamente a de que Lon Fuller é um autor subestimado). Penso também que, por vezes, uma exegese de cunho mais descritivo surge aqui de maneira importante de modo a distribuir melhor o ônus argumentativo daquilo que é efetivamente proposto substantivamente nesta obra — além, é claro, de prestar fidelidade aos autores sem os quais esses argumentos não seriam possíveis. Os pontos, os referenciais, os debates, as teorias, os autores, tudo aquilo que me serve de base aqui deve ser lido e tomado *em seus termos*, para que minhas leituras não sejam simplesmente estipuladas e possam ser testadas tendo suas bases mesmas como padrões.

O direito não é certo nem errado, dizem os '*law-abiding scholars*' no poema de Auden que serve de epígrafe a esta obra. Sempre pensei que não pode ser assim — e é neste 'não pode ser assim' que se insere este livro, numa tentativa de se fazer sentido disso.

UM DISCURSO SOBRE O MÉTODO

Este livro é sobre o conceito de direito e o império da lei: sobre as *dimensões normativas* do *conceito* de direito *à luz* do império da lei. Se uma explicação acerca do tipo de metodologia adotada já é parte relevante em qualquer pesquisa, essa exigência é ainda maior quando um livro já se anuncia, em seu título, disposto a reivindicar dimensões normativas para um conceito cuja definição não é exatamente uma tarefa fácil. E quando o cenário da teoria do direito — sobretudo quando temos em mente o recorte teórico específico que esta discussão adota como referencial — parece constituído ampla e majoritariamente por teorias *analíticas* de pretensão *descritiva*, começar por uma explicação metodológica é algo que se impõe.

Há ainda mais: por razões que veremos ao longo deste estudo introdutório, quando falamos em teorias do direito, nem sempre sabemos quais são exatamente a pretensão e os compromissos teóricos assumidos por aqueles que as desenvolvem. É nesse sentido que Brian Bix, em um de seus vários (e esclarecedores) ensaios exatamente sobre essa questão teorética, sugere que, muitas vezes, os próprios filósofos da área têm sua parcela de culpa nessa confusão. Frequentemente, teóricos que articulam reflexões sobre os fundamentos do direito não são tão claros quanto poderiam com relação à natureza de suas teses e proposições (*e.g.* descritivas ou prescritivas, conceituais ou empíricas) ou mesmo com relação ao projeto mais amplo do qual suas teorias jurídicas fazem ou pretendem fazer parte.[3] Considerando tudo isso — e considerando também que, se for para estar claramente errado, é melhor estar errado claramente[4] — iniciemos por um discurso sobre o

3 *Cf.* BIX, Brian. Types of Legal Theory. In: SELLERS, Mortimer; KIRSTE, Stephan (eds). *Encyclopedia of the Philosophy of Law and Social Philosophy*. Dordrecht: Springer. <https://doi.org/10.1007/978-94-007-6730-0_50-1>.

4 Em referência ao que H. L. A. Hart disse sobre Oliver Wendell Holmes: "*Holmes was sometimes clearly wrong; but... when this was so he was always wrong clearly*". HART, H. L. A. Positivism and the Separation of Law and Morals. *Harvard Law Review*, vol. 71, n. 04, fev. 1958, pp. 593-629 (593).

método. Não se trata ainda da tese em seu sentido substantivo, mas é importante dizer como pretendo chegar lá — sobretudo quando não o fazer pode acabar por deixar importantes questões em aberto.

a. O conceito e a teoria do direito

A ideia de começar a discussão deste modo surgiu com a leitura de *Natural Law and Natural Rights*, de John Finnis — o nome mais representativo da corrente hoje chamada de 'novo direito natural'. Em sua *magnum opus*, Finnis inicia precisamente com uma explicação prévia quanto à natureza própria de sua empreitada, e assim o faz exatamente pelo tipo de dificuldade metodológica que o próprio direito enquanto tal apresenta. "Uma ciência social, como a teoria analítica ou sociológica do direito,[5] visa descrever, analisar e explicar algum objeto ou assunto". No caso do direito, contudo, o objeto é constituído por "ações humanas, práticas, hábitos, disposições", pela "*linguagem* humana". Daí por que, muito embora essas ações, práticas, hábitos, disposições, linguagem sejam certamente influenciadas por causas naturais — por sua vez, investigadas pelos métodos das ciências naturais —, "elas só podem ser completamente compreendidas a partir da compreensão de seu *propósito*" — isto é, "seu objetivo, valor, significado ou importância" —, tal como articulado *pelas próprias pessoas* engajadas nessas práticas.

Para além disso, segue Finnis, essas concepções de propósito, significado, valor e importância terão reflexos "*no discurso dessas mesmas pessoas*, nas distinções conceituais que elas traçarem ou se recusarem a traçar". Como se não bastasse, essas ações e práticas e hábitos etc. — e igualmente, portanto, *essas concepções* — são variáveis: mudam de pessoa a pessoa, sociedade a sociedade, de um tempo e lugar para outro tempo e outro lugar. Eis que Finnis, então, faz a pergunta que já seria óbvia a esta altura: "*Como, então, poderá haver uma teoria geral descritiva de todos esses particulares variáveis?*"[6]

---

5 O termo original em inglês, "*jurisprudence*", é algo que aparece com frequência. "Teoria do direito" é a tradução mais apropriada, uma vez que, em português, "jurisprudência" — ao menos na linguagem ordinária — acaba remetendo a uma série ou conjunto de decisões dos tribunais. Para esta pesquisa, termos como "teoria do direito" e "filosofia do direito", assim como os análogos nas leituras originais — "*jurisprudence*", "*legal theory*", "*legal philosophy*" —, serão usados intercambiavelmente e referem-se a teorias que pretendem analisar o próprio direito enquanto fenômeno particular.

6 Os grifos são meus, com exceção do último, de ênfase na pergunta que encerra o parágrafo. O trecho foi traduzido e adaptado livremente do seguinte parágrafo, que apresento aqui no original (e como será ao longo da pesquisa): "*A social science, such as analytical or sociological jurisprudence, seeks to describe, analyse, and explain some object or subject-matter. This object is constituted by human actions, practices, habits, dispositions, and by human discourse. The actions, practices, etc., are certainly influenced by the*

Dito de outro modo: exatamente por ser o fenômeno jurídico uma prática social tão ampla, dinâmica e variável — a depender de tempo, local e contexto, envolvendo sob o mesmo rótulo sistemas particulares e jurisdições específicas —, qual é o papel da avaliação e da descrição na construção de uma teoria? Cada vez mais, percebe-se por que "[e]m algum momento, quase toda obra de teoria do direito discute temas de metodologia", e por que, geralmente, "essas parecem ser as questões mais difíceis e espinhosas no assunto".[7] Segundo Stephen Perry, isso é assim — isto é, a teoria do direito levanta problemas particulares de metodologia — justamente porque esse tipo de teoria apresenta, ao mesmo tempo, aspirações *filosóficas* e *descritivas*: busca, concomitantemente, (a) analisar o caráter normativo das práticas sociais, a dimensão em que elas oferecem razões para agir, e (b) oferecer uma caracterização descritiva que seja plausível e aplicável, de maneira apropriada, a um tipo de instituição social existente.

Independentemente da terminologia adotada, é fácil compreender seus motivos e dar razão a Perry. Afinal, existe algo a que chamamos *direito*, que determina e orienta em grande medida uma parte substancial de nossa conduta e do rumo de nossas vidas cotidianas.

Ao mesmo tempo em que isso parece óbvio, contudo, a *natureza*, os *fundamentos* desse fenômeno não são algo trivial. Como identificar, compreender, caracterizar e explicar esses fundamentos, de um modo plausível e adequadamente aplicável ao que observamos e, ao mesmo tempo, levar em conta seu caráter normativo a partir de uma perspectiva teórica?[8] A própria possibilidade de uma teoria

---

'natural' causes properly investigated by the methods of the natural sciences, including a part of the science of psychology. But the actions, practices, etc., can be fully understood only by understanding their point, that is to say their objective, their value, their significance or importance, as conceived by the people who performed them, engaged in them, etc. And these conceptions of point, value, significance, and importance will be reflected in the discourse of those same people, in the conceptual distinctions they draw and fail or refuse to draw. Moreover, these actions, practices, etc., and correspondingly these concepts, vary greatly from person to person, from one society to another, from one time and place to other times and places. How, then, is there to be a general descriptive theory of these varying particulars?". FINNIS, John. *Natural Law and Natural Rights.* 2ª ed. Oxford: Oxford University Press, 2011, pp. 03-04.

7 "*At some point, almost every major work in jurisprudence discusses issues of methodology, and often these seem to be the most difficult and intractable questions in the* subject". PERRY, Stephen R. Interpretation and Methodology in Legal Theory. In: MARMOR, Andrei. *Law and Interpretation.* Oxford: Oxford University Press, 1997, pp. 97-135 (97).

8 Aqui, naturalmente, falo do direito enquanto *direito positivo*, *i.e.* a prática social a que chamamos "direito". Isso não nega nem afirma a existência de um direito natural. Seja como for, se esses problemas de método surgem já em uma análise inequivocamente voltada ao direito positivo, a presença de uma robusta e consolidada tradição de direito natural no cenário teórico só *aumenta* o grau de contestabilidade nas discussões de natureza teorético-metodológica.

que se pretende descritiva acerca de uma prática existente, dinâmica e mutável, como observamos, é algo que se coloca em discussão — e a controvérsia aumenta sobretudo na medida em que se percebe que, consideradas as complexidades de sistemas jurídicos, uma teoria do direito vai somente ser capaz de capturar alguns dos elementos relevantes. (Daí por que uma teoria jurídica propriamente dita, ainda que se pretenda descritiva, não será *puramente* descritiva:[9] como bem notado por John Finnis, "até mesmo uma lista exige algum princípio de seleção dos itens a serem nela incluídos"; ademais, "a teoria do direito, como outras ciências sociais, pretende ser mais do que uma combinação de lexicografia com história local".[10])

A teoria do direito, assim, entendida em seu sentido mais amplo e abrangente, acaba por reivindicar um duplo caráter — o de "uma esfera da filosofia prática" e de "uma ciência social de um tipo específico".[11] É essa justaposição que engendra o grande problema metodológico subjacente à teoria do direito enquanto disciplina. Naturalmente, diferentes abordagens dedicarão um foco maior ou menor a cada uma dessas duas dimensões, sobretudo se a questão for encarada como uma dicotomia[12] — e *a própria leitura dicotômica* acrescenta ainda mais uma camada ao problema do método na teoria do direito.

---

9 É preciso dizer que essa é uma afirmação que não seria negada nem mesmo por teóricos que propõem teorias de pretensão descritiva, estritamente analíticas. Ao longo das próximas páginas, será possível perceber minha rejeição a esse tipo de proposta, assim como devo oferecer minhas razões para tal; ainda assim, é preciso ser justo: *por si*, essa inescapável necessidade de seleção não é algo que impossibilita projetos descritivos ou determina seu fracasso enquanto teoria.

10 "*Even a list requires some principle of selection of items for inclusion in the list. And jurisprudence, like other social sciences, aspires to be more than a conjunction of lexicography with local history, or even than a juxtaposition of all lexicographies conjoined with all local histories.*" FINNIS, John. *Natural Law and Natural Rights*. 2ª ed. Oxford: Oxford University Press, 2011, p. 04.

11 "*A branch of practical philosophy*" e "*a social science of a certain kind*". PERRY, Stephen R. Interpretation and Methodology in Legal Theory. In: MARMOR, Andrei. *Law and Interpretation*. Oxford: Oxford University Press, 1997, pp. 97-135 (97).

12 Mais tradicional e geralmente, teóricos da tradição do direito natural terão uma perspectiva teórica muito mais ligada ao papel do direito na razão prática, ao passo que teóricos positivistas — e veremos isso ao longo das próximas páginas, direta e indiretamente — adotam uma postura teórica mais voltada à teoria do direito como um tipo de disciplina próximo do que se entende por ciência social. *Cf.* BIX, Brian. Theorizing About Law. *Minnesota Legal Studies Research Paper* n. 09-52, disponível no SSRN: <https://ssrn.com/abstract=1496403>. De qualquer forma, a diferença é tão somente uma questão de ênfase, de prioridades condicionadas ao compromisso teórico assumido. Nenhum teórico jusnaturalista vai ignorar o caráter de prática social do direito ou a ordem legal positiva, assim como um positivista precisará necessariamente levar em conta o caráter de *normatividade* que é, no mínimo, reivindicado por essa prática social. Igualmente, quem quer que esteja engajado em uma proposta puramente prescritiva terá de necessariamente levar em conta o estado da arte da prática a ser criticada/reformada, assim como o envolvimento em uma análise analítica/conceitual exige uma reflexão filosófica sobre a normatividade envolvida em nosso conceito de direito.

Assim como Finnis já havia sugerido, ao dizer que as práticas (e hábitos, e disposições...) humanas que constituem o direito só podem ser adequadamente compreendidas a partir da compreensão de seu propósito, Perry também diz que "a maioria das teorias do direito minimamente plausíveis invocam uma noção do valor, do propósito, da *função* do direito".[13] Esse é um *insight* que me é *muito* importante, crucial, para o tipo de proposta teórica que pretendo desenvolver e que diz muita coisa; mas que (ainda) não diz tudo — ao menos não neste nível de investigação. Antes, porém, é preciso esclarecer uma questão.

Por um lado, Perry traz essa afirmação de um modo claramente tido pelo autor como incontroverso; ele toma já como pressuposto que qualquer teoria plausível sobre o direito vai levar em conta seu propósito enquanto empreendimento humano. Finnis faz a mesma coisa. Por outro, há teóricos analíticos que rejeitam expressa e peremptoriamente uma abordagem conceitual sobre o direito a partir de sua função.[14] Parece haver uma divergência, mas ela só virá depois. *Até aí*, não há incompatibilidade; trata-se somente de uma questão de nuance. As incompatibilidades virão depois; a divergência teórica não se dá em relação ao direito ter ou não uma função que lhe é própria — ou mesmo em relação à necessidade que uma teoria tem ou não de levar essa função em conta —, mas em relação às implicações metodológicas que se derivam daí. O desacordo será em relação à atribuição e às consequências dessa atribuição, da função.[15] Agora, que existe uma instituição a que chamamos direito que, por ser uma prática social, tem uma função própria — ou assume funções próprias, ou, *no mínimo*, acaba por exercer funções determinadas —, é algo que ninguém nega.[16] Vejamos onde a divergência não está, para que então possamos identificar em que ponto ela começa.

(i) A função e os pontos de vista do direito

Vejamos. Finnis perguntava, lembremos, como seria possível uma teoria descritiva sobre o direito, uma prática social, dinâmica e variável: "[c]omo o

---

13 Grifo meu. "[*M*]*ost minimally plausible theories of law invoke a... notion of the value, point, or function of law*". PERRY, Stephen R. Interpretation and Methodology in Legal Theory. In: MARMOR, Andrei. *Law and Interpretation*. Oxford: Oxford University Press, 1997, pp. 97-135 (100).

14 *Cf.*, sobretudo, DICKSON, Julie. *Evaluation and Legal Theory*. Oxford: Hart Publishing, 2001, pp. 103-132; ver também GREEN, Leslie. Jurisprudence: A 25th Anniversary Essay. *Oxford Journal of Legal Studies*, vol. 25, n. 04, 2005, pp. 565-580 (574).

15 Este será o assunto do próximo subcapítulo.

16 *Cf.* TAMANAHA, Brian Z. *A Realistic Theory of Law*. Cambridge: Cambridge University Press, 2017, p. 40; RAZ, Joseph. *The Authority of Law*. 2ª ed. Oxford: Oxford University Press, 2011, p. 105.

teórico decide acerca daquilo que conta como direito para os propósitos de sua descrição?"[17] Em suas reflexões, Finnis diz (acertadamente, embora de maneira um pouco reducionista)[18] que, para os primeiros juristas analíticos, isso não era um problema; suas concepções adotadas para a definição do significado de 'direito' e 'teoria do direito' eram simplesmente tomadas como pressupostas, apresentadas sem maiores justificações.[19] O que permitiu aos teóricos analíticos subsequentes — os exemplos de Finnis são H. L. A. Hart e Joseph Raz — superar as carências e lacunas de seus antecessores, desenvolvendo teorias muito mais robustas do ponto de vista teorético-explanatório, foi uma sofisticação metodológica constituída por, na leitura de Finnis, três elementos. O primeiro deles é exatamente (1) uma atenção ao *propósito prático* do direito; o segundo, (2) a seleção de exemplos/casos centrais; e, finalmente, (3) a seleção do *ponto de vista.*[20] Os pontos (1) e (3) são de particular relevância para meus propósitos aqui.

Fiquemos com o exemplo de Hart, já que ele permitirá também uma conexão interessante com o ponto que virá a seguir. Embora Hart tenha reconhecida e expressamente compartilhado as pretensões descritivas de seu grande antecessor na teoria do direito anglo-saxônica, John Austin — chegando a classificar seu próprio projeto como uma empreitada em "sociologia descritiva"[21] —, ele rejeitava sua teoria imperativa, a partir da qual o direito seria constituído pelos comandos de um soberano, habitualmente obedecido e sem obedecer a ninguém, sustentados pela ameaça de sanções em caso de descumprimento.[22] Em apertada síntese, para Hart, aquilo que torna verdadeiramente *jurídico* um sistema baseado em regras primárias de obrigação (como os comandos do soberano austiniano) é sua complementação

17 "*How does the theorist decide what is to count as law for the purposes of his description?*" FINNIS, John. *Natural Law and Natural Rights.* 2ª ed. Oxford: Oxford University Press, 2011, p. 04.

18 Parece-me que, em seus comentários, Finnis deixa em aberto algumas questões relevantes quanto às teorias que critica — notadamente, as de Bentham, Austin e Kelsen.

19 *Cf.* FINNIS, John. *Natural Law and Natural Rights.* 2ª ed. Oxford: Oxford University Press, 2011, pp. 04-06.

20 *Cf.* FINNIS, John. *Natural Law and Natural Rights.* 2ª ed. Oxford: Oxford University Press, 2011, pp. 06-18.

21 "Não obstante sua preocupação com a análise, este livro [*The Concept of Law*] pode ser classificado como um ensaio em sociologia descritiva". ("*Notwithstanding its concern with analysis the book may also be regarded as an essay in descriptive sociology.*") HART, H. L. A. *The Concept of Law.* 2ª ed, com pós-escrito, organizado por Penelope A. Bulloch e Joseph Raz. Oxford: Clarendon Press, 1994, p. v.

22 *Cf.* a primeira *lecture* em AUSTIN, John. *The Province of Jurisprudence Determined.* Cambridge: Cambridge University Press, 2001 [1832], pp. 18-37.

com as regras *secundárias*[23] — (a) regras que permitem a modificação das regras do sistema, (b) regras de julgamento para determinar se uma regra primária foi violada ou não, e (c) a regra de reconhecimento, *i.e.* uma *meta*rregra, constituída pela própria prática das autoridades que compõem o sistema, que dispõe os critérios a partir dos quais se pode identificar se outra regra é ou não parte de um sistema jurídico.[24] Em meio às várias críticas, aos vários *insights* a partir dos quais Hart superou essa noção "simples" de direito, baseada em ordens, hábitos e obediência,[25] Finnis destaca exatamente a atenção por ele dedicada à *função* que o direito exerce em uma sociedade. Invocando passagens de *The Concept of Law*, Finnis sustenta que a descrição oferecida por Hart — isto é, justamente seu 'conceito de direito' — é construída por meio de repetidas referências "ao propósito prático dos componentes desse conceito": para Finnis, o direito em Hart é algo "a ser descrito em termos de regras *para* a orientação das autoridades e dos cidadãos, não apenas como uma série de previsões sobre o que as autoridades farão";[26] um sistema jurídico, por sua vez, é "um sistema no qual regras 'secundárias' emergem *para fins de* remediar os *defeitos* de um regime pré-jurídico, constituído apenas por 'regras primárias'".[27] Hart, portanto — ao menos esse é o argumento em *Natural Law and Natural Rights* —, só consegue superar as insuficiências teóricas do modelo austiniano ao compreender a função que têm as regras que, por sua vez,

---

23 *Cf.* HART, H. L. A. *The Concept of Law*. 2ª ed, com pós-escrito, organizado por Penelope A. Bulloch e Joseph Raz. Oxford: Clarendon Press, 1994, p. 94.

24 *Cf.* HART, H. L. A. *The Concept of Law*. 2ª ed, com pós-escrito, organizado por Penelope A. Bulloch e Joseph Raz. Oxford: Clarendon Press, 1994, pp. 79-123; KRAMER, Matthew. H. *H. L. A. Hart:* The Nature of Law. Cambridge: Polity, 2018, pp. 70-98.

25 O termo "simples" é do próprio Hart, em várias passagens críticas em referência ao modelo austiniano. *Cf.* HART, H. L. A. *The Concept of Law*. 2ª ed, com pós-escrito, organizado por Penelope A. Bulloch e Joseph Raz. Oxford: Clarendon Press, 1994, sobretudo pp. 18-78. Na mesma linha, vale também conferir a completíssima releitura da teoria de Hart articulada por Matthew Kramer em KRAMER, Matthew. H. *H. L. A. Hart:* The Nature of Law. Cambridge: Polity, 2018, principalmente pp. 32-56.

26 Finnis parece-me ter razão aqui. *Cf.*, por exemplo, a resposta de Hart a Holmes, para quem o direito era exatamente essa "série de previsões sobre o que as autoridades farão". O comentário, que será explorado novamente e em detalhe mais adiante, em HART, H. L. A. *The Concept of Law*. 2ª ed, com pós-escrito, organizado por Penelope A. Bulloch e Joseph Raz. Oxford: Clarendon Press, 1994, p. 40.

27 Ênfase no original. "*Hart's description ('concept') of law is built up by appealing, again and again, to the practical point of the components of the concept. Law is to be described in terms of rules* for *the guidance of officials and citizens alike, not merely as a set of predictions of what officials will do. A legal system is a system in which 'secondary' rules have emerged* in order to *remedy the* defects *of a pre-legal regime comprising only 'primary rules'*". FINNIS, John. *Natural Law and Natural Rights*. 2ª ed. Oxford: Oxford University Press, 2011, p. 07.

constituem o direito como tal.[28] Essa é uma questão absolutamente fundamental; por ora, porém, sigamos no raciocínio de Finnis.

O segundo elemento trazido por ele apresentado como fundamental para a superação metodológica dos teóricos analíticos em relação àqueles que lhes antecederam na *analytical jurisprudence* é o método de (2) seleção de exemplos/casos centrais[29] — o "artifício filosófico que permite uma descrição cada vez mais *diferenciada* do direito", mas ainda a ser apresentada por seus proponentes "como uma teoria *geral* do direito".[30] Em vez de buscarem uma definição (teórica, conceitual) de direito aplicável a *todos* os casos e exemplos que poderiam ser classificados sob o rótulo 'direito' — dito de outro modo, em vez de buscarem um sentido unívoco subjacente a termos teóricos —, os teóricos analíticos mais sofisticados (e, lembremos, os exemplos paradigmáticos de Finnis são Hart e Raz) abandonam essa busca pelo mais baixo denominador comum. O foco da teoria analítica (de pretensão descritiva e caráter geral) do direito volta-se então aos *casos centrais* de direito — os exemplos paradigmáticos ou, na definição de Raz, exemplos "típicos" de sistemas jurídicos.[31] Isso fica claro já em Hart, que, em *The Concept of Law*, adianta que, à pergunta 'O que é o direito?', "nada suficientemente conciso a ponto de ser reconhecido como uma definição poderia servir como uma resposta satisfatória".[32] Nesse sentido, é muito esclarecedora a lição de Matthew Kramer acerca da metodologia hartiana:

---

28 Para alguns autores — em especial, Jeremy Waldron e Stephen Perry —, esse argumento hartiano teria colocado em xeque suas próprias pretensões descritivas de que a evolução de um sistema pré-jurídico para um sistema jurídico traria consigo (1) certos riscos (*e.g.* abuso de autoridade) e, ao mesmo tempo, (2) benefícios (*e.g.* eficiência, segurança jurídica) para uma sociedade que até então só contava com regras primárias. Para Waldron e, principalmente, Perry, o uso de palavras como "riscos", "defeitos" e "benefícios" invalidam a reivindicação de Hart de um caráter descritivo para sua proposta teórica. *Cf.* WALDRON, Jeremy. Normative (or Ethical) Positivism. In: COLEMAN, Jules (ed.). *Hart's Postscript*: Essays on the Postscript to The Concept of Law. Oxford: Oxford University Press, 2005, pp. 410-434 (429); PERRY, Stephen. Hart's Methodological Positivism. *Legal Theory*, vol. 04, n. 04, dez. 1998, pp. 427-467. Para mais considerações de Waldron nessa perspectiva, vale a leitura de WALDRON, Jeremy. All We Like Sheep. *Canadian Journal of Law and Jurisprudence*, vol. 12, n. 01, jan. 1999, pp. 169-186.

29 *Cf.* FINNIS, John. *Natural Law and Natural Rights*. 2ª ed. Oxford: Oxford University Press, 2011, pp. 09-11.

30 "*[T]he philosophical device which enables an increasingly* differentiated *description of law to be offered as still a* general *theory of law*". FINNIS, John. *Natural Law and Natural Rights*. 2ª ed. Oxford: Oxford University Press, 2011, p. 09.

31 RAZ, Joseph. *Practical Reasons and Norms*. 3ª ed. Oxford: Oxford University Press, 2002, p. 150.

32 "*[N]othing concise enough to be recognized as a definition could provide a satisfactory answer to it.*" HART, H. L. A. *The Concept of Law*. 2ª ed., com pós-escrito, organizado por Penelope A. Bulloch e Joseph Raz. Oxford: Clarendon Press, 1994, p. 16.

> Hart adotou esse método em razão de sua rejeição à pressuposição característica subjacente a abordagens que buscam por definições: notadamente, a pressuposição de que todos os membros da série de fenômenos abarcados pelo conceito de direito relacionam-se uns aos outros por meio do compartilhamento de uma série de propriedades distintas. Hart não negava que os fenômenos agrupados por algum outro conceito pudessem ser relacionados uns aos outros dessa forma, mas sustentava que o conceito de direito é diferente. Hart dizia que, quando contemplamos toda a série de arranjos e instituições a que o conceito de sistema jurídico pode ser corretamente aplicado, não encontraremos nenhuma série de características distintas que seja comum a cada um desses arranjos, a cada uma dessas instituições. Em vez de, quixotescamente, buscar por uma série de propriedades desse tipo, Hart direcionou seu foco em exemplos centrais, padrão, de sistemas jurídicos.[33]

Assim, tendo desenvolvido uma proposta teórica capaz de abarcar todas essas manifestações centrais, paradigmáticas do fenômeno — ao especificar os elementos chave por elas compartilhadas —, Hart estaria então "em uma posição apta a julgar se sua teoria poderia então levar em conta também exemplos limítrofes, manifestações periféricas de sistemas jurídicos".[34]

Muito bem. A questão que fica em aberto, porém, é a seguinte: quais são os critérios por meio dos quais um exemplo é tido como 'central', 'típico', e outro é considerado 'limítrofe'? Uma vez que há divergências entre teóricos analíticos — entre as *descrições* por eles oferecidas —, parece seguro dizer, com Finnis, que essas divergências se derivam de seus desacordos acerca daquilo que conta como

---

33 "*Hart embraced that method through his rejection of the cardinal assumption that underlies a definitional approach: namely, the assumption that the sundry phenomena covered by the concept of law are related to one another through their sharing of some distinctive set of properties. Hart did not deny that the phenomena grouped together by some other concept could be related to one another in such a fashion, but he maintained that the concept of law is different. He submitted that, when we contemplate the multifarious arrangements or institutions to which the concept of a legal system can correctly be applied, we will not find any set of distinctive characteristics common to every one of them. Instead of searching quixotically for such a set, Hart trained his focus on central or standard instances of legal systems.*" Nota omitida. KRAMER, Matthew. H. *H. L. A. Hart*: The Nature of Law. Cambridge: Polity, 2018, p. 06.

34 "*With the aim of developing a jurisprudential theory that would encompass all of those central instances by specifying the key features which they share, he would then be in a position to judge whether the theory also encompasses any number of marginal instances of legal systems.*" KRAMER, Matthew. H. *H. L. A. Hart*: The Nature of Law. Cambridge: Polity, 2018, p. 06.

relevante, daquilo que há de mais significativo e deve ser selecionado em meio a todo o campo de dados, fatos, elementos que compõem e fazem parte da instituição jurídica a ser descrita: o direito. A partir de que *ponto de vista* — e em relação a quais critérios e preocupações — o teórico deve atribuir caráter de centralidade a um elemento que passará então a considerar em sua descrição do fenômeno?[35] Voltando ao primeiro ponto de destaque, porque a pergunta acaba sendo exatamente a mesma: a partir de que ponto de vista uma função característica e suficientemente própria, ainda que não exclusivamente, pode ser atribuída ao direito?

Já é célebre — sigamos aqui no exemplo de Hart — a distinção hartiana entre os pontos de vista *externo* e *interno*: o primeiro é caracterizado como a perspectiva de um observador que, externamente, alheio à prática, observa e registra as regularidades, padrões, repetições e hábitos de comportamento daqueles que dela participam;[36] o segundo, o ponto de vista interno, é o ponto de vista daqueles que "não apenas registram e preveem comportamento em conformidade com as regras, mas *usam* as regras como padrões para a avaliação de seu próprio comportamento e do comportamento alheio".[37] O ponto de vista externo é "externo tanto em relação à prática investigada quanto aos pontos de vista daqueles que dela participam"; é, pois, o ponto de vista de um teórico, de um observador — o interesse é *teórico*, portanto, e não prático — "que fica de fora da prática e procura entendê-la, explicá-la, e explicar suas relações com outras práticas e outras instituições".[38] O ponto de vista interno, por sua vez, é o ponto de vista dos participantes engajados na prática, para quem a prática é uma "realidade prática" — tem "importância prática, dando-lhes razões para agir".[39]

---

35 *Cf.* FINNIS, John. *Natural Law and Natural Rights*. 2ª ed. Oxford: Oxford University Press, 2011, pp. 09, 11.

36 *Cf.* HART, H. L. A. *The Concept of Law*. 2ª ed., com pós-escrito, organizado por Penelope A. Bulloch e Joseph Raz. Oxford: Clarendon Press, 1994, pp. 89-91.

37 "*[T]he internal point of view: the view of those who do not merely record and predict behaviour conforming to rules, but* use *the rules as standards for the appraisal of their own and others' behaviour*." HART, H. L. A. *The Concept of Law*. 2ª ed., com pós-escrito, organizado por Penelope A. Bulloch e Joseph Raz. Oxford: Clarendon Press, 1994, p. 98.

38 "*The external point of view, as Hart characterized it, is external both to the social practice under investigation and to the points of view of people participating in it. It is the viewpoint of an observer, a theorist, who stands apart from the practice and seeks to understand and explain it and its relations to other practices and institutions. One's interest in it is theoretical, not practical*." POSTEMA, Gerald J. Jurisprudence as Practical Philosophy. *Legal Theory*, vol. 04, n. 03, set. 1998, pp. 329-357 (336).

39 "*In contrast, the internal point of view is that of committed participants, persons who engage with, and participate in, the practice. The practice is a practical reality for them. Its importance is practical, that is, in their view, it gives them reasons for action.*" POSTEMA, Gerald J. Jurisprudence as Practical Philosophy. *Legal Theory*, vol. 04, n. 03, set. 1998, pp. 329-357 (336).

Essa é a solução de Hart para o grande problema metodológico herdado pela teoria do direito enquanto disciplina, portanto; um problema que, vimos, é muito bem explicado por Perry, que o coloca nos termos das duas questões metodológicas principais subjacentes às ciências sociais. Primeiro, (1) uma ciência social deve reproduzir os métodos próprios das ciências naturais, com as investigações que lhe caracterizam — *e.g.* investigações relacionadas à causalidade —, ou exige uma abordagem *hermenêutica*,[40] a partir da qual temos que só se pode compreender uma prática social quando vista de dentro? Segundo, (2) as teorias sociais são descritivas, livres de juízos valorativos, ou exigem necessariamente a presença desses elementos normativos em suas construções?[41]

As respostas de Hart já são claras: a teoria do direito, sua proposta de teoria do direito (1) assume uma abordagem 'hermenêutica', *i.e.* uma abordagem que aceita a necessidade de levar em conta a perspectiva interna à prática e (2) pretende-se, lembremos, um ensaio de "sociologia descritiva". Em síntese: para Hart, primeiro, "a teoria do direito exige, sim, uma metodologia que lhe é própria, baseada na ideia do ponto de vista interno"; segundo, "as teorias que dali resultam quanto à natureza do direito são de caráter puramente descritivo".[42-43]

---

40 Um dos maiores exemplos nessa direção parece ser a Crítica Hermenêutica do Direito, de Lenio Streck, que assume essa abordagem já em seu próprio nome.

41 *Cf.* PERRY, Stephen R. Interpretation and Methodology in Legal Theory. In: MARMOR, Andrei. *Law and Interpretation.* Oxford: Oxford University Press, 1997, pp. 97-135 (98).

42 "*Hart thus answered the two methodological questions inherited from the social sciences as follows. First, jurisprudence does require a distinct methodology of its own, which is based on the idea of the internal point of view. Secondly, the resulting theories about the nature of law are purely descriptive in character.*" PERRY, Stephen R. Interpretation and Methodology in Legal Theory. In: MARMOR, Andrei. *Law and Interpretation.* Oxford: Oxford University Press, 1997, pp. 97-135 (99).

43 Teóricos analíticos — e Perry não é um 'analítico' no sentido completo nos termos que aqui adoto, uma vez que rejeita o positivismo metodológico —, sobretudo os contemporâneos, diriam que uma proposta descritiva em teoria do direito não se pretende "*puramente* descritiva". Como veremos mais adiante, *scholars* como Julie Dickson (e, na leitura de Dickson, Joseph Raz) entendem que a teoria analítica rejeita a ideia de juízos *morais* sobre a prática descrita, mas que um teórico analítico vai — sem contradições — emitir juízos anteriores, "indiretos" ("*indirect*"), sobre os elementos importantes e significativos que compõem a prática descrita e tornam-na a instituição social que é. Veremos o argumento de Dickson com mais vagar ao longo do próximo subcapítulo. *Cf.* DICKSON, Julie. *Evaluation and Legal Theory.* Oxford: Hart Publishing, 2001. Vale ainda mencionar que, de fato, uma empreitada "puramente descritiva" seria algo muito mais próximo e pertinente ao observador externo imaginado por Hart; daí por que imagino que o próprio Stephen Perry aceitaria a ressalva, sem que ela inviabilize suas posteriores ressalvas ao positivismo metodológico. Esqueça o "puramente"; o argumento permanece.

Isso fica claro a partir das considerações do próprio Hart em seu pós-escrito a *The Concept of Law*. Respondendo ao desafio de Dworkin, Hart diz que "não há nada no projeto de uma teoria descritiva (...) que impeça um observador externo de descrever os meios pelos quais os participantes veem o direito a partir de um ponto de vista interno". O teórico analítico, para seus propósitos, deve "*entender* o que significa adotar o ponto de vista interno", para então poder "colocar-se no lugar de um participante"; isso "não significa aceitar o direito ou compartilhar ou aprovar o ponto de vista interno do participante, ou abandonar sua abordagem descritiva".[44] Daí por que Perry tem razão quando diz que, embora Hart não seja exatamente explícito quanto a isso, a perspectiva teorético-metodológica que marca a proposta analítica (nesse sentido aqui trabalhado) "leva em conta o ponto de vista interno mas não é construída *a partir* desse ponto de vista".[45] Trata-se de uma teoria construída desde um olhar externo a partir de considerações acerca do significado da prática quando aceita por aqueles que adotam em relação a ela um ponto de vista interno.

Dito de outro modo: reconhecer o ponto de vista interno da prática social e descrevê-la a partir daí, com base em uma consideração sobre aquilo que a diferencia enquanto instituição social particular. Essa é a proposta analítico-positivista mais sofisticada de que falava Finnis, que superou os analíticos clássicos exatamente ao levar em conta, entre outras coisas, o ponto de vista interno e a ideia da função do direito. A questão aqui é que a teoria de Hart — e, com nuances, o exemplo é perfeitamente aplicável à proposta analítica tal como a conhecemos *tout court* — atribui uma função ao direito a partir *do ponto de vista do teórico*, e não a partir da perspectiva *daqueles que participam da prática*. Isso, ou ao menos, e no mínimo, a função atribuída é reconhecida como se atribuída pelos participantes desde o olhar do teórico externo. Esse é um *insight* central. Vejamos, portanto — agora em maior detalhe o que já havíamos visto antes *en passant* por meio de Finnis —,

---

44 "[*T*]*here is in fact nothing in the project of a descriptive jurisprudence as exemplified in my book to preclude a non-participant external observer from describing the ways in which participants view the law from such an internal point of view (...) It is true that for this purpose the descriptive legal theorist must* understand *what it is to adopt the internal point of view and in that limited sense he must be able to put himself in the place of an insider; but this is not to accept the law or share or endorse the insider's internal point of view or in any other way to surrender his descriptive stance*". HART, H. L. A. *The Concept of Law*. 2ª ed., com pós-escrito, organizado por Penelope A. Bulloch e Joseph Raz. Oxford: Clarendon Press, 1994, p. 242.

45 "*This type of statement takes account of the internal point of view, but it is not made* from *that point of view.*" PERRY, Stephen R. Interpretation and Methodology in Legal Theory. In: MARMOR, Andrei. *Law and Interpretation*. Oxford: Oxford University Press, 1997, pp. 97-135 (103).

o que Hart, ele próprio, diz quanto à função do direito (e a partir de qual ponto de vista essa função é atribuída).

Recapitulando: até aqui, vimos, (1) com Finnis, que os teóricos analíticos modernos (e tomamos Hart como exemplo) superaram seus antecessores ao, entre outros aspectos, atribuírem ao direito *(i)* uma função própria que distingue o fenômeno enquanto instituição social, sempre *(ii)* a partir da seleção de um ponto de vista; vimos também, (2) com Perry, que Hart assim o faz *(i)* reconhecendo uma distinção entre os pontos de vista interno e externo, mas *(ii)* atribuindo a função característica do direito a partir do ponto de vista de um teórico. Agora, então, é interessante reconstruir (ainda que brevemente) o argumento para que possamos avançar nos propósitos desta pesquisa.

Em resposta ao (proto)realismo de Oliver Wendell Holmes, a partir do qual o direito seria melhor compreendido a partir da perspectiva de um "homem mau" ("*bad man*") interessado em prever o comportamento das autoridades do sistema — de modo que a *jurisprudence* seria uma "previsão da incidência do uso de força pública por meio da instrumentalidade das cortes"; o direito, "[a]s profecias daquilo que as cortes farão na prática, e nada mais pretensioso que isso"[46] —, Hart diz que essa é uma abordagem inadequada. Para ele, é verdade que compreender a administração de sanções por parte dos tribunais é algo muito importante; contudo, segue Hart,

> [a]s principais *funções* do direito como um meio de controle social não são vistas nas lides privadas ou em ações penais, que representam elementos vitais mas, ainda assim, auxiliares para as falhas do sistema. Elas são vistas nos diversos modos pelos quais o direito é usado para controlar, guiar e planejar a vida fora das cortes.[47]

Vemos aqui, claramente e na fonte primária, a atribuição de uma função (ou de funções) à prática por parte de Hart. Na leitura de Stephen Perry, essa função — embora sirva aos propósitos daqueles engajados na prática (*i.e.* engajados na perspectiva interna) — é atribuída a partir de prioridades de natureza teorético-explanatória: a

---

46 "*The object of our study (...) is prediction, the prediction of the incidence of the public force through the instrumentality of the courts.*" "*The prophecies of what the courts will do in fact, and nothing more pretentious, are what I mean by the law.*" HOLMES, Oliver Wendell. The Path of the Law. In: HOLMES, Oliver Wendell. *Collected Legal Papers*. Nova York: Harcourt, 1920, pp. 167, 173.

47 Grifo meu. "*The principal functions of the law as a means of social control are not to be seen in private litigation or prosecutions, which represent vital but still ancillary provisions for the failures of the system. It is to be seen in the diverse ways in which the law is used to control, to guide, and to plan life out of court.*" HART, H. L. A. *The Concept of Law*. 2ª ed., com pós-escrito, organizado por Penelope A. Bulloch e Joseph Raz. Oxford: Clarendon Press, 1994, p. 40.

partir *do ponto de vista do teórico.* A função que o direito serve aos participantes é assim identificada por aquele que observa a prática. Se assim não o fosse — é o que a leitura de Perry sugere — Hart não poderia estar engajado em uma empreitada *descritiva.* Hart delimita seu conceito de direito — diferenciando-o do conceito articulado por Holmes — ao apelar a funções próprias e específicas que caracterizam a prática enquanto tal (*i.e.* guiar a conduta das pessoas em suas vidas práticas) de modo que, uma vez formado, possa ser usado *por um teórico* para *descrever* práticas sociais existentes, sem pretensões normativas ou justificações morais. "Note que o conceito resultante é a criação do teórico".[48] Hart — e o mesmo vale para Holmes, a quem ele então respondia — não atribui um propósito, um *point*, ao direito a partir da perspectiva de um participante da prática: "[a] atribuição de um propósito moral ao direito é um passo no processo de *formação do conceito no nível teorético*, não um aspecto da descrição das práticas estudadas". É por *isso*, por essa razão que, em casa um desses casos, o produto é um conceito *do teórico.*[49]

(ii) A escolha analítica

Claro, a função desempenhada pela instituição ou pela prática só poderá ser compreendida quando se compreende o ponto de vista interno. Esse é precisamente um dos *insights* fundamentais a Hart. Gerald Postema explica bem isso em sua leitura da metodologia hartiana ao colocar que, no argumento de Hart, "[p] ráticas sociais são inteligíveis ou têm importância em virtude de algum valor ou propósito mais ou menos complexo, de bens humanos por elas servidos"; assim, "assumir o ponto de vista interno é assumir a questão do propósito, do valor, do bem humano, tido como pretendido pela prática, ao menos do modo como os participantes o concebem".[50] O ponto aqui, porém, é que, como vimos, a proposta

---

48 "*Notice that the resulting concept is the creation of the theorist.*" PERRY, Stephen R. Interpretation and Methodology in Legal Theory. In: MARMOR, Andrei. *Law and Interpretation.* Oxford: Oxford University Press, 1997, pp. 97-135 (118).

49 Grifo meu. "*The attribution of a moral point to law is a step in the process of concept formation at the theoretical level, rather than an aspect of the description of the actual practices studied. In each case the resulting concept of law is the theorists' concept, not the participants'.*" PERRY, Stephen R. Interpretation and Methodology in Legal Theory. In: MARMOR, Andrei. *Law and Interpretation.* Oxford: Oxford University Press, 1997, pp. 97-135 (121).

50 "*Social practices are intelligible or have significance in virtue of some more or less complex point or value, some human good(s) served by them. Therefore, to take up the internal point of view is to take up the question of the point or value, the human good, allegedly served by the practice, at least as participants conceive it.*" POSTEMA, Gerald J. Jurisprudence as Practical Philosophy. *Legal Theory,* vol. 04, n. 03, set. 1998, pp. 329-357 (335).

de Hart é a de levar em consideração, sim, o ponto de vista interno — *i.e.* dos participantes envolvidos na prática —, mas ela não é construída *a partir* desse ponto de vista.[51] Talvez em si isso não seja exatamente um problema — veremos mais adiante onde e em que medida surge a possível controvérsia; mas talvez aí esteja a chave para entendermos por que, (1) de um lado, Finnis e Perry constroem suas análises sobre Hart exatamente a partir dessa atribuição (a nível teorético) de uma função ao direito e, de outro, (2) autores como Leslie Green, por exemplo, digam que Hart — e Weber, e Kelsen — *não* via(m) o direito como exercendo uma função específica.[52] Como pode?

Não há, ainda e necessariamente — *ainda* e *necessariamente, por enquanto* —, um desacordo entre as leituras de Finnis/Perry e, de outro lado, Green (ao menos não desacordos substantivos nesse nível inicial, frise-se). Green está certamente ciente das passagens em que, em *The Concept of Law* (livro que ele conhece tão bem, afinal, tendo escrito uma celebradíssima introdução à terceira edição da obra), Hart menciona que "a função primária"[53] do direito é guiar a conduta dos cidadãos.[54] A questão central aí reside no seguinte ponto: a partir do ponto de vista externo, Hart — e o mesmo vale para aqueles que o sucederam na natureza de sua proposta — entende que o direito, enquanto prática social, tem uma função; as regras que compõem essa prática exercem funções na vida daqueles que dela participam e que mantém a perspectiva interna a ela. Para os teóricos que adotam esse tipo de abordagem conceitual, entretanto, a função exercida pelo fenômeno não tem um caráter de centralidade para a melhor compreensão do conceito de direito. Nesse sentido, é elucidativa a passagem de Stephen Perry em outro de seus artigos dedicados à análise da metodologia de Hart:

> [P]ode parecer que, ao atribuir a função de orientação da conduta a certas práticas sociais e então oferecer uma explicação do direito

---

51 Joseph Raz refina essa abordagem de maneira *muito* sofisticada; de todo modo, para os propósitos que me são aqui relevantes, o ponto é que também a proposta *raziana* vai incorrer naquilo que identifico como um problema na pretensão teórica de Hart. É a mesma conclusão de Perry no artigo que venho trabalhando até aqui, no qual ele oferece uma boa explicação da teoria de Raz e, igualmente, conclui que a ela também se aplica a crítica direcionada — e que eu também direciono aqui nos parágrafos seguintes — a Hart.

52 GREEN, Leslie. Jurisprudence: A 25th Anniversary Essay. *Oxford Journal of Legal Studies*, vol. 25, n. 04, 2005, pp. 565-580 (574).

53 "*Primary function*".

54 *Cf.* HART, H. L. A. *The Concept of Law*. 2ª ed., com pós-escrito, organizado por Penelope A. Bulloch e Joseph Raz. Oxford: Clarendon Press, 1994, pp. 39-40, 249.

> baseada em juízos sobre quão bem várias dessas práticas preenchem essa função, Hart tenha, apesar de sua reivindicação de que estaria oferecendo uma teoria externa, entrado efetivamente no debate interno. (...) [E]le insiste em descrever o fenômeno da aceitação [das regras, da própria prática] a partir de um ponto de vista externo, sem considerar se e sob quais condições essa aceitação pode ser justificada. E a razão pela qual Hart insiste em limitar sua teoria desse modo é seu compromisso inicial com o positivismo metodológico.[55]

Perry segue para, a partir daí, fazer várias críticas a Hart — a principal delas, naturalmente, diz respeito à falência do positivismo metodológico enquanto teoria capaz de oferecer explicações que mantenham a própria promessa de neutralidade descritiva.[56-57] Para meus propósitos aqui, o que mais importa é o seguinte: a teoria externa de Hart, tenha na função atribuída ao direito um elemento central ou não, é uma entre outras teorias "externas" — *i.e.* teorias que levam em conta o ponto de vista interno na compreensão do fenômeno para então descrevê-lo a partir da perspectiva externa; como diz Perry, "uma teoria externa como a de Hart vai competir com outras teorias externas, que vão conceitualizar e talvez individualizar práticas sociais de maneiras diferentes".[58] Assim como diferentes pontos de vista internos, "[u]ma série de perspectivas externas existem".[59]

---

55 "*Now it might seem that, by attributing the function of guiding conduct to certain social practices and then offering an account of law that is based on judgments about how well various of those practices serve this function, Hart has, despite his claim to be offering an external theory, effectively joined the internal debate.(...) [H]e insists on describing the phenomenon of acceptance from an external point of view, without considering whether and under what conditions such acceptance might be justified. And the reason that Hart insists on limiting his theory in this way is his initial commitment to methodological positivism.*" PERRY, Stephen R. Hart's Methodological Positivism. *Legal Theory*, vol. 04, n. 04, dez. 1998, pp. 427-467 (458).

56 O ponto é todo bastante interessante e, por razões que ficarão (cada vez mais) claras ao longo do livro, tendo a me alinhar mais à leitura de Perry. Dito isso, para as possíveis respostas de quem segue adepto ao tipo de metodologia mais característico da teoria analítica ("externa", como diria Perry), ver DICKSON, Julie. *Evaluation and Legal Theory*. Oxford: Hart Publishing, 2001, pp. 33-37.

57 Streck, por sua vez, desde sua matriz hermenêutica — e com aportes *dworkinianos* —, é um autor que nega a possibilidade mesma do que chama de "descritivismo". *Cf.* STRECK, Lenio Luiz. *Dicionário de Hermenêutica*: Cinquenta verbetes fundamentais da Teoria do Direito à luz da Crítica Hermenêutica do Direito. 2ª ed. Belo Horizonte: Letramento, 2020, p. 271.

58 "[A]*n external theory like Hart's must compete with other external theories, which will conceptualize and perhaps individuate social practices in yet different ways.*" PERRY, Stephen R. Hart's Methodological Positivism. *Legal Theory*, vol. 04, n. 04, dez. 1998, pp. 427-467 (460).

59 "*A number of different external perspectives exist.*" POSTEMA, Gerald J. Jurisprudence as Practical Philosophy. *Legal Theory*, vol. 04, n. 03, set. 1998, pp. 329-357 (338).

Também isso *em si* não seria um problema. A questão, porém, é que Hart (e outros positivistas, '*for that matter*') reivindica(m) para sua(s) teoria(s) um caráter *fundacional*; dito de outro modo, Hart concebe sua própria teoria como *a* análise conceitual de 'direito' aplicável a sistemas jurídicos modernos (portanto, ao nosso conceito de 'direito') e, assim, como o *ponto de partida* para (eventuais e posteriores) teorias interpretativas de caráter normativo.[60] Para Hart, teorias valorativas, com abordagens de justificação do direito *pressupõem* uma teoria geral de natureza descritiva como aquela por ele articulada.[61] Isso fica claro no pós-escrito a *The Concept of Law*, onde Hart não apenas diz que sua proposta é moralmente neutra, sem pretensões justificatórias, e que ela pretende articular em um caráter geral as formas e as estruturas que constituem aquilo a que atribuímos o conceito de direito; Hart diz também que essa proposta é "uma importante preliminar a qualquer crítica de natureza moral que seja útil acerca do direito".[62] Mas como explicar as divergências entre diferentes explicações que se pretendem o ponto de partida? Como explicar o fato de que diferentes explicações externas competem entre si? Hart oferecia uma definição diferente da definição de Holmes; seguidores de Hart oferecem diferentes definições entre eles próprios. Volta a pergunta articulada por Finnis: quais são exemplos 'centrais' de direito e quais são 'limítrofes'? As formas e as estruturas que constituem aquilo a que atribuímos o conceito de direito são explicadas por uma teoria, mas a teoria descritiva-explanatória é um *produto* daquilo que foi previamente identificado como relevante.[63] Há desacordos sobre o objeto e sobre qual seria a melhor teoria adequada a explicá-la de um ponto de vista epistemológico.

Há que se notar que essa separação — primeiro, identificar o que é particular e característico da prática social em um nível teorético-explanatório, geral e descritivo; depois, se for este o caso, construir teorias de natureza moral, engajando-se em questões normativas e de razão prática — é uma separação típica da teoria

60 *Cf.* PERRY, Stephen R. Interpretation and Methodology in Legal Theory. In: MARMOR, Andrei. *Law and Interpretation*. Oxford: Oxford University Press, 1997, pp. 97-135 (120).

61 *Cf.* POSTEMA, Gerald J. Jurisprudence as Practical Philosophy. *Legal Theory*, vol. 04, n. 03, set. 1998, pp. 329-357 (330).

62 "*My account is* descriptive *in that it is morally neutral and has no justificatory aims: it does not seek to justify or commend on moral or other grounds the forms and structures which appear in my general account of law, though a clear understanding of these is, I think, an important preliminary to any useful moral criticism of law*." HART, H. L. A. *The Concept of Law*. 2ª ed., com pós-escrito, organizado por Penelope A. Bulloch e Joseph Raz. Oxford: Clarendon Press, 1994, p. 240.

63 *Cf.* TAMANAHA, Brian Z. *A Realistic Theory of Law*. Cambridge: Cambridge University Press, 2017, pp. 71-73.

analítica do direito enquanto tal. Julie Dickson, em obra integralmente dedicada à questão metodológica (e em defesa da abordagem analítica), dirá que o tipo de avaliação exigida do teórico envolvido em questões no primeiro nível (teorético--explanatório) é *indireta*; identificar o que é particular e característico do direito enquanto prática/instituição social não envolveria juízos morais. Nesse sentido, a proposta da teoria analítica seria a de "explicar a natureza do direito ao tentar identificar e oferecer uma explicação de suas propriedades essenciais".[64]

Confesso ter certas dúvidas acerca das possibilidades mesmas de 'neutralidade', inclusive nos termos propostos pelos analíticos contemporâneos, mas não é exatamente esse o ponto aqui; a tradição da teoria analítica do direito é riquíssima e, além de ter oferecido contribuições paradigmáticas para a teoria do direito ao longo da história, é plausível em uma série de respeitos até mesmo para aqueles que questionam até que ponto suas descrições serão de fato livres de juízos morais (ou, para usar os termos de Dickson, até que ponto suas avaliações indiretas de fato o são). O problema é que, ainda que a avaliação seja 'indireta', 'metateórica' (e não moral), "teóricos analíticos do direito não justificam aquilo que eles decidem incluir pré-teoreticamente" — isto é, "*antes* que uma teoria geral do direito seja desenvolvida"[65] — "entre a série de dados"[66] relevantes para explicar a natureza do direito. As 'propriedades essenciais' são identificadas como essenciais aos casos centrais de sistemas jurídicos *já identificados como centrais* em um passo *anterior* ao processo de formação da teoria — uma vez que ela depende desses casos centrais para ser construída. É por isso que, inevitavelmente, diferentes teóricos, partícipes de debates dessa natureza, já começam suas empreitadas com premissas diferentes acerca daquilo que conta ou não como pertencente ao objeto da análise — e é por isso que, ainda que tenham a mesma pretensão, e ainda que pretendam o mesmo objeto ('o direito'), teóricos 'descritivistas' apresentam *teorias descritivas conflitantes entre si*: o desacordo já existe num nível 'pré-teórico', por assim dizer; um nível que não é capaz de ser tocado e, precisamente por isso, não é capaz de ser solucionado por essas teorias mesmas. Para resolver esse problema, seria preciso que filósofos

---

64 "[A]*n analytical jurisprudential theory seeks to explain the nature of law by attempting to identify and provide an account of its essential properties.*" DICKSON, Julie. *Evaluation and Legal Theory*. Oxford: Hart Publishing, 2001, p. 144. Ver, na p. 19 da obra, uma explicação do que Dickson entende por "propriedades essenciais".

65 "[B]efore *a general theory of law is developed*".

66 "[A]*nalytical jurisprudents do not justify what they decide pre-theoretically to include within the data set*". Nota omitida. TAMANAHA, Brian Z. *A Realistic Theory of Law*. Cambridge: Cambridge University Press, 2017, p. 71.

do direito concordassem de antemão quanto àquilo que conta como direito, mas a dificuldade é óbvia: o que conta ou não como direito é exatamente o ponto de disputa.[67-68] Hart dizia que uma descrição será uma descrição mesmo quando o objeto descrito é um juízo avaliativo;[69] ainda que isso seja assim, fica em aberto o desafio que surge quando premissas avaliativas — ainda que concedamos o argumento, tratando-as como 'indiretas' — são fonte, causa da disputa teórica entre diferentes descrições. Qual é o ponto de partida? Quais são os casos centrais? *O que pertence à esfera da teoria do direito e o que fica de fora?*

De qualquer forma, o fato é que a *analytical jurisprudence* marca o tipo de abordagem dominante nos debates em teoria do direito desde o fim do século XIX.[70] Nesse sentido — com o perdão para mais uma citação longa, justificada por seu poder de síntese —, é muito ilustrativa a passagem de Thomas Bustamante e Thiago Lopes Decat (em introdução à obra que organizaram em homenagem a

---

67 Ver PRIEL, Dan. Jurisprudential Disagreements and Descriptivism. *Anuario de Filosofía y Teoría del Derecho*, n. 08, jan./dez. 2014, pp. 483-518 (especialmente 494-497).

68 Também é por isso que a saída analítica de *e.g.* Julie Dickson (ou mesmo comentadores de Hart que o defendem no que diz respeito ao método), de uma teoria do direito baseada em 'avaliações indiretas', em 'virtudes explanatórias', não responde adequadamente ao problema dos desacordos em teoria do direito. Faz sentido dizer que diferentes teóricos divergem com relação ao que é importante, ao que conta como uma boa explicação, mas é difícil sustentar esse argumento quando se percebe que diferentes propostas — diferentes conceitos de direito — não dão pesos diferentes a certos aspectos da prática, salientando este ou aquele elemento; são propostas teóricas *antagônicas*, que contrariam umas as outras. Como novamente acerta Dan Priel, "diferentes ênfases não deveriam levar a conflitos [entre as teorias]". "*[D]ifferent emphases should not lead to conflicts.*" PRIEL, Dan. Jurisprudential Disagreements and Descriptivism. *Anuario de Filosofía y Teoría del Derecho*, n. 08, jan./dez. 2014, pp. 483-518 (508).

69 "*Description may still be description, even when what is described is an evaluation*". HART, H. L. A. *The Concept of Law.* 2ª ed, com pós-escrito, organizado por Penelope A. Bulloch e Joseph Raz. Oxford: Clarendon Press, 1994, p. 244.

70 Parece-me seguro afirmar isso sem maiores controvérsias, tomando a proposição já como um truísmo; não apenas vários dos grandes nomes na teoria do direito, hoje e ao longo da história, compartilham os pressupostos da *analytical jurisprudence*, vários daqueles que os rejeitam partem já dos termos por ela propostos, *ainda que para rejeitá-los*. É o que eu mesmo faço aqui. De qualquer forma, para outro autor que define a teoria analítica como dominante no cenário da natureza do direito, *cf.* POSTEMA, Gerald J. Jurisprudence, The Sociable Science. *Virginia Law Review*, vol. 101, n. 04, jun. 2015, pp. 869-901 (871). Isso fica claro também na introdução e no próprio tom que define o verbete '*The Nature of Law*' ('*A Natureza do Direito*') na *Stanford Encyclopedia of Philosophy*. *Cf.* MARMOR, Andrei; SARCH, Alexander. The Nature of Law. In: ZALTA, Edward N. (ed.). *The Stanford Encyclopedia of Philosophy*, Fall 2019 Edition. Stanford: Metaphysics Research Lab, Stanford University. Disponível em <https://plato.stanford.edu/archives/fall2019/entries/lawphil-nature/>.

Gerald Postema, autor cuja influência em minhas reflexões, se já não ficou clara até aqui, tende a ficar cada vez mais destacada ao longo dos próximos subcapítulos):

> A teoria do direito contemporânea tem sido dominada, desde a publicação de *The Province of Jurisprudence Determined,* de John Austin, por volta da metade do século XIX, por uma metodologia analítica, que procura, acima de qualquer outro objetivo, isolar o direito e sua linguagem teorética de outras disciplinas, como a sociologia, a história, a teoria política e a filosofia moral. A teoria do direito tem se preocupado com fronteiras, limites, separações, distinções; tem sido dominada por uma terminologia metafísica, de essências, natureza, causas, propriedades suficientes e necessárias e assim por diante, e por uma tentativa de descrever o direito a partir de um ponto de vista externo e desengajado. A tarefa apropriada à teoria do direito seria então a de revelar os fundamentos do direito (...). Grande parte da teoria do direito propôs-se então a fazer sentido de 'intuições' e 'truísmos' que já seriam conhecidos, de acordo com uma metodologia de análise conceitual.[71]

Naturalmente, o candidato "mais plausível" para explicar a natureza do direito a partir dessa estrutura teórica é o positivismo jurídico, "em sua insistência em uma explicação *redutiva* acerca da validade jurídica, sustentando que fatos sociais são os determinantes últimos ou, para alguns, exclusivos para o conteúdo do direito".[72]

Uma brevíssima digressão é cabível aqui. Paradoxalmente, o significado de 'positivismo jurídico' é tão contestado quanto tido como pressuposto quando se

---

71 "*Jurisprudence has been concerned with borders, limits, separations, distinctions. It has been dominated by a metaphysical talk of essences, nature, causes, necessary and sufficient properties and the like, and by an endeavour to describe the law from a disengaged and external point of view. The proper job of jurisprudence was to reveal the grounds of law (...). In describing the law, one should argue in value-neutral terms instead of making judgments, evaluations, interpretations. Much of jurisprudence was meant to make sense of 'intuitions' and 'truisms' that one already knows, according to a methodology of conceptual analysis*". BUSTAMANTE, Thomas; DECAT, Thiago Lopes. Introduction. In: BUSTAMANTE, Thomas; DECAT, Thiago Lopes (ed.). *Philosophy of Law as an Integral Part of Philosophy*: Essays on the Jurisprudence of Gerald J. Postema. Oxford: Hart Publishing, 2020, pp. 01-30 (01).

72 "*The most plausible candidate to explain the nature of law under this theoretical framework is legal positivism, with its insistence on a* reductive *explanation of legal validity that holds that social facts are the ultimate or, for some, exclusive determinants of the content of the law.*" BUSTAMANTE, Thomas; DECAT, Thiago Lopes. Introduction. In: BUSTAMANTE, Thomas; DECAT, Thiago Lopes (ed.). *Philosophy of Law as an Integral Part of Philosophy*: Essays on the Jurisprudence of Gerald J. Postema. Oxford: Hart Publishing, 2020, pp. 01-30 (01-02).

discute teoria do direito. Assim, vale um rápido exercício de definições. Para John Gardner, num célebre ensaio dedicado exatamente a esclarecer alguns mitos sobre o positivismo, um "positivista jurídico" será aquele que subscreve a proposição segundo a qual "em um sistema jurídico, a validade jurídica de uma norma depende de suas fontes, não de seus méritos".[73] Na definição de Hart, anterior e mais ampla, o positivismo "designa[ria] a afirmação simples de que não é necessariamente verdade que as leis reproduzam certas exigências da moral ou a satisfaçam"[74] — uma definição que não deixa de lembrar a de um dos grandes *anti*positivistas da história, Lon Fuller,[75] que classificava o positivismo como "uma direção de pensamento jurídico que insiste em traçar uma afiada distinção entre o direito como ele é e o direito como ele *deve ser*."[76] A definição de Gardner é certamente mais específica e não deixa tanta margem para nuances; de qualquer forma, ao longo da história, o positivismo jurídico gravita em torno da noção de que "o direito e a moralidade são estritamente separáveis".[77]

Nesse sentido — obviamente que com todas as devidas nuances e sofisticações subsequentes —, o positivismo não acaba assim *tão* distante do clássico *dictum* de John Austin, quando o positivismo já era a coisa sem ter o nome: "[a] existência do direito é uma coisa; seus méritos ou deméritos, outra". Para Austin, positivista *avant la lettre*, "[u]ma lei que de fato existe é uma lei, ainda que eventualmente

---

73 "*In this chapter, I intend to treat one and only one proposition as the distinctive proposition of 'legal positivism', and to designate as 'legal positivists' all and only those who advance or endorse this proposition. The proposition is: (LP) In any legal system, whether a given norm is legally valid, and hence whether it forms part of the law of that system, depends on its sources, not its merits.*" *Cf.* GARDNER, John. Legal Positivism: 5½ Myths. In: GARDNER, John. *Law as a Leap of Faith*. Oxford: Oxford University Press, 2012, pp. 20-54 (20).

74 "*Here we shall take Legal Positivism to mean the simple contention that it is in no sense a necessary truth that laws reproduce or satisfy certain demands of morality, though in fact they have often done so*". HART, H. L. A. *The Concept of Law*. 2ª ed, com pós-escrito, organizado por Penelope A. Bulloch e Joseph Raz. Oxford: Clarendon Press, 1994, pp. 185-186.

75 Fuller, quem debateu com Hart a separabilidade entre direito e moral e a quem dedico integralmente um dos capítulos desta pesquisa.

76 Grifos meus. Tradução livre para "[*a*] *direction of legal thought which insists on drawing a sharp distinction between the law that is and the law that ought to be*". FULLER, Lon L. *The Law in Quest of Itself*. Boston: Beacon Press, 1966, p. 05.

77 A referência aqui é Matthew Kramer, que define essa como uma tese central do positivismo: "*the legal-positivist claim that law and morality are strictly separable.*" KRAMER, Matthew H. *In Defense of Legal Positivism*: Law Without Trimmings. Oxford: Oxford University Press, 1999, p. 01.

desgostemos dela".[78] Será que o positivismo moderno e contemporâneo, que sofisticou e aperfeiçoou os fundamentos da teoria imperativa nos moldes austinianos, está muito longe dessa tese? Não me parece ser o caso, e Jeremy Waldron reforça essa visão.[79] Vejamos. Para Waldron, na perspectiva positivista — já em Hart e seus seguidores —, "basicamente, qualquer sistema organizado de ordem centralizada que utilize prescrições e proibições articuladas e identificáveis", desde que possam ser diferenciadas em sua natureza de outras normas que circulem na sociedade (*e.g.* normas de moralidade convencional), "conta como direito". Waldron segue: "[n]esse sentido, *não é assim tão diferente do positivismo das gerações anteriores de juristas, passando por John Austin e Jeremy Bentham e voltando até Thomas Hobbes*".[80]

Essa passagem de Waldron, dizendo que os positivismos modernos acabam não sendo tão diferentes assim, também é absolutamente fundamental para as conclusões, ou tentativas de conclusões, que estabelecerei neste trabalho. Por ora, seguiremos ainda nas considerações de cunho metodológico mais introdutório, mas já é interessante abordar ao menos algumas das linhas fixadas por Waldron, justamente porque elas acabam tendo relação com a questão do método nos moldes como a venho discutindo até aqui.

Claro, Hart começa a articulação de seu *Conceito de Direito* exatamente por uma rejeição do "modelo simples" de direito que havia sido oferecido por Austin; vimos isso quando falamos sobre as regras primárias e secundárias. Dois pontos chamam atenção, porém: o primeiro é esse bem notado por Waldron, a partir da ideia de que, com todas suas diferenças e avanços, o positivismo seguiu "casual", "[demasiadamente] generosa"[81] com relação ao que um sistema de governança

78 "*The existence of law is one thing; its merit or demerit is another. A law, which actually exists, is a law, though we happen to dislike it*". AUSTIN, John. *The Province of Jurisprudence Determined.* Cambridge: Cambridge University Press, 2001 [1832], p. 157.

79 O ensaio em questão, "*The Concept and the Rule of Law*", é um dos textos mais fundamentais para o grande argumento que quero desenvolver nesta pesquisa. A tese central aqui trabalhada tem nesse texto um de seus *insights* mais cruciais. Voltaremos a ele com bastante vagar mais adiante, em capítulo dedicado à obra de Jeremy Waldron.

80 Ênfase minha. "[*B*]*asically, any well-organized system of centralized order using articulate and identifiable prescriptions and prohibitions counts as law, provided that elite participants in the system can distinguish prescriptions and prohibitions coming from the center from other norms that may be circulating in the society. This is the positivism of H. L. A. Hart and his modern followers. In this regard, it really is not much different from the positivism of earlier generations of jurists stretching back through John Austin and Jeremy Bentham, all the way to Thomas Hobbes*". WALDRON, Jeremy. The Concept and the Rule of Law. *Georgia Law Review*, vol. 43, n. 01, 2008, pp. 01-61 (14).

81 "*Casual*", "*generous*".

precisa apresentar para se qualificar enquanto sistema *jurídico*. O segundo é bem articulado novamente por Postema: se a concepção específica de direito desenvolvida por Austin foi posteriormente rejeitada (embora tenha dominado por quase um século), a concepção austiniana de *teoria do direito* prevaleceu (e prevalece até hoje).

Há mais: Postema diz que já se podia observar *elementos* positivistas — *e.g.*, sobretudo, o reconhecimento do caráter imperativo e de autoridade que marca o direito *qua* direito — em autores de diversas matrizes, desde teóricos clássicos do *common law* como Selden e Hale como jusnaturalistas como Tomás de Aquino, Kant, Pufendorf e Suárez; a diferença é que, em Austin, esses elementos serviram para definir exatamente aquilo que dá título à sua obra principal: os "domínios" da própria *teoria do* direito. Ao dispor em suas *lectures* que "[o] objeto da *jurisprudence* é o direito positivo",[82] Austin não apenas *estipulou* uma definição de direito, mas assim o fez porque seu propósito "não era o de estabelecer as bases para uma compreensão acerca da natureza do direito"; em vez disso, Austin pretendia "isolar uma certa esfera da prática, ou melhor, uma série determinada de conceitos usados na prática, que então seriam o objeto da teoria (analítica) do direito".[83]

Aqui, enfim, nos aproximamos do grande ponto deste discurso sobre o método. A tese central do positivismo, afirmando a separabilidade entre as esferas do direito e da moralidade e expressa em sua formulação categórica no *dictum* de Austin — 'a existência é uma coisa, méritos e deméritos são outra' —, acabou sendo recebida e *aplicada* pelos primeiros teóricos analíticos com muito mais ênfase e alcance do que o *dictum* dá a entender quando lido isoladamente e à primeira vista. Ao delimitar, além de suas condições de existência e validade, o escopo do *próprio estudo* do direito, a teoria analítica acabou por separar a *teoria*, as *teorizações* sobre o fenômeno jurídico não apenas de proposições sobre política e moralidade, mas também de quaisquer outros fenômenos que não se poderiam classificar enquanto 'direito' sob essa perspectiva estipulada *a priori*.[84] Se isso era verdadeiro em Austin, foi também reforçado por Hart — quem, tendo rejeitado a *concepção* de direito oferecida por seu grande antecessor, seguiu o *método* por ele

---

82 "*THE matter of jurisprudence is positive law: law, simply and strictly so called*". AUSTIN, John. *The Province of Jurisprudence Determined*. Cambridge: Cambridge University Press, 2001 [1832], p. 18.

83 "*The aim was not to establish the basis of an understanding of the nature of law, but rather to isolate a certain domain of practice, or better, a certain set of concepts used in that practice, that would then be the subject matter of (analytical) jurisprudence*." POSTEMA, Gerald J. Jurisprudence, The Sociable Science. *Virginia Law Review*, vol. 101, n. 04, jun. 2015, pp. 869-901 (874).

84 *Cf.* POSTEMA, Gerald J. Jurisprudence, The Sociable Science. *Virginia Law Review*, vol. 101, n. 04, jun. 2015, pp. 869-901 (875).

proposto: uma teoria do direito analítica, autônoma, conceitual e abstrata, apartada de investigações de natureza prática e/ou histórica.

Ainda outro ponto deve ser destacado. Como bem diz Gerald Postema, aqueles que sucederam a Hart — e isso inclui até mesmo muitos de seus críticos — não demonstraram interesse ou mesmo tolerância muito maiores em direção a uma abordagem menos segregada e afastada de tudo aquilo que não se encaixa no conceito previamente estipulado como direito, até mesmo em momentos nos quais *a própria análise filosófica* parece exigir uma abertura maior.[85]

É aqui que fico com o diagnóstico e o caminho indicado por Postema: "o problema talvez não esteja na filosofia, nem na doutrina positivista, nem mesmo em uma metodologia explicitamente articulada"; na verdade, o problema está "em uma *mentalidade* que a teoria do direito contemporânea herdou de Austin, dos *austinianos* e de Hart". O que se exige, portanto, é "uma concepção mais ampla de teoria filosófica do direito";[86] uma abordagem "decididamente *filosófica*" e, igualmente, disposta a se engajar livremente e com mais disposição "com outras disciplinas teóricas, de modo a alcançar uma compreensão mais rica e profunda do direito".[87] Esse é o ponto. Uma abordagem analítica sobre o direito — baseada em virtudes 'epistêmicas', 'explanatórias', 'metateóricas', que pretende identificar e explicar as propriedades essenciais de nosso conceito de 'direito' — talvez seja mesmo muito possível e pode bem ser plausível em alguns respeitos;[88] muitas efetivamente são,

---

85 *Cf.* POSTEMA, Gerald J. Jurisprudence, The Sociable Science. *Virginia Law Review*, vol. 101, n. 04, jun. 2015, pp. 869-901 (878).

86 Postema faz questão de deixar clara a influência nele exercida por um ensaio (absolutamente original) de Michael Oakeshott, exatamente em favor de uma *philosophical jurisprudence*. As reflexões de Oakeshott exerceram grande influência também em mim, no espírito que anima o tipo de abordagem que desenvolvo aqui. *Cf.* OAKESHOTT, Michael. The Concept of a Philosophical Jurisprudence. In: OAKESHOTT, Michael. *The Concept of a Philosophical Jurisprudence*: Essays and Reviews, 1926–51. Exeter: Imprint Academic, 2007, pp. 154-183.

87 Grifos meus. "*[T]he problem may not lie in philosophy, nor in positivist doctrine, nor even in an explicitly articulated methodology, but rather in a mentality that con temporary jurisprudence inherited from Austin, Austinians, and Hart. What is needed is not a theoretical approach resolutely focused solely on contemporary legal practice as seen and conceived by iurispiriti or on its socio-historical conditions, but a broader conception of philosophical jurisprudence which is decidedly philosophical, but which also freely and eagerly engages in a partnership with other distinctive theoretical disciplines to achieve a richer and deeper understanding of law*". POSTEMA, Gerald J. Jurisprudence, The Sociable Science. *Virginia Law Review*, vol. 101, n. 04, jun. 2015, pp. 869-901 (879).

88 Com as ressalvas, lembremos, (1) de que haverá diferentes teorias com a mesma pretensão, oferecendo explicações conflitantes com os mesmos propósitos, e (2) de que essas teorias serão construídas a partir de elementos já identificados previamente como relevantes sem que isso necessariamente apareça de forma clara em sua articulação.

de modo que seria impossível aqui dimensionar as ricas contribuições trazidas à teoria do direito não apenas por teóricos como Hart (ou mesmo Austin), como também por Joseph Raz, Scott Shapiro, Leslie Green, Matthew Kramer,[89] enfim, por teóricos *analíticos* e *positivistas*. A questão é que, se a ideia de uma teoria do direito é oferecer uma explicação *sobre o direito*, me parece que a abordagem positivista[90] será *limitada* e demasiadamente *abstrata* — ela poderá ser rica, complexa, poderá inclusive ver a própria abordagem limitada e abstrata como uma necessidade; mas será, ainda que de forma deliberada, necessariamente limitada e abstrata. Como disse o filósofo britânico Michael Oakeshott, uma investigação filosófica sobre a natureza do direito logo verificaria a incompletude da explicação abstrata oferecida pela *analytical jurisprudence*; em vez de simplesmente rejeitá-la, porém, não se trata simplesmente de dizer que

> A teoria analítica do direito (...) provou-se uma explicação incompleta acerca da natureza do direito; portanto, que não se deixe ninguém buscar uma explicação desse tipo', mas '[Essa explicação] é incompleta, (...) portanto, que não se deixe ninguém que busca uma explicação desse tipo acreditar que [ela é] outra coisa para além daquilo que [é].

O princípio, portanto, é: "'*Tudo é verdadeiro desde que você não tome algo por mais do que pretende ser*'".[91]

Trata-se, portanto, de buscar explicações profundas e que almejem ser mais *completas*: completas "no sentido de que iluminem as conexões da experiência

---

89 Nesta obra, ganham destaque Raz e Kramer. Com Raz, primeiro, tenho um desacordo muito significativo quanto à melhor leitura do *rule of law* (veremos no Capítulo 01) e, depois, uma base extremamente importante para uma de minhas conclusões. Em Kramer, vejo as melhores objeções a serem oferecidas pelo positivismo, de modo que é nelas que acabo me concentrando depois.

90 "Positivista", aqui, enquanto *mentalidade*: enquanto expressão de uma abordagem baseada em uma análise conceitual, descritiva, nos termos geral e caracteristicamente articulados pela tradição do positivismo analítico.

91 Grifos meus. "*It is clear, I think, that a philosophical enquiry into the nature of law would very soon apprehend the incompleteness of the explanation of the nature of law offered in an analytical jurisprudence and would make the best of its way to something less abstract. And so with other relatively incomplete explanations, other relatively incoherent concepts of law. But its judgment would not be, 'Analytical or historical or sociological jurisprudence has proved itself an incomplete explanation of the nature of law; henceforth let no one pursue such an explanation,' but, 'These explanations are incomplete, some more so than others; henceforth let no one who pursues them believe that they are other than what they are.' Its principle, in short, is, 'Everything is true so long as you do not take it for more than it is'.*" OAKESHOTT, Michael. The Concept of a Philosophical Jurisprudence. In: OAKESHOTT, Michael. *The Concept of a Philosophical Jurisprudence*: Essays and Reviews, 1926–51. Exeter: Imprint Academic, 2007, pp. 154-183 (177).

e da prática do direito a outros elementos centrais da vida social e política, (...) situando a prática e a experiência em seu *habitat* maior da experiência social humana"; situando "a exploração do direito em um contexto filosófico mais amplo".[92] "O direito", afinal, "é um aspecto integral da sociedade e a sociedade permeia o direito".[93] (E isso não é novo: vejamos, por exemplo, o que diz Judith Shklar — em sua leitura do que havia já na obra de Montesquieu: "O espírito das leis é (...) uma mistura de desígnios humanos intencionais e das profundas circunstâncias que condicionam todas as regras em sociedade".[94])

É nessa linha, portanto, que o tipo de investigação que caracteriza essa pesquisa acaba, invariavelmente, rejeitando os limites rígidos que são tradicionalmente impostos a teorias 'analíticas' (em sentido amplo) e 'normativas' do direito. Faz sentido: enquanto a "mentalidade analítica"[95] busca estabelecer fronteiras, é possível também procurar por continuidades, similaridades. Em vez de separar, "localizar, relacionar e integrar"[96] — mas de uma maneira *não menos interessada* em compreender a natureza do direito. Sendo assim, é necessário refletir sobre a possibilidades de interpretação do direito como um conceito *denso* — e, nessa perspectiva um 'conceito de direito' poderá, eventualmente, ser o resultado da investigação; não o ponto de partida.[97]

b. O conceito de direito e suas dimensões

Não tenho aqui, portanto — não *poderia ter* —, a pretensão de dizer que a abordagem analítica de propósitos descritivos na teoria do direito é simplesmente

---

92 "*We seek explanations that are deep and comprehensive—comprehensive in the sense that they illuminate the connections of the experience and practice of law to other core elements of social and political life. To pursue these explanations, however, re quires setting the practice and experience of law in its larger habitat of human social experience, setting the exploration of law in a larger philosophical context*". POSTEMA, Gerald J. Jurisprudence, The Sociable Science. *Virginia Law Review*, vol. 101, n. 04, jun. 2015, pp. 869-901 (884).

93 "*Law is an integral aspect of society and society infuses law*". TAMANAHA, Brian Z. *A Realistic Theory of Law*. Cambridge: Cambridge University Press, 2017, p. 01.

94 "*The spirit of the laws is thus a mixture of intentional human designs and of the deep circumstances which condition all the rules of a society*". SHKLAR, Judith N. *Montesquieu*. Oxford: Oxford University Press, 1987, p. 69.

95 "[*A*]*nalytic mentality*".

96 "[*L*]*ocating, relating, and integrating*".

97 *Cf.* POSTEMA, Gerald J. Jurisprudence, The Sociable Science. *Virginia Law Review*, vol. 101, n. 04, jun. 2015, pp. 869-901 (894, 898).

errada; ao mesmo tempo, porém, não quero simplesmente me resignar, resignar a proposta aqui desenvolvida, a uma (mera) abordagem normativa a ser construída *depois* do trabalho conceitual desenvolvido por teóricos vinculados à *analytical jurisprudence*. A tradição analítica certamente oferece *insights* poderosíssimos, plausíveis em muitos aspectos, mas, ainda assim, penso que — por sua natureza própria, inclusive — suas articulações (em suas perspectivas mais variadas, em maiores ou menores graus de complexidades e sutilezas) lidam com recortes teórico-conceituais específicos que, por sua vez, tornam limitada e abstrata a compreensão do fenômeno a que chamamos de 'direito' em suas mais variadas dimensões; tornam-na incompleta e, assim, tornam incompleto justamente aquele que é o propósito mais fundamental de uma teoria acerca da natureza do direito. A abordagem analítica pode ser muito rica em uma série de respeitos, mas será incompleta. (Talvez — muito provavelmente —, *qualquer* abordagem sobre um fenômeno complexo como o direito será incompleta; é precisamente por isso que um projeto teórico que investiga seus fundamentos deve buscar compreendê-los de modo a levar em conta tudo quanto for possível. Nas palavras de Raymond Aron, "[a] pluralidade das dimensões abertas à compreensão não estipula o fracasso do conhecimento, mas a riqueza da realidade".)[98] Essa conclusão também é atingida por Brian Tamanaha, para quem "[a] teoria do direito, em décadas recentes, vem se tornando cada vez mais abstrata, especializada e estreita. A teoria analítica do direito, dominada por positivistas, foi o mais longe possível nessa direção".[99]

Retornemos por um momento ao *dictum* de Austin, o analítico-positivista *par excellence*, para quem 'o direito é uma coisa, seus méritos ou deméritos são outra'. Como bem apontado por Postema, vimos, a *mentalidade* analítica, que persiste e remonta ao paradigma inaugurado por Austin, derivou dessa tese algo para além das simples asserções de que (1) leis não serão necessariamente justas simplesmente por serem leis e, portanto, que (2) é possível que uma lei tenha o caráter (social) de 'lei' ainda que injusta seja. O *dictum* de Austin foi estendido, para além do direito, ao *estudo* do direito, de modo que, sob essa leitura, duas perspectivas seriam então possíveis: uma perspectiva teorético-explanatória (que busca identificar as propriedades necessárias particulares da prática institucional

98 "*La pluralité des dimensions ouvertes à la compréhension ne consacre pas l'échec de la connaissance, mais la richesse de la réalité.* " ARON, Raymond. *L'Opium des Intellectuels*. Paris: Calmann-Lévy, 2004, p. 131.

99 "*Jurisprudence in recent decades has become increasingly abstract, specialized, and narrow. Analytical jurisprudence, dominated by legal positivists, has traveled the furthest in this direction.*" TAMANAHA, Brian Z. A Realistic Theory of Law. Cambridge: Cambridge University Press, 2017, p. 02.

baseada em juízos indiretos/epistêmicos/metateóricos) e uma perspectiva moral, de crítica ou justificação (que, ainda dentro do argumento analítico, é possível somente *a partir* da clarificação conceitual possibilitada pela perspectiva teorético-explanatória). Ora, é plenamente possível levar em conta a proposição básica de Austin — é algo *necessário* para qualquer teoria que se pretenda plausível ao levar em conta o direito positivo enquanto tal — sem que isso imponha a adoção do positivismo metodológico.

Há mais: a estipulação prévia desse dualismo entre perspectivas lógicas diferentes é algo que "distorce a importância teórica" do *insight* acerca do direito em suas dimensões reais e/ou ideais — se concordarmos com Postema quando este fala sobre a tarefa teórica de "oferecer uma explicação coerente, *inter alia*, sobre a reivindicação do direito de oferecer razões para agir, de obrigar a ações, e por aí vai, *em face de desacordos* sobre méritos ou deméritos das ações exigidas".[100] Como bem lembra Brian Tamanaha — discutindo as premissas do positivismo, do jusnaturalismo e da teoria histórica do direito[101] —, é possível aceitar premissas de fundo, subjacentes a diferentes teorias, sem qualquer contradição ou inconsistência necessárias: é possível acreditar que as leis são válidas enquanto leis, do ponto de vista formal, mesmo quando imorais ou injustas e, ao mesmo tempo, entender que uma melhor compreensão acerca do direito exige um passo atrás na abstração que resulta da mentalidade de separação imposta pela leitura analítico-positivista ao fenômeno. "[U]m jurista pode aceitar uma ou mais premissa de fundo sem necessariamente se comprometer à teoria centrada nessa(s) premissa(s)".[102] É uma questão de ângulos, que podem ser complementares; uma questão de *dimensões conceituais*.

É precisamente porque se pode transcender essa dualidade de perspectivas que é também possível transcender a alegação de uma dicotomia positivismo/jusnaturalismo. A própria permanência dessa dicotomia na filosofia do direito,

---

100 "*The task for practical theory of law is to give a coherent account* inter alia *of law's claim to provide reasons for action, to obligate actions, and the like,* in the face of disagreement *about merits of the actions required. It is an issue for jurisprudence how to account for the possibility of a gap between ideal and actual law. Thus, appreciation of this feature does not force us to adopt observer theory for philosophical jurisprudence. Indeed, to attempt to account for it in terms of a shift of logical perspectives distorts its jurisprudential significance*". POSTEMA, Gerald J. Jurisprudence as Practical Philosophy. Legal Theory, vol. 04, n. 03, set. 1998, pp. 329-357 (352).

101 *Cf.* TAMANAHA, Brian Z. *A Realistic Theory of Law*. Cambridge: Cambridge University Press, 2017, pp. 27-32.

102 "[*A*] *jurist can accept one or more background assumption without necessarily committing to the theory that centers on that assumption.*" TAMANAHA, Brian Z. *A Realistic Theory of Law*. Cambridge: Cambridge University Press, 2017, p. 29.

suponho, é resquício da mentalidade teórica desenvolvida por uma perspectiva analítica que alargou a conclusão de Austin sobre a validade do direito positivo, unindo-a às restrições por ele impostas aos 'domínios' da teoria do direito — tendo seu objeto limitado ao direito positivo como tal, tendo como sua tarefa exatamente a de distingui-lo de outros tipos de 'comandos'. Um exemplo particularmente relevante aqui, de rejeição da dicotomia, é exatamente o do próprio Gerald Postema, quem, revisitando o conceito do fim da Idade Média de *vera philosophia*, propõe o retorno de uma teoria do direito que não seja "nem especulação serena nem pura prudência, mas o *ponto no qual se interseccionam o teorético e o prático*"; uma teoria que "não subordine a prática à teoria nem a teoria à prática", mas que as *integre*.[103]

É por isso que podemos, *devemos* considerar o *insight* de Austin, sem que isso signifique a adoção de sua metodologia (sua e daqueles que o sucederam). É claro que 'os fatos' importam; o ponto, lembremos, é que a análise conceitual que os pretende dispor não tem, não pode ter o caráter fundacional que reivindica. O ponto, como bem lembra Postema (naquele que me parece ser um dos capítulos mais negligenciados da teoria do direito contemporânea) é que não há acordo, consenso, denominador comum de que esses fatos "sejam 'fatos' metafísicos ou lógicos ou mesmo fatos de prática linguística" — *sobretudo* "se partirmos do pressuposto de que fatos linguísticos são, de algum modo, divorciados da prática mais ampla na qual a linguagem encontra seu espaço". A análise linguística (em sentido bastante amplo) que marca a *analytical jurisprudence*, assim, "parte do pressuposto equivocado de que os conceitos que utilizamos podem ser separados da linguagem da vida cotidiana na qual [esses conceitos] funcionam".[104]

Em sua reflexão, Postema lembra que a abstração dos conceitos das práticas de que pertencem só se torna possível por meio de definições que são capazes de capturar — exatamente como viemos argumentando até aqui — apenas uma pequena

---

103 Grifos meus. "*Jurisprudence,* vera philosophia, *was neither serene speculation nor pure prudence, but the point at which the theoretical and the practical intersected. Jurisprudence, neither subordinating practice to theory nor theory to practice, at its 'sociable' best sought to integrate them.*" POSTEMA, Gerald J. Jurisprudence, The Sociable Science. *Virginia Law Review*, vol. 101, n. 04, jun. 2015, pp. 869-901 (870).

104 "[*I*]*t is not agreed that these are metaphysical or logical 'facts' or even facts of linguistic practice (if we assume that linguistic facts are somehow divorced from the larger practice in which the language finds its home) (...). Analytical Jurisprudence rests on a problematic philosophy of language. It mistakenly assumes that the concepts we use can be divorced from the language of everyday life in which they function.*" POSTEMA, Gerald J. *Bentham and the Common Law Tradition*. Oxford: Oxford University Press, 2004, p. 332.

parte de tudo aquilo que constitui a prática e, *eo ipso*, *forma o próprio conceito.*[105] É por isso que

> desenvolver explicações e teorias mais ricas e mais detalhadas não é necessariamente se engajar em um processo de natureza diferente do que o de oferecer uma definição ou uma análise do conceito. Na verdade, isso talvez envolva simplesmente enriquecer e aprofundar nossa compreensão *do conceito.*[106]

É uma questão de *densidade semântica.* O exemplo citado por Postema na passagem reproduzida acima é de Sabina Lovibond: imaginemos um conceito moral como 'coragem', por exemplo. Podemos muito bem iniciar por uma compreensão esquemática simplificada, como uma definição encontrada em um dicionário. Depois, num segundo momento — ao explorarmos os aspectos da vida que o conceito moral em questão envolve e ilumina (e a partir dos quais ele é construído, formado enquanto conceito) —, podemos aprofundar nossa compreensão acerca do conceito sem que, depois desse segundo passo, queiramos dizer algo *diferente* do que queríamos dizer quando definíamos 'coragem' esquematicamente ao início do processo explanatório.[107]

Naturalmente, o direito não é um conceito moral como 'coragem'. Ao mesmo tempo, precisamente por seu significado e sua relevância em nossas vidas práticas, parece-me plenamente plausível argumentar que um tipo muito parecido de densidade semântica pode-lhe ser atribuído. Refletir sobre o direito, afinal, é refletir sobre aquilo que compreendemos das práticas e formas de vida que o constituem. Teorizar sobre o direito é procurar dar forma às nossas crenças e disposições estruturantes do fenômeno — e "essas crenças e disposições não podem ser separadas, sem que sejam distorcidas, da prática mais ampla da qual são parte e que lhes dá *propósito* e *substância*".[108]

---

105 *Cf.* POSTEMA, Gerald J. *Bentham and the Common Law Tradition.* Oxford: Oxford University Press, 2004, pp. 332-333.

106 "*To develop richer and more detailed accounts and theories is not necessarily to engage in a process different in kind from giving a definition or analysis of the concept. It may, in fact, simply involve enriching and deepening our understanding of* the concept." POSTEMA, Gerald J. *Bentham and the Common Law Tradition.* Oxford: Oxford University Press, 2004, p. 333.

107 *Cf.* LOVIBOND, Sabina. *Realism and Imagination in Ethics.* Minneapolis: Wiley, 1983, pp. 31-32.

108 Grifos meus. "[*T*]*hese beliefs and attitudes cannot without distortion be divorced from the larger practice of which they are a part and which gives them point and substance.*" POSTEMA, Gerald J. *Bentham and the Common Law Tradition.* Oxford: Oxford University Press, 2004, p. 333.

É aqui, enfim, que as reflexões pelas quais esta pesquisa teve início — sobre constructos analíticos, sobre pontos de vista, sobre *as funções do direito enquanto instituição/prática social* — encontram um dos grandes pontos argumentativos que a constituem. Lembremos de algumas das conclusões até aqui.

Empreendimentos sociais como o direito têm uma função, um propósito; teóricos analíticos modernos, vimos, tiveram na compreensão disso um dos avanços que lhes permitiram superar as insuficiências das propostas de seus antecessores. O ponto que fica em aberto, porém, lembremos, é o que se deriva daí. Para os analíticos, trata-se tão somente de reconhecer o que marca a prática como tal, a partir de juízos epistêmicos/metateóricos, e oferecer daí uma explicação que, para fins de identificar corretamente suas propriedades essenciais, leve em conta a perspectiva interna à prática para então poder explicá-la adequadamente de um ponto de vista *externo*. Um dos problemas disso é que há diferentes explicações externas, de modo que seria difícil atribuir a qualquer explicação analítico-conceitual o caráter fundacional que é reivindicado. (Isso fica ainda mais difícil se considerarmos que as caracterizações de um fenômeno podem acabar ainda por modificá-lo; se assim o for, a disputa entre caracterizações diferentes torna-se um problema *ainda maior*.)[109]

É por isso que, em algum momento, nem mesmo as teorias que pretendem oferecer "caracterizações gerais e abstratas da prática jurídica",[110] ou "análises de seus conceitos estruturantes",[111] poderão ser completamente divorciadas de considerações sobre o propósito das instituições do direito sem que isso resulte em uma distorção dessas instituições mesmas.[112] É *aqui* que *necessariamente* reflexões e considerações de caráter normativo entram em cena. Respeitar a *densidade semântica* do conceito de direito, nesse sentido, implica em tornar um pouco mais difusa a linha que demarca e separa as teorias (meramente) analíticas ou (meramente) normativas do direito; implica em recepcionar a complexidade, a nuance e, em vez de partir de uma definição esquemática do direito, buscar compreendê-lo em algumas de suas diversas dimensões possíveis. Daí por que se impõe uma leitura do direito como um conceito dotado de uma certa *densidade*.

---

109 *Cf.* POSTEMA, Gerald J. *Bentham and the Common Law Tradition*. Oxford: Oxford University Press, 2004, p. 335.

110 "[G]*eneral and abstract characterizations of legal practice*".

111 "[A]*nalyses of its structuring features*".

112 *Cf.* POSTEMA, Gerald J. *Bentham and the Common Law Tradition*. Oxford: Oxford University Press, 2004, p. 335.

Conceitos *densos*, "*thick concepts*",[113] são muito mais tipicamente conceitos morais, muito na linha do exemplo de Lovibond (reivindicado por Postema), acima reproduzido ('coragem' e seus correlatos, como 'corajoso', 'corajosa' etc.); são conceitos — ao menos como vêm sendo compreendidos na filosofia, sobretudo depois de sua articulação por Bernard Williams[114] — que combinam elementos descritivos e elementos valorativos: conceitos que, "como *traição* e *promessa* e *brutalidade* e *coragem*, parecem expressar uma união entre fato e valor".[115] Como já deve ter ficado claro até aqui, pretendo apontar à possibilidade, à hipótese de que, talvez, o direito enquanto fenômeno possa ser melhor compreendido se tratado como um conceito de maior densidade semântica: um conceito com diferentes *dimensões* que, por sua vez, transcendem a (mera, pura) abordagem descritiva. Antes, porém, algumas ressalvas são necessárias.

Primeiro, não tenho a pretensão aqui de dizer que o direito pode ser um puro "*thick concept*", exatamente nos termos da tradição da filosofia moral.[116] O direito *não é* um 'conceito moral'. Penso apenas que a ideia de conceitos de maior densidade, que podem envolver elementos valorativos para sua melhor compreensão, pode ser adaptada para uma explicação mais completa acerca do direito.

O segundo ponto que preciso reconhecer aqui é que a 'mera' atribuição de possíveis dimensões valorativas ao *conceito* de direito — ainda que disputável, ainda que enseje controvérsias já de início — não invalida ou significa a rejeição, por si só, de uma empreitada positivista. Lembremos: os positivismos costumam reivindicar, para as diferentes descrições que oferecem, um caráter fundacional:

---

113 A tradução de "*thick*" como 'denso' não é exatamente consolidada. Não há um consenso acadêmico formado. Aqui, adoto 'denso' porque, pessoalmente, me parece a melhor tradução — a que melhor captura o sentido do termo.

114 *Cf.* WILLIAMS, Bernard. *Ethics and the Limits of Philosophy*. Cambridge: Harvard University Press, 1985, pp. 129, 140, 143-145, 163, 192, 200. Bernard Williams é um autor que retornará ao final deste trabalho, com uma colaboração muito importante para o que pretendo propor aqui.

115 "*What they* [teóricos que trouxeram a dicotomia fato/valor à esfera da linguagem] *have found are a lot of these 'thicker' or more specific ethical notions I have already referred to, such as* treachery *and* promise *and* brutality *and* courage, *which seem to express a union of fact and value*." WILLIAMS, Bernard. *Ethics and the Limits of Philosophy*. Cambridge: Harvard University Press, 1985, p. 129.

116 Para essa riquíssima discussão, além das páginas indicadas de *Ethics and the Limits of Philosophy*, vale a leitura do verbete '*Thick ethical concepts*', na *Stanford Encyclopedia of Philosophy*. *Cf.* VÄYRYNEN, Pekka. Thick Ethical Concepts. In: ZALTA, Edward N. (ed.). *The Stanford Encyclopedia of Philosophy*, Summer 2019 Edition. Stanford: Metaphysics Research Lab, Stanford University. Disponível em <https://plato.stanford.edu/archives/sum2019/entries/thick-ethical-concepts/>.

primeiro, descrevemos; depois, a partir da descrição oferecida, uma abordagem normativa faz o trabalho de dizer como *deve ser* aquilo que é. O próprio Bernard Williams — já que minha analogia aqui é com os *thick concepts* — diz que, se é verdade que os conceitos densos envolvem uma dimensão descritiva com uma dimensão valorativa que lhe é vinculada, também é verdade que, *ao menos em princípio*, essas dimensões podem ser separadas.[117] O que quero dizer — além, claro, de rejeitar o caráter fundacional reivindicado pelas definições positivistas (elas próprias em disputa) — é que é muito possível (1) aceitar, num plano 'descritivo', o caráter social do direito (em linhas gerais, portanto, o *dictum* de Austin)[118-119] e, ao mesmo tempo, (2) entender que há outros elementos para que uma explicação do direito seja algo além de uma abstração teorética limitada e restrita. Essa é a primeira questão, que até mesmo um positivista pode muito bem aceitar sem contradizer o próprio projeto.[120] Para além disso — e entendido que os argumentos são distintos —, quero ainda dizer que (3) a abordagem descritiva é *necessariamente* incompleta e, num segundo momento, que (4) superar as limitações da proposta positivista, aí sim, implica em, ao menos em alguma medida, colocar em xeque as possibilidades de uma abordagem puramente descritiva. *Por si só*, a atribuição de uma densidade semântica ao conceito de direito não significa rejeitar as possibilidades mesmas de uma teoria positivista; mesmo assim, penso que adentrar nas possíveis dimensões normativas do conceito acaba tornando a(s) dicotomia(s) descrição/valoração (e fato/valor, e ser/dever ser) bastante obscurecidas.

---

117 *Cf.* WILLIAMS, Bernard. *Ethics and the Limits of Philosophy*. Cambridge: Harvard University Press, 1985, p. 130.

118 No que diz respeito à validade, sem estendê-lo como se impusesse restrições aos domínios do estudo do direito e, fundamentalmente, pensando somente no que diz respeito à validade de *leis específicas*, isoladas, no sentido comum (e até inegável, penso) de que ninguém discordaria do caráter de juridicidade de determinadas leis que eventualmente nos parecem injustas.

119 Inclusive, "o *dictum* de Austin chama atenção à importante questão sobre o direito de que podemos oferecer objeções a leis com base em fundamentos morais sem desafiar sua validade ou autoridade *enquanto leis*. Além disso, podemos discordar sobre se uma lei é justificada ou não e, ao mesmo tempo, concordar que ela é válida. *Qualquer teoria plausível deve dar conta desse elemento do direito* (grifos meus. "*Austin's dictum calls attention to the important point about law that we can object to laws on moral grounds without challenging their validity or authority as laws. Moreover, we can disagree about whether a law is justified or not while agreeing that it is valid. Any plausible jurisprudential theory must account for this feature of law.*") POSTEMA, Gerald J. Jurisprudence as Practical Philosophy. *Legal Theory*, vol. 04, n. 03, set. 1998, pp. 329-357 (352).

120 Até porque, lembremos, a um positivista é dado argumentar que existe nenhum problema em uma abordagem estritamente voltada a um recorte analítico-conceitual.

Kevin Toh e David Enoch já defenderam a possibilidade de o '*jurídico*' (no original, "*legal*") ser tratado como um conceito denso:[121] nesse sentido, o conteúdo descritivo do conceito poderia ser compreendido justamente "nos termos da representação de alguns fatos sociais — *i.e.* os fatos sociais em virtude dos quais algum ato ou tipo de prática conta como legal ou ilegal". Isso não impede que o conceito seja valorativo também: Enoch e Toh dizem que "[n]a verdade, geralmente, ou *talvez até necessariamente*, declarar um ato como legal (ou ilegal) geralmente envolveria a expressão de algum comprometimento valorativo ou normativo". A sugestão dos autores é a de que talvez haja aí um juízo normativo subjacente envolvido, "talvez no sentido de que o fato de que um ato satisfaz os critérios descritivos de legalidade seja uma razão para certas autoridades permitirem-na", e vice-versa.[122] A reflexão de Toh e Enoch aborda uma série de questões e problemas filosóficos pertinentes à discussão filosófica mais ampla dos conceitos densos (como, por exemplo, a possibilidade ou não de desvincular os elementos descritivos dos elementos valorativos, e sobre os juízos subjacentes como uma questão de pragmática ou semântica),[123] relacionando-os com o caso do conceito discutido. Para meus propósitos aqui — sobretudo porque, mais do que conferir ao direito o caráter de '*thick concept*' nos estritos termos em que caracteristicamente discutidos na tradição da filosofia moral, pretendo abordar possíveis dimensões atreladas ao fenômeno jurídico que ultrapassam uma concepção positivista 'estreita' —, o que interessa mais (além de aproveitar o *insight* fundamental que perpassa o argumento) é que, como os autores bem lembram, reconhecer a densidade conceitual do

---

121 *Cf.* ENOCH, David; TOH, Kevin. *Legal* as a Thick Concept. In: WALUCHOW, Wil; SCIARAFFA, Stefan. *Philosophical Foundations of the Nature of Law*. Oxford: Oxford University Press, 2013, pp. 257-278.

122 "*We suggest, then, that 'legal' be thought of as a thick term, and the concept legal as a thick concept. The concept's descriptive content can then be understood in terms of representations of some social facts—i.e. the social facts in virtue of which some act or practice type counts as legal or illegal (...). But as with other thick concepts, that it has descriptive content does not preclude its being evaluative as well. Indeed, often, or perhaps even necessarily, declaring an act legal (or illegal) would involve an expression of some evaluative or normative commitment. There may be an underlying normative judgment involved here—perhaps something to the effect that the fact that an act satisfies the descriptive criteria for legality is a reason for certain officials to permit them, or perhaps to the effect that the fact that an act fails to satisfy these descriptive criteria counts strongly against these officials permitting it.*" Nota omitida. ENOCH, David; TOH, Kevin. Legal as a Thick Concept. In: WALUCHOW, Wil; SCIARAFFA, Stefan. *Philosophical Foundations of the Nature of Law*. Oxford: Oxford University Press, 2013, pp. 257-278 (264-265).

123 *Cf.* ENOCH, David; TOH, Kevin. Legal as a Thick Concept. In: WALUCHOW, Wil; SCIARAFFA, Stefan. *Philosophical Foundations of the Nature of Law*. Oxford: Oxford University Press, 2013, pp. 257-278 (261-262, 265-266, *passim*).

direito significa reconhecer possibilidades teóricas para além de uma simplificação que reduz os debates jusfilosóficos a uma dicotomia positivismo/jusnaturalismo.

Em síntese, o que pretendo explorar agora é que uma melhor compreensão do direito envolve explorá-lo em toda sua possível densidade, em suas possíveis dimensões normativas. Não se trata simplesmente de aceitar descrições postas para depois dizer como o direito deve ser; trata-se de uma escolha entre *diferentes* modos de compreender "*aquilo que já temos*". Afinal, "só nos enganamos se pensamos que podemos evitar as complicações e a 'bagunça' de uma discussão dessa natureza ao tratar a reflexão sobre a natureza do direito no modelo dos juristas analíticos". Como bem diz Postema, "[a]s complicações não desaparecem; são meramente ignoradas em silêncio".[124]

(i) Uma dimensão funcional

Vimos até aqui que o direito, compreendido enquanto prática social institucionalizada, é um empreendimento que, como tal, desempenha uma, ou mais de uma, função. Em si, isso não é controverso. Com Perry, vimos que qualquer teoria plausível deverá levar em conta o propósito, a função que o direito exerce (ou, no mínimo, que se diz que ele exerce).[125] Dan Priel, por exemplo, chega a afirmar (e traz referências para fazê-lo) que a ideia de que o direito tem funções próprias é "aceita por *virtualmente todos os positivistas contemporâneos*".[126-127] As diferenças ou eventuais controvérsias, vimos também, estarão (1) no tipo de função atribuída, (2) na perspectiva adotada para a atribuição dessa função, e (3) *nas consequências*

---

124 Grifos meus. "*[I]t is (...) a choice between two (or more) ways of understanding what it is we already have (...). [W]e only deceive ourselves if we think we can avoid the complications and 'messiness' of such a discussion by treating reflection on the nature of law on the model of the Analytical Jurists. The complications do not go away, they are merely silently ignored*." POSTEMA, Gerald J. Bentham and the Common Law Tradition. Oxford: Oxford University Press, 2004, p. 336.

125 *Cf.* PERRY, Stephen R. Interpretation and Methodology in Legal Theory. In: MARMOR, Andrei. *Law and Interpretation*. Oxford: Oxford University Press, 1997, pp. 97-135 (100).

126 Itálico meu. "*This idea is accepted by virtually all contemporary legal positivists*". PRIEL, Dan. Reconstructing Fuller's Argument Against Legal Positivism. *Comparative Research in Law & Political Economy Research Papers*, Osgoode Hall Law School, n. 16/2013, 2013, p. 14 (n. 38).

127 O próprio Joseph Raz, em ensaio intitulado exatamente "*The Functions of Law*", dirá que "[o] conceito das funções do direito é, obviamente, de fundamental importância a qualquer teoria que busque oferecer uma explicação geral acerca da natureza do direito" ("*The concept of the functions of law is, quite obviously, of major importance to any theory of law which attempts a general explanation of the nature of law*"). RAZ, Joseph. *The Authority of Law*. 2ª ed. Oxford: Oxford University Press, 2011, p. 163.

teóricas — e, possivelmente (e até por consequência), práticas — daí derivadas. Com Finnis, vimos que a identificação de uma função prática exercida pelo direito enquanto instituição social foi um dos elementos que permitiram a teóricos analíticos modernos e contemporâneos a superação de algumas das lacunas de teorias que lhes antecederam;[128] novamente com Perry, vimos que, em Hart, essa função era atribuída a partir da perspectiva do teórico.[129-130]

Muito bem. O que pretendo abordar agora, depois dessas explicações iniciais — e depois de deixar claro (1) que a abordagem analítica, por mais rica que seja em sua tradição, parece-me problemática e incompleta, e, portanto, (2) que, talvez, o direito mereça ser lido como um conceito de maior densidade —, é um possível passo além; um convite ao que se pode ter como consequência após o reconhecimento de que (1) instituições jurídicas são "empreendimentos sociais inteligíveis com um certo, e talvez bastante complexo, *sentido* ou propósito"[131] e de que (2) tanto quanto a função em si, a própria *atribuição* de uma função será objeto de disputas. Isso vai ser uma das marcas desta pesquisa. Por ora, porém, ainda em sede de considerações iniciais de cunho metodológico, gostaria de sugerir brevemente algumas das possíveis implicações *metodológicas* dessa dimensão funcional no conceito de direito (além de algumas de suas discussões metodológicas subjacentes).

Comecemos novamente por um *insight* que é de novo oferecido por Gerald Postema. Ele não diz apenas que instituições jurídicas são 'empreendimentos sociais inteligíveis com um certo, e talvez bastante complexo, *sentido* ou propósito': Postema dirá que, qualquer que seja a função atribuída ao fenômeno, não se trata de um fato bruto; ainda que seja verdade que, digamos, o direito seja meramente um instrumento para a regulação do comportamento social, essa tese só será

---

128 *Cf.* FINNIS, John. *Natural Law and Natural Rights.* 2ª ed. Oxford: Oxford University Press, 2011, pp. 06-09.

129 *Cf.* PERRY, Stephen R. Interpretation and Methodology in Legal Theory. In: MARMOR, Andrei. *Law and Interpretation.* Oxford: Oxford University Press, 1997, pp. 97-135 (100, 103, 114, 118, 120-121).

130 Embora isso não seja diretamente relevante para o que pretendo elaborar aqui, uma vez que meu foco é outro, é preciso observar que Perry reconhece, em sua versão de positivismo, que Raz admite a necessidade de atribuição funcional a partir da perspectiva dos participantes da prática. Sua crítica, então, é a de que Raz acaba por aproximá-lo de um 'interpretativismo', em tensão com seus compromissos com o positivismo metodológico. (O interpretativismo será, em alguma medida, abordado mais adiante, quando abordada uma possível dimensão interpretativa do conceito de direito.)

131 "[Legal institutions] *are intelligible social enterprises with a certain, perhaps very complex,* meaning *or* point." POSTEMA, Gerald J. *Bentham and the Common Law Tradition.* Oxford: Oxford University Press, 2004, p. 334.

verdadeira "em virtude de um *fato social*, um fato acerca do propósito ou da função do direito *como vista por aqueles que se reconhecem como seus participantes*".[132]

Isso permite que Postema vá ainda além[133] — *corretamente* além, penso. Primeiro, ele dirá que caracterizações da prática jurídica podem ser disputáveis não apenas porque nenhuma caracterização deixa o fenômeno caracterizado sem modificações,[134] mas também porque "o propósito ou sentido atribuído aos fatos da prática é *inevitavelmente atrelado a considerações valorativas ou morais* que são fundamentais, *ao menos aos participantes na prática*".[135] Isso tem consequências (razão pela qual vale a pena, aqui, recuperar a íntegra, agora em maior detalhe, de uma passagem na qual já havia tocado anteriormente de forma mais ampla):

> Fica claro, portanto, que nenhuma teoria, nem mesmo uma que se restrinja a caracterizações bastante gerais e abstratas da prática jurídica, ou a análises de seus conceitos estruturantes, pode ser divorciada de considerações sobre o objetivo, propósito, ou função das instituições de direito sem uma distorção dessas instituições mesmas. Assim, nenhuma explicação sobre a natureza do direito pode esperar desenvolver nossa compreensão sobre o direito e sobre a prática jurídica sem se amparar, em pontos importantes, em *considerações normativas*.[136]

---

132 O segundo grifo é meu. "*If the claim is true, it is true in virtue of a* social fact, *a fact about the point or function of law as viewed by its self-identified participants*." POSTEMA, Gerald J. *Bentham and the Common Law Tradition*. Oxford: Oxford University Press, 2004, p. 334.

133 De um modo que, indiretamente, ecoa as críticas de Perry tanto a Hart quanto a Raz. *Cf.* PERRY, Stephen R. Interpretation and Methodology in Legal Theory. In: MARMOR, Andrei. *Law and Interpretation*. Oxford: Oxford University Press, 1997, pp. 97-135.

134 Isso está relacionado às implicações práticas de uma teoria, aos reflexos que terá a teorização de um conceito prático sobre esse conceito materializado na prática. *Cf.* POSTEMA, Gerald J. *Bentham and the Common Law Tradition*. Oxford: Oxford University Press, 2004, pp. 334-335.

135 Grifos meus. "*Characterizations of legal practice are open to challenge for the further reason that the point or meaning attributed to the facts of the practice is inevitably tied up with moral or evaluative concerns which are fundamental, at least to participants in the practice*." POSTEMA, Gerald J. *Bentham and the Common Law Tradition*. Oxford: Oxford University Press, 2004, p. 335.

136 Grifos meus. "*But, then, it should be clear that no theory, even one which restricts itself to rather general and abstract characterizations of legal practice, or analyses of its structuring concepts, can be divorced from consideration of the aim, point, or function of the institutions of law without distortion of those institutions. And thus, no account of the nature of law can hope to advance our understanding of law and legal practice without relying at important points on normative considerations*." POSTEMA, Gerald J. *Bentham and the Common Law Tradition*. Oxford: Oxford University Press, 2004, p. 335.

Eis por que a questão não é tão simples. Capturar a função que as instituições de direito exercem em uma sociedade — em *nossa* sociedade —, sem distorcê-las e sem resignar a investigação a um recorte analítico-conceitual, acaba por trazer implicações normativas ao projeto teórico assumido. Mais ainda, a própria função — ou, melhor dizendo, as próprias *possíveis funções* assim identificadas podem trazer consequências normativas, não apenas à teoria mas também *ao próprio conceito*.

Aqui, é interessante analisarmos um dos argumentos de Jeremy Waldron em *Legal and Political Philosophy*, ensaio no qual trabalha as possíveis conexões entre a teoria do direito e a filosofia política. O artigo é paradigmático para a seção que encerra esta parte introdutória, na qual trago exatamente a reflexão sobre essa possível interdisciplinaridade; por enquanto, ao menos por enquanto, fiquemos com apenas um dos argumentos presentes no texto. "Suponhamos", diz Waldron, "que *direito* seja um conceito como *hospital*". Uma das várias definições que se pode encontrar para a palavra 'hospital' em um dicionário é algo como 'uma instituição ou estabelecimento para o tratamento e cuidado de doentes ou feridos, ou daqueles que necessitam de tratamento médico'.[137] "Nessa explicação do significado, ninguém poderá compreender o termo 'hospital' a não ser que entenda *para que* são os hospitais":[138] se eu descrevo meu estabelecimento como um hospital, estou articulando a promessa de tratamento e cuidado. Na mesma linha, alguns autores compreendem que o conceito *de direito* articula uma promessa de "justiça", ou de "orientação ao bem comum".[139] Embora a relação mais óbvia seja com os autores da tradição do direito natural, Waldron lembra que não é necessariamente o caso: seu exemplo é do sociólogo do direito alemão Philip Selznick, para quem o direito, se não é necessariamente justo, ao menos promete a ideia de justiça.[140] (Para além dessa lembrança de Waldron, veremos isso em detalhe no último capítulo.)

---

137 O exemplo é de Waldron, no artigo que trago aqui, e a menção é ao *Oxford English Dictionary*. Naturalmente, o exemplo pode ser fácil e diretamente adaptável ao português.

138 "*Suppose* law *is a concept like hospital, rather than a concept like* state *(in Weber's sense). One of the meanings given for 'hospital' in the* Oxford English Dictionary *is '[a]ny institution or establishment for the care of the sick or wounded, or of those who require medical treatment'. On this account of the meaning, no one understands the term 'hospital' unless he understands what hospitals are* for." Nota omitida, ênfase no original. WALDRON, Jeremy. Legal and Political Philosophy. In: COLEMAN, Jules L.; HIMMA, Kenneth Einar; SHAPIRO, Scott J. (ed.). *The Oxford Handbook of Jurisprudence and Philosophy of Law*. Oxford: Oxford University Press, 2012, pp. 352-381 (371).

139 "*Justice*", "*attention to the common good*". Isso será considerado substantivamente mais ao final da pesquisa.

140 *Cf.* WALDRON, Jeremy. Legal and Political Philosophy. In: COLEMAN, Jules L.; HIMMA, Kenneth Einar; SHAPIRO, Scott J. (ed.). *The Oxford Handbook of Jurisprudence and Philosophy of Law*. Oxford: Oxford University Press, 2012, pp. 352-381 (371).

Waldron explica que esse argumento — por ele chamado de '*hospital thesis*' — traz implicações metodológicas à teoria do direito, sobretudo com relação à questão da separação (ou não) entre uma análise conceitual em termos analíticos na teoria geral do direito e argumentos de natureza normativa em termos político-filosóficos. (Lembremos, o texto de Waldron é sobre as relações, possíveis relações, entre a teoria 'geral' do direito e a filosofia política.) Se aceitarmos uma versão extrema do argumento, conectando 'direito' e 'justiça' (ou, em uma versão mais leve — com *e.g.* Selznick —, o direito e a *promessa de* justiça), as consequências teorético-metodológicas são óbvias: na medida em que devemos olhar para as *aspirações* de um sistema jurídico, à luz de uma articulação sobre o que conta como (promessa de) '*justiça*', para verificarmos se esse sistema pode ser qualificado como um sistema jurídico, a demarcação entre o descritivo e o normativo fica bastante obscurecida. No outro extremo — ainda dentro da '*hospital thesis*', porém —, Waldron dirá que a tese "pode ser persuasiva de uma forma que conecte o direito com valores (como justiça formal ou coerência jurídica ou processo legal) que não são estudados em outra disciplina, ou que tenham sido sempre estudados primordialmente na teoria do direito", em vez de valores mais tipicamente relacionados à filosofia moral ou política — justamente como 'bem comum' e 'justiça'. Nessa leitura, "essas conexões intralegais podem ter pouca ou nenhuma implicação em termos de mudanças ou políticas jurídicas normativas, ou, se tiverem, podem complementar e não duplicar a tarefa normativa da filosofia política".[141]

Como já vínhamos observando até aqui, uma função atribuída ao direito não passa necessariamente pela justiça ou pelo bem comum (ou mesmo pela promessa de justiça, pela promessa de orientação ao bem comum). Como dito, veremos mais sobre isso ainda nesta pesquisa, uma vez que essa sugestão se repete. De todo modo, essa passagem de Waldron é bastante elucidativa para o que quero esboçar aqui em termos de consequências teóricas geradas pela função (ou pelas possíveis funções) exercidas pelo direito enquanto empreendimento social humano. Feito esse esclarecimento, sigamos por mais um momento no argumento de Waldron, em direção àquela que ele apresenta como uma alternativa entre os dois extremos

141 "*At the other extreme, the hospital thesis might be persuasive in a form that connects law with values (like formal justice or legal coherence or due process) that are not studied in any other discipline or that have always been primarily studied in jurisprudence, rather than values like justice or the common good. These intra-legal connections may have few or no implications for normative legal change or legal policy, or if they do, they may complement rather than duplicate whatever normative work is going on in political philosophy.*" WALDRON, Jeremy. Legal and Political Philosophy. In: COLEMAN, Jules L.; HIMMA, Kenneth Einar; SHAPIRO, Scott J. (ed.). *The Oxford Handbook of Jurisprudence and Philosophy of Law*. Oxford: Oxford University Press, 2012, pp. 352-381 (372).

das implicações da '*hospital thesis*': a possibilidade de que "uma análise dos conceitos do direito revele uma conexão com valores que são, na *primeira* instância, internos à teoria do direito" — exatamente como no caso do segundo extremo —, "mas que também têm uma importância que vai além disso".[142]

O exemplo de Waldron, aqui, é a obra de Lon Fuller — autor muito importante para o próprio Waldron e para meu grande propósito nesta pesquisa, como se verá em momento adequado. Uma manifestação dessa leitura intermediária que se pode derivar da '*hospital thesis*', segundo Waldron, é o argumento de Fuller sobre a 'moralidade interna do direito'.[143] Em Fuller, não *apenas* uma análise do conceito de direito, como tal, revela uma conexão com valores ou princípios 'jurídicos' (*i.e.* internos ao próprio direito enquanto tal) como generalidade, prospectividade, transparência, previsibilidade; além disso, esses valores mesmos, ainda que internos ao direito, estarão relacionados com uma ideia de moralidade de um modo que transcende os limites estritamente jurídicos de um ponto de vista conceitual.[144] Há quem negue isso, e abordaremos essa discussão no capítulo dedicado a Fuller. Para o momento, o que quero explorar aqui, em uma perspectiva ainda muito incipiente, está (1) na atribuição de uma função ao direito — entendido enquanto empreendimento humano — e (2) as consequências normativas que se pode derivar dessa atribuição. Quero fazê-lo a partir de algo que a '*hospital thesis*' de Waldron ilumina (deixemos de lado, por ora, a promessa de justiça ou orientação ao bem comum; voltarei a isso) — a ideia de que só podemos compreender algo verdadeiramente quando levamos em conta seu propósito — e, sobretudo, a partir das reflexões nesse sentido por parte daquele a quem Waldron atribui uma tese intermediária — notadamente, Lon Fuller.

Em Fuller, o direito pode ser compreendido como um "empreendimento que visa sujeitar a conduta humana à governança por meio de regras". Até aqui,

---

142 "*In between these extremes, there is the possibility that an analysis of the concepts of law will reveal a connection to values which are in the* first *instance internal to jurisprudence in the way just described, but which also have a significance that goes beyond that.*" WALDRON, Jeremy. Legal and Political Philosophy. In: COLEMAN, Jules L.; HIMMA, Kenneth Einar; SHAPIRO, Scott J. (ed.). *The Oxford Handbook of Jurisprudence and Philosophy of Law*. Oxford: Oxford University Press, 2012, pp. 352-381 (372).

143 *Cf.* FULLER, Lon L. *The Morality of Law*. 2ª ed. New Haven: Yale University Press, 1969. A obra de Fuller será tratada com mais vagar e em maior detalhe em meu terceiro capítulo.

144 *Cf.* FULLER, Lon L. *The Morality of Law*. 2ª ed. New Haven: Yale University Press, 1969, p. 162; WALDRON, Jeremy. Legal and Political Philosophy. In: COLEMAN, Jules L.; HIMMA, Kenneth Einar; SHAPIRO, Scott J. (ed.). *The Oxford Handbook of Jurisprudence and Philosophy of Law*. Oxford: Oxford University Press, 2012, pp. 352-381 (372).

não parece algo tão distante da função atribuída ao fenômeno, como vimos, exatamente pelo próprio Hart. O ponto de Fuller a partir daí, porém, é que, "[d]iferentemente [da visão oferecida na] maioria das teorias do direito modernas", o direito é entendido como uma *atividade* — um sistema jurídico, o produto dessa atividade *intencional*, orientada a um *propósito*.[145] Essa é uma questão diretamente relacionada ao argumento de Fuller em favor de uma 'moralidade interna do direito' e, para o momento, tem uma importante implicação metodológica aqui. Se o direito é o que é — se o direito exerce uma função que lhe é própria —, só será *direito* aquilo que efetivamente puder exercê-la. Waldron explica isso muito bem: teses sobre a 'moralidade interna' de uma determinada prática ou instituição ou empreendimento são, em uma primeira análise, de tipo "condicional": *se* você tem a pretensão de se engajar na prática P, você deve seguir os princípios P_1–P_n que constituem a moralidade interna de P. Lembrando Kant, Waldron diz que o argumento da moralidade interna é uma espécie de *imperativo hipotético*: se O é seu objetivo, P_1–P_n são os princípios a serem seguidos para que você consiga atingir O, sob pena de distorcer o propósito assumido pelo próprio engajamento na prática P que tem O como objetivo.[146]

É nessa linha, portanto, que Fuller desenvolve seu argumento sobre a moralidade interna do direito; a "moralidade que torna o direito possível".[147] Fuller desenvolve seu argumento — e, repito, voltaremos e analisaremos isso em maior detalhe no capítulo dedicado ao autor — no sentido de que o direito, sendo o que é e *para ser* o que é, precisa observar essa moralidade interna, constituída por princípios próprios que servem de condições de possibilidade para o próprio fenômeno. Para Fuller, um sistema jurídico (enquanto produto da atividade intencional que é o direito) só poderá ser o que é (e o que se pretende) desde que suas leis sejam *(i)* gerais, *(ii)* públicas, *(iii)* prospectivas (isto é, não retroativas), *(iv)* inteligíveis, *(v)* consistentes umas com as outras (isto é, não contraditórias), *(vi)* praticáveis, *(vii)* estáveis e, finalmente, deve haver *(viii)* congruência entre

145 Grifos meus. Tradução livre e adaptada da seguinte passagem: "*The only formula that might be called a definition of law offered in these writings is by now thoroughly familiar: law is the enterprise of subjecting human conduct to the governance of rules. Unlike most modem theories of law, this view treats law as an activity and regards a legal system as the product of a sustained purposive effort.*" FULLER, Lon L. *The Morality of Law*. 2ª ed. New Haven: Yale University Press, 1969.

146 *Cf.* WALDRON, Jeremy. Why Law – Efficacy, Freedom, or Fidelity? *Law and Philosophy*, vol. 13, n. 03, ago. 1994, pp. 259-284 (259).

147 "*The morality that makes law possible*", exatamente o título do segundo capítulo de *The Morality of Law*. *Cf.* FULLER, Lon L. *The Morality of Law*. 2ª ed. New Haven: Yale University Press, 1969, pp. 33-94.

a lei tal como anunciada e sua posterior administração por parte do Estado.[148] Em uma síntese, portanto, serão oito os 'princípios de legalidade' articulados por Lon Fuller:

(p1) Generalidade;

(p2) Publicidade;

(p3) Prospectividade;

(p4) Inteligibilidade;

(p5) Consistência;

(p6) Praticabilidade;

(p7) Estabilidade;

(p8) Congruência.

Veja-se: Fuller não está dizendo (simplesmente) que é bom que seja assim, ou que um sistema jurídico que observe esses requisitos será melhor que outro que não os observa. Ele diz que um "fracasso completo em qualquer uma dessas oito direções não resulta simplesmente um sistema jurídico ruim; resulta em algo que *sequer pode ser chamado de sistema jurídico*".[149]

O argumento de Fuller levanta uma série de controvérsias. Há quem o rejeite peremptoriamente; há quem aceite que esses requisitos sejam de fato condições de possibilidade para que um sistema jurídico exista, mas questione a ideia de que eles representam uma 'moralidade'. De pronto, já é possível — e *importante* — destacar que a ideia de função não implica que o fracasso de determinado fenômeno no exercício de uma das funções que o marcam signifique necessariamente que a instância prática em questão não é mais uma manifestação do fenômeno. A possibilidade de fracasso é real e não apenas deve ser considerada como é *a própria ideia de função* que auxilia a classificar o fracasso como tal.[150]

Isso também é importante, uma vez que são critérios valorativos que nos permitem falar em êxito ou fracasso, falha ou sucesso — e esses critérios passam a ser internos ao conceito quando derivados de uma função por ele exercida. Um hospital que fracassa no cuidado de seus pacientes pode ainda ser um hospital —

---

148 *Cf.* FULLER, Lon L. *The Morality of Law*. 2ª ed. New Haven: Yale University Press, 1969, pp. 33-41.

149 Grifo meu. "*A total failure in any one of these eight directions does not simply result in a bad system of law; it results in something that is not properly called a legal system at all, except perhaps in the Pickwickian sense in which a void contract can still be said to be one kind of contract.*" FULLER, Lon L. *The Morality of Law*. 2ª ed. New Haven: Yale University Press, 1969, p. 39.

150 *Cf.* EHRENBERG, Kenneth. *The Functions of Law*. Oxford: Oxford University Press, 2016, p. 28.

mas será um hospital *ruim*, e isso pode ser afirmado com base em uma função que o hospital exerce, uma função que faz parte *do próprio conceito de hospital*. É a própria ideia de hospital, com base em uma das funções que lhe são próprias, que já nos impõe uma classificação *valorativa*.

Quanto às questões mais próprias de Fuller, como a ideia de 'moralidade', explorarei no momento apropriado, no capítulo a elas especificamente dedicado.[151] Por ora, porém, parece-me importante — em um 'discurso sobre o método' — desenvolver o assunto na seguinte direção, tendo em mente (1) o *insight* de Fuller à luz da leitura por Waldron e (2) a perspectiva básica de que, como já havia dito Perry, "a maioria das teorias do direito minimamente plausíveis invocam uma noção (...) do valor, do propósito, da *função* do direito":[152] talvez, na busca por compreender melhor o direito enquanto fenômeno, seja interessante considerar a possibilidade de que ele carregue ao menos uma '*dimensão*' funcional.

Isso quer dizer que não quero ir longe a ponto de afirmar completamente o direito enquanto *conceito* funcional *tout court*,[153] em uma abordagem *funcionalista*[154] completa sobre o fenômeno; quero apenas, por ora, sugerir que um

151 Além disso, aqui, cabe uma observação prévia específica com relação à lista dos oito princípios que constituem a moralidade interna do direito. Na literatura dedicada ao *rule of law* — tema do Capítulo 01 —, é comum que se faça referência aos princípios de Fuller como uma lista de elementos cuja presença, cuja observância caracteriza o império da lei. Seria, é correto atribuir a Fuller essa definição taxonômica de *rule of law* somente até certo ponto; porque, embora o próprio Fuller de fato chame esses princípios de 'princípios de legalidade', a relação e as repercussões desses princípios quanto ao próprio direito enquanto prática mostram que havia mais do que simplesmente uma caracterização criterial do *rule of law* no argumento de Fuller.

152 Grifo meu. "[*M*]*ost minimally plausible theories of law invoke a (...) notion of the value, point, or function of law*." PERRY, Stephen R. Interpretation and Methodology in Legal Theory. In: MARMOR, Andrei. *Law and Interpretation*. Oxford: Oxford University Press, 1997, pp. 97-135 (100).

153 *Cf.* BLACKBURN, Simon. *The Oxford Dictionary of Philosophy*. Oxford: Oxford University Press, 1996, p. 151; MACINTYRE, Alasdair. *After Virtue:* A Study in Moral Theory. 3ª ed. Notre Dame: University of Notre Dame Press, 2007, pp. 57-58.

154 Entre os autores que propõem uma abordagem sobre o direito como um tipo funcional está, principalmente, mais notavelmente, Michael Moore. *Cf.* MOORE, Michael S. Law as a Functional Kind. In: GEORGE, Robert P. (ed.). *Natural Law Theory*: Contemporary Essays. Oxford: Clarendon Press, 1992, pp. 188-242. Em uma redução *muito* resumida, a ideia 'funcionalista' de Moore é a seguinte: a função de algo é derivativa e dependente de um sistema maior a que esse algo pertence; um teórico, então, atribui provisoriamente, enquanto hipótese, um 'propósito', um 'bem' a que algo visa; a entidade ou conceito ou instituição ou atividade a ser explicada tem como seu efeito conduzir ao 'propósito' ou 'bem' desse sistema maior; esse efeito será a função que explica a entidade ou conceito ou instituição ou atividade a ser explicada. Na abordagem de Moore, um teórico, num exercício de equilíbrio reflexivo, atribui provisoriamente um propósito ao direito, compreendido

dos modos nos quais o direito enquanto prática institucional se manifesta pode estar também nos diferentes propósitos por ele assumido (e por nós, enquanto participantes, a ele atribuído) no contexto de nossas vidas práticas.[155] Na medida em que dizer isso é assumir também que esses propósitos podem ser múltiplos, variáveis e dinâmicos — porque, afinal, também o é o direito, também o são nossas vidas práticas —, atribuir uma única função ao direito seria cometer os mesmos pecados que atribuo à análise conceitual e à própria tradição analítica em suas delimitações teoréticas.

---

nos termos uma descrição estrutural prévia de seus elementos, e então investiga, a partir dessa teorização provisória sobre o propósito de um sistema jurídico e seus elementos formais e funcionais, o conceito de direito como um tipo funcional. "Um teórico funcionalista do direito começa com algum elemento que ele tem como parte de um sistema jurídico (chame de elemento 'X'), e então busca a função de X. Acontece que ele não poderá saber se X é ou não um elemento do direito sem saber o propósito do direito, uma vez que o propósito determina aquilo que é funcionalmente necessário para sua realização (*i.e.* é direito). Por outro lado, ele não poderá saber o propósito do direito — nem mesmo se o direito tem um propósito — até que saiba qual, entre todos os bens, é o bem que pode ser própria e especificamente servido pelo direito, mas para saber isso ele tem de primeiro saber quais são os elementos estruturais do direito." Essa circularidade, dirá Moore, não é um defeito, mas uma virtude desse tipo de abordagem; seu argumento passa pela rejeição da melhor explicação sobre o direito como um tipo natural (ou ainda nominal). ("*A functionalist about law starts with some feature he takes to be a feature of a legal system (call it feature 'X'), and then seeks X's function. Yet he can't know whether X is or is not a feature of law without knowing the goal of law, for the goal determines what is functionally necessary to its realization (i.e. is law). On the other hand, he cannot know the goal of law—nor even whether law has a goal—until he knows which of all the goods there are is the good that law can uniquely serve, but to know this he has first to know what law's structural features are*".) *Contra* Moore, o 'antifuncionalista' por excelência é Leslie Green: *cf.* GREEN, Leslie. The Functions of Law. *Cogito*, vol. 12, n. 02, 1998, pp. 117-124. Para uma boa crítica à abordagem de Moore, sem rejeitar a ideia de uma função exercida pelo direito, *cf.* PERRY, Stephen R. Interpretation and Methodology in Legal Theory. In: MARMOR, Andrei. *Law and Interpretation*. Oxford: Oxford University Press, 1997, pp. 97-135 (124, n. 62). Para uma abordagem que, *contra* Moore, rejeita o direito como um 'tipo funcional' e, ao mesmo tempo, *preserva* uma metodologia 'funcionalista', *cf.* EHRENBERG, Kenneth. Defending the Possibility of a Neutral Functional Theory of Law. *Oxford Journal of Legal Studies*, vol. 29, n. 01, 2009, pp. 91-113 (98-100). EHRENBERG, Kenneth. *The Functions of Law*. Oxford: Oxford University Press, 2016, pp. 128-132. A principal dificuldade no argumento de Moore — na ideia do direito como um tipo funcional estrito —, para mim, é bem apontada por Mark Murphy: tipos funcionais, na linha de Moore, precisam ser caracterizados, individualizados como tais, exclusivamente pelos fins a que servem, e estes fins devem ser exclusivamente distintos, únicos, em relação ao tipo em questão. Parece-me um radicalismo metodológico impróprio à teoria do direito, sendo razão suficiente para a rejeição do direito como um tipo funcional. (*Cf.* MURPHY, Mark. *Natural Law in Jurisprudence and Politics*. Cambridge: Cambridge University Press, 2006, pp. 29-36.)

155 Considerações bastante elucidativas a esse respeito em LOPES, José Reinaldo de Lima. *Curso de Filosofia do Direito*: o Direito como Prática, 2ª ed. São Paulo: Atlas, 2021, pp. 157-161.

Colocado isso, podemos dar o passo seguinte: se isso faz sentido — isto é, se faz sentido reconhecer que o direito enquanto prática ou atividade ou instituição assume determinadas funções e propósitos, ainda que variáveis ao longo do tempo (e parece-me que faz; lembremos que uma ideia de função aparece nos mais variados autores nas mais variadas tradições, como vimos em Perry) —, talvez faça sentido também ir até o fim e reconhecer que as funções e os propósitos assumidos por uma prática ou atividade ou instituição podem ter repercussões *normativas* sobre a prática ou atividade ou instituição e, portanto, *sobre o conceito da prática ou atividade ou instituição*. A função exerce um papel concomitante de *explicação* e de *avaliação*.[156-157]

Claro, nós já vimos aqui o seguinte — e isso não se pode deixar de frisar: é evidente que, ao tratarmos do direito enquanto direito positivo, todos reconheceremos uma função. É neste sentido, portanto, que se manifesta a possível divergência conceitual que se dá depois, que eu já vinha anunciado até aqui: nas consequências práticas e teóricas a partir da função atribuída (ou assumida).

O exemplo de Hart vem bem para explicar essa questão: nós já vimos que, contrariando Holmes, ele reconhecia funções exercidas pelas normas que constituem o direito. Hart, vimos também, atribui uma função modesta ao direito; para ele, parecia "um tanto vão buscar qualquer propósito mais específico servido pelo direito como tal para além de oferecer orientação à conduta humana e padrões para crítica dessa conduta".[158] O ponto aqui é que, em Hart — e essa é a leitura de Leslie Green, que conhece sua obra como poucos —, "[o] fato de o direito ter essas funções sociais mínimas não estabelece por si que o direito seja um conceito funcional". Essa tese "mais forte" exige, segundo Green (e, em sua leitura, segundo Hart), que se mostre que "o direito é *caracterizado* por suas funções". Nesse sentido (ao menos esse é o argumento), as únicas "funções universais" de sistemas jurídicos são "abstrações triviais"; além disso, nenhuma delas seria particular e exclusiva de sistemas jurídicos, de modo que o direito deveria então

156 *Cf.* CROWE, Jonathan. *Natural Law and the Nature of Law*. Cambridge: Cambridge University Press, 2019, p. 171.

157 Não pretendo aqui estabelecer argumentos em favor de uma análise *puramente* normativa, portanto, ou mesmo dizer que uma teoria do direito será sempre e necessariamente normativa. Meu ponto é sobre a incompletude de uma abordagem puramente analítica.

158 "*I think it quite vain to seek any more specific purpose which law as such serves beyond providing guides to human conduct and standards of criticism of such conduct*." HART, H. L. A. *The Concept of Law*. 2ª ed, com pós-escrito, organizado por Penelope A. Bulloch e Joseph Raz. Oxford: Clarendon Press, 1994, p. 249.

ser identificado e compreendido a partir de seus meios, não a partir dos fins a que serve.[159] Ao menos esse é o argumento.

Duas coisas são curiosas neste ponto: a primeira delas, já observada por mim aqui, é o quanto essa função trivial, geral e abstrata que o próprio Hart reconhece como propósito do direito parece próxima daquela atribuída por Fuller. As duas definições gravitam em torno da ideia de orientação da conduta humana. A segunda, derivada dessa primeira observação, é o tipo de repercussão que a função atribuída ao direito pode trazer para uma teoria. Eu concordo com Green no sentido de que o direito não é simplesmente um conceito funcional; de novo, afirmar essa posição conceitual de forma taxativa e abstrata seria empobrecer o fenômeno: um fenômeno que, muito importantemente, *de fato* passa muito e é propriamente marcado por seus meios, não somente pelos fins a que se propõe. Mas não só (1) esse é um elemento reconhecido e considerado e destacado *pelo próprio Fuller*, como veremos adiante, como também, repito, (2) não é necessário recorrer a funções universalmente aplicáveis em abstrato a todo e qualquer sistema jurídico existente ou imaginável — fazendo do direito um conceito funcional — para reconhecer que uma *dimensão* funcional pode ser importante para uma compreensão mais completa do direito. O direito não precisa ser o *único* fenômeno a exercer funções que lhe podem ser atribuídas; se assim fosse, ele de fato seria um conceito funcional pleno. Ainda assim, uma vez que partimos já da premissa do direito como fenômeno social, parece indisputável dizer que ele exerce funções características — e, nesse sentido, *meios e fins* importam para a explicação do fenômeno, devendo ser lidos um à luz do outro mutuamente.[160] O direito não precisa (nem *deve*) ser marcado *apenas* pelos seus fins ou *apenas* por seus meios, mas por suas atividades e seus meios próprios *em direção a esses fins mesmos.*[161]

Para o tipo de empreitada teórica que desenvolvo aqui, portanto, penso que reconhecer que o direito pode exercer determinadas funções, por mais gerais e

---

159 "*The fact that law has such minimal social functions does not establish that law is a functional kind. For that stronger thesis, we must also show that the law is* distinguished *by its functions. This cannot be done. First, the only universal functions of legal systems are trivial abstractions, such as guiding conduct, maintaining order, and so on. Second, none of these functions is unique to legal systems*". GREEN, Leslie. The Concept of Law Revisited. *Michigan Law Review*, vol. 94, n. 06, 1996, pp. 1687-1717 (1711).

160 *Cf.* EHRENBERG, Kenneth. *The Functions of Law.* Oxford: Oxford University Press, 2016, p. 132.

161 Para um argumento nessa direção e, como dito em nota anterior, contrariando o funcionalismo de Moore, *cf.* MURPHY, Mark. *Natural Law in Jurisprudence and Politics.* Cambridge: Cambridge University Press, 2006, p. 32.

diversas que elas possam ser, exige que essas funções sejam ao menos consideradas na formulação de uma teoria. É esse o grande ponto de Ehrenberg, por exemplo. Agora, enquanto Ehrenberg insiste na neutralidade dessas funções mesmas — já que, sustenta, o teórico pode considerá-las para a construção de sua teoria sem endossá-las enquanto funções válidas —,[162] penso ainda que considerá-las mais adequadamente, como vimos inicialmente em uma linha proposta por Postema (e com Fuller e Waldron), é algo que (1) significa reconhecer que já estamos inseridos em um processo valorativo, que remonta a práticas anteriores que formam nosso conceito de direito, e que (2) traz implicações normativas ao processo de teorização. Penso também que o direito, precisamente por ter outras dimensões que auxiliam em sua melhor compreensão, não admite *qualquer função* — há outros fatores determinantes a serem considerados para verificarmos quais são, afinal, as funções que o direito eventualmente vem a exercer (de um modo que faça sentido para nós tanto as funções em si quanto sua acomodação naquilo que nos parece próprio chamar de 'direito').

Existe um caminho entre entender que o direito é simplesmente um conceito funcional[163] e o "antifuncionalismo" de Hart/Green:[164] considerar que a melhor

---

162 Também Ehrenberg é (reconhecida, assumidamente) um positivista analítico. Seu ponto é apenas o de considerar o conceito filosófico de função, já dentro da filosofia analítica, para seu processo metodologicamente positivista de teorização. *Cf.* EHRENBERG, Kenneth. *The Functions of Law*. Oxford: Oxford University Press, 2016, p. 14.

163 Ainda nessa linha — além da explicação sobre o 'funcionalismo' de Moore, as críticas de Perry, e o 'antifuncionalismo' de Green (*cf.* nota *supra*) —, cabe trazer as ressalvas de Brian Tamanaha a uma abordagem funcionalista — explicando também por que elas não se aplicam ao tipo de argumento que aqui proponho. Corretamente, Tamanaha diz que uma explicação funcionalista do direito acaba sendo (1) inclusiva/includente *demais* e (2) inclusiva/includente *de menos*. Ela será (1) inclusiva demais na medida em que, (1a) quando critérios baseados em uma função específica a ser exercida por um fenômeno são usados para identificar ou definir esse fenômeno, todas alternativas funcionais que preenchem a função em questão serão incluídas sob seu rótulo, e (1b) [quando a resposta institucional a uma necessidade funcional [*e.g.* resolver disputas e litígios, reafirmar e reforçar regras *etc.*] é usada pra identificar ou definir algo, geralmente por meio de uma combinação de forma e função, todas as manifestações dessa combinação serão igualmente incluídas. Do outro lado, a abordagem funcionalista será (2) inclusiva/includente de menos ao, (2a) identificando uma única função, deixar de fora muitas coisas que o direito é capaz de fazer (uma vez que certas manifestações do direito não serão bem caracterizadas como exercícios da função atribuída ao fenômeno), e ao (2b) excluir manifestações do fenômeno que, embora sejam reconhecidas convencionalmente como 'direito', não exerçam a função atribuída previamente como própria do direito (e o exemplo de Tamanaha aqui é a asserção de Hart, para quem o direito tinha a função de orientar a conduta humana por meio de regras, de que as versões de direito em sociedades primitivas seriam "pré-jurídicas" — "*prelegal*"; Tamanaha rejeita essa tese). *Cf.* TAMANAHA, Brian Z. *A Realistic Theory of Law*. Cambridge: Cambridge University Press, 2017, pp. 43-48.

164 "*Antifunctionalism*". *Cf.* GREEN, Leslie. The Concept of Law Revisited. *Michigan Law Review*, vol. 94, n. 06, 1996, pp. 1687-1717 (1709-1711).

compreensão do direito, que não divorcia o conceito das práticas e contextos em que inserido, exige que se leve em conta ao menos a dimensão na qual o fenômeno pode exercer determinadas funções que lhe são próprias (ainda que não sejam, necessariamente, *unicamente* próprias). Não pretendo atribuir aqui, provisoriamente e *a priori*, uma única função universal ao direito, definindo-o exclusivamente a partir dessa função teoreticamente atribuída; a ideia, aqui, é, à luz das reflexões inauguradas por Fuller-Postema-Waldron (e não Moore), explorar um possível ângulo de análise, capaz de reconhecer que, na medida em que o direito pode exercer algumas funções — que, ainda que múltiplas e variáveis, lhe são importantemente características —, há certas exigências práticas e teóricas que essa dimensão impõe à explicação do fenômeno: (a) num nível *teórico* — no sentido de que uma explicação mais completa e abrangente deve levar isso em conta —; e, consequentemente, (b) num nível *prático* — no sentido de que o próprio conceito acabará trazendo critérios valorativos. Depois, assumidas essas premissas metodológicas, pretendo argumentar ainda que não se segue do caráter de convencionalidade do direito positivo a ideia de que o fenômeno pode assumir *qualquer* função.[165]

---

165 Coleman, após criticar a proposta de Dworkin sobre a função do direito (veremos essa proposta no item seguinte), concede que há força argumentativa na ideia de que o direito é 'o tipo de coisa que pode realizar ideais atrativos' — e algo *x* ser 'o tipo de coisa que φ', diga-se, é parte do que está em se dizer que algo *x* tem uma função (*cf.* MURPHY, Mark. *Natural Law in Jurisprudence and Politics.* Cambridge: Cambridge University Press, 2006, p. 29). O que Coleman diz, porém, é que essa capacidade do direito não faz parte necessariamente do *conceito* de direito, sendo apenas uma 'potencialidade interessante' do fenômeno. Eventuais funções atrativas exercidas pelo direito podem bem surgir, uma vez que tipicamente potenciais do fenômeno, mas — defende Coleman — isso diz respeito a *ideais externos* ao direito. Parece-me que não é só aqueles que relacionam esses potenciais com o conceito de direito que devem argumentar em favor dessa relação (uma das propostas desta pesquisa é exatamente essa, afinal); penso que *Coleman* também precisaria dizer por que algo reconhecido como uma 'potencialidade interessante' e importante de um fenômeno fica de fora de sua análise, sendo-lhe algo externo. Isso é típico de uma abordagem analítica focada em uma análise conceitual de tipo linguístico, mas *por que essa* é a melhor explicação para o significado do conceito de direito? Em que os 'valores epistêmicos' ou 'discursivos' estarão baseados para favorecer uma explicação em relação a outra? Coleman reconhece que um argumento como de Dworkin poderia ser oferecido de modo a propor que diferentes teorias sobre o conceito surgem de diferentes atribuições de diferentes funções ou propósitos ao conceito mesmo, e diz que isso certamente faz sentido — mas que isso não estabelece que o argumento será necessariamente moral. Não tenho problemas quanto a isso: como insisto, não penso que a teoria do direito deve ser puramente normativa. Parte do argumento desta obra, porém, será o de que *já no plano da identificação* das práticas correspondentes àquilo que forma nosso conceito de direito — já num plano *explicativo* —, portanto, temos elementos para classificar um ideal de legalidade como *interno* à prática. Nesse sentido, e demonstrando que o argumento é (também) analítico (e não simplesmente em favor de uma '*normative jurisprudence*', já adianto que dois autores muito importantes para essa minha

(ii) Uma dimensão (de horizontalidade) argumentativa

Fazendo uma espécie de ponte com as considerações do item anterior, existe ainda um outro autor que deriva da função atribuída ao direito uma série de consequências teóricas e práticas: Ronald Dworkin, para quem o propósito "mais abstrato e fundamental"[166] da prática jurídica é o de guiar, limitar, *justificar* o uso de coerção por parte do Estado; independentemente da eventual utilidade ou de eventuais benefícios dos fins buscados ou atingidos pelo uso da força estatal, a função mais básica que marca o direito é a de exigir que essa força só seja empregada se "autorizada ou exigida por direitos individuais e responsabilidades derivadas de decisões políticas pretéritas com relação a quando a força coletiva é justificada".[167] (Aqui, já anunciado em alguma medida um tema central a esta pesquisa, é interessante notar que Dworkin acaba por equiparar essa noção — a de que o direito de uma comunidade, nesse sentido, acaba sendo "o esquema de direitos e responsabilidades que vão ao encontro deste complexo padrão: autorizam a coerção porque derivam de decisões [políticas] do passado do tipo certo" — ao que se tem por "*rule of law*", ou *império da lei.*)[168]

Pessoalmente, penso que a proposta de Dworkin tem ainda algumas lacunas, se é que posso chamá-las assim. Pessoalmente, acredito que é mesmo possível atribuir ao direito, com uma boa dose de razoabilidade, o propósito de legitimar e justificar o uso da coerção por parte do Estado. Mais do que isso: é possível dizer que esse é exatamente um dos pontos deste livro, e acredito que esse é exatamente

leitura serão John Gardner e Joseph Raz, dois autores inseridos em uma tradição positivista (falando de modo bastante amplo), analítica — e, além deles, o próprio Gerald Postema, quem, diferentemente de Dworkin, não vai alegar um (necessário) interpretativismo mas vai, ao mesmo tempo, falar — vimos acima — em (ao menos) '*considerações* normativas' subjacentes ao raciocínio que nos conduz àquelas funções que aceitamos como desempenháveis, como potencialidades do fenômeno. (*Cf.* COLEMAN, Jules L. Methodology. In: COLEMAN, Jules L.; HIMMA, Kenneth Einar; SHAPIRO, Scott J. (ed.). *The Oxford Handbook of Jurisprudence and Philosophy of Law*. Oxford: Oxford University Press, 2012, pp. 311-351 (330-335, 341).

166 "[*T*]*he most abstract and fundamental point of legal practice*".

167 "*Law insists that force not be used or withheld, no matter how useful that would be to ends in view, no matter how beneficial or noble these ends, except as licensed or required by individual rights and responsibilities flowing from past political decisions about when collective force is justified.*" DWORKIN, Ronald. *Law's Empire*. Cambridge: The Belknap Press, 1986, p. 93.

168 "*The law of a community on this account is the scheme of rights and responsibilities that meet that complex standard: they license coercion because they flow from past decisions of the right sort (...). This characterization of the concept of law sets out, in suitably airy form, what is sometimes called the 'rule' of law.*" DWORKIN, Ronald. *Law's Empire*. Cambridge: The Belknap Press, 1986, p. 93.

um dos elementos negligenciados pelos positivistas contemporâneos, que me parecem enfatizar demais a separabilidade entre direito e moral e *de menos* a distinção conceitual entre direito e coerção. Veremos isso mais adiante; o ponto ainda metodológico aqui, por enquanto, é que essa ideia é longe de ser incontroversa como Dworkin dá a entender, sobretudo quando ela é apresentada como 'abstrata', 'básica', quase que num nível ainda pré-teorético. Ao dizer que esse é o propósito 'mais abstrato', 'mais fundamental' da prática jurídica, ao *oferecê-la como um acordo pré-interpretativo,* Dworkin parece tomar como pressuposto que qualquer teoria do direito começa já a partir dessa perspectiva. Isso está longe de ser verdade. Não há um acordo pré-interpretativo aqui, e esse '*point*' fundamental da prática deve ser justificado, deve ser *argumentado* e defendido como tal.[169] É um dos pontos a que me proponho aqui, afinal.

Por ora, sigamos. Essa leitura de Dworkin — além de ter os méritos que tem, além de ser uma leitura com a qual eu *concordo plenamente* em termos de substância — serve de fundamento a um importante (e, penso, negligenciado) aspecto da teoria *dworkiniana*; um aspecto que, por sua vez, permite que investiguemos aqui ao menos uma possível *dimensão* interpretativa no conceito de direito.[170] Não quero aqui simplesmente adotar o direito como conceito interpretativo, mas penso que há *insights* muito valiosos na proposta de Dworkin. Portanto, e para que se possa chegar lá, é interessante reconstruir brevemente, em linhas bastante gerais,

---

169 É um dos pontos de Jules Coleman em sua forte crítica ao interpretativismo de Dworkin. Falei mais detidamente sobre objeções de Coleman às consequências teóricas do reconhecimento e da atribuição de uma função ao direito na nota que encerra o item anterior, sobre uma dimensão funcional. (Para essa crítica específica ao interpretativismo que menciono nesta nota, *cf.* COLEMAN, Jules L. Methodology. In: COLEMAN, Jules L.; HIMMA, Kenneth Einar; SHAPIRO, Scott J. (ed.). *The Oxford Handbook of Jurisprudence and Philosophy of Law.* Oxford: Oxford University Press, 2012, pp. 311–351 (319).)

170 Além da já destacada Crítica Hermenêutica do Direito, de Streck, gostaria de mencionar ainda duas obras em língua portuguesa que abordam a teoria de Dworkin. São elas: MACEDO JÚNIOR, Ronaldo Porto. *Do Xadrez à Cortesia*: Dworkin e a Teoria do Direito Contemporânea. São Paulo: Saraiva, 2013; MOTTA, Francisco José Borges. *Ronald Dworkin e a Decisão Jurídica.* Salvador: Juspodivm, 2017. Na obra de Streck, destaco — além de ressaltar a forte veia *dworkiniana* na CHD — o verbete 'Coerência e integridade', no *Dicionário de Hermenêutica. Cf.* STRECK, Lenio Luiz. *Dicionário de Hermenêutica*: Cinquenta verbetes fundamentais da Teoria do Direito à luz da Crítica Hermenêutica do Direito. 2ª ed. Belo Horizonte: Letramento, 2020, pp. 43-46. Também de Francisco Motta, alinhando-se à 'leitura hermenêutica' de Dworkin proposta por Streck, ver MOTTA, Francisco José Borges. *Levando o Direito a Sério*: uma Crítica Hermenêutica ao Protagonismo Judicial. 2ª ed. Porto Alegre: Livraria do Advogado, 2012. Uma boa síntese dessa abordagem que lê Dworkin pelas lentes da hermenêutica filosófica em STRECK, Lenio Luiz. *Hermenêutica Jurídica e(m) Crise*: Uma Exploração Hermenêutica da Construção do Direito. Porto Alegre: Livraria do Advogado, 2013, pp. 433-439.

seu raciocínio e, principalmente, os argumentos que gravitam em torno dessa noção. Ao dizer que justificar e legitimar a coerção do Estado é o propósito, o '*point*' mais fundamental e abstrato da prática jurídica, Dworkin entende também que, em sendo assim, esse será o ponto de partida para que aqueles que falam sobre o direito possam estar falando sobre a mesma coisa: um ponto inicial que funciona como um acordo '*pré-interpretativo*' — e a terminologia dworkiniana aqui convida a uma explicação sucinta sobre sua abordagem teórica na teoria do direito.

Para Dworkin, "o raciocínio jurídico é um exercício de *interpretação construtiva*": o direito de uma comunidade, nesse sentido, "consiste na *melhor justificativa* que sustenta as práticas jurídicas como um todo"; consiste, portanto, "na história narrativa que faz dessas práticas *o melhor que elas podem ser*".[171] Nos termos de Dworkin, a interpretação construtiva de uma prática é uma abordagem que pretende tornar a prática interpretada o melhor exemplo possível da forma ou gênero ao qual se presume que a prática pertence. Interpretar construtivamente uma prática é colocá-la sob sua 'melhor luz'. E se o raciocínio jurídico é um exercício de interpretação construtiva, segue-se que, em Dworkin, o direito *será* aquilo que ele *já é* visto *sob sua melhor luz*.[172]

Em uma tentativa de refinar a ideia de interpretação construtiva, de modo a apresentá-la como proposta mais adequada para o estudo teórico do direito enquanto prática social, Dworkin propõe uma 'distinção analítica' entre três diferentes fases, níveis, *estágios* de interpretação. O primeiro estágio nesse processo de interpretação é exatamente o nível "pré-interpretativo" que mencionei: o momento em que se identifica "as regras e os padrões tidos como aqueles que oferecem o conteúdo provisório da prática" em questão. Dworkin explica a partir de uma analogia com a interpretação literária (e os exemplos e analogias literárias são constantes em seu texto): na literatura, o estágio pré-interpretativo é aquele no qual identificamos textualmente *Moby Dick* enquanto texto, enquanto obra particular e diferente de outros romances. No nível pré-interpretativo da interpretação construtiva, a prática a ser interpretada é identificada enquanto prática de uma maneira por intermédio da qual podemos saber que estamos falando sobre a mesma coisa.[173]

---

171 Grifos meus. "[*L*]*egal reasoning is an exercise in constructive interpretation (...).* [*O*]*ur law consists in the best justification of our legal practices as a whole, (...) it consists in the narrative story that makes of these practices the best they can be*." DWORKIN, Ronald. *Law's Empire*. Cambridge: The Belknap Press, 1986, p. vii.

172 Devo essa brilhante definição ao prof. André Coelho.

173 *Cf.* DWORKIN, Ronald. *Law's Empire*. Cambridge: The Belknap Press, 1986, pp. 65-66.

No segundo estágio, o estágio 'interpretativo', o intérprete vai "estabelecer uma justificação geral para os principais elementos da prática identificada no estágio pré-interpretativo";[174] depois de, no primeiro nível, identificar *o que é* a prática — num nível ainda incipiente e abstrato, diga-se —, o intérprete vai dizer *por que* a prática. Daí então, finalmente, no terceiro estágio — o estágio 'pós-interpretativo' ou 'reformador' —, o intérprete vai "ajustar sua noção acerca daquilo que a prática 'realmente' exige de modo a melhor servir a justificação aceita no estágio interpretativo".[175]

Voltando mais especificamente à questão que nos interessa aqui, e indo para além de meu desacordo quanto à sua incontestabilidade — e até com os termos de sua formulação, embora concorde no mérito —, o ponto é que Dworkin oferece essa relação entre direito e justificação da coerção como acordo pré-interpretativo. O direito como o conjunto de direitos e responsabilidades que justificam a coerção ao se derivarem de decisões políticas do passado: para Dworkin, essa é uma boa definição pré-interpretativa[176] e, sendo assim, um *conceito* (mínimo, inicial, abstrato) de direito. Agora, uma vez que (1) Dworkin propõe o raciocínio jurídico como um exercício de interpretação construtiva, (2) essa definição diz respeito ainda apenas ao primeiro estágio, pré-interpretativo, e (3) a simples constatação de uma relação existente entre direito e justificação da coerção do Estado deixa ainda muitas questões em aberto,[177] temos que esse 'conceito' de direito não resolve tudo. O processo de interpretação construtiva segue e, depois de identificado esse 'conceito' ao nível pré-interpretativo, diferentes *concepções* de direito virão a refinar a

---

174 "*Second, there must be an interpretive stage at which the interpreter settles on some general justification for the main elements of the practice identified at the preinterpretive stage.*" DWORKIN, Ronald. *Law's Empire*. Cambridge: The Belknap Press, 1986, p. 66.

175 "*Finally, there must be a postinterpretive or reforming stage, at which he adjusts his sense of what the practice 'really' requires so as better to serve the justification he accepts at the interpretive stage.*" DWORKIN, Ronald. *Law's Empire*. Cambridge: The Belknap Press, 1986, p. 66.

176 Dworkin diz que, embora algumas teorias do direito desafiem essa noção, elas não são tantas quanto pode parecer à primeira vista. (*cf.* DWORKIN, Ronald. *Law's Empire*. Cambridge: The Belknap Press, 1986, p. 94). Como já disse, e embora Dworkin diga o contrário, essa leitura não me parece assim tão incontroversa a ponto de ser apontada como acordo pré-interpretativo em relação ao direito (não é sem razão que Hart, por exemplo, vai logo rejeitá-la no pós-escrito a *The Concept of Law*).

177 *Ainda que se aceite o argumento de Dworkin*; afinal, ele próprio dirá que esse é um conceito inicial, abstrato, pré-interpretativo. Sequer precisamos discutir aquilo que Dworkin apresenta como incontroverso (a meu juízo, sem sê-lo), uma vez que ele próprio reconhecerá que é apenas o primeiro estágio no processo interpretativo.

interpretação inicial, (tida como) incontroversa, que serve de conceito. Existe alguma razão pela qual a força pública só pode ser utilizada quando legitimada por direitos e responsabilidades que se derivam de decisões políticas do passado? Se existe, qual é? Qual é a melhor noção da consistência com decisões políticas do passado, a que melhor explica a ideia subjacente?[178] São questões deixadas em aberto pelo conceito que serão respondidas por diferentes concepções interpretativas sobre o fenômeno. Primeiro, identificamos uma certa prática; depois, atribuímos a ela um propósito; enfim, revisitamos a prática identificada à luz do valor atribuído. Diferentes explicações sobre o valor do direito enquanto prática oferecem diferentes bases a partir das quais podemos elaborar, explicar, articular e desenvolvê-lo enquanto prática.

Isso é assim porque, para Dworkin, o direito é um *conceito interpretativo*. Não é um conceito *criterial* — *i.e.* um conceito que pertence à categoria daqueles que são compartilháveis "somente quando as pessoas que os compartilham concordam em uma definição, precisa ou grosseira, da qual se derivem os critérios para a aplicação correta do termo ou frase associada"[179] — tal como supõe (segundo Dworkin) o positivismo analítico, segundo o qual proposições jurídicas serão jurídicas desde que compatíveis com critérios fixados e compartilhados por aqueles que compõem a prática jurídica. Dworkin rejeita essa noção dizendo que esse tipo de teoria será vítima do que ele chama de 'aguilhão semântico'.[180]

É controverso, bastante discutível, o ponto até o qual Dworkin leu corretamente o positivismo e o quanto ele não atribuiu a Hart e seus seguidores teses que eles não estavam efetivamente apresentando.[181] De qualquer forma, o tipo de argumento que ele adota para então apresentar a sua tese do aguilhão semântico é algo que tem grande influência para meu propósito aqui — notadamente, o de investigar

---

178 *Cf.* DWORKIN, Ronald. *Law's Empire*. Cambridge: The Belknap Press, 1986, pp. 93-94.

179 "*People share some concepts only when they agree on a definition — rough or precise — that sets out the criteria for the correct application of the associated term or phrase.*" DWORKIN, Ronald. *Justice in Robes*. Cambridge: The Belknap Press, 2006, p. 09.

180 "*Semantic sting*".

181 Inclusive, Hart não me parece ser vítima do aguilhão semântico. Veja-se que ele diz, expressamente, em *The Concept of Law*, que o propósito de sua obra — e, portanto, de sua teorização geral acerca do direito — "não é o de oferecer uma definição do direito, no sentido de uma regra em referência à qual o uso correto de uma palavra pode ser testado" ("*[The purpose of the book] is not to provide a definition of law, in the sense of a rule by reference to which the correctness of the use of the word can be tested.*" HART, H. L. A. *The Concept of Law*. 2ª ed, com pós-escrito, organizado por Penelope A. Bulloch e Joseph Raz. Oxford: Clarendon Press, 1994, p. 17).

as possibilidades de uma possível dimensão interpretativa no conceito de direito. Trata-se do argumento dos *desacordos teóricos.*[182]

Para Dworkin, existe uma diferença entre 'proposições jurídicas' e 'fundamentos jurídicos'. Proposições jurídicas são as várias proposições, gerais ou específicas, por meio das quais o direito dispõe, autoriza ou proíbe algo — *e.g.* 'o direito proíbe, sob a Décima Quarta Emenda, que os estados neguem igual proteção aos indivíduos', 'o direito exige que a Corporação Acme compense John Smith pelos danos por ele sofridos na condição de empregado em fevereiro. Essas proposições jurídicas serão verdadeiras ou falsas, *enquanto proposições jurídicas*, em virtude de um tipo anterior de proposição; em virtude dos *fundamentos* do direito — no exemplo de Dworkin, a proposição segundo a qual ninguém pode dirigir em velocidade acima de 55 mph na Califórnia é verdadeira porque uma maioria entre os legisladores daquele estado assim promulgou em texto.[183] Uma proposição jurídica será verdadeira quando consistente com os fundamentos do direito.

Assim, Dworkin vai distinguir, na mesma linha, entre dois modos nos quais juízes e advogados podem discordar sobre a veracidade de uma proposição de direito. Juízes e advogados podem concordar acerca dos fundamentos — "sobre quando a veracidade ou falsidade de outras proposições mais gerais tornam uma proposição particular verdadeira ou falsa"[184] — mas, ao mesmo tempo, discordar quanto a se esses fundamentos foram de fato satisfeitos em um determinado caso. Juízes e advogados podem concordar que o limite de velocidade na Califórnia é de 55 mph desde que seja o caso que o estatuto de trânsito da Califórnia efetivamente tenha uma disposição nesse sentido, mas podem discordar se esse é o limite de velocidade por discordarem sobre o fato de o estatuto efetivamente conter uma disposição nesse sentido. Esse é um desacordo *empírico*: um desacordo sobre mera questão de fato. O Congresso

182 O argumento do aguilhão semântico e o argumento dos desacordos teóricos, embora exista aí uma relação, não são a mesma coisa. O argumento dos desacordos, porque mais amplo, é mais poderoso — o positivismo não será vítima do aguilhão semântico se demonstrar não estar comprometido com a semântica criterial. Vale conferir, nesse sentido, a boa explicação de Scott Shapiro em seu ensaio paradigmático sobre o debate Hart–Dworkin. *Cf.* SHAPIRO, Scott J. The "Hart–Dworkin" Debate: A Short Guide for the Perplexed. In: RIPSTEIN, Arthur (ed.) *Ronald Dworkin*. Cambridge: Cambridge University Press, 2007, pp. 22-55 (p. 54, n. 57).

183 *Cf.* DWORKIN, Ronald. *Law's Empire*. Cambridge: The Belknap Press, 1986, p. 04.

184 "[*A*]*bout when the truth or falsity of other, more familiar propositions makes a particular proposition of law true or false*." DWORKIN, Ronald. *Law's Empire*. Cambridge: The Belknap Press, 1986, p. 04.

realmente aprovou essa lei? Ela foi sancionada pelo Presidente? É simplesmente um desacordo sobre os fundamentos do direito existirem ou não; basta verificá-los para que não haja mais desacordo.

Agora, existe ainda um segundo tipo de desacordo, bastante mais problemático. Justamente, os desacordos *teóricos*: aqueles *sobre os próprios fundamentos do direito*. Juízes e advogados podem concordar, 'empiricamente', com relação àquilo que os estatutos e precedentes dizem sobre compensação de danos sofridos por empregados — ainda assim, podem discordar sobre aquilo que o direito *realmente é*; podem discordar "sobre se os estatutos e decisões judiciais exaurem os fundamentos pertinentes do direito".[185] Para Dworkin, juízes e advogados — todos aqueles que compõem a prática jurídica, na verdade — podem discordar sobre aquilo que o direito realmente é, sobre quais são os seus fundamentos e suas exigências, mesmo quando concordam quanto a quais estatutos e dispositivos foram efetivamente promulgados e sobre quais são os precedentes aplicáveis às matérias em questão. Desacordos teóricos, portanto, são desacordos sobre os próprios fundamentos do direito — sobre aquilo que existe em um sistema jurídico antes mesmo que se possa dizer se uma proposição jurídica é verdadeira ou falsa. Por exemplo, no já célebre e controverso caso *Riggs v. Palmer* (tornado célebre nas páginas do próprio Dworkin, que o reivindicou em '*The Model of Rules*'[186] para sustentar a existência de princípios enquanto padrões jurídicos para além das regras em um ordenamento) — em que a Corte de Apelações de Nova York, em 1889, por maioria, negou o direito de herança a um neto que assassinou o avô —, os juízes que ali discordavam não estavam engajados em uma disputa entre seguir o que o direito exigia ou ajustar essas exigências de acordo com um ideal de justiça, substantivo e extrajurídico; tratava-se — e parece-me que Dworkin tem razão nesse sentido — de "uma disputa sobre o que *o direito realmente era*, sobre o que o estatuto efetivamente promulgado pelos legisladores *realmente dizia*".[187] Se o direito fosse

---

185 "*They might agree, in the empirical w ay, about what the statute books and past judicial decisions have to say about compensation for fellow-servant injuries, but disagree about what the law of compensation actually is because they disagree about whether statute books and judicial decisions exhaust the pertinent grounds of law.*" DWORKIN, Ronald. *Law's Empire*. Cambridge: The Belknap Press, 1986, p. 05.

186 *Cf.* DWORKIN, Ronald. *Taking Rights Seriously*. Cambridge: Harvard University Press, 1977, pp. 14-45.

187 Grifos meus. "*It was a dispute about what the law was, about what the real statute the legislators enacted really said.*" DWORKIN, Ronald. *Law's Empire*. Cambridge: The Belknap Press, 1986, p. 20. Dworkin dá ainda outros exemplos, de diferentes 'casos difíceis', para ilustrar o argumento dos desacordos teóricos. *Cf.* DWORKIN, Ronald. *Law's Empire*. Cambridge: The Belknap Press, 1986, pp. 15-30.

mera questão de *fato* — e é a visão que Dworkin atribui ao positivismo —, juízes que discordam uns com os outros em casos difíceis não estariam discordando sobre as exigências colocadas pelo direito, mas sobre aquilo que o direito *deveria ser* em casos de lacuna.

Assim, explicar os desacordos teóricos — o que teorias baseadas em critérios compartilhados e/ou convenções e/ou uma visão de 'mera questão de fato' não serão capazes de fazer plenamente, de um modo que leve em conta a verdadeira natureza desses desacordos — é algo que Dworkin consegue fazer ao articular uma proposta teórica a partir da qual os fundamentos jurídicos são identificados e determinados enquanto fundamentos *jurídicos* por meio de um processo de interpretação construtiva: desacordos sobre como a prática jurídica será reconstruída quando vista 'sob sua melhor luz' são desacordos teóricos, são desacordos morais e são desacordos *jurídicos.*

Muito bem. Um positivista poderia argumentar que, sendo a regra de reconhecimento — a regra última de um sistema jurídico que dispõe seus critérios de identificação e validade — um fato, e não um ideal, ela seria também compatível com incertezas limítrofes, desacordos periféricos em casos difíceis; a argumentação poderia vir no sentido de que desacordos sobre *interpretação* do direito não são desacordos sobre *identificação* do direito. Daí por que o argumento de Shapiro, por exemplo, para quem um positivista poderá explicar desacordos teóricos como desacordos '*metainterpretativos*' — sobre a melhor teoria da interpretação das normas, e não sobre os fundamentos do direito —, embora seja bastante plausível, não me parece suficiente para derrotar o argumento de Dworkin. Em certos casos difíceis — casos reivindicados pelo próprio Dworkin, como *e.g. Brown v. Board of Education* —, os desacordos são mesmo sobre a interpretação das normas jurídicas; em outros casos, porém — como se pode ver justamente em *Riggs* —, os desacordos são efetivamente sobre os próprios fundamentos enquanto tais.[188]

O ponto, porém — e *Riggs v. Palmer* é ilustrativo nesse sentido, daí por que foi o exemplo de Dworkin que escolhi trazer aqui —, é que, quando os juízes decidiram que criminosos não podem se beneficiar de seus próprios crimes, eles assim decidiram porque esse princípio pertence ao direito. Se há juízes que discordam,

188 *Cf.* SHAPIRO, Scott J. The "Hart-Dworkin" Debate: A Short Guide for the Perplexed. In: RIPSTEIN, Arthur (ed.) *Ronald Dworkin*. Cambridge: Cambridge University Press, 2007, pp. 22-55.

e acham que não (como de fato aconteceu em *Riggs*), o desacordo é *sobre a regra de reconhecimento*.[189-190]

Nesse sentido, o ponto que me parece fundamental é que, embora sua própria explicação sobre o direito — sua própria *concepção*, para ficar em seus termos — não seja livre de controvérsias (longe disso), Dworkin parece ter capturado um elemento muito importante com relação ao direito; um ponto que deve ser levado em conta por teorias que pretendem buscar uma explicação mais completa sobre as práticas que busca teorizar. Esse é um ponto muito bem sintetizado por Jeremy Waldron — que se diz, não sem razão, "profundamente influenciado" pelo argumento de Dworkin dos desacordos teóricos;[191] tão bem sintetizado, em um artigo que é tão fundamental para a tese geral que proponho aqui, que tomo a liberdade de mais uma citação um pouco mais longa:[192]

> Nenhuma teoria analítica sobre aquilo que o direito é e sobre o que distingue sistemas jurídicos de outros sistemas de governança poderá se permitir ignorar esse aspecto [do direito como uma disciplina

---

189 Seria possível argumentar também que a regra de reconhecimento pode incorporar critérios morais — a saída do positivismo jurídico inclusivo — e que, nesse sentido, desacordos teóricos serão na verdade desacordos sobre quando e como esses critérios devem ser aplicados. Uma saída desse tipo é oferecida por autores como Matthew Kramer, Jules Coleman e, antes deles, o próprio Hart. *Cf.* COLEMAN, Jules L. *The Practice of Principle.* Oxford: Oxford University Press, 2001, pp. 116-117; HART, H. L. A. *The Concept of Law.* 2ª ed, com pós-escrito, organizado por Penelope A. Bulloch e Joseph Raz. Oxford: Clarendon Press, 1994, pp. 246, 258-259; KRAMER, Matthew H. *In Defense of Legal Positivism:* Law without Trimmings. Oxford: Oxford University Press, 1999, pp. 135-151 (em particular, pp. 143-146). Uma eventual resposta (de natureza não positivista — caso de Dworkin — ou positivista exclusiva — caso de Shapiro) seria a de que essa saída inclusiva terá dificuldades em sustentar a regra de reconhecimento como uma regra social: afinal, regras sociais são baseadas em acordos sobre seus conteúdos. *Cf.* DWORKIN, Ronald. *Taking Rights Seriously*. Cambridge: Harvard University Press, 1977, pp. 46-80; SHAPIRO, Scott J. The "Hart–Dworkin" Debate: A Short Guide for the Perplexed. In: RIPSTEIN, Arthur (ed.) *Ronald Dworkin*. Cambridge: Cambridge University Press, 2007, pp. 22-55 (33-35).

190 A resposta de Raz a Dworkin não será abordada aqui porque Raz defende conceitos criteriais da objeção de Dworkin (*cf.* RAZ, Joseph. Two Views of the Nature of the Law: A Partial Comparison. In: COLEMAN, Jules (ed.). *Hart's Postscript*: Essays on the Postscript to The Concept of Law. Oxford: Oxford University Press, 2005, pp. 01-38); aqui, parto do pressuposto (bem articulado por Shapiro no ensaio sobre o debate Hart–Dworkin) de que o argumento dos desacordos tem relação, mas não pressupõe necessariamente o argumento do aguilhão semântico.

191 "*I am strongly influenced by Dworkin's work on theoretical disagreement in law*." WALDRON, Jeremy. Stare Decisis and the Rule of Law: A Layered Approach. *Michigan Law Review*, vol. 111, n. 01, 2012, pp. 01-32 (13, n. 35).

192 Que voltará a ser discutido com toda ênfase e é central ao argumento aqui desenvolvido.

> argumentativa] de nossa prática jurídica e o papel específico por ele exercido no respeito que terá um sistema jurídico pelos cidadãos comuns como centros ativos de inteligência. A falácia do positivismo moderno é sua ênfase exclusiva nos aspectos de comando e controle do direito, sem qualquer referência à *cultura de argumentação* que ele *cria, proporciona* e *institucionaliza.* O reconhecimento institucionalizado de uma série de normas pode ser um elemento importante, mas no mínimo tão importante quanto é aquilo que fazemos no direito com as normas que identificamos. Nós não apenas as obedecemos ou aplicamos as sanções que elas estabelecem; nós *argumentamos adversariamente sobre elas*, nós utilizamos nosso entendimento sobre aquilo que está em jogo em sua aplicação para o empreendimento de um processo contínuo de argumentação; nós nos engajamos em *elaborados exercícios interpretativos* sobre *o que significa aplicar essas regras de modo consistente como um sistema* aos casos concretos que nos são apresentados.[193]

Isso é absolutamente fundamental e, penso, suficiente para a atribuição de uma dimensão argumentativa — e interpretativa, ao menos nesse sentido — ao direito enquanto fenômeno. Nós não apenas identificamos as regras jurídicas; nós discutimos sobre o que significa aplicá-las, sobre aquilo que elas dispõem e exigem e sobre o que significa exatamente ser fiel a essas exigências, interpretando e aplicando as normas que compõem o sistema jurídico de maneira consistente. Isso não é algo específico que se restringe a casos limítrofes ou os então chamados 'casos difíceis'; como lembra Waldron, esse processo contínuo de argumentação é '*business as usual*' no direito,[194] rotina.

---

193 "*No analytic theory of what law is and what distinguishes legal systems from other systems of governance can afford to ignore this aspect of our legal practice and the distinctive role it plays in a legal system's respect for ordinary citizens as active centers of intelligence. The fallacy of modern positivism is its exclusive emphasis on the command-and-control aspect of law, without any reference to the culture of argument that it frames, sponsors, and institutionalizes. The institutionalized recognition of a distinctive set of norms may be an important feature, but at least as important is what we do in law with the norms that we identify. We do not just obey them or apply the sanctions that they ordain; we argue over them adversarially, we use our sense of what is at stake in their application to license a continual process of argument, and we engage in elaborate interpretive exercises about what it means to apply them faithfully as a system to the cases that come before us.*" WALDRON, Jeremy. The Concept and the Rule of Law. *Georgia Law Review*, vol. 43, n. 01, 2008, pp. 01-61 (56).

194 *Cf.* WALDRON, Jeremy. The Concept and the Rule of Law. *Georgia Law Review*, vol. 43, n. 01, 2008, pp. 01-61 (57).

Isso quer dizer (ao menos essa é a conclusão que traço aqui, na linha do que já vinha argumentado ao, com Postema, postular uma densidade semântica ao conceito de direito) que qualquer teoria que deixe esse aspecto de lado poderá até ser possível,[195] mas vai, inevitavelmente, deixar de fora um aspecto que é absolutamente central, intrínseco à prática que se quer descrever e identificar enquanto prática distinta — o que acaba por distorcer a prática em seu sentido mais completo, portanto. Ignorar a dimensão interpretativa do direito, no sentido da *cultura argumentativa que lhe distingue enquanto sistema de governança particular*, é deixar de fora um de seus aspectos mais característicos; é deixar de fora exatamente um dos aspectos que lhe tornam uma prática social própria, diferente das outras.

É nesse sentido que não é necessário que se vá '*all the way down*', até o fim, com Dworkin quanto ao direito como um 'conceito interpretativo', ou quanto à função (que me parece correta) tratada como base de um acordo pré-interpretativo (que me parece disputável). Não é necessário que se endosse o argumento do 'aguilhão semântico' (ao qual o próprio Hart parece ter respondido, inclusive antecipadamente). Além de não ser necessário, não é exatamente essa a questão; como já dito, pretendo jogar em certo sentido no campo analítico. De mais a mais, o ponto aqui é que o argumento dos desacordos — principalmente na leitura que Waldron dá a esse argumento — revela uma dimensão importante na prática, e no conceito, do direito. Além da identificação das regras, a discussão, a interpretação, a argumentação sobre sua melhor interpretação são elementos importantes demais para que sejam desconsiderados por uma teoria do direito mais completa.

Mas há ainda um aspecto mais importante que justifica aqui a inclusão do argumento dos desacordos sobre juridicidade. *Ainda que se diga* que esse é um plano posterior, que se dá no âmbito da prática e da aplicação, *dentro* de um cenário que é exatamente aquele identificado e oferecido como explicação pelo teórico positivista; ainda que se diga que a explicação positivista inclusiva dá conta de desacordos como desacordos sobre eventuais critérios morais eventualmente presentes em uma regra de reconhecimento; ainda que se diga que esses 'desacordos sobre legalidade', por assim dizer, sejam limítrofes e não pervasivos; penso que a leitura *waldroniana* do argumento dos desacordos, que diz que a realidade cotidiana do direito revela que *discordamos e discutimos e argumentamos constantemente sobre aquilo que o direito exige de nós*, revela uma *horizontalidade* fundamental no conceito de direito.

---

195 Isso se não levarmos em conta aquilo a que já vinha apontando nas seções anteriores: essas propostas analíticas dificilmente terão o caráter fundacional que reivindicam — o que, por si, reforça o caráter interpretativo do direito.

As respostas positivistas são todas baseadas na perspectiva de membros oficiais da prática. É justo que, nessa discussão, isso seja assim; a origem do argumento de Dworkin está exatamente em desacordos de membros oficiais acerca da 'regra de reconhecimento' (termo que ele obviamente não usa), em desacordos sobre a própria convenção. Agora, a leitura de Waldron é interessante porque mostra que o caráter argumentativo subjacente às regras enquanto regras jurídicas — seja no plano de sua identificação, mas seja também (e agora principalmente) em sua rotina de interpretação e aplicação — não se trata apenas de um elemento no cotidiano da prática. Trata-se de um elemento que, rotineiro em meio à prática, é importante para sinalizar e distinguir essa prática *enquanto prática inserida* em uma empreitada que é *jurídica*. Uma perspectiva teórica voltada apenas à perspectiva oficial ignora um elemento de horizontalidade próprio que diferencia o direito enquanto sistema específico de governança tal como o entendemos.

Isso ficará ainda mais evidente ao longo do livro, sobretudo quando apresento minhas considerações sobre a referência oficial que é feita a regras jurídicas para *justificar* a ação oficial. De qualquer forma, já se pode adiantar aqui que *os destinatários* das normas jurídicas, ao serem tratados assim, têm sempre a capacidade de argumentar, de oferecer suas visões, de simplesmente perguntarem '*por quê?*' — e devem, por isso, ter materializada, institucionalmente possibilitada, essa capacidade de oferecer argumentos e de questionar razões. A questão não se encerra se a resposta oficial for 'você deve φ porque esta norma é uma norma oficialmente reconhecida como jurídica'; ao cidadão é sempre dado (1) questionar se essa é *mesmo* a norma jurídica, (2) se a interpretação oferecida é a melhor interpretação da norma e (3) perguntar '*por que essa norma é jurídica?*', afinal. E é o próprio direito que deve oferecer isso institucionalmente, porque o oferecimento desse espaço ajuda a definir a prática (e, assim, seu conceito). Não sendo o caso, isto é, sendo um sistema que fracassa marcadamente em materializar essa possibilidade institucional, restará um pouco mais obscurecida a demarcação entre o direito enquanto sistema próprio de governança e um sistema de pura coerção bruta.[196]

Esse elemento de horizontalidade, assim, é uma característica que nos ajuda a conceptualizar e apreender a própria ideia de legalidade (num sentido de juridicidade) — já revelando, assim, uma relação mais próxima entre essa noção de legalidade e *o próprio conceito* de direito (numa relação que é mais próxima,

---

196 Isso aparece, em Lon Fuller, em uma dimensão de *reciprocidade*, e isso será tratado em capítulo dedicado ao autor.

ou mais fundamental já num nível ainda mais abstrato de construção teórica, do que parecem considerar os positivistas contemporâneos). Estabelecer essa ideia relacional é, afinal, um dos grandes propósitos desta pesquisa, mas já anunciá-la aqui é relevante porque (1) ela é reforçada com essa dimensão de 'horizontalidade argumentativa' no direito e (2) serve de gancho para que eu traga ainda outra dimensão que me permite enfim apresentar o tipo de metodologia que exsurge dessas considerações. Uma metodologia adequada ao direito não pode perder de vista a importância da participação dos destinatários das normas — em sua capacidade de agência e autonomia, de responsabilidade, *de perguntar 'por quê?'* — para a compreensão do fenômeno (porque *o próprio fenômeno* não pode perder essa importância de vista; pretendo argumentar isso mais adiante).[197]

(iii) Uma dimensão de cultura política

É interessante que tenhamos acabado de ver um ponto de Waldron, sobre o caráter argumentativo-interpretativo do direito, uma vez que é justamente ele o autor que melhor articula analiticamente ainda um outro aspecto que me parece muito relevante para o tipo de discussão e abordagem que proponho aqui. A ideia em questão surgirá mais forte e expressamente quando da elaboração das linhas mais conclusivas neste livro, mas já é interessante mencioná-la ainda sob um aspecto mais metodológico, como uma outra dessas dimensões que me parecem importantes no processo de teorização do direito. Falo da relação de interdependência entre o direito (e a teoria do direito, e as instituições que fazem parte do direito) e a política (e a filosofia política, e as instituições políticas de uma sociedade). "Cortes e legislaturas são instituições *políticas*", afinal; "o império da lei é um ideal *político*", assim como "o raciocínio jurídico e a decisão judicial são práticas e técnicas que fazem da parte da cultura *política* das sociedades nas quais são desenvolvidas".[198]

---

197 Um interessante ponto de Waldron, que adapto e relaciono aqui à questão dos pontos de vista e à dimensão funcional — entendida, como sugeriu Postema, como algo baseado em considerações normativas —, está em dizer que o teórico não precisa ser subserviente à compreensão que aqueles que participam de uma prática têm de sua cultura política ou jurídica, mas que, ao rejeitá-la, estará *competindo* (argumentativamente) com essa compreensão. Não há um nível teórico distinto. *Cf.* WALDRON, Jeremy. Normative (or Ethical) Positivism. In: COLEMAN, Jules (ed.). *Hart's Postscript*: Essays on the Postscript to The Concept of Law. Oxford: Oxford University Press, 2005, pp. 410-434 (426). Isso tem relação com o próximo item também.

198 "*Legislatures and courts are* political *institutions; the rule of law is a* political *ideal; adjudication and legal reasoning are practices and techniques which are part of the* political *culture of the societies in which they flourish*." WALDRON, Jeremy. Legal and Political Philosophy. In: COLEMAN, Jules

Isso, ao menos *prima facie*, não é controverso. Nem mesmo a mais abstrata análise conceitual negaria isso. Mas o assunto não se encerra aqui, e é interessante acompanharmos o raciocínio *waldroniano*. Em uma analogia que se revela bastante acurada e apropriada, Waldron coloca a relação entre o campo específico da história naval e o campo mais amplo da história militar. Vejamos. É certo que a história naval faz parte da história militar, de modo que um historiador da área militar, *lato sensu*, terá de levar em conta a história naval. Ao mesmo tempo, é possível — ou seja, não há qualquer inconsistência em — imaginar um teórico dedicado ao estudo da história naval reivindicando um caráter relativamente limitado para seu campo de trabalho: 'existe uma divisão de trabalho', dirá o historiador naval; 'o historiador militar é responsável por cobrir uma área maior do que a minha: ele terá de levar em conta aquilo que eu faço, e aquilo que se pesquisa na história de campanhas aéreas e terrestres. Mas o *meu* trabalho, enquanto pesquisador da história naval, é o de assumir responsabilidade somente por uma pequena peça nessa grande figura'. De fato, não é completamente implausível que nosso hipotético historiador dedicado à história naval diga isso; mas essa posição pode ser objeto de críticas. Alguém poderá dizer, por exemplo, que, 'muito bem, um certo grau de especialização é possível, mas não é razoável que o historiador naval se mantenha alheio a aspectos da história militar mais geral que incidem sobre o modo como o poder naval é constituído e como campanhas navais são conduzidas'.[199]

É *nesse sentido* que algo similar pode ser dito acerca das relações entre o direito e a política, e entre a teoria do direito e a teoria política: "[a] não ser que o teórico do direito compreenda a relação entre doutrinas e instituições jurídicas, de um lado, e o contexto político mais amplo, de outro", sua compreensão sobre o direito, sobre o modo como essas instituições e doutrinas funcionam — sobre a própria prática que pretende explicar ou descrever (ainda que do ponto de vista conceitual), portanto — "será *inconclusiva* ou *empobrecida*, de uma maneira um tanto formalista".[200] Voltamos ao ponto de Postema.

L.; HIMMA, Kenneth Einar; SHAPIRO, Scott J. (ed.). *The Oxford Handbook of Jurisprudence and Philosophy of Law*. Oxford: Oxford University Press, 2012, pp. 352-381 (352).

199 *Cf.* WALDRON, Jeremy. Legal and Political Philosophy. In: COLEMAN, Jules L.; HIMMA, Kenneth Einar; SHAPIRO, Scott J. (ed.). *The Oxford Handbook of Jurisprudence and Philosophy of Law*. Oxford: Oxford University Press, 2012, pp. 352-381 (354).

200 Grifos meus. "*Unless the legal scholar understands the relation between legal doctrines and institutions, on the one hand, and the wider political context on the other, his understanding of law and of the way in which particular legal doctrines work will be inconclusive or impoverished, in a formalistic*

Abordagens gerais e abstratas tendem a separar o direito enquanto objeto de estudo das instituições e práticas e conceitos que o constituem enquanto direito — e, ao fazê-lo, empobrecem suas próprias explicações. (A relação aqui não é arbitrariamente estabelecida: não apenas Waldron faz referência, no artigo aqui discutido, ao tipo de teoria desenvolvida por Postema[201] — mais ainda, e fundamentalmente, Postema faz referência explícita e direta ao artigo de Waldron, citando-o nominalmente, para dizer e sustentar o ponto de que o debate teórico-filosófico acerca da natureza do direito é enfraquecido na ausência de um engajamento filosófico robusto com os contextos mais amplos dos quais o direito faz parte.[202])

Como bem diz Waldron, não podemos compreender o papel que o direito e suas instituições ocupam em uma sociedade — e não podemos compreender completamente aquilo que o conceito de direito pretende capturar, portanto — sem nos debruçarmos sobre questões relativas à cultura política que forma o contexto anterior, o *background* institucional que informa o direito (e é, circularmente, por ele informado, uma vez que a relação é de interdependência; também instituições políticas, sobretudo em sociedades modernas, não poderão ser entendidas de maneira adequada se divorciadas daquilo que somente o direito representa). E, note-se, isso independe da ênfase de análise: não se trata apenas da obviedade de que — se partirmos da distinção entre o descritivo e normativo — dizer como o direito deve funcionar, ou como o direito deve ser considerado, precisa de considerações de filosofia política; determinar o que o direito *é*, como ele efetivamente *é* considerado pelas pessoas, também depende de atenção dedicada ao contexto em que ele se insere institucional e socialmente.[203]

---

sort of way." WALDRON, Jeremy. Legal and Political Philosophy. In: COLEMAN, Jules L.; HIMMA, Kenneth Einar; SHAPIRO, Scott J. (ed.). *The Oxford Handbook of Jurisprudence and Philosophy of Law*. Oxford: Oxford University Press, 2012, pp. 352-381 (354).

201 *Cf.* WALDRON, Jeremy. Legal and Political Philosophy. In: COLEMAN, Jules L.; HIMMA, Kenneth Einar; SHAPIRO, Scott J. (ed.). *The Oxford Handbook of Jurisprudence and Philosophy of Law*. Oxford: Oxford University Press, 2012, pp. 352-381 (369).

202 *Cf.* POSTEMA, Gerald J. Jurisprudence, The Sociable Science. *Virginia Law Review*, vol. 101, n. 04, jun. 2015, pp. 869-901 (884).

203 "[*N*]*one of these issues can be settled except by paying attention to matters that are in the domain of political science (how law is in fact regarded) or political philosophy (how law ought to be regarded)*." WALDRON, Jeremy. Legal and Political Philosophy. In: COLEMAN, Jules L.; HIMMA, Kenneth Einar; SHAPIRO, Scott J. (ed.). *The Oxford Handbook of Jurisprudence and Philosophy of Law*. Oxford: Oxford University Press, 2012, pp. 352-381 (357).

É com tudo isso em mente, portanto, que esta pesquisa acaba não por favorecer uma abordagem puramente normativa, ou classificá-la como necessária, mas ao menos por obscurecer uma linha divisória rigidamente traçada entre a *analytical jurisprudence* e a *normative jurisprudence.* O compromisso metodológico aqui assumido é o de analisar o direito como um conceito denso e, consideradas (1) suas possíveis dimensões funcional e argumentativa e (2) as relações entre o direito, enquanto conceito e prática social, e seus contextos anteriores e subjacentes, buscar uma análise que é, ao mesmo tempo, analítica e normativa. Isso porque, sob essa visão, dizer o que o direito é — e explicá-lo por meio de uma abordagem que não se pretende demasiadamente abstrata — incluirá considerações normativas, ao mesmo tempo em que simplesmente dizer o que o direito deve ser, sem atenção a importantes *insights* sobre validade jurídica do positivismo jurídico, acaba por subordinar o direito à política e negligenciar a importância de uma análise que leve em conta a materialização disso a que chamamos de direito sem idealizações.[204] Assim — e meu débito para com Lon Fuller e Jeremy Waldron nesse sentido ficará evidente —, com base nessas premissas metodológicas, é possível finalmente passar para as considerações acerca de um ideal político central à explicação do direito que me parece a mais adequada: o império da lei.

Como diz Waldron, uma análise sobre o império da lei envolve três coisas: (1) a identificação de uma série de ideias relacionadas (complexas e, por vezes, contestadas) sobre governança — *e.g.* a sujeição do Estado a limitações legais, a ideia de igualdade perante a lei, as exigências procedimentais do devido processo legal, a importância da publicidade e da estabilidade das regras; (2) a explicação da importância dessas ideias em termos, por exemplo, da conexão entre publicidade e previsibilidade, e a autonomia dos cidadãos; e (3) a associação dessas ideias, assim compreendidas, com a caracterização do sistema de governança em questão como um sistema *jurídico*. De fato, é possível que, a partir de uma visão especializada, os passos (1) e (2) possam ser construídos como passos específicos da filosofia política; agora, se o passo (3) não fizer parte da teoria do direito, "o caráter próprio do ideal do império da lei restaria seriamente ameaçado". Como o próprio Waldron diz, disso não se segue que uma análise teórica do direito deverá ser *necessariamente*

---

204 Em mais uma lição hermenêutica da CHD, veja-se a consideração de Streck nesse sentido: "a cisão entre descrição e prescrição só ocorre porque os diversos positivismos não se dão conta da dupla estrutura da linguagem". STRECK, Lenio Luiz. *Dicionário de Hermenêutica*: Cinquenta verbetes fundamentais da Teoria do Direito à luz da Crítica Hermenêutica do Direito. 2ª ed. Belo Horizonte: Letramento, 2020, p. 268.

conduzida tendo-se o ideal do *rule of law* em mente; mas, definitivamente, "*essa não é uma metodologia implausível*".[205]

O próprio Waldron favorece uma abordagem nesse sentido (e aproveito muito de sua análise para estabelecer minhas conclusões mais substantivas no capítulo final). De minha parte, penso, inclusive, que essa é uma metodologia *muito* promissora se levarmos a sério a ideia de realmente distinguir um sistema *jurídico* de outros sistemas de governança — se levarmos às últimas consequências a preocupação teórica de 'desfazer confusões conceituais' entre o direito e a (pura) coerção. Como venho afirmando, esse é um dos grandes objetivos que procuro desenvolver aqui, e é algo sobre o qual vou me debruçar mais detida e *substantivamente* quando fixar as conclusões teóricas que surgem da releitura e da combinação dos autores que compõem meu referencial. O que já destaco, porém, primeiro — além de destacar a interdependência entre o direito e a cultura política que circunda as instituições que o constituem —, sinalizando a plausibilidade de uma metodologia de teoria do direito que articule junto o ideal de *rule of law*, é que isso fica ainda mais plausível quando levamos em conta exatamente as dimensões às quais chamei atenção anteriormente: (1) funções potencial ou eventualmente assumidas pelo fenômeno jurídico — *funções que o marquem como um sistema próprio de governança*, que não podem ser, portanto, *quaisquer* funções determinadas meramente por um caráter de convencionalidade (seja ela prática ou, em um nível teórico, meramente linguística quanto ao uso do conceito) —, e que façam sentido, além do próprio alcance do conceito, de modo a guardar coerência com (2) um aspecto próprio de *argumentação, horizontal,* que faz parte da prática como ela se apresenta.

Dito de outro modo: reconhecer a dimensão do direito que se relaciona à cultura política que envolve um sistema de governança, julgando-a importante para um processo de teorização (mais) explicativo sobre o fenômeno, não apenas não significa como me parece ser um passo importante para que *não* se trate o direito como mero produto da política, sendo potencial instrumento do poder.

---

205 Grifos meus, nota omitida. "[*I*]*f step (iii) found no resonance in jurisprudence, the distinctive character of the ideal of the rule of law would be seriously undermined. This doesn't mean necessarily that the jurisprudential analysis of law must be conducted with the rule of law ideal in mind (though, as I have argued elsewhere, that is not an implausible methodology)*." WALDRON, Jeremy. Legal and Political Philosophy. In: COLEMAN, Jules L.; HIMMA, Kenneth Einar; SHAPIRO, Scott J. (ed.). *The Oxford Handbook of Jurisprudence and Philosophy of Law*. Oxford: Oxford University Press, 2012, pp. 352-381 (373).

Reconhecer que direito e política estão inter-relacionados é exatamente parte do argumento de que o primeiro não é mero produto/instrumento da segunda.

Por fim, no que diz respeito ainda a esse aspecto de 'cultura política', em sua relação com a teoria do direito, é interessante recuperar aqui um ponto estabelecido por Joseph Raz numa passagem que acaba unindo de forma bastante proveitosa muito do que venho apontando até aqui (e que acabará ecoando em algumas das conclusões também) — antes de dizer que o direito é "um conceito usado pelas pessoas para *entenderem a si mesmas*", sendo um dos mais importantes papeis da teoria do direito auxiliar a "desenvolver nossa compreensão acerca da sociedade auxiliando-nos a compreender *como as pessoas entendem a si mesmas*":[206]

> O conceito de direito é parte de nossa cultura e de nossas tradições culturais. Ele exerce um papel no modo como as pessoas comuns, tanto quanto a profissão jurídica, entendem as ações de outras pessoas e suas próprias. É parte do modo como as pessoas 'conceitualizam' a realidade social.[207]

O conceito de direito faz parte das tradições culturais que marcam o entendimento que temos de nós mesmos. Entendê-lo e conceitualizá-lo de modo inteligível e satisfatório passa por entender, tanto quanto possível, os elementos a ele relacionados.[208]

É nesse sentido, assim, que endosso a sugestão de Waldron quanto à plausibilidade de uma metodologia que articule também nossa compreensão de *rule of law* para uma melhor compreensão do próprio direito como tal. Raz, que acabo de mencionar, tem sua própria concepção de *rule of law* — uma

---

206 Itálico meu. "[*U*]*nlike concepts like 'mass' or 'electron', 'the law' is a concept used by people to understand themselves. We are not free to pick on any fruitful concepts. It is a major task of legal theory to advance our understanding of society by helping us understand how people understand themselves.*" RAZ, Joseph. *Ethics in the Public Domain:* Essays in the Morality of Law and Politics. Oxford: Oxford University Press, 1996, p. 221.

207 "*The concept of law is part of our culture and of our cultural traditions. It plays a role in the way in which ordinary people as well as the legal profession understand their own and other people's actions. It is part of the way they 'conceptualize' social reality.*" RAZ, Joseph. *Ethics in the Public Domain:* Essays in the Morality of Law and Politics. Oxford: Oxford University Press, 1996, p. 221.

208 No Brasil, esse é um ponto que fica bastante destacado nos aspectos (1) hermenêuticos e (2) voltados ao contexto brasileiro que ficam presentes ao longo de toda a teorização de Lenio Streck com a CHD.

concepção célebre e bem particular, diga-se, e da qual *discordo*.[209] Por isso, mas sobretudo porque indico (com Waldron) ser esta uma metodologia promissora — e finalmente encaminhando a discussão para elementos mais substantivos —, é hora de discutir a concepção que me parece mais adequada do que efetivamente constitui o império da lei.

209 Raz é um autor muito peculiar para esta minha pesquisa: discordo de uma série de aspectos em sua teorização e, ao mesmo tempo, concordo e adoto, com entusiasmo, importantes argumentos seus para as conclusões que buscarei estabelecer aqui. Nesse sentido, em alguma medida, a obra acaba representando uma espécie (bastante humilde) de homenagem a Raz e seu legado teórico-filosófico, uma vez que 2022, ano de intenso envolvimento com estas linhas, marca o ano de seu falecimento.

1 O IMPÉRIO DA LEI: CONCEITO E CONCEPÇÕES

"É preferível que a lei governe e não qualquer um dos indivíduos".[210] A noção de *rule of law*, de *império da lei*,[211] ocupa uma posição bastante peculiar em nosso tempo: ao mesmo tempo em que é "*o* principal ideal político de legitimação no mundo hoje", o principal critério de legitimidade política ao redor do globo, não há "um acordo [geral] acerca daquilo que ele significa precisamente".[212] Parte importante deste capítulo passa justamente por esse aspecto intrínseco ao império da lei enquanto ideal: sua contestabilidade. Seja como for, como é o caso com qualquer conceito disputado, é necessário partir de um mínimo denominador comum (nos termos *dworkinianos* que vimos acima, um '*acordo pré-interpretativo*') para que possamos ao menos discordar sobre a mesma coisa; daí por que é interessante começar com

210 É a definição clássica de Aristóteles no Livro III da *Política*, na tradução de H. Rackham em edição da *Loeb Classics*: "*it is preferable for the law to rule rather than any one of the citizens*" (III, xi, 3, 1287a19-20). ARISTOTLE. *Politics*, with an English translation by H. Rackham, M.A. Cambridge: Harvard University Press, 1959, p. 265.

211 Aqui, um comentário sobre tradução. Quando falo em 'império da lei', tenho em mente a locução '*rule of law*'. No Brasil, com certa frequência, vemo-la traduzida como 'Estado de Direito', mas, pessoalmente, prefiro 'império da lei'. 'Estado de Direito' remete-me menos a '*rule of law*' e mais a '*Rechtstaat*', um ideal que, ainda que guarde uma similaridade com o *rule of law*, traduziu-se na tradição continental de modo a necessariamente incluir mais elementos do que a ideia inicial de governo das leis — elementos como, por exemplo, a sacralização de direitos públicos subjetivos na lei positiva (algo que não vai *necessariamente* entrar em algumas concepções de *rule of law*, como veremos ao longo deste capítulo). Nesse sentido, *cf.* MERQUIOR, José Guilherme. *O Liberalismo* Antigo e Moderno. Rio de Janeiro: Nova Fronteira, 1991, p. 133. Mesmo assim, e dito isso, gosto da formulação sintética de Streck para o conceito de Estado de Direito, capturando bem a ideia que tenho aqui: a "*submissão do poder ao Direito*" (itálico meu). *Cf.* STRECK, Lenio Luiz. *Verdade e Consenso*: Constituição, Hermenêutica e Teorias Discursivas. 6ª ed. São Paulo: Saraiva, 2017, p. 114.

212 "*The rule of law thus stands in the peculiar state of being* the *preeminent legitimating political ideal in the world today, without agreement upon precisely what it means.*" TAMANAHA, Brian Z. *On the Rule of Law*: History, Politics, Theory. Cambridge: Cambridge University Press, 2004, p. 04.

alguns comentários mais gerais sobre aquilo que o conceito captura de maneira mais abrangente — sobretudo porque, como já anunciei ao encerramento da seção anterior, pretendo oferecer uma abordagem sobre o conceito de direito orientada exatamente por uma articulação conjunta do melhor significado de império da lei, seus princípios e suas exigências.

Em linhas muito gerais, o império da lei envolve as exigências de que (1) "pessoas em posições de autoridade exercitem seus poderes de acordo com a limitação de estrutura de normas públicas e não a partir de suas próprias preferências ou ideologia"; de que (2) "haja regras gerais, dispostas com clareza de antemão, cuja presença pública permita que as pessoas saibam aquilo que se exige delas e as consequências de suas ações, além daquilo que podem esperar quanto à atuação do poder público"; e de que (3) "haja cortes, funcionando de acordo com padrões reconhecidos de devido processo, em termos de procedimento ou de justiça natural, oferecendo um fórum imparcial no qual disputas podem ser resolvidas".[213] Vemos aqui, então, que o império da lei envolve uma série de princípios formais e procedimentais no que diz respeito ao modo e sistema de governança em uma comunidade. Em sua noção mais incipiente, há ainda articulações que reivindicam, sob o ideal do *rule of law*, a presença de valores também *substantivos*, para além dos princípios de forma e procedimento. Ao mesmo tempo, há quem defenda — e Joseph Raz é certamente o teórico mais proeminente nesse sentido — que o império da lei é "apenas uma das virtudes que um sistema jurídico pode apresentar e a partir da qual pode ser avaliado"; uma virtude que *não* se confunde com democracia, justiça, igualdade, direitos humanos, dignidade, enfim, de modo que um sistema jurídico que não respeita nenhum desses outros valores e princípios pode ser "um sistema jurídico incomensuravelmente pior" e ainda assim estar em conformidade com o *rule of law*.[214] De minha parte, vejo riscos na adoção de

213 "*Very roughly, the rule of law involves a requirement that people in positions of authority should exercise their power within a constraining framework of public norms rather than on the basis of their own preferences or ideology; a requirement that there be general rules laid down clearly in advance, rules whose public presence enables people to figure out what is required of them, what the legal consequences of their actions will be, and what they can rely on so far as official action is concerned; and a requirement that there be courts, operating according to recognized standards of procedural due process or natural justice, offering an impartial forum in which disputes can be resolved.*" WALDRON, Jeremy. Public Rule of Law: Inaugural Conference of International Society for Public Law. NYU Public Law Research Paper n. 14-41, jun. 2014, p. 01. Disponível em <https://ssrn.com/abstract=2480648>.

214 "[*T*]*he rule of law is just one of the virtues which a legal system may possess and by which it is to be judged. It is not to be confused with democracy, justice, equality (before the law or otherwise), human rights of any kind or respect for persons or for the dignity of man. A non-democratic legal system,*

uma posição substantiva, mas não vou até o fim com Raz; penso que as exigências formais *e procedimentais*, por si, têm implicações normativas que deixam a questão um tanto mais complexa. Seja como for, isso será discutido em momento mais oportuno; por ora, o que fica é exatamente o que anunciei ao início deste capítulo: "há muita controvérsia com relação àquilo que o império da lei exige".[215] Por isso — e já que, como sempre lembra Quentin Skinner, conceitos históricos não têm definições em sentido estrito[216] —, é interessante olhar, ainda que brevemente, para alguns dos elementos que marcam a tradição do *rule of law* e a própria discussão em torno de seu melhor significado. Isso permite que nos equipemos dos meios necessários para uma reflexão crítica sobre a compreensão (ou as compreensões) contemporânea(s) de um ideal normativo à luz de seu desenvolvimento e daquilo que foi consagrado por sua tradição própria.

1.1 Disputas conceituais

"Aparentemente, chegou a era do *rule of law*"; outrora um termo quase que técnico, de interesse praticamente restrito a filósofos e membros da prática jurídica, ele agora parece disseminado em todo o mundo, situando-se "em paz ao lado de todas as inquestionáveis Coisas Boas como democracia, igualdade, justiça". O *rule of law* tornou-se, internacionalmente, um termo elogioso em si: está "na boca de toda agência de desenvolvimento", é "oferecido como suporte ao desenvolvimento econômico, à democracia, os direitos humanos e muito mais". Acadêmicos pesquisam-no, dinheiro é gasto em sua promoção, indivíduos e organizações trabalham e dizem trabalhar em seu prol. Boas notícias a um defensor do ideal político do governo das leis? Bem, sim, mas "apenas de certo modo" — dirá Martin Krygier, um dos mais renomados *scholars* contemporâneos que constituem justamente esse amplo e variado e difuso grupo de pesquisadores dedicados à investigação

---

based on the denial of human rights, on extensive poverty, on racial segregation, sexual inequalities, and religious persecution may, in principle, conform to the requirements of the rule of law better than any of the legal systems of the more enlightened Western democracies. This does not mean that it will be better than those Western democracies. It will be an immeasurably worse legal system, but it will excel in one respect: in its conformity to the rule of law." RAZ, Jo

seph. *The Authority of Law*. 2ª ed. Oxford: Oxford University Press, 2011, p. 211.

215 WALDRON, Jeremy. The Rule of Law. In: ZALTA, Edward N. (ed.) *The Stanford Encyclopedia of Philosophy*, Summer 2020 Edition. Stanford: Metaphysics Research Lab, Stanford University. Disponível em <https://plato.stanford.edu/archives/sum2020/entries/rule-of-law/>.

216 *Cf.* SKINNER, Quentin. A Genealogy of the Modern State. *Proceedings of the British Academy*, vol. 162, 2009, pp. 325-370.

do tão reivindicado *rule of law*. Para Krygier, essa reivindicação universal só é parcialmente uma boa-nova porque, ainda que postulado e apoiado e (ao menos em tese) promovido ao redor do globo, poder se gabar de *efetivamente* promover e garantir o império da lei em planos nacional e internacional é algo tão difícil quanto compreender o que ele realmente significa.[217]

Como o mesmo Krygier bem aponta — e como se pode verificar na vasta literatura produzida ao longo das últimas décadas acerca do assunto —, e talvez exatamente por essa dificuldade conceitual, é comum que se inicie qualquer reflexão ou discussão sobre o *rule of law* enquanto tal a partir de definições: primeiro, discute-se *o que é* o império da lei, para que então se investigue por que esse é um ideal a ser buscado. O foco, geralmente e em maior ou menor grau de abstração, está em uma característica (ou série de características) que se quer apontar como constitutiva e definitiva da coisa em si. São frutos dessa mesma empreitada duas leituras distintas já mencionadas *en passant*: aquelas que constroem uma noção substantiva do império da lei em contraste às construções teóricas voltadas a uma natureza procedimental. Para Krygier — e este é um *insight* que me parece particularmente relevante e inovador em uma discussão que, de tanto repetir um termo (às vezes sem muito critério ou rigor), acaba por lhe roubar todo significado, reduzindo-o a não muito mais que platitude[218] —, essas duas abordagens não são

217 Tradução livre e contextualizada: "*It appears the time of the rule of law has come. In the past twenty or so years, the concept has gone from often-derided but more often ignored margins of public concerns to a somewhat hallowed, if also sometimes hollow, center of many of them. Once a quasi-technical term of interest only to lawyers and legal philosophers, it appears all over the globe these days, at ease in the company of such unassailably Good Things as democracy, equality, and justice. Rule of law is today an international hurrah term, on the lips of every development agency, offered as a support for economic growth, democracy, human rights, and much else. Rule of Law promotion is booming. Lots of people and organizations are contracted to work on it, lots of money is spent on it, lots of academics study it. To a partisan of the rule of law, and I am one, that should be good news, and in a way it is. But only in a way. For it is hard to boast of much success in actually fostering it, let alone understanding what 'it' is.*" KRYGIER, Martin. Four Puzzles About the Rule of Law: Why, What, Where? And Who Cares? In: FLEMING, James E. (ed.) *Nomos*, L: Getting to the Rule of Law. Nova York: New York University Press, 2011, pp. 64-104 (64).

218 Razão pela qual Judith Shklar, por exemplo, chegou a declarar que "[n]ão seria tão difícil demonstrar que a frase 'o Império da Lei' se tornou desprovida de sentido, graças ao abuso ideológico e ao exagerado uso geral. Ela pode muito bem ter se tornado outro daqueles artifícios retóricos autoelogiosos que aparecem nos pronunciamentos públicos de políticos anglo-americanos". ("*It would not be very difficult to show that the phrase "the Rule of Law" has become meaningless thanks to ideological abuse and general over-use. It may well have become just another one of those self-congratulatory rhetorical devices that grace the public utterances of Anglo-American politicians.*") SHKLAR, Judith N. Political Theory and the Rule of Law. In: HUTCHESON, Allan C.; MONAHAN, Patrick (eds.). *The Rule of Law*: Ideal or Ideology. Toronto: Carswell, 1987, pp. 01-16 (01).

apenas problemáticas cada uma à sua maneira; por mais diferentes que sejam as respostas que oferecem, elas compartilham de um mesmo equívoco: começam pela pergunta errada. Como já dei a entender, o ponto de Martin Krygier é dotado de uma força argumentativa que me convence. Antes de passar a explicá-la, porém, é necessário passar brevemente pela via tradicional de discussão e embate entre noções substantivas e procedimentais que conferem significado ao *rule of law*. Nem que seja para rejeitar seu ponto de partida.

1.1.1 Noções procedimentais e substantivas

Como vimos, o número de defensores do *rule of law* é proporcional ao das diferentes formulações que procuram materializar esse ideal abstrato. É nesse contexto que devemos localizar as vertentes tradicionais que, antagônicas, oferecem respostas diferentes à mesma pergunta comum que as orienta: a melhor definição do império da lei. Numa sintetização ainda incipiente, podemos afirmar que, enquanto abordagens formais têm como foco as fontes e formas estruturais de legalidade responsáveis por caracterizar um cenário de governo das leis, as teorias substantivas incluem exigências quanto ao próprio conteúdo dessas leis mesmas; com frequência, essas exigências são carregadas de princípios morais derivados de concepções teóricas sobre outros valores representando alguma concepção de justiça.

Como mencionei à abertura deste capítulo, não é exagero dizer que um dos mais notáveis teóricos proponentes de uma concepção formal do *rule of law* é Joseph Raz. Para Raz, pertence ao próprio ponto daquilo que define o império da lei o fato de que ele *não* se confunde com concepções de justiça, democracia, direitos humanos, liberdade, enfim, com as 'inquestionáveis Coisas Boas' de que falava Krygier. Não é sem razão sua passagem (como não é sem razão o fato dela ter sido tantas vezes citada depois) no seguinte sentido: "O direito pode, por exemplo, instituir a escravidão sem violar o império da lei".[219] (É preciso que se diga que, lida no contexto, ela não parece tão 'forte' quanto soa à primeira vista, sobretudo aos olhos de leitores não familiarizados com a discussão.)

Não é sem razão porque, em sua formulação inicial e em seus pressupostos, Raz trabalha a partir da noção oferecida por Friedrich Hayek, economista e filósofo político austríaco, acerca do *rule of law*: o império da lei que, "livre de qualquer tecnicalidade", deve ser compreendido no sentido de que o governo deve guiar-se e estar limitado por regras "fixadas e anunciadas de antemão" — regras

219 "*The law may, for example, institute slavery without violating the rule of law.*" RAZ, Joseph. *The Authority of Law*. 2ª ed. Oxford: Oxford University Press, 2011, p. 221.

estas que possibilitam que os cidadãos planejem suas próprias vidas do ponto de vista individual e, em sentido coletivo, possam antever, com graus razoáveis de previsibilidade e segurança, como a autoridade estatal usará seu poder coercitivo em circunstâncias já delineadas pelas regras mesmas.[220-221] É por isso que, para Raz — e para aqueles que o acompanham em abordagens formais —, uma vez que a noção de governo das leis tem a capacidade de orientar a conduta de seus cidadãos, ao mesmo tempo, como como necessidade lógica[222] e como intuição básica que a define, ela "não dirá nada sobre como o direito deve ser produzido: por tiranos, maiorias democráticas, qualquer outro modo"; tampouco dirá qualquer coisa "sobre direitos fundamentais, igualdade ou justiça".[223]

Isso não significa, certamente, que noções formais desse tipo sejam desprovidas de conteúdo ou mesmo relevância e até valor prático — ainda que se discorde delas. As limitações formais que a formulação *hayekiana* impõe ao exercício do poder são aquilo que permite que o direito cumpra adequadamente seu papel de orientação e organização social e coordenação de conduta humana. Limitações e exigências formais, ainda que constituam um ideal eminentemente *negativo* — no sentido de que não produz nenhum bem em si, mas evita perigosas violações —,

---

220 "*Stripped of all technicalities this means that government in all its actions is bound by rules fixed and announced beforehand — rules which make it possible to foresee with fair certainty how the authority will use its coercive powers in given circumstances, and to plan one's individual affairs on the basis of this knowledge.*" HAYEK, F. A. *The Road to Serfdom*. Nova York: Routledge, 2006, pp. 75-76.

221 Conste-se, ainda que em nota, que (1) Hayek modificou algumas de suas teses sobre o *rule of law* ao longo de sua trajetória intelectual, com diferenças substanciais entre aquilo que havia sido articulado em *The Road to Serfdom* (1944) e, depois, no célebre *Constitution of Liberty* (1973) (sendo a segunda fase, em contraste com a primeira, muito mais favorável ao desenvolvimento orgânico de princípios por meio da atividade judicial, de baixo para cima e no espírito da tradição clássica do *common law*, do que à ideia mais centrada na atividade legislativa defendida em 1944). Mesmo assim, e para o que importa aqui, Hayek não abandonou a noção expressa por meio dessa formulação inicialmente colocada e seguida por tantos, incluindo Raz. Nesse sentido, diga-se também que (2) Raz, é verdade, discorda de muitas das conclusões que Hayek deriva — mas, para o que importa aqui, compartilha da premissa.

222 Como as leis governarão, afinal? "Se o direito pretende ser obedecido, *deve ser capaz de orientar a conduta de seus cidadãos*" ("*[I]f if the law is to be* obeyed it must be capable of guiding the behaviour of its subjects"). RAZ, Joseph. *The Authority of Law*. 2ª ed. Oxford: Oxford University Press, 2011, p. 214. Destaque no original.

223 "*It is evident that this conception of the rule of law is a formal one. It says nothing about how the law is to be made: by ty rants, democratic majorities, or any other way. It says nothing about fundamental rights, about equality, or justice.*" RAZ, Joseph. *The Authority of Law*. 2ª ed. Oxford: Oxford University Press, 2011, p. 214.

são uma barreira contra o uso e o exercício arbitrário do poder. Com Raz, o império do direito é o que nos protege de riscos criados pelo próprio do direito.[224-225]

Ainda que de fundamental importância e impacto e significado prático, e ainda que seja seguida por muitos autores que acompanham Raz (e Hayek), uma compreensão (meramente) formal quanto às exigências que caracterizam um ideal de império da lei não é unânime. Enquanto muitos teóricos dizem que o *rule of law* não tem qualquer daquelas 'inquestionáveis Coisas Boas' como pré-requisito, há aqueles que sustentam que não se configura o império da lei, como tal, sem a presença de certos valores substantivos — valores como, por exemplo, o respeito e a garantia ao direito de propriedade privada[226] ou o reforço e a proteção aos direitos humanos.[227]

Naturalmente, porque mais exigentes, haverá grande variação entre essas teorias mesmas. De modo geral, o que se pode afirmar é que "todas as versões substantivas do *rule of law* incorporam os elementos do *rule of law* formal, e

---

224 *Cf.* RAZ, Joseph. *The Authority of Law*. 2ª ed. Oxford: Oxford University Press, 2011, p. 228.

225 Em 2019, Raz (coincidentemente, acabou seguindo Hayek nesse sentido também!) revisou sua visão em alguns aspectos. A visão revisada não altera o que foi exposto até aqui, sobretudo porque não abandona as noções principais de que o *rule of law* é (1) uma das muitas virtudes que um sistema jurídico pode (ou deve) ter, (2) responsável por conter riscos e perigos engendrados pelo próprio direito e, sobretudo, (3) um ideal que não impõe exigências *substantivas*, ao *conteúdo* do direito enquanto direito. O que Raz faz é estender a noção anterior, levando em consideração novas dimensões (a) do papel do governo em nossas vidas e (b) da própria ideia de arbitrariedade, de modo que o teste de conformidade com o *rule of law* passa a ser a ação das autoridades e membros oficiais do sistema de governança "com a *intenção manifesta* de servir *aos interesses dos governados*, tais como expressos pelo direito e suas *moralmente adequadas interpretação e aplicação*" ("*The test of conformity to the rule of law is acting with the manifest intention to serve the interests of the governed, as expressed by the law and its morally proper interpretation and implementation*"). Como dito, isso não invalida meus propósitos aqui, de meramente indicar os contornos daquilo que constitui uma abordagem interpretativa sobre o *rule of law*, mas essa visão revisada é suficientemente significativa e interessante para que seja aqui registrada. *Cf.* RAZ, Joseph. The Law's Own Virtue, *Oxford Journal of Legal Studies*, vol. 39, n. 01, Spring 2019, pp. 01-15. (A passagem reproduzida nas pp. 07-08, com grifos meus.)

226 *Cf.* CASS, Ronald. Property Rights Systems and the Rule of Law. In: COLOMBATTO, Enrico (ed.). *The Elgar Companion to the Economics of Property Rights*. Oxford: Edward Elgar Publications, 2004, pp. 131-163. Para além do exemplo contemporâneo, é interessante notar ainda que esse elemento substantivo já fazia parte do *rule of law* na obra de John Locke, um dos grandes nomes consagrados na tradição do que hoje entendemos por império da lei (o que talvez seja compreensível, tendo em vista o papel da ideia de propriedade em Locke). *Cf.* LOCKE, John. *Two Treatises of Government*, edição de Peter Laslett. Cambridge: Cambridge University Press, 1999 (1689), p. 360 (§ 138).

227 *Cf.* BINGHAM, Tom. *The Rule of Law*. Londres: Allen Lane, 2010, p. 67.

então vão além, acrescentando variadas especificações de *conteúdo*".[228] A título de ilustração, um bom exemplo de abordagem substantiva — que não se perde em confusões analíticas ou em '*wishful thinking*', simplesmente acrescentando aquilo que já se tem como preferência em moralidade política sob rótulos tidos como positivos e, com isso, gerando um "declínio geral [no rigor de nossa] articulação política"[229] — é a de Ronald Dworkin, que desenvolveu uma concepção teórica de império da lei baseada em direitos individuais; "um ideal de império [da lei] por meio de uma precisa concepção pública de direitos individuais" que, ao contrário das abordagens formais, "não faz distinção entre o *rule of law* e a justiça substantiva; ao contrário, exige, como parte do ideal do direito, que as regras (...) capturem e efetivem direitos morais".[230] No mesmo sentido, também como exemplo — e uma vez que, em razão (1) da própria natureza de uma proposta substantiva, (2) do sem-número de diferentes articulações e (3) do escopo desta pesquisa, seria impossível explicitar cada uma delas —, é interessante trazer a formulação de T. R. S. Allan como paradigma para uma boa ilustração geral de temas frequentes em noções substantivas do *rule of law*:

> o termo "*rule of law*" parece significar, primariamente, um corpo de princípios e valores básicos que, juntos, conferem certo nível de estabilidade e coerência à ordem jurídica (...). O *rule of law* é um amálgama de padrões, expectativas e aspirações: ele captura ideias tradicionais de liberdade individual e justiça natural e, mais geralmente, ideias sobre as exigências de justiça e equidade nas relações entre governo e governados. Tampouco podem justiça procedimental e justiça substantiva serem facilmente distinguidas: cada uma delas é predicada no respeito à dignidade do indivíduo (...). A ideia do *rule of law* é também inexoravelmente conectada

---

228 Grifo meu. "*All substantive versions of the rule of law incorporate the elements of the formal rule of law, then go further, adding on various content specifications*". TAMANAHA, Brian Z. *On the Rule of Law:* History, Politics, Theory. Cambridge: Cambridge University Press, 2004, p. 102.

229 "[*A*] *general decline in political articulacy*." WALDRON, Jeremy. The Rule of Law. In: ZALTA, Edward N. (ed.) *The Stanford Encyclopedia of Philosophy*, Summer 2020 Edition. Stanford: Metaphysics Research Lab, Stanford University, em <https://plato.stanford.edu/archives/sum2020/entries/rule-of-law/>.

230 "*The rule of law on this conception is the ideal of rule by an accurate public conception of individual rights. It does not distinguish, as the rule-book conception does, between the rule of law and substantive justice; on the contrary it requires, as part of the ideal of law, that the rules in the rule book capture and enforce moral rights.*" DWORKIN, Ronald. *A Matter of Principle*. Cambridge: Harvard University Press, 1985, pp. 11-12.

> com certas estruturas institucionais básicas. A noção fundamental de igualdade, que está no âmago de nossas convicções sobre justiça e equidade, exige igual voz a todos cidadãos adultos no processo legislativo: o sufrágio universal pode, hoje, ser tomado como um elemento central do *rule of law*.[231]

Assim, com dois breves exemplos ilustrativos principais de cada lado — Hayek e Raz, e Dworkin e Allan —, vimos as grandes e fundamentais diferenças entre teorias formais e substantivas. Vimos também, como anunciado ao início da discussão, seu grande ponto em comum: a busca por uma definição que responda à pergunta sobre *o que é*, afinal, o império da lei. Também como adiantado ao início da discussão, acompanho Martin Krygier — e também, novamente, Gerald Postema nesse sentido — na rejeição às pretensões teóricas compartilhadas por ambas as propostas, ainda que elas sejam radicalmente diferentes entre si naquilo que oferecem como afirmação: como (bem) define Frank Lovett, "compreendido formalmente, o *rule of law* é, na melhor das hipóteses, um ideal de menor importância; compreendido substantivamente, é um ideal redundante".[232] Voltarei à possibilidade de uma *via media*; antes, porém, é importante discutir com um pouco mais de detalhe ainda outro tema frequente (e que também já foi anunciado, direta e indiretamente, nas linhas anteriores) nas discussões sobre o *rule of law* que também exige uma resposta satisfatória: os profundos desacordos e uma possível *contestabilidade essencial* do significado do império da lei.

---

231 "[*T*]*he term 'rule of law' seems to mean primarily a corpus of basic principles and values, which together lend some stability and coherence to the legal order (...). The rule of law is an amalgam of standards, expectations, and aspirations: it encompasses traditional ideas about individual liberty and natural justice, and, more generally, ideas about the requirements of justice and fairness in the relations between government and governed. Nor can substantive and procedural fairness be easily distinguished: each is premised on respect for the dignity of the individual person (...). The idea of the rule of law is also inextricably linked with certain basic institutional arrangements. The fundamental notion of equality, which lies close to the heart of our convictions about justice and fairness, demands an equal voice for all adult citizens in the legislative process: universal suffrage may today be taken to be a central strand of the rule of law.*" ALLAN, T. R. S. *Law, Liberty, and Justice*: The Legal Foundations of British Constitutionalism. Oxford: Oxford University Press, 1993, pp. 21-22. (Para constar, encontrei a citação pela primeira vez, antes de conferir a obra de Allan, em TAMANAHA, Brian Z. *On the Rule of Law*: History, Politics, Theory. Cambridge: Cambridge University Press, 2004, pp. 110-111.)

232 "[*U*]*nderstood formally, the rule of law is at best a minor ideal, but understood substantively, it is a redundant one.*" LOVETT, Frank. *A Republic of Law*. Cambridge: Cambridge University Press, 2016, pp. 08-09.

1.1.2 Um conceito essencialmente contestável?

Embora muitas propostas diferentes tenham sido oferecidas como definições aptas a capturar o significado do *rule of law* — "ou precisamente *em razão* disso" —, "elas se apresentam ao longo de sua história como ambientes de contestação acerca daquilo que conta como seu uso apropriado".[233] Note-se ainda que isso não diz respeito apenas às formulações em si, como também *àquilo que se deriva dessas formulações* em suas manifestações mais célebres. Lembremos a clássica definição aristotélica ao início deste segundo capítulo; enquanto Aristóteles é, amplamente, considerado o fundador de nossa tradição do *rule of law*,[234] sua obra (1) traz uma série de comentários que convidam a diferentes interpretações sobre sua concepção de império da lei e (2) é reivindicada e, em tese, endossada por autores que dela derivam conclusões bastante diferentes entre si.[235] É a partir daí, desse exemplo, que Waldron vai sugerir a possibilidade de que o *rule of law* seja um conceito do tipo *essencialmente contestável.*[236]

Antes de nos voltarmos especificamente à possível contestabilidade essencial dessa locução, é interessante notar um outro artigo de Waldron — este, dedicado à questão da vagueza na linguagem, jurídica e em geral — que nos ajuda a explicar de forma ilustrativa e elucidativa os elementos constitutivos de um conceito essencialmente contestável. Um conceito **C** é essencialmente contestável, diz Waldron — a partir das considerações de W. B. Gallie, como veremos a seguir — quando (1) não for implausível dizer tanto "algo é **C** se também for **X**" quanto "algo é **C** se também for **Y**"; quando (2) há também um elemento **n*** de *dimensão normativa* no significado de **C**; e quando (3) há, como consequência

233 Grifos do autor, nota de rodapé omitida. "*Although numerous attempts have been made to pin them down with clear definitions, or precisely* because *of this, they have presented themselves throughout their history as sites for contestation as to what counts as their proper use.*" WALDRON, Jeremy. Is the Rule of Law an Essentially Contested Concept (In Florida)? *Law and Philosophy*, vol. 21, n. 02, mar. 2002, pp. 137-164 (140).

234 "[G]*enerally regarded as the founder of our Rule-of-Law tradition.*" WALDRON, Jeremy. Is the Rule of Law an Essentially Contested Concept (In Florida)? *Law and Philosophy*, vol. 21, n. 02, mar. 2002, pp. 137-164 (141).

235 Demonstrando essa contestabilidade, Waldron (1) mostra diferentes passagens de Aristóteles que convidam à interpretação do *rule of law* em sua obra e (2) compara as reivindicações contrastantes do estagirita por Antonin Scalia, Lawrence Solum e Ernest Weinrib. *Cf.* WALDRON, Jeremy. Is the Rule of Law an Essentially Contested Concept (In Florida)? *Law and Philosophy*, vol. 21, n. 02, mar. 2002, pp. 137-164 (141-142).

236 *Cf.* GALLIE, W. B. Essentially Contested Concepts. *Proceedings of the Aristotelian Society*, vol. 56, 1955-56, pp. 167-198.

de (1) e (2), um histórico no uso de **C** para materializar padrões e princípios opostos como "**A** é **n***" e "**B é n***".

O exemplo arquetípico de conceito desse tipo — ao lado de 'cristianismo' e 'arte' —, tal como inaugurado por Gallie (daí por que também é esse o exemplo adotado por Waldron no artigo sobre vagueza que comento agora), é 'democracia'. 'Democracia' é um termo essencialmente contestável porque (1) pode ser explicado, de maneira plausível, tanto em termos de *representação* quanto em termos de *participação direta*, (2) carrega uma dimensão valorativa favorável ("**n*** = "deve ser promovido", "deve ser valorizado", e (3) tem, como consequência de (1) e (2), um uso histórico para representar princípios políticos antagônicos, como '*Todo sistema político deve ter uma estrutura representativa*' e '*Devemos encorajar a participação popular direta no governo*'.[237] Um conceito desse tipo, portanto, não é somente controverso ou objeto de discussão em casos marginais, limítrofes: a disputa semântica é sobre os *fundamentos próprios do conceito* em seus exemplos e instâncias *centrais*. É por isso que democracia é um conceito essencialmente contestável: "as pessoas não apenas discordam acerca de casos limítrofes como o Kuwait", diz Waldron, "mas também sobre se um sistema de participação direta como a antiga Atenas deve ser tomado como paradigma, relegando o sistema representativo moderno (...) a uma posição de penumbra"; as pessoas discordam sobre "se o paradigma deve ser um sistema representativo moderno como o dos Estados Unidos ou de Westminster, com Atenas sendo classificada como uma peculiaridade histórica".[238] A contestabilidade está no âmago, no cerne do próprio conceito enquanto conceito: de conceitos "cujo uso apropriado envolve, inevitavelmente, intermináveis disputas sobre os usos apropriados por parte daqueles que os usam".[239]

É com esse pano de fundo que se torna útil lembrar uma distinção já observada aqui: aquela entre um 'conceito' e diferentes 'concepções' interpretativas dando significado a esse conceito.[240] A contestabilidade no cerne do conceito, aliada à normatividade e à complexidade a ele intrínsecas, faz com que as pessoas ofereçam diferentes concepções, contrastantes e rivais, que disputem o significado —

---

237 WALDRON, Jeremy. Vagueness in Law and Language: Some Philosophical Issues. *California Law Review*, vol. 82, 1994, pp. 509-540 (513).

238 WALDRON, Jeremy. Vagueness in Law and Language: Some Philosophical Issues. *California Law Review*, vol. 82, 1994, pp. 509-540 (529).

239 *Cf.* GALLIE, W.B. Essentially Contested Concepts. *Proceedings of the Aristotelian Society*, vol. 56, 1955-56, pp. 167-198 (167).

240 Ver DWORKIN, Ronald. *Law's Empire*. Cambridge: The Belknap Press, 1986, pp. 70-72.

o melhor significado — de um mesmo conceito inicial.[241] Nesse sentido, "nenhum de nós poderá dizer aquilo que um ideal *é* sem participar da contestabilidade, *i.e.* sem oferecer uma concepção fadada a ser controversa", e é *precisamente por isso* que somos capazes de desenvolver uma noção compartilhada sobre a própria importância do ideal em questão. 'Contestabilidade essencial', portanto, é algo que diz respeito "ao modo pelo qual certos ideais se fazem presentes entre nós".[242]

Engana-se, portanto, quem pensa que a contestabilidade essencial de um conceito é algo necessariamente ruim, já por princípio — ou ao menos é o que dizem tanto Gallie,[243] articulador inicial da ideia, quanto Waldron,[244] que atribui o caráter ao ideal do *rule of law*: ambos defendem que essa contestabilidade em torno de um conceito pode ajudar a aperfeiçoar a qualidade da argumentação em seu uso. A disputa entre concepções pode acabar, nas palavras de Waldron, por "aprofundar e tornar mais rica a compreensão, de todos os lados, da área de valor marcada pelo conceito contestado".[245]

Muito bem. Vimos o que marca um conceito como essencialmente contestável e vimos que Waldron, apropriando-se dessa classificação, a atribui ao império da lei. Talvez, depois de termos visto (1) diferentes definições, em dimensões formais e substantivas, e (2) reivindicações antagônicas de uma mesma definição clássica, além de termos abordado (3) a própria ideia de contestabilidade essencial, já esteja óbvio por que se pode classificar o *rule of law* enquanto ideal como necessariamente envolvido em disputas conceituais. Mesmo assim, vale mencionar aqui algumas das notas de Waldron nesse sentido.

---

241 *Cf.* WALDRON, Jeremy. Is the Rule of Law an Essentially Contested Concept (In Florida)? *Law and Philosophy*, vol. 21, n. 02, mar. 2002, pp. 137-164 (150).

242 Itálico no original. "*What that ideal* is *exactly none of us can say without participating in the contestation, i.e. without offering a conception of it that is bound to be controversial. However, it is precisely through successive efforts that we together — all the contestants — get at it in this way to sustain and develop a shared sense of the presence and importance of such an ideal. 'Essential contestability', then, is about a way in which certain ideals are present to us.*" WALDRON, Jeremy. Is the Rule of Law an Essentially Contested Concept (In Florida)? *Law and Philosophy*, vol. 21, n. 02, mar. 2002, pp. 137-164 (151).

243 *Cf.* GALLIE, W.B. Essentially Contested Concepts. *Proceedings of the Aristotelian Society*, vol. 56, 1955-56, pp. 167-198 (193).

244 *Cf.* WALDRON, Jeremy. Is the Rule of Law an Essentially Contested Concept (In Florida)? *Law and Philosophy*, vol. 21, n. 02, mar. 2002, pp. 137-164 (151-153).

245 "[*T*]*he contestation between rival conceptions deepens and enriches all sides' understanding of the area of value that the contested concept marks out.*". WALDRON, Jeremy. Is the Rule of Law an Essentially Contested Concept (In Florida)? *Law and Philosophy*, vol. 21, n. 02, mar. 2002, pp. 137-164 (152).

Como vimos, uma noção ainda muito incipiente de *rule of law* — um conceito que espera por concepções que deem significado às perguntas que deixa em aberto[246] — vai na linha daquela consagrada por Aristóteles que abre este capítulo: o governo das leis, e não dos homens. E então? Uma vez que 'conceitos abstratos só se tornam visíveis quando alguém os torna concretos',[247] é até *natural* que haja diferentes interpretações acerca dessa primeira definição. E é daí que Waldron parte: depois de trazer e comentar séries de diferentes formulações, de diferentes especificações teorético-conceituais do *rule of law* (de Fuller e John Rawls a Raz, de Margaret Radin a Finnis, de Antonin Scalia a Dworkin, de A. V. Dicey a Hayek)[248] — ainda que, de saída, essas formulações não se apresentem como diretamente *rivais* umas em relação às outras —, sua sugestão é a de que o *rule of law* é "uma forma de disputa que leva a um constante debate entre juristas e teóricos políticos sobre a praticabilidade *do direito estar no comando* de uma sociedade"; isto é, a disputa não é sobre a caracterização de um ideal que já atingimos, mas sobre diferentes modos de se *responder a um desafio*: como *fazer* com que o império seja 'das leis' e não 'dos homens'? Podemos responder "com a separação de poderes, um com uma ênfase no direito comum, ou em regras, ou em regras secundárias, ou na aura em torno de normas constitucionais, *etc.*". Trata-se de propostas rivais que se oferecem como alternativas à altura de um ideal que temos como desafio ainda a ser atingido.[249]

Isso fica ainda mais complexo, segue Waldron, quando percebemos que a contestabilidade do império da lei não está associada à existência de um exemplo

---

246 Ou, em termos *dworkinianos*, um conceito inicial ainda em seu 'estágio pré-interpretativo'.

247 *Cf.* a nota nos cadernos de Kierkegaard, em tradução ao inglês na edição da Princeton University Press, editada por por Niels Jørgen Cappelorn, Alastair Hannay, David Kangas, Bruce H. Kirmmse, Vanessa Rumble, e K. Brian Söderquist: "*Abstract concepts are as invisible as a straight line; they are only visible when they are made concrete*". KIERKEGAARD, Søren. *Kierkegaard's Journals and Notebooks*, vol. 02. Princeton: Princeton University Press, 2008, p. 42.

248 *Cf.* WALDRON, Jeremy. Is the Rule of Law an Essentially Contested Concept (In Florida)? *Law and Philosophy*, vol. 21, n. 02, mar. 2002, pp. 137-164 (153-157).

249 Itálico no original. "[*W*]*hat we then have in regard to the Rule of Law is a form of contestation which amounts to an on-going debate among jurists and political theorists about the practicability of* law being in charge *in a society (...). However, with regard to the Rule of Law, I am now suggesting that the contestation is not so much about ways of characterizing an achievement that we already have, but rather about ways of answering a challenge — how to make law rule, rather than men (...).* [*M*]*uch of the contestation is between rival proposals for responding to this urgent challenge: we respond to it with the separation of powers, or with an emphasis on common law, or an emphasis on rules, or on secondary rules, or the aura that surrounds constitutional norms, etc.*" WALDRON, Jeremy. Is the Rule of Law an Essentially Contested Concept (In Florida)? *Law and Philosophy*, vol. 21, n. 02, mar. 2002, pp. 137-164 (157).

arquetípico original do ideal a ser buscado, como *e.g.* os desacordos acerca do melhor significado sobre o modo de vida de um cristão, todos unificados em sua dissonância fazendo referência e remontando, cada um à sua maneira, à vida de Jesus Cristo. Por mais de dois mil e quinhentos anos, o fio condutor dos embates teóricos sobre o governo das leis não é um ideal outrora materializado, mas um problema fundamental: "*como fazer com que o direito governe*"?[250] O *rule of law*, então, é um "conceito de solução", não um "conceito de conquista": é um conceito disputado por concepções rivais que procuram responder ao problema que o ideal, ao mesmo tempo, representa e soluciona (*ou não*, e essa alternativa é ela mesma uma possível concepção-resposta ao conceito-ideal-problema disputado).[251] Resumindo, "a ideia-guia do *rule of law* é a de que, de algum modo, o respeito à lei pode diminuir a pressão do poder político dos homens, tornando-o menos objetável, menos perigoso, mais benigno, mais respeitoso". Contudo,

> discordamos sobre como isso pode ser feito, e sobre se isso sequer pode ser feito completamente. Discordamos também sobre a natureza precisa do perigo representado pelo poder humano em sua versão não mitigada, e acerca dos valores que seriam mais bem servidos ao introduzirmos o direito no cenário. Discordamos sobre a doença, o remédio e o caráter da cura.

É tudo isso que, por razões que agora não devem surpreender, engendra "uma extraordinariamente complexa coletânea de contestação teórica".[252] Para Waldron, vimos, isso não é um problema: é um convite, na esfera teórica, às nossas melhores capacidades analíticas e argumentativas e, na esfera prática, à significação e constantes ressignificações do melhor que podemos ser enquanto comunidade política. E se isso for 'essencial', as disputas entre as concepções procedimentais e

---

250 "*[H]ow can we make law rule?*". Itálico no original. WALDRON, Jeremy. Is the Rule of Law an Essentially Contested Concept (In Florida)? *Law and Philosophy*, vol. 21, n. 02, mar. 2002, pp. 137-164 (158)

251 "*Solution-concept*" e "*achievement-concept*". *Cf.* WALDRON, Jeremy. Is the Rule of Law an Essentially Contested Concept (In Florida)? *Law and Philosophy*, vol. 21, n. 02, mar. 2002, pp. 137-164 (158)

252 Itálico no original. "[*T*]*he lead idea of the Rule of Law is that somehow respect for law can take the edge off human political power, making it less objectionable, less dangerous, more benign and more respectful. But we disagree on how this can be done, and whether it can ever be done completely. We also disagree on the precise nature of the danger posed by human power in its unmitigated form, and on the values that would be served by introducing law into the picture. We disagree about the ailment, the medicine, and the character of the cure. All this makes for an extraordinarily complicated package of theoretical contestation*". WALDRON, Jeremy. Is the Rule of Law an Essentially Contested Concept (In Florida)? *Law and Philosophy*, vol. 21, n. 02, mar. 2002, pp. 137-164 (159).

as substantivas não são um desenvolvimento contingencial, mas fazem parte do próprio *rule of law* enquanto conceito.

Seja como for, retomando, minha ideia aqui é — recuperando a alternativa proposta por Martin Krygier, lembro — argumentar que essas duas propostas, embora sejam algo natural em um cenário de contestação teórica sugerida inclusive como (conceitualmente) 'essencial', *não respondem à pergunta correta*; com seus méritos e deméritos, e com todas as divergências entre uma outra, já erram no ponto de partida que têm em comum: a busca por uma definição. Agora, antes de enfim avançarmos mais substancialmente em direção àquilo que propõe Krygier — e uma vez que o assunto ainda em discussão é a alegada contestabilidade essencial do governo das leis enquanto conceito e ideal —, gostaria ainda de recuperar e comentar, com base (novamente) nas reflexões de Gerald Postema, a possibilidade de que, apesar de tudo, exista uma ideia central por meio da qual podemos identificar o *modo de associação* que é o império da lei — oferecendo assim alguma visão alternativa à contestabilidade essencial.

1.2 O âmago de uma tradição

O *rule of law*, como temos visto, é um ideal de central relevância em nossa cultura e nosso imaginário político-institucional contemporâneo. Em razão dessa centralidade, nas palavras de Gerald Postema, o império da lei tem sido recebido e interpretado como ideal que fornece "a estrutura arquitetônica de uma sociedade justa e decente" e "a infraestrutura da democracia"; é visto como "a pedra de fundação do desenvolvimento político e econômico", razão pela qual é geralmente "a primeira tarefa na reconstrução de nações abaladas por guerras civis ou oprimidas por regimes autoritários". É exatamente como dizia Krygier: não é de surpreender que o conceito seja, ao mesmo tempo, reivindicado por quase todo mundo e que, por essa razão mesma, acabe servindo de guarda-chuva a abarcar tudo aquilo que desejamos enquanto comunidade política que se apresenta como 'democrática', como adepta dos princípios consagrados pela tradição do liberalismo político. E é também por essa razão, como acabamos de observar, um conceito de tal "escopo, poder e visibilidade" não escape à contestação — daí por que Postema, exatamente como dito e como vínhamos discutindo até aqui, diz que "alguns acreditam, com Jeremy Waldron, que o *rule of law* seja um conceito essencialmente contestável".[253]

253 "*The rule of law is a powerful political idea and ideal. It supplies the architectural frame of a just and decent society and the infrastructure of democracy. It is the foundation stone of economic and political development, and establishing a robust rule of law is widely thought to be the first*

O ponto é que Postema, embora reconheça a controvérsia — alguém não o faria? —, *não* compartilha da ideia de Waldron acerca de uma contestabilidade *essencial*. Para ele, inclusive, a ideia central do conceito, "reconhecida desde a época de sua origem em tempos antigos, é *simples e direta*. Ao longo de sua longa história", diz o autor, "a ideia [do império da lei] é fundamentada na noção de que *o direito promete proteção e recurso contra o exercício arbitrário do poder*".[254] O argumento tem dúplice orientação em sua natureza e suas premissas: parte-se dos pressupostos de que (a) uma comunidade política está em melhores condições de ordem e coordenação, assim como seus membros têm mais bem garantida sua dignidade enquanto membros dessa comunidade, quando há freios e limites e recurso contra o exercício arbitrário do poder; e (b) *o* (próprio) *direito*, em razão de suas características próprias e de seus elementos próprios, distintos, é *especial* e *talvez unicamente* capaz de oferecer esses freios e limites, essa proteção e esses recursos. Essa é, para Postema, a ideia fundamental que constitui, desde suas origens, o âmago do império da lei — o cerne da tradição consagrada como aquela que constitui o ideal político do *rule of law*.[255]

Penso que, de novo, Postema oferece uma linha promissora de investigação; ainda que a contestação seja mesmo inevitável — e talvez seja, e talvez *precisamente em razão dela* —, é interessante buscar algo que seja capaz de marcar como distinta *uma* tradição de *um* conceito em torno e a partir do qual temos diferentes concepções. A própria *disputa*, por si só, indica que ao menos buscamos falar sobre uma mesma coisa. Talvez não tenhamos uma epistemologia compartilhada capaz de resolver a questão e demonstrar, inequivocamente, que uma determinada

---

task in rebuilding nations shaken by civil wars or oppressed by authoritarian rule. Political ideals with this kind of scope, power, and visibility cannot escape controversy, and some believe, with Jeremy Waldron, that the rule of law is an essentially contested concept." POSTEMA, Gerald J. Law's Rule: Reflexivity, Mutual Accountability, and the Rule of Law. In: ZHAI, Xiaobo; QUINN, Michael (eds.). *Bentham's Theory of Law and Public Opinion*. Cambridge: Cambridge University Press, 2014, pp. 07-39 (10).

254 Itálicos meus. "*Yet, it seems to me that the core of the idea, acknowledged from the time of its inception in ancient times, is simple and straightforward. Throughout its long history, the idea has been rooted in the thought that the law promises protection and recourse against the arbitrary exercise of power*." POSTEMA, Gerald J. Law's Rule: Reflexivity, Mutual Accountability, and the Rule of Law. In: ZHAI, Xiaobo; QUINN, Michael (eds.). *Bentham's Theory of Law and Public Opinion*. Cambridge: Cambridge University Press, 2014, pp. 07-39 (10).

255 *Cf.* POSTEMA, Gerald J. Law's Rule: Reflexivity, Mutual Accountability, and the Rule of Law. In: ZHAI, Xiaobo; QUINN, Michael (eds.). *Bentham's Theory of Law and Public Opinion*. Cambridge: Cambridge University Press, 2014, pp. 07-39 (10-11).

concepção é *correta* ou, no mínimo, superior a outra; mesmo assim, isso não é desculpa para que a disputa seja abandonada — concordando-se ou não com a ideia de que ela é inescapável ao próprio conceito.

Qualquer que seja a formulação, nenhuma concepção de império da lei poderá se manter como tal se renunciar a alguns elementos persistentes em toda a grande tradição, em todas as diferentes materializações que se colocam como alternativas a responder à questão sobre como fazer com que as leis governem. Sem ao menos uma noção de *legalidade formal* (teorias substantivas não abrem mão, mas vão *além* dela) — *i.e.* a noção de que as leis devem ser estáveis, públicas, prospectivas, com razoáveis graus de previsibilidade e equanimidade no âmbito de sua aplicação — e, fundamentalmente, sem o imperativo da *limitação institucional da autoridade em suas possibilidades de exercício arbitrário de poder, e da promessa de proteção e recurso aos cidadãos* — o que acaba por pressupor, além da própria pergunta sobre como efetivar um governo que seja da leis, solidez e independência institucional —, não se pode falar em *rule of law*.[256]

É difícil discordar: entre concepções formais e substantivas, o que seria o império da lei senão o freio institucional contra o possível exercício arbitrário do poder, capaz de moderá-lo e distribuí-lo? Talvez, à primeira vista, esse argumento não pareça um avanço tão grande assim no que diz respeito a diminuir as interrogações deixadas pela ideia de contestabilidade essencial; de todo modo, (1) não apenas minha principal preocupação aqui não é a classificação conceitual, a discussão analítica em si mesma, como, fundamentalmente, (2) a ideia *do direito* como promessa de freio, proteção, recurso contra o (possível) uso *arbitrário* do poder é de particular e grande relevância para a proposta aqui desenvolvida. Uma das partes mais fundamentais do centro do que proponho aqui passa diretamente por essa ideia de limitação e redistribuição institucional da autoridade entendida enquanto uma barreira e um recurso de proteção diante não apenas do arbítrio, mas diante das *possibilidades mesmas de eventual arbítrio* — e essa é uma nuance fundamental. Afinal, não se trata apenas do que a autoridade constituída escolhe fazer, mas daquilo que ela *é capaz* de fazer; por mais 'esclarecido' que seja o despotismo, por mais iluminado ou benigno, indivíduos em posição de poder sem uma ideia de responsabilização e constrangimento podem sempre mudar de ideia.[257]

---

256 *Cf.* TAMANAHA, Brian Z. *On the Rule of Law*: History, Politics, Theory. Cambridge: Cambridge University Press, 2004, pp. 114-126.

257 *Cf.* FAWCETT, Edmund. *Liberalism*: The Life of an Idea. 2ª ed. Princeton: Princeton University Press, 2018, p. 50.

Essa nuance importante, por sua vez, acaba por nos conduzir à ideia de *accountability*; ideia esta que, por sua vez, oferece importantes horizontes à discussão.

Contudo, ainda antes de seguirmos nessa ideia — do império da lei tendo em seu âmago a promessa de proteção e recurso contra o exercício arbitrário do poder —, é interessante notar rapidamente que essa não é a única razão pela qual a linha de raciocínio oferecida por Postema em resposta à tese da contestabilidade essencial é promissora. Ela é também valiosa porque permite que, enfim, nos voltemos à sugestão de Martin Krygier quanto ao equívoco comum das abordagens substantivas e procedimentais: um erro na pergunta, no ponto de partida da investigação. (Afinal, como veremos, a ideia de redução nas possibilidades de exercício arbitrário do poder, para Krygier, está diretamente relacionada à própria razão de ser daquilo que temos como 'império da lei'.)

Nessa esfera de disputa conceitual sobre a melhor concepção de império da lei, vimos que há propostas mais densas, com exigências substantivas, e menos densas, de cunho procedimental. Para Krygier, não é apenas o caso de haver problemas em cada uma dessas abordagens quando tomadas e lidas separadamente; também é verdade que

> aquilo que elas compartilham é tão enganoso quanto onde elas diferem. Elas *começam* com a pergunta errada, de modo que suas respostas, por mais acuradas que sejam, ficam geralmente fora do contexto em questão. O lugar adequado para se começar, acredito, é na questão do *por que*, *para que* alguém pode vir a desejar o *rule of law*?, e não *o que*, de que ele é feito? Isso é importante, uma vez que nenhuma resposta plausível à segunda pergunta poderá ser oferecida até que se chegue a uma conclusão acerca da primeira.[258]

Isso é importante a ponto de merecer repetição, devendo ser destacado e detalhado: o que Krygier argumenta é que não pode haver qualquer resposta satisfatória sobre *o que é* o império da lei sem que *antes* se responda *a razão* pela qual buscamos materializar o império da lei. A justificativa vem antes da definição

---

258 Itálico no original. "*I believe that there are problems with each of these approaches taken separately, but I also think, and have elsewhere argued, that what they share is as misleading as where they differ. They* start *with the wrong question, so their answers, however insightful, are often beside the point. The proper place to start, I believe, is with the question* why, *what might one want the rule of law* for? *not* what, *what is it made up of? And that matters, because no sensible answer to the second question can be given until one comes to a view on the first.*" KRYGIER, Martin. Four Puzzles About the Rule of Law: Why, What, Where? And Who Cares? In: FLEMING, James E. (ed.) *Nomos*, L: Getting to the Rule of Law. Nova York: New York University Press, 2011, pp. 64-104 (67-68).

porque *não poderá haver definição sem a justificativa.* No caso do *rule of law*, diz Krygier, a pergunta primeira não é *o que*, mas *por quê*. Em uma acurada leitura acerca do pensamento do autor, Jeff King define bem: o problema por ele identificado é que o argumento tradicional parte de uma definição do império da lei já como pressuposto teórico, como premissa argumentativa, quando seu significado é *exatamente aquilo que está em questão.*[259-260]

1.2.1 Não o que é, mas por que o império da lei?

Para sustentar seu argumento — sobre como a pergunta certa para se começar é *por que* o *rule of law* —, Martin Krygier oferece três razões principais que merecem ser exploradas: uma razão conceitual, uma razão empírica e uma razão prática. Vejamos em maior detalhe cada uma delas.

A razão conceitual, bastante persuasiva, é a seguinte: o império da lei não é um tipo, um objeto natural — como uma pedra ou uma árvore ou um flor específica —, que pode ser identificado de forma separada "das perguntas sobre o que queremos dele".[261-262] Isso talvez pareça óbvio à primeira vista, mas, além de

---

259 KING, Jeff. Martin Krygier and the Tempering of Power. *Hague Journal on the Rule of Law*, vol. 11, n. 02-3, nov. 2019, pp. 363-370 (365).

260 E o mesmo, afinal, acaba valendo para o direito — vide minhas considerações sobre a abordagem analítica, de cunho predominantemente positivista, na introdução metodológica. Teóricos dispostos a investigar o direito, *ainda que para descrevê-lo ou explicá-lo sem pretensões normativas*, partem já de um conceito pressuposto. Aquilo que conclui a investigação é delimitado de antemão porque aparece em larga medida já como premissa assumida.

261 "*The conceptual reason is this: the rule of law is not a natural object, like a pebble or a tree, which can be identified apart from questions of what we want of it.*" KRYGIER, Martin. Four Puzzles About the Rule of Law: Why, What, Where? And Who Cares? In: FLEMING, James E. (ed.) *Nomos*, L: Getting to the Rule of Law. Nova York: New York University Press, 2011, pp. 64-104 (68).

262 Isso lembra, novamente, o argumento de MacIntyre acerca de conceitos *funcionais*: a classe a que pertencerá um conceito que só pode ser definido e explicado nos termos do propósito ou função que se espera que o conceito em questão sirva ou exerça. Com MacIntyre, temos que conceitos desse tipo desafiam a rígida dicotomia *is/ought*, isto é, a separação entre as esferas daquilo que *é* e daquilo que *deve ser*. Claro, o argumento de MacIntyre está inserido dentro do contexto discutido pelo autor e faz parte de seu argumento em busca de uma recuperação de um vocabulário moral herdeiro da tradição aristotélica; mesmo assim, não deixa de ser interessante trazer aqui seu argumento acerca de conceitos funcionais, sobretudo na medida em que, uma vez que parte do meu argumento aqui passa por aproximar conceitualmente o direito do ideal do *rule of law*, a possibilidade dessa relação (se razoável, se fizer sentido) apenas reforça a densidade conceitual do direito, acrescentando elementos tanto à sua dimensão funcional quanto à extensão do âmbito da *jurisprudence* para além das fronteiras demarcadas pela 'mentalidade analítica' *à la* Austin, em maior aproximação com a

não ser uma premissa considerada em sua completa extensão pelas abordagens tradicionais — tanto que Krygier oferece o argumento como uma das razões para rejeitá-las —, acaba acrescentando algumas importantes nuances à discussão (que, novamente, não deixam de ter a ver com algumas das considerações que procurei levantar quando da discussão sobre a densidade semântica do próprio conceito de direito, a ser entendido em suas diversas dimensões, ao longo dos prolegômenos metodológicos).

Vemos isso claramente na medida em que o argumento vai sendo desenvolvido: não só não é um ente natural, o império da lei "tampouco é um artefato humano ao qual você pode apontar, como a proposição de uma regra jurídica, muito embora sua realização ou aproximação possa depender desses artefatos". Aquilo que nós temos como *rule of law*, aquilo que nós temos como os elementos que o constituem como ideal devem produzir um determinado resultado, engendrando ou assegurando um determinado estado de coisas. É por isso, dirá Krygier, que o *rule of law* é "uma noção *teleológica*", a ser compreendida "em termos de seu propósito", e não uma noção "*anatômica*, que diz respeito à morfologia de certas estruturas e práticas jurídicas, o que quer que elas venham a desempenhar". "Nós buscamos o *rule of law* por propósitos, desfrutamos dele por razões": só podemos compreendê-lo, portanto, buscando antes clarificar quais são esses propósitos e essas razões, para que então possamos identificar aquilo que é necessário na busca de uma aproximação desse ideal — à luz de seus propósitos e suas razões.[263]

A razão empírica, por sua vez, é direcionada desta vez não aos teóricos enquanto tais, mas aos analistas que buscam mensurar os níveis de observância e respeito ao *rule of law* em diferentes sociedades — algo bastante comum quando pensamos em índices e *rankings* de organizações não governamentais, institutos, *think tanks*

---

filosofia política (entendida em seu sentido mais amplo). *Cf.* MACINTYRE, Alasdair. *After Virtue*: A Study in Moral Theory. 3ª ed. Notre Dame: University of Notre Dame Press, 2007, pp. 57-58.

263 Itálicos no original. "*Nor is it even a human artifact you can point to, like the statement of a legal rule, though its realization or approximation might depend on such artifacts (...). What we take to be its elements are supposed to add up to something, to be good for generating or securing that state of affairs. It is a* teleological *notion, in other words, to be understood in terms of its point, not an* anatomical *one, concerned with the morphology of particular legal structures and practices, whatever they turn out to do (...). We seek the rule of law for purposes, enjoy it for reasons. Unless we seek first to clarify those purposes and reasons and in their light explore what would be needed and assess what is offered to approach them, we are bound to be flying blind.*" KRYGIER, Martin. Four Puzzles About the Rule of Law: Why, What, Where? And Who Cares? In: FLEMING, James E. (ed.) *Nomos*, L: Getting to the Rule of Law. Nova York: New York University Press, 2011, pp. 64-104 (68).

especializados etc. — e àqueles que visam (ou dizem visar) promover, gerar esses níveis posteriormente mensurados. Essa atividade de análise e mensuração, frequentemente desenvolvida por cientistas sociais, pode ser bastante sofisticada, com gráficos e dados e indicadores.

Mas *o que os indicadores indicam?* Essa, diz Krygier, é uma questão frequentemente "subteorizada".[264] Seu exemplo é o indicador dos níveis de independência do poder judiciário: parece óbvio que, quanto mais protegido estiver o judiciário de pressões externas, melhor para o ideal do império da lei; consequentemente, a independência do judiciário é dos padrões mais comuns entre aqueles tidos como critérios de orientação e referência para medir os níveis de respeito ao *rule of law* nesta ou naquela sociedade. A questão que fica, porém, é que, "a não ser que a independência seja tomada *a priori* como benéfica ao *rule of law*, a relação entre indicador e aquilo que é indicado é, no todo, mais problemática do que pode parecer à primeira vista".[265] Nesse sentido, e baseando-se de forma bastante sólida em um cenário que conhece bem, dado seu histórico pessoal de atuação — países pós-comunistas em particular, ilustrando, em geral, países cujos estados de coisas em termos de ordem legal eram ou são tidos como "em transição" —, Krygier dá exemplos que demonstram que, em abstrato, a 'independência judicial' pode ser instrumentalizada e colocada em uma direção *oposta* às noções mais fundamentais daquilo a que aspira o *rule of law* em níveis mais básicos.

Por si, em si mesma, a independência pode ser "um efetivo escudo para incompetência, afiliações políticas e corrupção, particularmente em sociedades nos quais esse era um cenário frequente antes que a independência fosse institucionalizada"; particularmente, em lugares onde a própria ideia de que o ofício dos juízes é, fundamentalmente, interpretar e aplicar a lei *nos termos da lei* era "a última coisa na cabeça de qualquer pessoa", ainda não enraizada na cultura política local.[266] Quando a autogovernança e a independência de pressões externas é institucionalizada rápida

---

264 "*Undertheorised*".

265 "[*U*]*nless independence is assumed a priori to be good for the rule of law, the relationship between indicator and indicatee is altogether more problematic than it may seem at first blush*." KRYGIER, Martin. Four Puzzles About the Rule of Law: Why, What, Where? And Who Cares? In: FLEMING, James E. (ed.) *Nomos*, L: Getting to the Rule of Law. Nova York: New York University Press, 2011, pp. 64-104 (70).

266 "*Judicial independence is at best never more than part of what is required for judicial integrity and competence. More important, there are circumstances in which it works in precisely the opposite direction. It can be an effective shield for incompetence, political affiliations, and corruption, particularly in societies where these were rife before independence was institutionalized and where the notion that judges should be fundamentally creatures and speakers of the law had been the very last thing on anyone's mind*." KRYGIER, Martin. Four Puzzles About the Rule of Law: Why, What, Where? And

e abruptamente, como se a integridade do judiciário fosse já uma realidade e não algo a ser ainda atingido — e é aqui que entra o exemplo dos países pós-comunistas —, ela pode servir apenas de modo a perpetuar a atuação institucional de agentes de Estado sem compromisso com os ideais buscados em primeiro lugar, inclusive por meio da própria promoção dessa mesma independência. (Isso quando ela não é *deliberadamente* levada a cabo precisamente para produzir esse resultado, por parte de líderes que, assim, garantiriam a manutenção de aliados em posição de poder ainda que viessem a perder eleições futuras.) Isso significa que, "a não ser que esteja acompanhada de uma deferência genuína a algo para além de interesses próprios — o direito, por exemplo —, a independência pode ser uma cura tão grave quanto a doença".[267] E *isso*, por sua vez, significa que, naquilo que diz respeito à independência do judiciário — e é esse o exemplo indicado por Krygier, e ele é mesmo bastante representativo —, sua existência só pode servir como um "indicador" automático dos níveis de respeito ao governo das leis *somente se ela já for tomada como tal como se fosse por definição*. Em outras palavras, o grande ponto do autor aqui é que "as bases para a seleção de indicadores empíricos do império da lei *não podem ser, em si, simplesmente empíricas*. Elas devem ser *teoreticamente orientadas*" e, no centro dessa teorização mesma — e é aqui que fica claro por que a razão empírica é uma razão apresentada em favor da proposta de abordagem conceitual teleológica —, "deve haver alguma concepção sobre a relação entre o indicador e aquilo que se tenta indicar, ou, em outras palavras, sobre se ele [efetivamente] contribui com o *rule of law* ou não".[268-269]

Who Cares? In: FLEMING, James E. (ed.) *Nomos*, L: Getting to the Rule of Law. Nova York: New York University Press, 2011, pp. 64-104 (70).

267 "[*U*]*nless it is accompanied by real deference to something outside their own interests — law, for example — independence can be a cure as bad as any disease.*" KRYGIER, Martin. Four Puzzles About the Rule of Law: Why, What, Where? And Who Cares? In: FLEMING, James E. (ed.) *Nomos*, L: Getting to the Rule of Law. Nova York: New York University Press, 2011, pp. 64-104 (71).

268 Itálicos meus. "*To the extent that these pathologies attend judicial independence, its existence can be an automatic 'indicator' of the rule of law only if it is taken to be so as a matter of definition. The basis for selecting empirical indicators for the rule of law cannot itself be simply empirical. It must be theoretically guided, and central to the theorization must be some conception of the relationship between the indicator and what you are trying to indicate, or, in other words, whether it supports the rule of law or does not*". KRYGIER, Martin. Four Puzzles About the Rule of Law: Why, What, Where? And Who Cares? In: FLEMING, James E. (ed.) *Nomos*, L: Getting to the Rule of Law. Nova York: New York University Press, 2011, pp. 64-104 (72).

269 É interessante já destacar aqui que essa ideia de submissão ao direito, e não uma instrumentalização puramente autointeressadas de suas formas e procedimentos, é fundamental no último capítulo, onde procure estabelecer algumas linhas conclusivas que levam toda essa discussão teórica antecedente em conta.

Explicadas as razões conceitual e empírica (ambas relacionadas, naturalmente) em favor de uma abordagem teleológica para entender e explicar o império da lei — isto é, uma abordagem que, *antes* de perguntar *o que é*, pergunte *por que* —, passemos à terceira e última razão desenvolvida pelo autor: a razão definida em termos práticos. Krygier diz que, naquilo que se aplica às instituições que pretendem promover o *rule of law*, é comum que se comece por 'receitas', *checklists* de *meios* institucionais — frequentemente análogos àqueles que se pode observar em sociedades e sistemas e comunidades políticas onde se presume um bom estado de coisas no que diz respeito ao governo das leis — e, assim, que se confunda meios e fins. "[O] elo entre aquilo que promotores do *Rule of Law* promovem e o [próprio] império da lei é, muito frequentemente, presumido em vez de demonstrado ou mesmo questionado." Organizações e institutos de promoção do *rule of law* elaboram listas, receitas passo a passo de meios e formas institucionais tomadas como um esquema planificado a contribuir ao ideal promovido — e "o foco então passa a ser fixo nessas instituições", como se elas fossem um fim em si mesmo, "e não nos fins que, em um passado pouco lembrado ou claramente esquecido, inspiraram o desenvolvimento *das próprias instituições* — e que elas podem sequer estar servindo em qualquer que seja a forma".[270]

Como bem diz Krygier, "[p]recisamos pensar mais profundamente acerca de princípios primeiros";[271] para além dos elementos jurídico-institucionais daquelas que nos parecem histórias de sucesso — frequentemente em países já tidos como desenvolvidos e, obviamente que não por coincidência, já com um histórico de solidez institucional preestabelecida (e de uma cultura política, amplificada e disseminada em graus razoáveis, de modo a *conferir* essa solidez às instituições que compõem o sistema de governança em questão) —, precisamos identificar quais são os valores eu ela servem ou deveriam servir. Meios importam, *muito*, e são condição de possibilidade para os fins que buscamos (que podem inclusive vir a

270 Itálico meu. "[*T*]*he link between what Rule of Law promoters promote and the rule of law is too often assumed rather than demonstrated or even questioned. Particular institutions and institutional forms are taken to contribute to the rule of law, and focus becomes fixed on those institutions rather than on the ends that, sometimes in a dimly remembered or clearly forgotten past, had inspired the development of those very institutions but which they may well not be serving in any way*". KRYGIER, Martin. Four Puzzles About the Rule of Law: Why, What, Where? And Who Cares? In: FLEMING, James E. (ed.) *Nomos*, L: Getting to the Rule of Law. Nova York: New York University Press, 2011, pp. 64-104 (72).

271 "*We need to think more deeply about first principles.*" KRYGIER, Martin. Four Puzzles About the Rule of Law: Why, What, Where? And Who Cares? In: FLEMING, James E. (ed.) *Nomos*, L: Getting to the Rule of Law. Nova York: New York University Press, 2011, pp. 64-104 (72).

ser degradados se os meios corretos não forem observados),[272] mas não são os fins. (Na feliz expressão de Simone Weil — curiosamente, autora que é também cara a Krygier —, "[t]udo o que pertence ao campo dos fatos é da ordem dos meios".[273])

De qualquer forma, essa nuance que faço questão de trazer como observação, quanto à importância dos meios (que devem, sim, ser reconhecidos como tais),[274] pode bem funcionar como um ponto de transição para o que Krygier passa a expor depois de apresentar suas razões para optar por uma abordagem conceitual teleológica acerca do *rule of law*. Senão, vejamos.

Tendo consciência de que há diversos modos pelos quais podemos falar sobre o *telos* do império da lei — vimos já que está longe de ser absurda a atribuição de uma contestabilidade essencial ao conceito —, Krygier oferece uma importante distinção entre *fins extrínsecos* e *fins intrínsecos*. Podemos entender os fins extrínsecos quando lembramos daquilo que foi apontado ao início da discussão: o fato de, com muita frequência e pouco rigor, o *rule of law* ser relacionado a democracia, direitos humanos, desenvolvimento econômico etc. Muito embora esses fins possam, de fato, guardar alguma relação com o ideal de império da lei, são *externos* a ele. (Pessoalmente, embora rejeite uma abrangência conceitual demasiadamente ampla — que acabe colocando *tudo* sob um grande guarda-chuva chamado 'Império da Lei' — acho que o *rule of law* é, sim, um ideal importantíssimo na busca desses objetivos em suas melhores definições.) O ponto é que, como já vimos, há uma grande discussão na literatura sobre se o governo das leis efetivamente promove esses fins ou não — e os autores, tipicamente,

> saltam de uma compreensão acerca do *rule of law* que o identifica com instituições jurídicas particulares aos fins externos que são perseguidos — ignorando que, no vão entre uma coisa e outra, permanece em aberto a questão sobre se *os próprios propósitos do próprio império da lei foram atingidos*, ainda que parcialmente.[275]

---

272 E esse é, inclusive, um importante elemento que surgirá, e será desenvolvido e articulado de maneira mais clara e substancial, na argumentação que passarei a propor no próximo capítulo, revisitando a obra de Lon Fuller.

273 "*Tout ce qui appartient au domaine des faits est de l'ordre des moyens.*" WEIL, Simone. *Note sur la suppression générale des partis politiques.* Paris: Books on Demand, 2019 (1950), p. 11.

274 Inclusive, seria possível argumentar que travestir meios de fins é que significa subestimar sua importância, como se apenas fins pudessem ter valor.

275 Itálico meu. "*Indeed, the literature discussing whether or not the rule of law serves such ends typically jumps from an understanding of the rule of law that identifies it with particular legal*

Se isso já não fosse um equívoco por si só, Krygier mostra ainda que isso traz todo um problema prático: expectativas exageradas que levam a frustrações que, por sua vez, acabam direcionadas *ao império da lei enquanto ideal.* Mas e se o problema for não o de que o *rule of law* não trouxe benefícios em um cenário de desilusões, mas o de que aquilo que foi promovido *não era*, de fato, um cenário de império da lei, mas apenas "pedaços de um aparato judicial que em si não estão à altura da tarefa?" E isso é parte do ponto: *somente* as instituições que constituem muito daquilo que temos como *rule of law* na prática, somente elas tomadas em si mesmas, jamais poderiam estar à altura da tarefa,[276] pela própria natureza das duas partes.

Quando se esperam consequências positivas de um ideal — em particular, do ideal aqui investigado —, naturalmente, é porque ele efetivamente pode ser capaz de oferecer essas consequências. Acontece que, sejam as expectativas plausíveis ou não, somente saberemos uma vez que já identificamos o *ideal*, para além de apenas algumas instituições que esperamos que produzam esse ideal mesmo. É por isso, então, que o foco deve estar não nos fins extrínsecos, mas nos intrínsecos: nos fins *imanentes* ao império da lei, "seu próprio *telos*, o propósito da empreitada, os objetivos *internos a ela*".[277] Demais efeitos de segunda ordem nas áreas da democracia, dos direitos humanos ou do desenvolvimento econômico de um país são *de segunda ordem.* E, retomando um pouco do que já foi discutido (sobretudo ao início do argumento de Krygier em favor de sua abordagem teleológica), essa confusão de meios e fins, sobretudo os extrínsecos, toma já como premissa a definição de um ideal cujo próprio

---

institutions to the external ends sought, ignoring that, in the gap in between, the question remains whether the rule of law's own proper purposes have been achieved, even partially." KRYGIER, Martin. Four Puzzles About the Rule of Law: Why, What, Where? And Who Cares? In: FLEMING, James E. (ed.) *Nomos*, L: Getting to the Rule of Law. Nova York: New York University Press, 2011, pp. 64-104 (74).

276 "[*W*]*hat if the problem is less that the rule of law was installed but failed to do much good than that what was installed was not yet the rule of law but only bits of legal apparatus not on their own up to the job? (...) On their own, the legal institutional features so often identified with the rule of law are not up to the task. On their own, they never are.*" KRYGIER, Martin. Four Puzzles About the Rule of Law: Why, What, Where? And Who Cares? In: FLEMING, James E. (ed.) *Nomos*, L: Getting to the Rule of Law. Nova York: New York University Press, 2011, pp. 64-104 (74-75).

277 Itálico meu. "*He might have been wrong about the connections, but that is the logic of the claim. We need to focus in the first instance on the immanent ends of the rule of law, its own telos, the point of the enterprise, goals internal to it.*" KRYGIER, Martin. Four Puzzles About the Rule of Law: Why, What, Where? And Who Cares? In: FLEMING, James E. (ed.) *Nomos*, L: Getting to the Rule of Law. Nova York: New York University Press, 2011, pp. 64-104 (75).

significado está em discussão. A abordagem teleológica, é verdade, rejeita a pergunta 'O que é o império da lei?' — mas a teleologia em questão não conduz a algo como 'Para que o império da lei pode ser usado?', como se o *rule of law* fosse meramente um instrumento qualquer na promoção desses bens extrínsecos, quaisquer que eles sejam. A pergunta certa é 'Para que é o império da lei?', ou 'Por que o império da lei?', ponto. Dito de outro modo: a pergunta é pelos seus bens intrínsecos, pelos propósitos que pertencem ao próprio ideal e, por isso mesmo, ajudam a iluminar sua natureza própria (precisamente porque ela é constituída por esses propósitos — daí por que a abordagem teleológica de Krygier parece mesmo a mais promissora).

E então: *quais são* esses bens intrínsecos? Por que o império da lei?

1.2.2 O (possível) exercício arbitrário do poder

"Uma primeira tentativa [de se responder à pergunta] acerca dos fins intrínsecos ao *rule of law*" — uma vez que talvez seja a mais *profundamente enraizada* em toda a tradição do império da lei (ainda que difusa, claro) — "vai no sentido de que eles envolvem a redução, por meio do direito, da possibilidade[278] de exercício *arbitrário* do poder por parte daqueles em posição de exercer poder significativo".[279] *Aqui*, enfim, encontram-se as teses que subscrevo aqui; a de Krygier com aquela de Postema, anunciada antes da discussão sobre a abordagem teleológica em termos metodológicos: o *rule of law* como ideal a traduzir exatamente a noção de que o direito promete proteção e recurso contra o exercício arbitrário do poder.

278 Aqui, agora que também formulada por Krygier, uma ideia que já mencionei anteriormente *en passant* merece uma maior elaboração. Se o império da lei oferecesse apenas um freio ao abuso, ao (direto e efetivo) exercício arbitrário do poder, perderia muito de sua utilidade — e, assim, enquanto conceito teleológico, perderia muito de sua própria razão de ser. Para que faça qualquer diferença prática, o *rule of law* deve responder já às *possibilidades* de exercício arbitrário. Estar sujeito a possibilidade de poder arbitrário é já estar sujeito ao arbítrio, já que a possibilidade de efetivo exercício arbitrário desse poder, enquanto possibilidade, também dependerá de uma decisão *arbitrária* para ser efetivada ou não. (Nesse sentido, vejam-se, por exemplo, as considerações de Philip Pettit sobre a não dominação como mais que ausência de interferência — como proteção ou imunidade contra a possibilidade dessa interferência. *Cf.* PETTIT, Philip. *Republicanism*: A Theory of Freedom and Government. Oxford: Oxford University Press, 2002, p. 69.)

279 Itálico no original, nota de rodapé omitida. "*What ends are immanent in this sense? A first take on ends intrinsic to the rule of law, and one perhaps deepest in the Rule of Law tradition, is that they involve legal reduction of the possibility of* arbitrary *exercise of power by those in a position to wield significant power*." KRYGIER, Martin. Four Puzzles About the Rule of Law: Why, What, Where? And Who Cares? In: FLEMING, James E. (ed.) *Nomos*, L: Getting to the Rule of Law. Nova York: New York University Press, 2011, pp. 64-104 (75).

[280] "No âmago do *rule of law*, entendido como um conceito distinto, está e [sempre] esteve, geral e historicamente, uma preocupação particular — notadamente, os modos pelos quais o poder é exercido"; assim, naturalmente, surge uma relação de antagonismo, de oposição: "notadamente, o exercício arbitrário do poder".[281]

Muito bem. Em uma pesquisa na qual é tão frequente a discussão sobre conceitos disputados, sobretudo quando formulados em abstrato, a pergunta obviamente se impõe: se o império da lei traduz a ideia de proteção e recurso contra o exercício arbitrário de poder, o que é que, por sua vez, a ideia de *arbitrariedade* traduz? Imagino que haja mais do que uma feliz coincidência no fato de que também nessa explicação há uma convergência claríssima, tão direta quanto pode ser, entre aquilo que dizem Martin Krygier e Gerald Postema — ambos, cada um à sua maneira, recuperando a noção de arbitrariedade presente na obra de Philip Pettit.[282]

Krygier bem nota que há muitas nuances e complexidades a serem enfrentadas por uma explicação aprofundada sobre o que o conceito de arbitrariedade — um tema "subteorizado" (o que permite a fuga da discussão conceitual com um 'bem, nós sabemos reconhecer quando vemos na prática')[283] —, bem compreendido, inclui e exclui. Qual tipo de impulso e em que nível? Atos sem motivação? Sem razoabilidade? Discricionários? Em que nível de discricionariedade?[284] As dificuldades

280 *Cf.* POSTEMA, Gerald J. Law's Rule: Reflexivity, Mutual Accountability, and the Rule of Law. In: ZHAI, Xiaobo; QUINN, Michael (eds.). *Bentham's Theory of Law and Public Opinion*. Cambridge: Cambridge University Press, 2014, pp. 07-39 (10).

281 "*My proposal is this: at the core of the rule of law, understood as a distinctive concept, is and has long and often been a particular concern — namely, the ways power is exercised; and it responds to a specific antipathy — namely, the arbitrary exercise of power.*" KRYGIER, Martin. What's the Point of the Rule of Law? *Buffalo Law Review*, vol. 67, n. 03, 2019, pp. 743-791 (760).

282 *Cf.* PETTIT, Philip. *Republicanism*: A Theory of Freedom and Government. Oxford: Oxford University Press, 2002.

283 *Cf.* KRYGIER, Martin. What's the Point of the Rule of Law? *Buffalo Law Review*, vol. 67, n. 03, 2019, pp. 743-791 (760).

284 No âmbito da teoria do direito, Lenio Streck notabiliza-se por equiparar a discricionaridade (judicial) à arbitrariedade, diferenciando marcadamente a diferença entre *decisão* e *escolha* (melhor dizendo, entre escolha e decisão). *Cf.* STRECK, Lenio Luiz. *Dicionário de Hermenêutica*: Cinquenta verbetes fundamentais da Teoria do Direito à luz da Crítica Hermenêutica do Direito. 2ª ed. Belo Horizonte: Letramento, 2020, pp. 75, 78-79. Claro, um positivista sempre poderá dizer (1) que não *endossa* a discricionariedade, tendo-a apenas como inevitável consequência; (2) que o juiz que decide discricionariamente — fazendo-o, repito, por não haver alternativa (dentro do modelo positivista) — não está livre ou isento de críticas; (3) que a própria noção de regras aceitas (e, assim, de regras válidas de acordo com os critérios de juridicidade da regra de reconhecimento) limita a discricionariedade, negando assim uma equiparação como a de Streck e reagindo ao 'ceticismo de regras' típico

são óbvias; por outro lado, e uma vez que dificuldades desse tipo tenderão a fazer parte de qualquer palavra que não sirva de conceito a um objeto natural, também é óbvio que algum tipo de conceitualização geral é necessário para que se possa avançar. Reconhecidas as exigências que uma análise aprofundada demandaria, Krygier declara-se satisfeito com a definição de arbitrariedade proposta por Pettit. Assim como Krygier, reproduzo a passagem aqui:

> Um ato é perpetrado de modo arbitrário, podemos dizer, se sujeito apenas ao *arbitrium*, à decisão ou juízo do agente; o agente estava em posição de escolhê-lo ou não escolhê-lo, por desejo próprio. Quando dizemos que um ato de interferência é perpetrado de modo arbitrário, queremos dizer que, como qualquer ato arbitrário, o ato é escolhido ou não escolhido de acordo com o próprio prazer do agente. E em particular, uma vez que se trata de interferência na esfera de outros, queremos dizer que o ato é escolhido ou rejeitado sem qualquer referência aos interesses, ou às opiniões, daqueles afetados. A escolha não é forçada a levar em conta aquilo que demandam os interesses dos outros de acordo com seus próprios juízos.[285]

---

de versões mais radicais do realismo jurídico. Um ponto *streckiano*, em resposta, será (1) o de que é exatamente esse o problema, e que a discricionariedade judicial como algo inevitável é fruto de uma concepção equivocada de direito; (2) o de que o positivista, por seu 'descritivismo', só pode conceber essa crítica à decisão como *externa*, baseada em padrões outros que estão fora do direito; (3) os de que (3.1) esgotado esse conteúdo normativo — a 'convenção' —, a decisão acaba por se tornar arbitrária de todo modo e (3.2) o positivismo, ao 'não se preocupar com a decisão' — os termos são do próprio Streck —, não garante que o juiz efetivamente *estará vinculado* a esse conteúdo normativo enquanto conteúdo composto por regras válidas. Sobre esse último ponto, da despreocupação positivista com a decisão judicial, *cf.* STRECK, Lenio Luiz. *Dicionário de Hermenêutica*: Cinquenta verbetes fundamentais da Teoria do Direito à luz da Crítica Hermenêutica do Direito. 2ª ed. Belo Horizonte: Letramento, 2020, pp. 215, 295-297, 331. Ver também STRECK, Lenio Luiz. *Verdade e Consenso*: Constituição, Hermenêutica e Teorias Discursivas. 6ª ed. São Paulo: Saraiva, 2017, pp. 508, 513, 518. Para as considerações *hermenêuticas* de Streck sobre a discricionariedade como consequência de um (problemático) *paradigma filosófico* no qual está assentado do positivismo jurídico — e ainda em sua equiparação entre discricionariedade e arbitrariedade —, ver STRECK, Lenio Luiz. *O Que é Isto - Decido Conforme Minha Consciência?* Porto Alegre: Livraria do Advogado, 2013, pp. 63-77.

285 "*An act is perpetrated on an arbitrary basis, we can say, if it is subject just to the arbitrium, the decision or judgement, of the agent; the agent was in a position to choose it or not choose it, at their pleasure. When we say that an act of interference is perpetrated on an arbitrary basis, then, we imply that like any arbitrary act it is chosen or not chosen at the agent's pleasure. And in particular, since interference with others is involved, we imply that it is chosen or rejected without reference to the interests, or the opinions, of those affected. The choice is not forced to track what the interests of those others require according to their own judgements.*" PETTIT, Philip. *Republicanism*: A Theory of Freedom and Government. Oxford: Oxford University Press, 2002, p. 55.

Por mais que seja difícil distinguir em detalhe entre escolhas arbitrárias e não arbitrárias, Krygier sugere — e acompanho — que, para fins analíticos e mesmo práticos, a definição de Pettit faz com que não seja assim tão difícil mapear suficientemente o território, ainda que de forma aproximada, e encontrar exemplos — sobretudo de elevada ou completa arbitrariedade e seus contrários: o poder é arbitrário quando aqueles em posição de poder não são ou estão sujeitos a controle e responsabilização, a limites e *accountability*; quando o poder é exercido sem que haja um grau mínimo de previsibilidade quanto ao modo como será exercido;[286] quando, ainda que previsível ou limitado, é exercido de modo a não permitir voz àqueles cujos interesses são afetados.[287] Agora, mais do que isso, "se as margens parecem difusas, a importância da arbitrariedade como um (e talvez *o*) antivalor entre aqueles que têm escrito sobre o *rule of law* ao longo de séculos é algo que não se discute".[288]

É aqui, por esse papel central e pela necessidade de elaboração sobre o que a arbitrariedade significa — e pelos exemplos que demonstram uma relação com a (mínima) previsibilidade acerca dos modos como o poder será exercido —, que Krygier aponta a uma importante nuance que deve ser esclarecida — sobretudo quando, geralmente, a oposição à arbitrariedade no direito é identificada com a busca por segurança jurídica, isto é, com a busca por uma previsibilidade próxima ao nível da certeza no que diz respeito às normas e sua aplicação.[289] Isso parece conflitar com a própria natureza da prática do direito, uma disciplina *argumentativa* por excelência; se entendermos que a contraposição ao arbítrio no exercício do poder exige uma segurança jurídica quase que absoluta — ainda e mesmo enquanto valor abstrato —, teremos um necessário conflito com um aspecto do direito que é, como vimos anteriormente com Waldron, *rotina* na prática. O direito, afinal, não é simplesmente constituído por normas (regras,

286 O que, novamente, indica que o *rule of law* pressupõe não apenas a proteção contra o uso arbitrário do poder, mas já um tipo de recurso institucional contra a possibilidade desse uso.

287 *Cf.* KRYGIER, Martin. What's the Point of the Rule of Law? *Buffalo Law Review*, vol. 67, n. 03, 2019, pp. 743-791 (762-763).

288 Itálico no original, nota de rodapé omitida. "*If the edges are blurred, the importance of arbitrariness as an (and perhaps* the*) antivalue among those who have written about the rule of law for centuries is not open to doubt*." KRYGIER, Martin. Four Puzzles About the Rule of Law: Why, What, Where? And Who Cares? In: FLEMING, James E. (ed.) *Nomos*, L: Getting to the Rule of Law. Nova York: New York University Press, 2011, pp. 64-104 (76).

289 *Cf.* KRYGIER, Martin. Four Puzzles About the Rule of Law: Why, What, Where? And Who Cares? In: FLEMING, James E. (ed.) *Nomos*, L: Getting to the Rule of Law. Nova York: New York University Press, 2011, pp. 64-104 (76).

leis, padrões, princípios, institutos, decisões judiciais ou administrativas, regulações etc.), mas também pela argumentação dos membros envolvidos nessa prática (juízes, administradores, políticos, legisladores, autores e réus, cidadãos etc.) acerca do que significa e do modo como se deve interpretar e aplicar essas normas.[290] Há as normas e há um caráter de argumentação sobre aquilo que sua melhor interpretação e aplicação envolve; sobre aquilo que elas significam e sobre o que significa respeitar aquilo que elas significam. Como conciliar esse caráter argumentativo do direito, que se manifesta em sua prática — sobretudo quando temos em mente sistemas jurídicos modernos, em sociedades pluralistas mais ainda —, com uma concepção de império da lei que assume como seu *telos* a limitação à arbitrariedade? Como conciliar segurança jurídica e a argumentação sobre a aplicação das normas?

O dilema desaparece, revela-se um falso dilema, quando se verifica que uma de suas premissas não é necessariamente verdade. Como Krygier aponta, corretamente, a busca por essa certeza absoluta no âmbito da aplicação é uma empreitada não apenas vã como também mal orientada. Primeiro porque é impossível. Segundo, e mais importante, a "*incerteza* é apenas um índice de arbitrariedade no exercício do poder. Outro, como fica claro a partir da definição de Pettit, é o fato de que aqueles em posição de poder ficam livres para ignorar [a perspectiva daqueles] afetados [enquanto agentes interessados]".[291] Com isso em mente, vemos que o caráter argumentativo-interpretativo do direito não apenas contradiz como *auxilia* uma concepção de império da lei que tem como propósito fundamental a limitação institucional das possibilidades de exercício arbitrário do poder. Em vez de contradição, existe uma *convergência*, uma forte *afinidade* entre a oposição ao poder arbitrário (à possibilidade de poder arbitrário) — que é por vezes lida, de maneira reducionista, como se a exigir segurança jurídica aos níveis de máxima certeza na esfera da aplicação da lei — e esse caráter argumentativo do direito, que, por sua vez — e lida em conjunto com as exigências próprias do império da lei sob essa concepção — exige a possibilidade, a oportunidade de que os cidadãos

290 *Cf.* WALDRON, Jeremy. The Concept and the Rule of Law. *Georgia Law Review*, vol. 43, n. 01, 2008, pp. 01-61 (57). Falei sobre isso nos prolegômenos metodológicos, quando da discussão sobre uma possível dimensão argumentativo-interpretativa no direito.

291 "[U]ncertainty *is only one index of arbitrariness in the exercise of power. Another, as is plain from Pettit's definition, is that those with power are free to ignore those affected, need give no thought to them as interested actors.*" KRYGIER, Martin. Four Puzzles About the Rule of Law: Why, What, Where? And Who Cares? In: FLEMING, James E. (ed.) *Nomos*, L: Getting to the Rule of Law. Nova York: New York University Press, 2011, pp. 64-104 (78).

(isto é, aqueles afetados pelo exercício desse poder que não se deseja arbitrário) contestem e disputem e reinterpretem as normas, seus significados, sua aplicação e os significados de sua aplicação.[292] Esse é o caráter *procedimental* do *rule of law*, tão bem defendido por Waldron — que, por sua vez, nota muito bem que a argumentação aqui tratada não diz respeito (simples, meramente) a argumentos sobre aquilo que o direito *deve ser*, mas sobre aquilo que ele efetivamente *já é*.[293] Assim entendida, e em auxílio a uma concepção de *rule of law* assim entendida, essa característica do direito conduz a

> um modo de governança que leva as pessoas a sério enquanto presenças ativas e dotadas de dignidade no mundo — pessoas com suas próprias vidas para viver, com pontos de vista sobre como suas vidas se relacionam a interesses dos outros, dotadas de razão e inteligência a exercer na compreensão do sistema de ordem em sua sociedade.[294]

Justamente nesse sentido, portanto, em resposta a esse dilema que nunca foi,

> [d]izer que devemos valorizar aspectos de governança que promovem a clareza e a determinabilidade das regras por razões de liberdade individual, mas não as oportunidades para argumentação que um indivíduo livre e autossuficiente tende a exigir é cortar pela metade, é truncar aquilo sobre o qual está assentado o *Rule of Law*: o respeito

292 Como o próprio Philip Pettit diz, na elaboração de sua teoria republicana — quando define as formas republicanas de um sistema de governança orientado por esse ideal —, "[a] promoção da liberdade como não dominação exige (...) que algo seja feito para garantir que o processo público de tomada de decisão leve em conta os interesses e as ideias dos cidadãos por ele afetados; afinal, a não arbitrariedade é garantida por nada mais, nada menos que a existência dessa relação de consideração". A contestabilidade é, assim, uma garantia *contra* a possibilidade de arbítrio, jamais o contrário. ("*The promotion of freedom as non-domination requires, therefore, that something be done to ensure that public decision-making tracks the interests and the ideas of those citizens whom it affects; after all, non-arbitrariness is guaranteed by nothing more or less than the existence of such a tracking relationship*".) PETTIT, Philip. *Republicanism*: A Theory of Freedom and Government. Oxford: Oxford University Press, 2002, p. 184.

293 *Cf.* WALDRON, Jeremy. The Rule of Law and the Importance of Procedure. In: FLEMING, James E. (ed.) *Nomos*, L: Getting to the Rule of Law. Nova York: New York University Press, 2011, pp. 03-31 (19).

294 "[*A*] *mode of governance that takes people seriously as dignified and active presences in the world-persons with lives of their own to lead, with points of view about how their lives relate to the interests of others, and with reason and intelligence to exercise in grasping their society's system of order*." WALDRON, Jeremy. The Concept and the Rule of Law. *Georgia Law Review*, vol. 43, n. 01, 2008, pp. 01-61 (40).

> pela liberdade e pela dignidade de cada pessoa como centro ativo de inteligência.[295]

O argumento de Waldron é *absolutamente fundamental* para meus propósitos aqui; afinal, não apenas não é por acaso como faz parte exatamente do ponto por ele trazido que, sob essa luz, a melhor leitura tanto do direito quanto do *rule of law* é aquela que articula as duas concepções *em conjunto*. É disso que se trata, e é também uma linha que Krygier, embora deixe isso em aberto para maiores elaborações, anuncia como promissora: entre concepções formais e substantivas do império da lei, há uma terceira via, um terceiro caminho possível que reside exatamente nessa articulação conjunta. O império do direito, afinal, deve guardar alguma relação com *o direito*.[296] Esse é um dos centros de gravidade dessa pesquisa.

1.3 Reflexividade, *accountability* e fidelidade

Enfim aqui, num círculo, as considerações sobre o âmago, o cerne de nossa tradição do *rule of law* — para finalmente discuti-la em maior detalhe — retornam a Gerald Postema e sua reflexão sobre o que significa dizer que o governo é das leis, sobre "as *condições para a realização* do império que é das leis".[297] Muito resumidamente, o argumento de Postema é o de que as condições para que o império seja efetivamente da lei envolvem não apenas aspectos formais, procedimentais, institucionais (aspectos daquilo que se tem comumente por 'legalidade', portanto), mas também, fundamentalmente, aspectos daquilo por ele definido como *fidelidade*. Essa noção de fidelidade, por ele oferecida como "o *ethos* do direito", é essencial para o império da lei, para a realização desse ideal. "A fidelidade garante

---

295 "*To say that we should value aspects of governance that promote the clarity and determinacy of rules for the sake of individual freedom, but not the opportunities for argumentation that a free and self-possessed individual is likely to demand, is to truncate what the Rule of Law rests upon: respect for the freedom and dignity of each person as an active center of intelligence.*" WALDRON, Jeremy. The Concept and the Rule of Law. *Georgia Law Review*, vol. 43, n. 01, 2008, pp. 01-61 (60).

296 *Cf.* KRYGIER, Martin. Four Puzzles About the Rule of Law: Why, What, Where? And Who Cares? In: FLEMING, James E. (ed.) *Nomos*, L: Getting to the Rule of Law. Nova York: New York University Press, 2011, pp. 64-104 (81).

297 Grifos meus. "*This ancient ideal of* law's rule *is our subject. More precisely, this chapter focuses on the conditions for the realization of law's rule.*" POSTEMA, Gerald J. Law's Rule: Reflexivity, Mutual Accountability, and the Rule of Law. In: ZHAI, Xiaobo; QUINN, Michael (eds.). *Bentham's Theory of Law and Public Opinion*. Cambridge: Cambridge University Press, 2014, pp. 07-39 (07).

e torna possível que a lei governe"; o império da lei, assim, só é possível e só será sólido em comunidade quando esta

> for caracterizada pela ampla fidelidade, isto é, somente quando seus membros, e não apenas sua elite jurídica ou no poder, assumem a tarefa de tomarem uns aos outros — e *especialmente as autoridades oficiais do direito* — como responsabilizáveis sob o direito.[298]

Claramente, a ideia aqui é a de que o império da lei só é (a) robusto e, em primeiro lugar, (b) *possível*, em sua definição autêntica, em uma comunidade na qual se enraíza uma cultura de *accountability*, de responsabilidades mútuas ditadas pelo direito enquanto critério, enquanto instância superior a regular — naturalmente que entre outras dimensões da vida em comunidade — os termos dessas responsabilidades mesmas.

É dentro dessa perspectiva, da fidelidade (a) como *ethos* que é já *do direito* e (b) como condição de possibilidade do império da lei que Postema oferece, como já anunciado ao início desta seção, a arbitrariedade como antítese daquele que é o centro em torno do qual gravita fundamentalmente o *rule of law*. Antes, porém, e até para auxiliar na compreensão do raciocínio, é interessante trazer o exemplo escolhido por Postema para ilustrar aquilo que entende por fidelidade, tanto em sua forma quanto na nuance que ele carrega. O exemplo do autor, partindo da via contrária, é um caso de *in*fidelidade: Postema relata um caso no estado da Pensilvânia no qual, ao longo de cinco anos, um juiz que presidia a corte juvenil de um condado (algo como um juiz da infância e adolescência) distribuiu séries de sentenças duríssimas, absolutamente desproporcionais, aparentemente de acordo com o próprio humor ou estado de espírito ou vontade no momento da decisão. O direito era irrelevante. Se isso já não fosse suficientemente grave por si só, em 2009, descobriu-se que a política de 'tolerância zero' do magistrado, sequer uma questão de ideologia, era baseada em puro interesse espúrio: tanto ele quanto seu colega de corte recebiam dinheiro para sentenciar jovens a institutos privados de detenção enquanto se trabalhava nos bastidores para enfraquecer o sistema público. Agora, qual é o ponto? O ponto é que, muito embora os

---

298 Grifo meu. "*I argue that fidelity — the* ethos *of law — is essential to law's rule. Fidelity underwrites and makes possible law's rule. The rule of law is robust in a polity only when it is characterized by widespread fidelity, that is, only when its members, and not merely the legal or ruling elite, take responsibility for holding each other — and especially law's officials — to account under the law.*" POSTEMA, Gerald J. Law's Rule: Reflexivity, Mutual Accountability, and the Rule of Law. In: ZHAI, Xiaobo; QUINN, Michael (eds.). *Bentham's Theory of Law and Public Opinion.* Cambridge: Cambridge University Press, 2014, pp. 07-39 (07-08).

interesses puramente pessoais e ilegais e a corrupção como motivação tenham sido fatores descobertos apenas mais de cinco anos depois do início da atuação corrompida por parte dos juízes, "as práticas de sistemática negação de direitos constitucionais de devido processo, sentenças excessivas e arbitrariamente impostas e a completa desconsideração do direito passaram *completamente sem questionamento por um vasto número de pessoas*". *Ainda que não houvesse corrupção latente*: "outros juízes, promotores, defensores públicos, membros e equipe de trabalho do tribunal, equipes dos centros de detenção, diretores de escolas, professores", pessoas que viam aquilo e nada fizeram. Por seis anos.[299] O que se viu ali — e, nesse exemplo de infidelidade, o argumento é precisamente este — foi um completo fracasso da lei em *imperar*; e, em sendo esse o caso, foi também um colapso *do próprio direito*. O direito, não tendo oferecido as proteções básicas prometidas pelo ideal de império da lei, foi reduzido nada — pela ausência de fidelidade; isto é, pela ausência de uma cultura, de um senso imperativo geral de responsabilidades e responsabilizações mútuas, que abrangem não apenas os cidadãos, mas também (e sobretudo) aqueles que compõem a prática do direito enquanto membros oficiais.[300]

É aqui, enfim — tendo 'as proteções básicas prometidas pelo ideal de império da lei' como premissa —, que nos voltamos uma vez mais ao argumento de Postema sobre a antítese à arbitrariedade, ao exercício arbitrário do poder, como cerne daquilo que constitui a tradição do *rule of law*. Finalmente, uma vez que já elaboramos alguns dos argumentos anteriores, é possível atentar a outra importante nuance em sua importante definição. Para Postema, lembremos, não é *apenas* o caso que a "ideia central"[301] do império da lei seja alguma antítese ao poder arbitrário; para Postema, desde sempre, o *rule of law* está fundamentado "na ideia de que *o direito* promete *proteção* e *recurso* contra o exercício arbi-

---

299 Grifo meu. "*Although the venal motive was not uncovered until 2009, the practices of systematic denial of constitutional due process rights, excessively harsh and arbitrarily imposed sentences, and utter disregard for the law went entirely unquestioned by hosts of people — other judges, district attorneys, public defenders, court officers and staff, police, probation officers, school administrators, teachers, counsellors, and the like — who saw and heard but did nothing to challenge them.*" POSTEMA, Gerald J. Law's Rule: Reflexivity, Mutual Accountability, and the Rule of Law. In: ZHAI, Xiaobo; QUINN, Michael (eds.). Bentham's Theory of Law and Public Opinion. Cambridge: Cambridge University Press, 2014, pp. 07-39 (09).

300 *Cf.* POSTEMA, Gerald J. Law's Rule: Reflexivity, Mutual Accountability, and the Rule of Law. In: ZHAI, Xiaobo; QUINN, Michael (eds.). *Bentham's Theory of Law and Public Opinion*. Cambridge: Cambridge University Press, 2014, pp. 07-39 (10).

301 "*Core idea*".

trário do poder".[302] Proteção e recurso. Essa definição envolve duas dimensões — dimensões que se tornam ainda mais particularmente relevantes quando levamos em consideração (a) os argumentos de Krygier sobre a insuficiência de uma concepção puramente 'liberal', puramente negativa de *rule of law* como freio e limitação e, em especial, (b) o próximo passo a ser desenvolvido, sobre uma relação entre o conceito e o império do direito. São elas, primeiro, (1) a noção de que uma comunidade política estará mais bem ordenada e orientada, e seus membros terão garantida a dignidade e o respeito que lhes são devidos enquanto membros dessa comunidade, quando esses membros estão em uma posição de segurança contra o exercício arbitrário do poder; e, segundo, fundamentalmente (2) a ideia de que o direito, em razão das características que lhe são próprias, especificamente suas (isto é, em razão das características que o definem enquanto direito e que só ele enquanto direito apresenta), é especial e talvez *unicamente* capaz de oferecer essa necessária segurança. Somadas, essas dimensões conduzem à ideia de que

> [o] propósito central, estruturante, é o controle do exercício do poder; o meio de se fazê-lo é o direito, que procura limitar *de antemão*[303] o exercício do poder (proteção) e oferecer meios para se responsabilizar aqueles que exercem o poder [arbitrariamente] depois do fato (recurso). Esse propósito pressupõe limitações *ao próprio direito*, em sua forma e sua implementação, exigindo um *ethos* como condição necessária para a realização do império da lei [daquilo que efetivamente significa que o império seja *da lei*].[304]

---

302 Grifos meus. "*Throughout its long history, the idea has been rooted in the thought that the law promises protection and recourse against the arbitrary exercise of power.*" POSTEMA, Gerald J. Law's Rule: Reflexivity, Mutual Accountability, and the Rule of Law. In: ZHAI, Xiaobo; QUINN, Michael (eds.). *Bentham's Theory of Law and Public Opinion*. Cambridge: Cambridge University Press, 2014, pp. 07-39 (10).

303 Isso é importante, lembremos, porque não basta limitar o exercício arbitrário do poder; como vimos, é preciso limitar *as possibilidades* de exercício arbitrário do poder, sob pena de a própria limitação perder sua razão de ser.

304 Grifos meus. "*The focal and organizing aim is control of the exercise of power; the means of doing so is law, which seeks to constrain in advance the exercise of power (protection) and to offer means of holding those who exercise power accountable after the fact (recourse). This aim implies constraints on law itself, on its form and on its implementation, and it calls for an* ethos *as a necessary condition of the realization of law's rule.*" POSTEMA, Gerald J. Law's Rule: Reflexivity, Mutual Accountability, and the Rule of Law. In: ZHAI, Xiaobo; QUINN, Michael (eds.). *Bentham's Theory of Law and Public Opinion*. Cambridge: Cambridge University Press, 2014, pp. 07-39 (11).

Esse *ethos* é a fidelidade, que, vemos aqui por quê, é já *do direito* — uma vez que o direito é *o* meio, *a* forma de realização daquelas que são as promessas do ideal de império da lei: proteção (posição de segurança) e recurso (responsabilização, limitação, defesa) contra o exercício arbitrário do poder.

Essa linha de raciocínio vai exatamente na direção que foi também, a seu modo, anunciada por Krygier. Primeiro, Postema diz que o *rule of law* não é apenas um 'modo de governança', tal como tipicamente caracterizado, mas também um 'modo de *associação*'[305] — isto é, um ideal que se refere não apenas a um modo específico de exercício do poder político, mas também a um modo particular de organização e coordenação social. É, portanto, mais amplo, mais abrangente e mais *exigente* enquanto ideal do que seria se simplesmente direcionado apenas ao poder político constituído. Segundo, o autor ressalta que o *rule of law* promete proteção e recurso não contra *e.g.* violência ou crueldade, mas contra o exercício *arbitrário* do poder. Ao fazê-lo, Postema também recupera a definição de Philip Pettit para explicar sua concepção acerca do que caracteriza o exercício de um poder como arbitrário: o ato será arbitrário se for tomado completamente de acordo com a vontade ou o prazer próprio do agente, *ainda que seja um ato razoável, fundamentado ou justificado*. Poder arbitrário, na definição de Pettit (e Krygier e Postema), é poder unilateral: o poder cuja única perspectiva relevante a ser considerada é a do agente, cujo único critério de orientação é o *arbitrium* do sujeito-agente.[306] Esta é uma importante nuance a ser bem destacada: o poder arbitrário não é necessariamente infundado ou carente de fundamentação, imprevisível ou indisciplinado; arbitrário é o poder que não deve explicações, que não está sujeito a responsabilização ou questionamento. É o poder livre de *accountability*.[307]

---

305 Embora o termo seja compartilhado por Michael Oakeshott, e tenha sido por ele tornado mais célebre, a concepção de Postema é mais densa, menos formal que a dele. Em Oakeshott, *lex* adquire o *status* de *jus* (meramente) em virtude de um reconhecimento mútuo e compartilhado pelos membros do modo de associação — *cf.* OAKESHOTT, Michael. Rule of Law. In: OAKESHOTT, Michael. *On History and Other Essays*. Totowa: Barnes & Noble, 1983, pp. 119-164 (137-144) —, ao passo que, em Postema, o 'modo de associação' caracterizado pelo *rule of law* compreende já em si uma ideia de direitos e deveres, de compromissos e responsabilidades mútuas que constituem e coordenam a vida pública sob uma ideia de cidadania que tem o direito (cujo império será um modo autêntico de governança à luz da fidelidade a esses compromissos, a essas responsabilidades mutuamente compartilhadas) como critério de orientação. *Cf.* POSTEMA, Gerald J. Fidelity in Law's Commonwealth. In: KLIMCHUK, Dennis; AUSTIN, Lisa M. (eds.) *Private Law and the Rule of Law*. Oxford: Oxford University Press, 2014, pp. 17-40.

306 *Cf.* POSTEMA, Gerald J. Law's Rule: Reflexivity, Mutual Accountability, and the Rule of Law. In: ZHAI, Xiaobo; QUINN, Michael (eds.). *Bentham's Theory of Law and Public Opinion*. Cambridge: Cambridge University Press, 2014, pp. 07-39 (12).

307 É curioso — talvez sintomático, mas esta seria já outra tese — que não haja, em nosso idioma, uma tradução mais precisa ou aproximada da ideia de *accountability*.

Um terceiro ponto destacado por Gerald Postema é não apenas importante para a própria tese do autor — com relação ao *ethos* já *do direito* —, mas particularmente pertinente para o argumento geral aqui desenvolvido. Essa ideia central no âmago do *rule of law*, em sua leitura, dispõe — temos visto até aqui — que é o direito que promete a proteção e o recurso contra o exercício arbitrário do poder. É *o direito* que faz essa promessa — não meramente o direito positivo enquanto um conjunto de regras, portanto, mas "o direito compreendido como um ordenamento sistemático, como *um sistema coordenado de instituições e procedimentos* para administração e decisão judicial, e como um *sistema argumentativo de linguagem e discurso de deliberação*".[308] Veja-se como aqui as ideias se cruzam de modo bastante interessante: se (1) assumirmos essa aproximação entre o direito e o ideal de *rule of law* como uma 'metodologia plausível', tal como sugeria Waldron, e (2) considerarmos as premissas e conclusões de Postema acerca do império da lei (que, por sua vez, também me parecem absolutamente 'plausíveis', para dizer o mínimo), temos bons argumentos para verificar aquelas possíveis dimensões que o direito compreende e que uma metodologia analítica, de matriz positivista, não é capaz de capturar. Temos aqui a caracterização de ao menos uma função atribuível ao direito — que, ainda que bastante ampla (de modo que pode ser materializada de diferentes formas em diferentes contextos e diferentes jurisdições particulares), é suficientemente capaz de colocar o direito como meio próprio, específico de exercê-la — que, mutuamente, reforça e é reforçada por sua dimensão argumentativa ou interpretativa. No âmago da tradição do império da lei, ainda que seja ela uma tradição de contestações e disputas semânticas, está a promessa de proteção e recurso contra o exercício arbitrário do poder. Essa promessa é feita *pelo direito* — razão pela qual não entenderemos o fenômeno em todas suas dimensões se o tomarmos apenas por uma ordem de regras formais estabelecidas. Essa "organização própria e sistemática de um sistema de raciocínio e linguagem deliberativa" do direito, "ao lado de suas regras positivadas e suas instituições formais de administração

---

308 Grifos meus aqui. No original: "*Third, the core idea of the rule of law holds that it is law that promises protection and recourse against arbitrary exercises of power. Law is the instrument of this protection and recourse. Note that* the law *as a whole makes this promise — not merely positive legal* rules, *but rather law understood as a systematic mode of ordering, as a co-ordinated system of institutions and procedures for administration and adjudication, and as an argumentative system of deliberative discourse*". POSTEMA, Gerald J. Law's Rule: Reflexivity, Mutual Accountability, and the Rule of Law. In: ZHAI, Xiaobo; QUINN, Michael (eds.). *Bentham's Theory of Law and Public Opinion*. Cambridge: Cambridge University Press, 2014, pp. 07-39 (13).

e decisão judicial, constituem o arsenal de seu império que promete prevalecer sobre o poder arbitrário".[309]

O quarto ponto diz respeito à noção mesma de *accountability* pressuposta pela ideia de governo das leis: uma noção que encontra amparo e espaço em "uma *relação interpessoal normativamente estruturada*". Isto é, A terá responsabilidade e será responsabilizável *perante* B *em razão* de X — "onde A e B são agentes individuais ou coletivos, B é geralmente uma parte relativamente determinada, que pode agir por e em nome de um público mais amplo e X é uma decisão, ato, atividade ou medida de A".[310] Essa relação será "*normativamente estruturada*" no seguinte sentido: (1) A está, do ponto de vista normativo, *sujeito* a ser chamado à responsabilização por B, e B não apenas pode ter como expectativa como tem também *o poder normativo* de exigir a responsabilização de A por X, sendo que B tem uma *reivindicação, legítima*, por essa responsabilização/explicação/prestação de contas que A é, *eo ipso*, *obrigado* a apresentar; (2) a suscetibilidade, o poder, a reivindicação e a obrigação, tudo isso pressupõe normas que autorizam ou legitimam a reivindicação de B enquanto reivindicação e estabelecem a obrigação de A enquanto obrigação; (3) o ato de A é normativamente orientado no sentido de que se espera que a responsabilização, a prestação/explicação oferecida seja articulada em termos de normas que a legitimem e justifiquem.[311] *Responder*, responder *em público* por algum comportamento/ato/atitude/medida — e assim fazê-lo em referência às normas e instituições e procedimentos constitutivos do direito enquanto sistema normativo de coordenação social — está no cerne da noção de *accountability* pressuposta por um ideal de império da lei.

E é aqui, algo já anunciado por essa concepção de *accountability*, que surge a importância da 'fidelidade' como *ethos* do direito, como condição de possibilidade

---

309 "*Law's distinctive discipline of systemic, deliberative reasoning, along with posited rules, and formal institutions of administration and adjudication, constitute the arsenal of its promised rule over arbitrary power.*" POSTEMA, Gerald J. Law's Rule: Reflexivity, Mutual Accountability, and the Rule of Law. In: ZHAI, Xiaobo; QUINN, Michael (eds.). *Bentham's Theory of Law and Public Opinion*. Cambridge: Cambridge University Press, 2014, pp. 07-39 (13).

310 "*Accountability finds its home in a* normatively structured interpersonal relationship. *A is accountable to B for some X — where A and B are individual or collective agents, B is usually a relatively determinate party, who may act in and for a wider public, and X is A's decision, act, activity, performance, or policy.*" POSTEMA, Gerald J. Law's Rule: Reflexivity, Mutual Accountability, and the Rule of Law. In: ZHAI, Xiaobo; QUINN, Michael (eds.). *Bentham's Theory of Law and Public Opinion*. Cambridge: Cambridge University Press, 2014, pp. 07-39 (13).

311 *Cf.* POSTEMA, Gerald J. Law's Rule: Reflexivity, Mutual Accountability, and the Rule of Law. In: ZHAI, Xiaobo; QUINN, Michael (eds.). *Bentham's Theory of Law and Public Opinion*. Cambridge: Cambridge University Press, 2014, pp. 07-39 (13-14).

para a *realização* do (ideal de) império da lei em uma comunidade política. Essa realização exige — é o que defende Postema — que olhemos não apenas para além dos padrões formais e procedimentais canônicos, aqueles amplamente aceitos como componentes do ideal de *rule of law*, mas também para além dos princípios substantivos que, mais controversos, são geralmente propostos. Novamente, como com Krygier, vemos a possibilidade de uma terceira alternativa diante da dicotomia formal-substantivo. Para Postema, o império da lei compreende não só padrões que orientam as leis positivas e a conduta de agentes e autoridades do sistema de governança e não só instituições e procedimentos jurídicos pelos quais essas leis positivas podem ser administradas e aplicadas; além disso — além de aspectos de *legalidade*, portanto —, o *rule of law*, corretamente compreendido, compreende também "um *ethos*, uma série de relações e responsabilidades fundamentadas em convicções e compromissos centrais".[312] Essa é a noção de *fidelidade ao direito*, que se *combina* à ideia de legalidade para então formar o ideal do império da lei.

Além de instituições e procedimentos e padrões, de conduta e de legislação, é necessário também que tenhamos — na feliz expressão de Selznick, recuperada por Postema — "*a culture of lawfulness*".[313] Uma tradução corrente para "*lawfulness*", aqui, talvez fosse 'legalidade', mas o ponto é justamente o da necessidade de se transcender noções de mera legalidade formal. Assim como era o caso com *accountability*, parece sintomático — sintomático talvez da *ausência* de uma naturalizada cultura de '*lawfulness*' — que não tenhamos uma tradução apropriada para o vocábulo. É somente essa cultura, a naturalização da ideia de que o império da lei está para além da legalidade formal — sem que isso implique uma controversa concepção substantiva de *rule of law*, frise-se —, que permite que se enxergue, por exemplo, que frequentes discursos de justificação de determinada conduta *C* na linha de '*C* pode ser imoral, mas é legal' não encerram a discussão sobre o respeito *à lei*.[314] Existe uma dimensão para além da legalidade formal que é, ainda assim, *jurídica*: porque a fidelidade é aqui compreendida como *ethos* do direito.

---

312 "[*A*]*n* ethos, *a set of relationships and responsibilities rooted in core convictions and commitments*." POSTEMA, Gerald J. Law's Rule: Reflexivity, Mutual Accountability, and the Rule of Law. In: ZHAI, Xiaobo; QUINN, Michael (eds.). *Bentham's Theory of Law and Public Opinion*. Cambridge: Cambridge University Press, 2014, pp. 07-39 (19).

313 *Cf.* SELZNICK, Philip. Legal Cultures and the Rule of Law. In: KRYGIER, Martin; CZARNOTA, Adam. *The Rule of Law after Communism*. Aldershot: Ashgate, 1999, pp. 21-38 (37).

314 Nessa linha de uma 'legalidade ilegal', com uma concepção mais densa da própria ideia de legalidade, tornou-se célebre, no debate jurídico brasileiro, o exemplo trazido por Lenio Streck, de parlamentares que utilizaram suas cotas de passagens aéreas para levar familiares e amigos, sendo

Isso é assim porque, lembremos — e o argumento aqui é, como o de Postema, *normativo* e *conceitual*[315] —, o direito não apenas limita, define, constitui e estrutura o poder; mais do que isso, sua tarefa é também a de articular um meio de coordenação social e, assim, constituir *um modo de associação único*, suficientemente distinto enquanto tal. É por esse motivo que, para que o direito funcione *como direito* — para que o império possa ser das leis —, "não é suficiente que leis formalmente válidas sejam promulgadas e, em alguma medida, estejam em ordem; o direito deve ser usado do modo certo na comunidade que é por ele governado". Isso quer dizer que o direito, enquanto prática social, sistema normativo e modo de associação, deve exercer (e, corretamente compreendido e estruturado, efetivamente *exerce*) um papel central nas relações diárias dos membros dessa comunidade, de modo que seja adotado e aplicado — e que seja comum a expectativa de que ele seja adotado e aplicado — não apenas como uma limitação nas escolhas e ações, mas também como recurso para ação própria e como *critério de justificação*, antecipação e avaliação de ações alheias. "O direito não deve meramente *existir* nos termos medidos por critérios positivistas convencionais; o direito deve [efetivamente] *importar*".[316]

Com essa compreensão como pano de fundo, o direito passa a ser não uma ferramenta passível de instrumentalização pelo poder constituído, mas exatamente aquilo que constitui esse poder enquanto poder e, além de limitá-lo, oferece a estrutura normativa por meio da qual ele pode ser legítimo. "O império da lei existe", assim, nas palavras de Postema, "quando *o direito impera* sobre aqueles que pretendem imperar com o direito. *Reflexividade* — o direito comandando aqueles que comandam com o direito e em seu nome — é condição *sine qua non* do império da lei".[317] Esse é o ponto, portanto: pensar o império da lei significa pensar

---

a maioria em caras passagens em classe executiva, a passeios nos Estados Unidos e na Europa. *Cf.* STRECK, Lenio Luiz. *Verdade e Consenso*: Constituição, Hermenêutica e Teorias Discursivas. 6ª ed. São Paulo: Saraiva, 2017, pp. 608-609.

315 *Cf.* POSTEMA, Gerald J. Law's Rule: Reflexivity, Mutual Accountability, and the Rule of Law. In: ZHAI, Xiaobo; QUINN, Michael (eds.). *Bentham's Theory of Law and Public Opinion*. Cambridge: Cambridge University Press, 2014, pp. 07-39 (21).

316 Itálico no original. "*Law must not merely* exist *as measured by conventional positivist criteria, law must also* count." POSTEMA, Gerald J. Law's Rule: Reflexivity, Mutual Accountability, and the Rule of Law. In: ZHAI, Xiaobo; QUINN, Michael (eds.). *Bentham's Theory of Law and Public Opinion*. Cambridge: Cambridge University Press, 2014, pp. 07-39 (22).

317 Itálico no original. "*The rule of law obtains in a polity just when* law rules *those who purport to rule with law.* Reflexivity *— law ruling those who rule with law and in its name — is the rule of law's sine qua non.*" POSTEMA, Gerald J. Law's Rule: Reflexivity, Mutual Accountability, and the Rule

não apenas em legalidade, mas também em fidelidade; significa pensar não apenas nas normas e padrões aplicáveis às leis e à ordem legal, e não apenas nas normas e padrões aplicáveis aos agentes e às autoridades e instituições que, compondo o sistema jurídico de governança, interpretam, aplicam, administram e executam essas lei, assim como nas "convicções, compromissos e responsabilidades recíprocas de todos aqueles que reivindicam o alcance, os recursos e a proteção" do direito.[318] A realização do ideal de império da lei, assim, depende desses compromissos e responsabilidades mútuas de todos os membros da comunidade política na qual se pretende que o direito impere. O direito só impera, e só é capaz de realizar o modo de associação representado pelo ideal do *rule of law*, quando seu *ethos* de fidelidade é respeitado, consolidado como parte de uma cultura política que, ao mesmo tempo e circularmente, lhe constitui e é por ele constituída.

O grande ponto deste capítulo, portanto, é o seguinte: ultrapassando disputas entre concepções formais ou substantivas, e ultrapassando até mesmo uma possível contestabilidade essencial do império da lei, é possível identificar um fio condutor que perpassa toda sua tradição enquanto ideal. Mais do que isso — e unindo a reflexão com a densidade semântica do conceito de direito, já trazida aqui —, o que surge dessa concepção específica de *rule of law* — que me parece *a melhor* concepção, sendo 'normativa *e* conceitual' (Postema) — é que é *o direito* que promete a proteção e o recurso contra o exercício arbitrário do poder. Se o império da lei ocorre quando é o direito que governa, o que significa *o direito* governar? Mesmo que reconheçamos um caráter de convencionalidade no direito positivo, o direito enquanto fenômeno constitui a estrutura normativa responsável por materializar as promessas do ideal do *rule of law*. Quando essas ideias são articuladas em conjunto, podemos ter mais um elemento para reconhecer o caráter de *horizontalidade* do direito enquanto sistema distinto de governança. A própria *definição* de arbítrio, como desconsideração dos envolvidos ou afetados — e ninguém que pretende explicar o conceito de direito negará que este se difere de um comando arbitrário —, já acaba pressupondo essa horizontalidade. Essa horizontalidade, por sua vez,

---

of Law. In: ZHAI, Xiaobo; QUINN, Michael (eds.). *Bentham's Theory of Law and Public Opinion.* Cambridge: Cambridge University Press, 2014, pp. 07-39 (23).

318 "[*W*]*hen we think of the rule of law, we must think not only of legality but also of fidelity, not only of the standards that apply to laws and the corpus of law, and to the institutions and officials that apply, interpret, and execute them, but also of the convictions, commitments, and reciprocal responsibilities of all who claim its warrant, resources, and protection.*" POSTEMA, Gerald J. Law's Rule: Reflexivity, Mutual Accountability, and the Rule of Law. In: ZHAI, Xiaobo; QUINN, Michael (eds.). *Bentham's Theory of Law and Public Opinion.* Cambridge: Cambridge University Press, 2014, pp. 07-39 (39).

já denota uma relação entre o próprio direito distinguido e identificado como tal e a concepção de *rule of law* aqui adotada.

Dito de outro modo: a concepção específica de *rule of law* que surge aqui surge não apenas como definição acerca de um ideal político, mas também como uma concepção que (1) já anuncia a relação conceitual que eu sugeri (com Waldron) do ponto de vista metodológico e que (2) auxilia na compreensão *do próprio direito* e do modo como ele funciona. Como já mencionei, positivistas modernos e contemporâneos, com seus propósitos analíticos, parecem muitas vezes preocupados em demarcar a distinção e a separabilidade entre as esferas do direito e da moralidade, mas parecem tomar como garantido, pós-Hart e sua superação do modelo imperativo *austiniano*, aquilo que realmente diferencia o direito *enquanto direito.* O *ethos* do direito compreende uma estrutura normativa de coordenação social, de responsabilização e justificação, que é muito mais horizontal que vertical — e atenção a esse caráter é fundamental para ver não apenas que o direito é diferente de, mas inter-relacionado com, termos como coerção e poder. O *ethos* do direito, assim, não é apenas uma das condições para a realização de um ideal externo, posterior, de império da lei — o império é *do direito.* O arbítrio é antitético já ao direito, não a um ideal externo. "O direito impera em uma comunidade" — diz Gerald Postema, em seu recente livro, ainda de 2023, coroando suas reflexões sobre o *rule of law* ao longo dos anos[319] — "quando oferece proteção e recurso contra o exercício arbitrário do poder por meio *das ferramentas próprias que distinguem o direito como tal*".[320]

Voltarei a afirmar e reafirmar, no capítulo conclusivo — recuperando outros autores e respondendo a algumas objeções, abordando debates contemporâneos na teoria do direito —, essa ideia de uma relação conceitual entre o direito e seu

---

319 Neste seu livro mais recente, Postema articula filosoficamente, de forma mais sistemática, sua concepção de *rule of law* na linha que vim trabalhando até aqui — um ideal que promete proteção e recurso contra o exercício arbitrário do poder — exatamente sob os conceitos de soberania do direito (traduzido em *legalidade*, *exclusividade* — no sentido de o poder de governo ser derivado *exclusivamente do direito* — e *reflexividade*), de igualdade sob e perante o direito e, enfim, sob a fidelidade. *Cf.* POSTEMA, Gerald J. *Law's Rule*: The Nature, Value, and Viability of the Rule of Law. Oxford: Oxford University Press, 2023. Essa relação necessária, conceitual, para com a ideia de igualdade aproxima a leitura de Postema daquela, no Brasil, de José Reinaldo de Lima Lopes, para quem é a justiça que confere o sentido ao direito enquanto prática criadora de igualdades. Falarei mais sobre a concepção de José Reinaldo no terceiro capítulo.

320 Ênfase minha. "[*W*]*hen law rules in a political community, it provides protection and recourse against the arbitrary exercise of power through law's distinctive tools.*" POSTEMA, Gerald J. *Law's Rule*: The Nature, Value, and Viability of the Rule of Law. Oxford: Oxford University Press, 2023, p. 18.

império. Até aqui, foi importante destacar uma concepção específica de *rule of law*, dada a contestabilidade do conceito e toda a gama de concepções variadas a significá-lo. Agora, e antes desse capítulo mais substantivamente conclusivo, o passo será abordar a obra de Lon Fuller, um autor fundamental no estabelecimento de uma relação entre direito e legalidade; um autor (e esse é uma das teses a seguir) que me parece subestimado, responsável por iluminar um caminho promissor que não parece ter sido seguido por muitos teóricos — um caminho no qual esta obra acaba se inserindo.

2 LON FULLER: REDESCOBRINDO UM LEGADO ESQUECIDO

Lon Fuller é mais conhecido na teoria do direito como aquele que *perdeu* o debate travado em 1958 com H. L. A. Hart[321] nas páginas da *Harvard Law Review*.[322] Dedicar um capítulo à sua obra, assim, é mais do que uma escolha arbitrária: ela passa também por, primeiro, verificar se essa opinião recebida é mesmo justificável e, segundo, e principalmente, pela ideia de que Lon Fuller é um autor indispensável quando se traz a noção de *fidelidade* à discussão sobre o direito. Se três entre as conclusões parciais possíveis até aqui foram as de que (1) não é implausível articular o direito a partir de uma análise teórica conjunta com o ideal de império da lei, (2) esse ideal tem na fidelidade, entendida como *ethos* do direito, uma das condições necessárias para sua realização, e (3) é *o direito* que oferece a proteção e o recurso contra o potencial exercício arbitrário do poder, um retorno a Fuller é imperativo.[323]

321 "[T]he dominant opinion of the debates opened up by the historic Harvard Law Review exchange of 1958 between H. L. A. Hart and Fuller is that the anti-positivists did indeed lose." DYZENHAUS, David. Fuller's Novelty. In: WITTEVEEN, Willem J.; VAN DER BURG, Wibren (eds.). Rediscovering Fuller: Essays on Implicit Law and Institutional Design. Amsterdam: Amsterdam University Press, 1999, pp. 78-99 (79).

322 HART, H. L. A. Positivism and the Separation of Law and Morals. Harvard Law Review, vol. 71, n. 04, fev. 1958, pp. 593-629; FULLER, Lon L. Positivism and Fidelity to Law: A Reply to Professor Hart. Harvard Law Review, vol. 71, n. 04, fev. 1958, pp. 630-672.

323 Merece destaque, nesse sentido, a obra de Kristen Rundle, que também pretende 'reivindicar' Fuller — embora de modo um pouco diferente, contextualizando sua obra e recolocando algumas de suas principais teses em debates com teóricos contemporâneos. O livro de Rundle é bastante importante para a organização de algumas das ideias aqui apresentadas. *Cf.* RUNDLE, Kristen. *Forms Liberate*: Reclaiming the Jurisprudence of Lon L Fuller. Oxford: Hart Publishing, 2012. Ainda, outro autor engajado em revisitar o debate Hart-Fuller de maneira que se difere dessa leitura tradicional, ortodoxa, é Dan Priel — ver, sobretudo, PRIEL, Dan. Reconstructing Fuller's Argument Against Legal Positivism. *Comparative Research in Law & Political Economy Research Papers*, Osgoode Hall Law School, n. 16/2013, 2013.

Primeiro porque o próprio debate transcende os artigos publicados em 1958. O ensaio inaugural de Hart já era uma resposta a alguns de seus críticos, incluindo Fuller, e era a versão publicada de sua fala em ocasião das '*Oliver Wendell Holmes Lectures*' em Harvard em 1957. Fuller respondeu aos contra-argumentos na mesma *Harvard Law Review* em 1958, mas o debate não se encerrou. De certa forma — e o próprio Fuller faz isso[324] —, é possível dizer que o quarto *round* foi marcado pela publicação de *The Concept of Law* (cuja primeira edição é de 1961); o quinto, pela primeira edição de *The Morality of Law* (1964), de Fuller; o sexto, pela resenha crítica por Hart do livro de Fuller.[325] É possível dizer ainda que a segunda edição de *The Morality of Law*, com a 'Resposta aos Críticos', marca o sétimo e último *round* do debate: "chega um momento em que essa discussão deve terminar".[326]

Segundo porque, seja pela condescendência de Hart com seu interlocutor,[327] seja por um ambiente marcado por uma disposição filosófica geral muito mais próxima à de Hart, seja por uma falta de clareza ou rigor conceitual por vezes demonstrado por Fuller ou, ainda, por uma má compreensão de suas ideias — talvez um pouco disso tudo ao mesmo tempo —, parece-me que Fuller foi um tanto subestimado. Outra razão (que me parece muito bem levantada por David Dyzenhaus[328] e que pretendo, de certa forma, defender aqui) é que talvez Fuller

---

324 FULLER, Lon L. *The Morality of Law*. 2ª ed. New Haven: Yale University Press, 1969, p. 188.

325 HART, H. L. A. Review: The Morality of Law, by Lon L. Fuller. *Harvard Law Review*, vol. 78, n. 6, abr. 1965, pp. 1281-1296.

326 "*One has the feeling that at some point such an exchange must terminate.*" FULLER, Lon L. *The Morality of Law*. 2ª ed. New Haven: Yale University Press, 1969, p. 188.

327 Isso parece ficar claro não apenas no tom geral adotado por Hart em suas respostas e comentários a Fuller, como também em conversas pessoais — sobre Fuller, disse à esposa tratar-se de um "bom sujeito de New England com algumas ideias um tanto originais" ("*a nice New Englander with some quite original ideas*") — e algumas passagens específicas, nas quais claramente se refere a ideias defendidas por Fuller mas se recusa a tratá-las como merecedoras de maior atenção ou mesmo de crédito (como, por exemplo, quando diz que '*advogados*' referem-se a 'princípios de legalidade', ou quando, na mesma passagem, faz menção a 'um crítico do positivismo', que claramente é Fuller, sem dar muita atenção à sua tese. *Cf.* HART, H. L. A. *The Concept of Law*. 2ª ed, com pós-escrito, organizado por Penelope A. Bulloch e Joseph Raz. Oxford: Clarendon Press, 1994, p. 207. O episódio de Hart com sua companheira, Jenifer, é relatado em sua biografia escrita por Nicola Lacey. LACEY, Nicola. *A Life of H. L. A. Hart:* The Nightmare and the Noble Dream. Oxford: Oxford University Press, 2004, p. 181.

328 *Cf.* DYZENHAUS, David. Fuller's Novelty. In: WITTEVEEN, Willem J.; VAN DER BURG, Wibren (eds.). *Rediscovering Fuller:* Essays on Implicit Law and Institutional Design. Amsterdam: Amsterdam University Press, 1999, pp. 78-99 (78).

tenha apresentado sua tese sobre a relação entre direito e moral de maneira tão inédita a ponto de ter ficado à frente de seu tempo.

Seja como for, é sempre necessário preparar o terreno, e embora um dos argumentos aqui seja justamente o de que Fuller é *mais* que o debate, é inevitável retornar a um marco que possibilita uma recuperação bastante completa de suas ideias. Assim, é importante traçar um panorama daquilo que foi defendido por Hart e por Fuller em 1958 — afinal, muito daquilo que se pode extrair do debate em seu contexto auxilia uma melhor compreensão tanto do debate em si quanto da obra de Fuller como um todo. O objetivo, portanto, não é o de simplesmente recuperar o que foi dito por cada um dos autores no debate em toda extensão e todo detalhe; trata-se, na verdade, de iluminar alguns pontos da discussão que devem ser observados com atenção. Assim, ao mesmo tempo em que o propósito aqui não é um exercício de exegese, *alguma* exposição se faz necessária: não se pode tomar como óbvio ou como consolidado aquilo que não necessariamente é.

2.1 Revisitando o debate Hart–Fuller

Antes, porém, um comentário introdutório ao debate. Marcando o primeiro *round*, Hart dedica seu ensaio a "defender a escola positivista em teoria do direito de muitas das críticas levantadas contra sua insistência na distinção entre o direito como ele é e o direito como ele deve ser".[329-330] Com isso, já que o primeiro *round* é já uma espécie de resposta aos críticos, e já que a ideia aqui é recuperar o contexto, é importante também que vejamos, inicialmente, algumas das críticas anteriores de Fuller, ainda ao início do período que marca sua trajetória intelectual, que levaram Hart a incluí-lo no artigo — algo que não deixa de ser um passo importante na recuperação de seu legado.

Nesse parágrafo introdutório ao artigo, presente como apresentação na edição da *Harvard Law Review*, já se pode ver por que a resposta de Hart às 'muitas críticas' acabou por se tornar conhecida como um debate com Lon Fuller. Como veremos ao longo deste capítulo, a (rígida) distinção entre as esferas do *is* e do

329 "*Professor Hart defends the Positivist school of jurisprudence from many of the criticisms which have been leveled against its insistence on distinguishing the law that is from the law that ought to be.*" HART, H. L. A. Positivism and the Separation of Law and Morals. *Harvard Law Review*, vol. 71, n. 04, fev. 1958, pp. 593-629 (593).

330 Naturalmente, o foco aqui recai sobre os pontos de Hart que são relevantes para o debate com Fuller.

ought é exatamente *o* ponto de disputa que perpassa toda a discussão dos autores: um desafio a essa dicotomia é justamente o que marca o primeiro ataque de Fuller ao positivismo ainda na década de 1940,[331] em *The Law in Quest of Itself*. Fuller, acredito, foi um dos primeiros a definir o positivismo jurídico como a tese a partir da qual o direito que *é* difere-se do direito que *deve ser*;[332] num contexto em que essa distinção passava já a ser tomada quase como um truísmo, foi também um dos primeiros a retomar uma orientação de pensamento que começava a ser tida como superada, desafiando essa distinção no direito. Se há uma distinção entre aquilo que o direito é de fato e aquilo que, do ponto de vista ético, pensamos que o direito deve ser — pergunta Fuller —, não temos um *dever* de aceitá-la? Dito de outro modo: se é assim que é, se essa é simplesmente uma descrição da realidade em seus termos — e, *prima facie*, ela de fato faz muito sentido —, qual seria o sentido de perseguirmos "a rota fantasma do direito natural",[333] que insiste em conduzir em direção ao 'ser' e ao 'dever-ser' ao mesmo tempo? Para Fuller, o ponto é que, diferentemente daquilo que o positivismo pressupõe, as instâncias daquilo que é e daquilo que deve ser nem sempre nos são apresentadas em categorias tão pura, nitidamente separadas. Se é possível que haja aí uma 'clara distinção', ela terá de ser traçada a partir *dos esforços teorético-analíticos do próprio teórico positivista*; não só isso, muito embora essa distinção possa servir como um fim legítimo de sua empreitada, ela *não pode ser o ponto de partida.*[334]

O que Fuller quer dizer com isso é explicado pelo próprio por meio de uma analogia:[335] à primeira vista, o senso comum diz que, quando falamos sobre uma coisa específica, há uma clara distinção entre classificá-la como um motor a vapor e como um *bom* motor a vapor. Agora, quando temos diante de nós um ajuntamento de rodas, marchas, pistões e engrenagens, a pergunta sobre se esse ajuntamento é um motor a vapor acaba entrelaçada àquela que questiona se o ajuntamento funciona como um bom motor a vapor.[336] Nas palavras de Fuller, "no campo de

---

331 A edição original do livro é de 1966, mas as palestras que o geraram datam de 1940.

332 FULLER, Lon L. *The Law in Quest of Itself.* Boston: Beacon Press, 1966, p. 05.

333 "[*T*]*he phantom route of natural law*." FULLER, Lon L. *The Law in Quest of Itself.* Boston: Beacon Press, 1966, p. 07.

334 *Cf.* FULLER, Lon L. *The Law in Quest of Itself.* Boston: Beacon Press, 1966, p. 07.

335 As longas analogias e exemplos são comuns em sua prosa e, imagino, marcam bem um estilo de escrita que tornou Fuller mais vulnerável às críticas de Hart.

336 O argumento é muito similar àquele que já vimos, nas discussões (a) sobre funções do direito e (b) sobre o *telos* do *rule of law*, trabalhado por MacIntyre em *After Virtue*. Se o exemplo de Fuller

atividades humanas intencionais [ou *dotadas de propósito*], o que inclui motores a vapor e o direito, o valor e o ser não são duas coisas diferentes, mas *dois aspectos de uma realidade integral*".[337] Esse assunto voltará à discussão, exatamente porque, como dito, é o grande desacordo subjacente aos pontos de disputa entre Hart e Fuller; seja como for, é importante salientar aqui que, em 1940, Fuller já falava exatamente sobre a ideia sem a qual não se pode compreender sua teoria do direito: a ideia de atividades, de empreitadas humanas dotadas de *propósito* — uma ideia que nos alerta ao "perigo da tentativa de se lidar com entes *conceituais* sem referência aos *fins que eles pretendem servir*".[338]

Essa ideia foi, no mesmo sentido, novamente elaborada por Fuller em outro ensaio igualmente anterior ao debate, de 1956, intitulado justamente "*Human Purpose and Natural Law*". No ensaio, Fuller discute o problema da "amplamente aceita dicotomia entre fato e valor" diante de uma "interpretação dotada de propósito do comportamento humano". Para Fuller, quando aceitamos todas as consequências derivadas de uma visão que trata a ação humana como "orientada por objetivos", a relação entre fato e valor passa a ser completamente diferente daquela indicada pelo suposto "truísmo" de que não se pode derivar daquilo que é aquilo que deve ser. Esse argumento, diz Fuller, "ignora o fato de que, quando estamos lidando com *ações propositivas projetadas através do tempo*, a estrutura que observamos, recordamos e descrevemos está não em um estado de coisas instantâneo, mas num curso de acontecimentos que só *podem ser compreendidos se participamos de um processo de avaliação no qual o que é ruim é rejeitado e o que é bom é mantido*".[339]

é o motor a vapor, os de MacIntyre eram um fazendeiro — cujo ofício, quando descrito, pressupõe uma noção do que significa exercê-lo com excelência — e um relógio — cuja função a ser exercida é óbvia e não pode ser separada de uma descrição do objeto particular.

337 Grifos meus. "*In the field of purposive human activity, which includes both steam engines and the law, value and being are not two different things, but two aspects of an integral reality.*" FULLER, Lon L. *The Law in Quest of Itself.* Boston: Beacon Press, 1966, p. 11.

338 Grifos meus. "[*T*]*he danger of attempting to deal with conceptual entities without reference to the ends they are intended to serve.*" FULLER, Lon L. *The Law in Quest of Itself.* Boston: Beacon Press, 1966, p. 41.

339 Grifos meus. ("*The problem I have in mind is that which arises when we attempt to reconcile the now generally accepted dichotomy of fact and value with a purposive interpretation of human behavior. For it is my thesis that when we accept the full consequences that flow from a view which treats human action as goal-directed, the relation between fact and value assumes an aspect entirely different from that implied in the alleged 'truism' that from* what is *nothing whatever follows as to* what ought to be *(...). This argument ignores the fact that when we are dealing with purposive action projected through time, the structure that we observe, recall, and report lies, not in any instantaneous state of affairs,*

Estabelecidos esses pontos, sigamos com a defesa de Hart da "necessidade de se distinguir, com firmeza e o máximo de clareza, o direito como ele é do direito como ele deve ser":[340] uma insistência que já era constante em Bentham e Austin, autores que Hart reconhece como antecessores e começa por defender em seu ensaio.

2.1.1 Hart e a separabilidade entre direito e moral

Começando por uma defesa *política* de Austin e Bentham, Hart diz que a insistência de seus predecessores na tese da separabilidade — cada um a seu modo, e sendo a tese aqui tomada aqui em seu sentido mais amplo — passava por "possibilitar aos homens que vissem com constância os problemas específicos colocados pela existência de leis moralmente ruins, e que entendessem o caráter específico da autoridade de uma ordem jurídica".[341] Hart está dizendo aqui que separar o direito que é do direito que deve ser não significa rejeitar o valor ou a importância de ideais reformistas, de respeito à lei, não significa rejeitar princípios tipicamente defendidos em linguagem jusnaturalista — inclusive, diz Hart, *muito pelo contrário.*[342]

Nessa linha, Hart — além de mostrar que Austin e Bentham estavam já, se levados a sério, imunes a muitas das críticas que a eles foram lançadas — dispõe que, simplesmente e desde sua origem, o positivismo busca esclarecer duas coisas: primeiro, do simples fato de uma lei contrariar determinado(s) padrão(ões) de moralidade ou justiça substantiva, na ausência de disposição jurídica ou constitucional específica, não se pode derivar a conclusão de que não se trata de uma lei, de uma regra jurídica; segundo, igualmente, do mero fato de uma regra ser

---

but in a course of happening, which can be understood only if we participate in a process of evaluation by which the bad is rejected and the good retained".) FULLER, Lon L. Human Purpose and Natural Law. *The American Journal of Jurisprudence*, vol. 03, n. 01, 1958, pp. 68-76 (68, 70). (O ensaio foi republicado no *AJJ* em 1958; a primeira versão é mesmo de 1956 e foi originalmente publicada pelo *Journal of Philosophy*.)

340 "[*T*]*he need to distinguish, firmly and with the maximum of clarity, law as it is from law as it ought to be.*" HART, H. L. A. Positivism and the Separation of Law and Morals. *Harvard Law Review*, vol. 71, n. 04, fev. 1958, pp. 593-629 (594).

341 "*Both thinkers' prime reason for this insistence was to enable men to see steadily the precise issues posed by the existence of morally bad laws, and to understand the specific character of the authority of a legal order.*" HART, H. L. A. Positivism and the Separation of Law and Morals. *Harvard Law Review*, vol. 71, n. 04, fev. 1958, pp. 593-629 (597).

342 E, embora eu tome muito mais o lado de Fuller nessa disputa, penso que Hart tem razão nesse sentido. *Cf.* WALDRON, Jeremy. All We Like Sheep. *Canadian Journal of Law & Jurisprudence*, vol. 12, n. 01, jan. 1999, pp. 169-188.

moralmente desejável não se segue que se trata de uma regra jurídica.[343] É bem verdade que a teoria imperativa de Austin, articulando o direito em termos de comandos e sanções e hábitos de obediência a um soberano, era inadequada. Hart concede isso (adiantando assim o início de seu argumento no *Conceito*, que passa exatamente pela rejeição da concepção austiniana de direito) — mas mantém que as insuficiências da teoria imperativa não significam que, em si, a ênfase na distinção entre o direito, de um lado, e seus méritos ou deméritos, de outro, estivesse equivocada.[344] (É curioso, interessante, notar como essa defesa política, normativa, *utilitarista* do positivismo é bastante mais marcada neste início da trajetória intelectual de Hart.)

2.1.1.1 A zona de penumbra

Além disso, Hart adianta no ensaio de 1958 outro tema que viria a ser uma das marcas de sua proposta em *The Concept of Law*: a questão da 'zona de penumbra' na linguagem jurídica, abordando questões de interpretação diante do problema

343 Curiosamente, aqui, note-se, no primeiro ponto, Hart está desenvolvendo a tese que voltaria a defender, sobretudo no pós-escrito ao *Conceito de Direito*, quanto a um positivismo que passou a ser chamado de 'inclusivo': a tese segundo a qual "[p]ode ser o caso, embora não necessariamente, que a consistência de uma norma *N* com alguma ou todas as exigências da moralidade seja uma pré-condição para o *status* de *N* enquanto lei nesta ou naquela jurisdição". ("*It can be the case, though it need not be the case, that the consistency of any norm N with some or all of the requirements of morality is a precondition for the status of N as a law in this or that jurisdiction*".) O interessante é que, logo após ter manifestado concordância com uma tese tipicamente inclusivista no primeiro ponto, Hart novamente dialoga — no segundo — com uma tese que também foi por vezes associada ao positivismo inclusive, embora seja mais corretamente classificável como 'incorporacionista': a tese segundo a qual "[p]ode ser o caso, embora não necessariamente, que a correção de uma norma *N* enquanto princípio moral seja uma condição suficiente para o *status* de *N* enquanto lei nesta ou naquela jurisdição". ("*It can be the case, though it need not be the case, that the consistency of any norm N with some or all of the requirements of morality is a precondition for the status of N as a law in this or that jurisdiction*".) Hart, à primeira vista, parece estar negando a tese incorporacionista, mas não acho que seja o caso de uma negação taxativa; penso que Hart está simplesmente declarando que não é sempre e necessariamente que isso acontece nesses termos. A razão pela qual minha conclusão é essa não é somente uma questão de nuance semântica na construção da frase, mas também (e sobretudo) passa por trechos posteriores da obra de Hart (também no pós-escrito, principalmente) nos quais ele demonstra aceitar teses incorporacionistas *avant la lettre*. Para os trechos citados, e também para uma interessante (1) explicação do inclusivismo e do incorporacionismo e (2) discussão de Hart como inclusivista/incorporacionista, *cf.* KRAMER, Matthew H. *H. L. A. Hart*: The Nature of Law. Cambridge: Polity, 2018, pp. 173-180.

344 *Cf.* HART, H. L. A. Positivism and the Separation of Law and Morals. *Harvard Law Review*, vol. 71, n. 04, fev. 1958, pp. 593-629 (599-606).

da vagueza, da ambiguidade e da textura aberta da linguagem, e discutindo, sobretudo, o quanto os problemas do formalismo de fato viriam a desafiar a insistência positivista na distinção entre o *is* e o *ought* no direito. Já em 1958, Hart discute o agora célebre exemplo da regra que proíbe veículos no parque: essa regra inclui bicicletas, patins, carrinhos de brinquedo? Uma vez que situações de fato não têm suas classificações jurídicas sempre claramente à disposição, cabe àquele que aplica regras jurídicas "a responsabilidade de decidir quais palavras abarcam ou não abarcam um caso específico *com todas as consequências práticas envolvidas nessa decisão*";[345] uma vez que existe uma 'penumbra de incerteza', a aplicação do direito não pode ser sempre, simplesmente, uma questão de raciocínio lógico-dedutivo.

Hart, primeiro, diz que parece mesmo verdadeiro dizer que o critério a partir do qual uma decisão judicial pode ser classificada como correta ou incorreta inclui alguma concepção daquilo que o direito deve ser; depois, diz que, até como consequência, parece fácil daí concluir um ponto de conexão necessária entre as esferas factual e valorativa. O ponto é que Hart vai adiante: além de (1) demonstrar que Austin estava ciente desse caráter aberto da linguagem[346] e, curiosamente, (2) comentar que, frequentemente, decisões tidas como 'automatizadas', 'mecânicas', foram, na verdade, também escolhas específicas por parte do juiz em questão com um determinado fim em mente (no caso, um objetivo de natureza conservadora, favorecido por uma abordagem 'literal'),[347] ainda diz que (3) nenhum dos problemas do formalismo refuta, por si mesmo, a diferença entre o direito que é e o direito que deve ser. Pode ser que decisões 'mecânicas' sejam um erro, pode ser que decisões baseadas em uma interpretação voltada a propósitos sociais moralmente valiosos sejam melhores; para Hart — para o positivismo —, disso não se segue que decisões ruins não sejam direito. Aquele que pensa assim pode dizer que se trata de um direito ruim, que não deveria ser direito; mas isso, diz Hart, significa *adotar* a distinção utilitarista, não sua refutação.[348] O ônus de quem rejeita a dis-

345 Grifo meu. "[*I*]*n applying legal rules, someone must take the responsibility of deciding that words do or do not cover some case in hand with all the practical consequences involved in this decision*." HART, H. L. A. Positivism and the Separation of Law and Morals. *Harvard Law Review*, vol. 71, n. 04, fev. 1958, pp. 593-629 (607).

346 *Cf.* HART, H. L. A. Positivism and the Separation of Law and Morals. *Harvard Law Review*, vol. 71, n. 04, fev. 1958, pp. 593-629 (609).

347 *Cf.* HART, H. L. A. Positivism and the Separation of Law and Morals. *Harvard Law Review*, vol. 71, n. 04, fev. 1958, pp. 593-629 (611).

348 *Cf.* HART, H. L. A. Positivism and the Separation of Law and Morals. *Harvard Law Review*, vol. 71, n. 04, fev. 1958, pp. 593-629 (612).

tinção, para Hart, é o de demonstrar que essas políticas, esses propósitos sociais que fazem parte de uma melhor decisão judicial *já fazem parte* da esfera *do direito*, "em um sentido adequadamente amplo da palavra 'direito' que tenha maior força explicativa que aquele adotado pelos utilitaristas".[349] (Nesse sentido, a defesa de Hart do positivismo já é mais 'teorética', baseada em 'virtudes explanatórias' — para usarmos os termos dos debates contemporâneos.)

No que diz respeito à interpretação do direito dadas as circunstâncias próprias de indeterminação da linguagem à luz da distinção positivista, basicamente, o que Hart quer dizer é que, muito embora questões de direito que toquem na 'zona de penumbra' da linguagem de regras jurídicas devam ser resolvidas não de forma (pretensamente) mecânica, mas de modo que leve em conta propósitos e políticas e objetivos sociais — "*embora não necessariamente à luz de qualquer coisa que poderíamos chamar de princípios morais*"[350] —, isso em nada implica em equívoco da distinção positivista. Os vários propósitos e objetivos sociais à luz dos quais casos marcados pela zona de penumbra devem ser decididos não fazem parte da 'regra' propriamente dita: são importantes, são cruciais, mas não são '*direito*' no mesmo sentido que têm os âmagos, os *cernes* das regras jurídicas cujo significado é determinado, consolidado.[351] "Nós podemos dizer que as leis são incuravelmente incompletas e devemos decidir os casos de penumbra racionalmente, em referência a fins/objetivos sociais"; o ponto é que insistir na distinção *is/ought* significa, para Hart, enfatizar a importância que há em dizer que esse cerne de significado consolidado/determinado nas regras jurídicas é,

---

349 "*The point must be not merely that a judicial decision to be rational must be made in the light of some conception of what ought to be, but that the aims, the social policies and purposes to which judges should appeal if their decisions are to be rational, are themselves to be considered as part of the law in some suitably wide sense of 'law' which is held to be more illuminating than that used by the Utilitarians*." HART, H. L. A. Positivism and the Separation of Law and Morals. *Harvard Law Review*, vol. 71, n. 04, fev. 1958, pp. 593-629 (612).

350 Itálico meu: "*though not necessarily in the light of anything we would call moral principles*". Essa é uma insistência tipicamente positivista — a de dizer que nem todo '*ought*', nem toda avaliação é *moral*. Não é por menos que Hart diz que "o contraste entre a decisão mecânica e a inteligente pode ser reproduzido em um sistema dedicado aos mais iníquos propósitos" ("*the contrast between the mechanical decision and the intelligent one can be reproduced inside a system dedicated to the pursuit of the most evil aims*"). HART, H. L. A. Positivism and the Separation of Law and Morals. *Harvard Law Review*, vol. 71, n. 04, fev. 1958, pp. 593-629 (613, 614).

351 O ponto é que sabemos todos que uma regra que proíbe veículos no parque *proíbe veículos no parque* no sentido mais óbvio e direto do cotidiano de nossas práticas constituídas em linguagem ordinária. Não entre no parque com um carro.

determinantemente, '*direito*', e que, "ainda que haja zonas limítrofes, é preciso antes que haja limites".[352] Sugerir que existe uma necessária fusão entre o direito como ele é e o direito como ele deve ser, para Hart, significa dizer que *todas* as questões jurídicas são como aquelas situadas em uma zona de penumbra da linguagem; significa que não há nada na natureza própria de uma regra jurídica que seja inconsistente com a tese de que *todas* as questões de direito são abertas a reconsideração à luz de alguma política ou objetivo ou fim social. "Enquanto não decidirmos que *é* isso que queremos, não devemos encorajar essa conclusão obliterando a distinção utilitarista".[353]

2.1.1.2 O problema do direito no regime nazista

Depois disso, Hart passa a enfrentar o tema que acabou marcando o debate como se tivesse sido *o* ponto de disputa, de tal modo que até hoje é uma questão trazida em debates introdutórios em teoria ou filosofia do direito: o direito nazista como paradigma de leis moralmente iníquas. Respondendo às considerações de Gustav Radbruch — para quem princípios fundamentais de moralidade já faziam parte do próprio conceito de 'legalidade', de modo que nenhum dispositivo ou estatuto ou promulgação de direito positivo que contrariasse princípios morais básicos poderia ter validade, ainda que atendesse a exigências mínimas de validade formal —, Hart diz que desclassificar o direito nazista como se este, por suas leis inequivocamente iníquas, não merecesse o rótulo de 'direito' significa superestimar em demasia o simples fato de uma determinada regra ser uma regra jurídica válida; significa pressupor que a classificação de uma regra como regra jurídica resolve, por si só, a questão *moral* acerca da obediência que a regra em questão demanda e merece. É exatamente *porque* o direito é separado (ou *separável*) da moralidade que a questão dos méritos ou deméritos, da obediência e do respeito moral que se deve a uma lei enquanto lei válida não se resolve simplesmente pelo fato dessa

---

352 "*We can say laws are incurably incomplete and we must decide the penumbral cases rationally by reference to social aims (...). [T]o insist on the utilitarian distinction is to emphasize that the hard core of settled meaning is law in some centrally important sense and that even if there are borderlines, there must first be lines.*" HART, H. L. A. Positivism and the Separation of Law and Morals. *Harvard Law Review*, vol. 71, n. 04, fev. 1958, pp. 593-629 (614).

353 "*[U]ntil we decide that this is what we want, we should not encourage it by obliterating the Utilitarian distinction.*" HART, H. L. A. Positivism and the Separation of Law and Morals. *Harvard Law Review*, vol. 71, n. 04, fev. 1958, pp. 593-629 (615).

lei ser 'direito'.[354] Em outras palavras, o que Hart quer dizer é o seguinte: 'sim, os nazistas tinham direito, *e daí?* Era um direito péssimo que não merece nosso respeito; nem por isso deixa de ser direito, e é exatamente porque direito e moral são duas instâncias diferentes que isso não significa tanto assim como a leitura ingênua faz parecer'.

Avançando na discussão, Hart retoma um episódio ilustrativo de um tempo no qual tribunais na Alemanha pós-1945 eram responsáveis por julgar indivíduos acusados de crimes que se justificavam com base no argumento de que seus atos não eram ilegais à época em que cometidos — isto é, não eram crimes de acordo com as leis do direito vigente à época do regime nazi. Ao argumento, a resposta, verdadeiramente *radbruchiana*, era exatamente a de que a violação de princípios básicos de moralidade tornava essas leis inválidas. O episódio trazido por Hart é o de uma mulher que, em 1944, denunciou seu marido às autoridades por comentários ofensivos à figura de Hitler — comentários criminosos de acordo com um estatuto da época, que classificava como ilegais quaisquer pronunciamentos considerados prejudiciais ao *Reich*. Acusada em 1949 por um crime análogo ao de privar alguém de sua liberdade — ato tipificado como crime no Código Penal alemão de 1871 —, a mulher se defendeu precisamente com a tese de que não poderia ter cometido qualquer crime, já que a prisão de seu marido havia se dado em observância às exigências legais de um estatuto então em vigor. A corte de apelações, responsável pela decisão final, condenou-a com base no fundamento de que o estatuto nazi era contrário "à sã consciência e ao senso de justiça de todo ser humano decente".[355] Claramente, portanto, Hart tem razão quando diz que a punição por um ato absolutamente imoral só foi possível em razão da declaração de que um estatuto promulgado em 1934 não tinha o caráter de direito válido — e qualquer leitor que tiver acompanhado seu raciocínio até ali pode entender por que Hart recepciona esse argumento como duvidoso; afinal, a leitura positivista é justamente a de que da imoralidade de uma determinada lei não se segue sua invalidade enquanto lei.

Para Hart, duas eram as alternativas que se colocavam no caso: a aceitação da argumentação da acusada, deixando-a livre — alternativa que Hart admite não

354 *Cf.* HART, H. L. A. Positivism and the Separation of Law and Morals. *Harvard Law Review*, vol. 71, n. 04, fev. 1958, pp. 593-629 (618).

355 "[*T*]*o quote the words of the court, the statute 'was contrary to the sound conscience and sense of justice of all decent human beings'.*"

parecer a melhor —, ou, clara e diretamente, a promulgação de uma lei retroativa, "com plena consciência do que se estaria sacrificando para que a punição fosse garantida desse modo": "[p]or mais odiosas que sejam a legislação criminal e a punição retroativas, tê-las buscado abertamente nesse caso teria ao menos o mérito da honestidade".[356] Para Hart, não havia possibilidade do melhor de dois mundos possíveis: a escolha era entre a impunidade e o sacrifício de um "precioso *princípio de moralidade*"[357] sustentado pela maior parte dos sistemas jurídicos. E é assim que as coisas são: Hart sustenta — num poderoso argumento de pluralismo de valores — que dizer que aquilo que é imoral não pode ser considerado jurídico esconde a verdadeira natureza dos problemas que enfrentamos, encorajando "o otimismo romântico"[358] segundo o qual todos os valores que nos são caros podem ser encaixados e acomodados num único sistema. Ao adotarmos a visão de Radbruch, fazemos com que nosso único protesto contra leis moralmente ruins seja o de dizer que elas não podem ser leis; assim, para Hart, abrimos mão de uma poderosa crítica moral que somente a distinção utilitarista torna possível: a de que certas leis podem bem ser leis, mas são tão iníquas que não merecem nossa obediência. O argumento é o de que o direito nem sempre será bonito, e que a lição dos primeiros positivistas era justamente a de que "quando temos os amplos recursos de uma linguagem direta, não devemos articular a crítica moral direcionada a instituições sob a forma de proposições de uma filosofia questionável".[359] De novo: 'sim, os nazistas tinham direito, e daí?'.

---

356 "*There were, of course, two other choices. One was to let the woman go unpunished; one can sympathize with and endorse the view that this might have been a bad thing to do. The other was to face the fact that if the woman were to be punished it must be pursuant to the introduction of a frankly retrospective law and with a full consciousness of what was sacrificed in securing her punishment in this way. Odious as retrospective criminal legislation and punishment may be, to have pursued it openly in this case would at least have had the merits of candour.*" HART, H. L. A. Positivism and the Separation of Law and Morals. *Harvard Law Review*, vol. 71, n. 04, fev. 1958, pp. 593-629 (619).

357 "[*A*] *very precious principle of morality.*" Itálico meu. Faço questão de destacar aqui que as palavras são do próprio Hart porque, depois, veremos como há mais que mero detalhe semântico na classificação da irretroatividade como um princípio de *moralidade*.

358 "[*R*]*omantic optimism*".

359 "[*W*]*hen we have the ample resources of plain speech we must not present the moral criticism of institutions as propositions of a disputable philosophy.*" HART, H. L. A. Positivism and the Separation of Law and Morals. *Harvard Law Review*, vol. 71, n. 04, fev. 1958, pp. 593-629 (621).

Depois da discussão específica, da (i)moralidade de leis específicas, Hart enfrenta a discussão geral sobre sistemas jurídicos em geral — sobre uma (suposta) necessidade de que, para que sejam sistemas jurídicos, estes observem determinados padrões morais. Adiantando de forma embrionária aquilo que, no *Concept*, aparece como a tese de 'conteúdo mínimo de direito natural',[360] Hart diz que, dadas as circunstâncias mais básicas dos seres humanos em sua natureza — nossas necessidades mais básicas para sobrevivência —, (1) nenhum sistema jurídico sobreviveria sem regras mínimas proibindo a violência desenfreada e constituindo mínimas formas de propriedade e que (2) essas regras de fato coincidem com padrões morais proibindo roubo, assassinato etc. A questão, porém, é que, para Hart, teóricos jusnaturalistas levam premissas como essa para muito além dos limites do plausível, uma vez que consideram ser possível atribuir aos seres humanos em geral, coletivamente, certos propósitos e objetivos comuns — a busca por sabedoria ou por justiça, por exemplo — que ultrapassam em muito o objetivo puro, simples, mínimo de sobrevivência. Muito embora não possamos exagerar as diferenças que nos separam, Hart diz que possíveis objetivos e propósitos além dessa mínima busca por sobrevivência são demasiadamente distintos e conflitantes para que o argumento do 'conteúdo mínimo' seja estendido a ponto de fazer com que eventuais outras interseções entre os padrões do direito e os da moralidade seja uma condição *necessária* a ser preenchida por sistemas jurídicos.[361]

Ainda nesse ponto, rapidamente, Hart levanta um outro elemento que acaba depois se tornando central no debate. Ele sustenta que, ao atribuirmos a sistemas jurídicos a necessidade de que suas regras sejam de caráter *geral*, nunca particular, estamos desenvolvendo um princípio de que casos parecidos devem ser tratados de forma parecida (muito embora os critérios a partir dos quais podemos classificá-los enquanto casos parecidos sejam somente aqueles elementos gerais *já especificados nas regras mesmas*) — mas que (1) esse é *um* elemento necessário ao conceito de justiça, (2) isso diz respeito à justiça na *administração* do direito, não *do direito*, e, portanto, (3) a "justiça natural procedimental",[362] constituída por esses elementos de objetividade e imparcialidade, diz respeito apenas à implementação de um

360 *Cf.* HART, H. L. A. *The Concept of Law*. 2ª ed, com pós-escrito, organizado por Penelope A. Bulloch e Joseph Raz. Oxford: Clarendon Press, 1994, pp. 193-199.

361 *Cf.* HART, H. L. A. Positivism and the Separation of Law and Morals. *Harvard Law Review*, vol. 71, n. 04, fev. 1958, pp. 593-629 (622-623).

362 "*Natural procedural justice*".

único aspecto que é compatível com sistemas moralmente iníquos. Para Hart, "um sistema jurídico que satisfizesse essas exigências mínimas poderia aplicar, com a mais pedante imparcialidade (...), leis horrivelmente opressivas".[363-364]

2.1.1.3 Propósitos subjacentes às regras e a distinção is/ought

Mais ao final do ensaio, Hart traz Fuller à discussão, direta e nominalmente, pela primeira vez. Antes disso, porém, algumas páginas são dedicadas à rejeição da tese a partir da qual a distinção positivista depende de, ou pressupõe, uma teoria subjetivista ou relativista ou não cognitivista com relação à natureza de juízos e distinções e valores morais.[365] (Fuller, diga-se, embora já tivesse declarado enxergar uma *aproximação* do positivismo, ou de positivistas, com posturas não cognitivistas, sempre reconheceu que não é necessariamente o caso que um positivista será um cético moral.)[366] Corretamente, Hart diz que é possível rejeitar teorias não cognitivistas, entender que juízos morais podem ser defendidos

---

363 "*This is so because a legal system that satisfied these minimum requirements might apply, with the most pedantic impartiality as between the persons affected, laws which were hideously oppressive*". HART, H. L. A. Positivism and the Separation of Law and Morals. *Harvard Law Review*, vol. 71, n. 04, fev. 1958, pp. 593-629 (624).

364 Penso que bons pontos em direção contrária, reafirmando implicações de um conceito mais abrangente de justiça — não apenas uma 'justiça formal' na 'administração' do direito —, na literatura brasileira, são os de José Reinaldo de Lima Lopes em suas considerações sobre a justiça como 'sentido do direito, sobretudo no âmbito da discussão sobre o Estado de Direito. *Cf.* LOPES, José Reinaldo de Lima. *Curso de Filosofia do Direito*: o Direito como Prática, 2ª ed. São Paulo: Atlas, 2021, pp. 384-397.

365 Na definição de Hart, diversas são as variantes desse tipo de teoria que, em suas diferenças, têm como denominador comum a insistência de que juízos acerca daquilo que *deve ser*, precisamente por envolverem elementos desprovidos de valor *cognitivo*, (1) não podem ser defendidos ou estabelecidos ou demonstrados racionalmente como é o caso com proposições factuais e (2) jamais se seguem de quaisquer proposições de fato, mas somente de proposições factuais já acompanhadas de outros juízos anteriores acerca daquilo que deve ser. *Cf.* HART, H. L. A. Positivism and the Separation of Law and Morals. *Harvard Law Review*, vol. 71, n. 04, fev. 1958, pp. 593-629 (625). Para uma definição contemporânea e muito acurada com relação às teorias cognitivistas e não cognitivistas, *cf.* VAN ROOJEN, Mark. Moral Cognitivism vs. Non-Cognitivism. In: ZALTA, Edward N. (ed.) *The Stanford Encyclopedia of Philosophy*, Fall 2018 Edition. Stanford: Metaphysics Research Lab, Stanford University. Disponível em <https://plato.stanford.edu/archives/fall2018/entries/moral-cognitivism/>.

366 "*Generally—though* not invariably—*the positivistic attitude is associated with a degree of ethical skepticism*." Grifo meu. FULLER, Lon L. *The Law in Quest of Itself*. Boston: Beacon Press, 1966, p. 05.

e estabelecidos tão racionalmente quanto juízos de qualquer outra natureza, e ainda assim subscrever a distinção positivista fundamental: leis injustas são leis ainda assim, e "[a] única diferença que a aceitação dessa visão acerca da natureza de juízos morais faria seria a de que a iniquidade moral dessas leis seria algo passível de ser demonstrado".[367] Um cognitivista moral pode ser um positivista sem abrir mão do cognitivismo moral: a demonstrabilidade da injustiça de algumas leis não precisa significar sua desclassificação enquanto leis válidas *qua* leis, assim como a (demonstrável) qualificação moral de determinadas regras ou padrões não precisa pressupor ou determinar, por si só, que essas regras ou padrões têm caráter legal.

Feito isso, enfim, Hart se propõe a responder àquele que entende ser o ponto central de Fuller no (já aqui citado) ensaio "*Human Purpose and Natural Law*": o problema surgido não das regras ou das partes de regras cujos significados são claros, mas "da interpretação de regras em casos concretos nos quais dúvidas surgem de início e argumentos e debates são então desenvolvidos em relação a seus significados";[368] afinal, nenhuma regra é capaz de conter em si mesma de antemão todas suas hipóteses de aplicação, já que, por natureza própria, é isso que diferencia uma regra de um comando. Quando se reconhece que determinadas regras são aplicáveis a casos para além de quaisquer possíveis considerações ou hipóteses prévias por parte de seus legisladores — ao menos esse é o argumento de Fuller tal como recepcionado, interpretado e rebatido por Hart —, a inclusão de um novo caso é, em si mesma, uma elaboração que se deriva da regra em si: é a atribuição de um propósito *à própria regra*, não a qualquer indivíduo ou grupo. Isso desafiaria a distinção positivista, incapaz de dar conta de um fenômeno no qual a inclusão de um novo caso sob a esfera de aplicação de uma regra existente é a articulação de um mesmo propósito.

---

367 "*The only difference which the acceptance of this view of the nature of moral judgments would make would be that the moral iniquity of such laws would be something that could be demonstrated.*" HART, H. L. A. Positivism and the Separation of Law and Morals. *Harvard Law Review*, vol. 71, n. 04, fev. 1958, pp. 593-629 (626).

368 "*It is a point which again emerges when we consider not those legal rules or parts of legal rules the meanings of which are clear and excite no debate but the interpretation of rules in concrete cases where doubts are initially felt and argument develops about their meaning.*" HART, H. L. A. Positivism and the Separation of Law and Morals. *Harvard Law Review*, vol. 71, n. 04, fev. 1958, pp. 593-629 (627).

O exemplo trazido por Fuller,[369] recuperado por Hart, é de Wittgenstein:

> Alguém me diz: "Mostre um jogo às crianças". Eu ensino a elas um jogo de aposta com dados, e o outro diz "Eu não quis dizer esse tipo de jogo". A exclusão do jogo de aposta com dados devia já estar em sua mente quando me deu a ordem?[370]

Para Fuller, esse exemplo ilustra que qualquer que seja o propósito humano, seja ele expresso por meio de palavras ou ações, é algo incompleto "quando *separado do sistema total do qual* [esse propósito] *forma uma parte*". De forma particularmente relevante para a discussão acerca das regras que Hart recupera e responde, Fuller diz que "[o] significado de um determinado propósito é sempre controlado por *propósitos latentes em interação com ele*".[371]

Hart, reconhecendo a relevância do argumento, diz ser necessário fixar três importantes (e separados) pontos. Primeiro, nós normalmente interpretamos aquilo que as outras pessoas dizem e fazem já à luz de um horizonte comum compartilhado; a não ser que o contrário já estivesse explicitado na proposição, a ordem de mostrar um jogo a crianças não seria normalmente recebida como se incluísse jogos de apostas, muito embora jogos de aposta pudessem estar abarcados pela palavra 'jogo' em contextos diferentes. Segundo, e frequentemente, aquele cujas palavras são assim interpretadas pode vir a dizer algo como 'Sim, era isso que eu queria dizer o tempo todo, mesmo que eu não tivesse pensado nisso diretamente até que você trouxesse esse caso particular à tona'. Terceiro, quando reconhecemos um caso não assim previsto, especificamente e de antemão, como pertencente ao

---

369 *Cf.* FULLER, Lon L. Human Purpose and Natural Law. *The American Journal of Jurisprudence*, vol. 03, n. 01, 1958, pp. 68-76 (71).

370 Tradução livre. A seguir, primeiro, no original, e, depois, na versão traduzida ao inglês por G. E. M. Anscombe, P. M. S. Hacker e Joachim Schulte: "*Jemand sagt mir: 'Zeige den Kindern ein Spiel!' Ich lehre sie, um Geld würfeln, und der Andere sagt mir ‚Ich habe nicht so ein Spiel gemeint'. Mußte ihm da, als er mir den Befehl gab, der Ausschluß des Würfelspiels vorschweben?*"; "*Someone says to me, 'Show the children a game.' I teach them gambling with dice, and the other says, 'I didn't mean that sort of game'. In that case, must he have had the exclusion of the game with dice before his mind when he gave me the order?*". WITTGENSTEIN, Ludwig. *Philosophische Untersuchungen/Philosophical investigations.* 4ª ed., traduzida por G. E. M. Anscombe, P. M. S. Hacker e Joachim Schulte. Oxford: Blackwell, 2009, pp. 38, 39.

371 Itálico meu. "*Any single human purpose — whether expressed in actions or words — is an incomplete thing when severed from the total system of which it forms a part. The meaning of any given purpose is always controlled by latent purposes in interaction with it.*" FULLER, Lon L. Human Purpose and Natural Law. *The American Journal of Jurisprudence*, vol. 03, n. 01, 1958, pp. 68-76 (71).

âmbito de uma instrução, essa experiência pode ser falsificada quando descrita como uma mera decisão de nossa parte de tratar o caso dessa forma.[372]

Tendo isso estabelecido, Hart reconhece que muitas discussões filosóficas restariam enriquecidas caso fosse o argumento de Fuller levado em consideração; reconhece que a tese de Fuller é capaz de corrigir a equivocada visão de que *meios* e *fins* são estrita e rigidamente separados, sendo qualquer possibilidade de discussão racional reservada à discussão sobre meios. Isso posto, Hart diz que a relevância do argumento é "certamente muito pequena"[373] para a questão sobre a distinção entre o direito como ele é e o direito como ele deve ser. Simplesmente — diz Hart —, o argumento mostra que há certos casos específicos nos quais sua inclusão no escopo de uma regra existente parece mesmo nada mais que uma articulação natural da regra mesma, de modo que seria equivocado classificar uma situação desse tipo como legislação judicial, criação de direito novo, enfim. Não só isso: além de dizer que esse fenômeno — o da inclusão de novos casos como uma derivação natural da regra que já existia — é 'raro' na realidade do direito, e que a criação judicial de direito novo é mesmo muito mais frequente, Hart diz que, mesmo na hipótese de admitirmos que o argumento demonstra uma fusão entre as esferas do ser e do dever-ser, esse 'dever-ser' não necessariamente tem a ver com moralidade. Aqui, Hart repete seu argumento de que nem todo '*ought*' é *moral*: um novo caso pode vir a ser compreendido como a articulação do propósito de uma regra "[tanto] na interpretação das regras de um jogo [quanto na] de um código de opressão absolutamente imoral, cuja imoralidade é compartilhada por aqueles chamados a interpretá-lo".[374]

No limite, "vivemos entre incertezas acerca daquilo que devemos escolher, e o direito existente impõe apenas limitações em nossas escolhas": não é capaz de estabelecer ou fixar ou determinar "*a própria escolha*".[375] Positivisticamente, Hart terminava seu contra-ataque marcando o primeiro *round*.

---

372 *Cf.* HART, H. L. A. Positivism and the Separation of Law and Morals. *Harvard Law Review*, vol. 71, n. 04, fev. 1958, pp. 593-629 (628).

373 [*V*]*ery small indeed*".

374 "[*T*]*here may be just the same sense that a new case will implement and articulate the purpose of a rule in interpreting the rules of a game or some hideously immoral code of oppression whose immorality is appreciated by those called in to interpret it*." HART, H. L. A. Positivism and the Separation of Law and Morals. *Harvard Law Review*, vol. 71, n. 04, fev. 1958, pp. 593-629 (629).

375 "[*H*]*ere if anywhere we live among uncertainties between which we have to choose, and that the existing law imposes only limits on our choice and not the choice itself*." HART, H. L. A. Positivism and the Separation of Law and Morals. *Harvard Law Review*, vol. 71, n. 04, fev. 1958, pp. 593-629 (629).

2.1.2 Fuller e a fidelidade ao direito

Respondendo ao que já era uma resposta de Hart, Fuller começa por (1) elogiar seu interlocutor por sua clareza analítica, seu rigor e sua profundidade, mas também por (2) apontar uma aparente contradição em seu pensamento: Hart, afinal, está querendo dizer (a) que o direito *é* separado da moralidade, e eis tudo, gostemos ou não, de modo a simplesmente descrever uma realidade existente, ou (b) que essa realidade — de duas esferas separadas — está sob ameaça, e que *devemos* distinguir o direito da moralidade para que não percamos o importante valor moral que é a fidelidade ao direito?[376] A separação entre o direito como ele é e o direito como ele deve ser, no argumento de Hart, é algo que simplesmente *é* ou é algo que *deve ser*?

Seja como for, Fuller diz que essa aparente contradição é algo que surge apenas à primeira vista: é possível defender a distinção positivista a partir de um duplo fundamento, segundo o qual a separação entre o direito e a moralidade serve a fins tanto explanatórios, de clareza analítica, quanto de integridade moral. Para Fuller, isso é tão possível quanto *criticar* essa distinção com o mesmo fundamento de natureza dúplice: o argumento positivista não é capaz de explicar a realidade do direito e tem efeitos práticos deletérios. Assim, resolvida a aparente contradição interna, Fuller recepciona o argumento de Hart como merecedor de uma resposta, precisamente porque é um argumento poderoso e capaz de estabelecer um denominador comum a partir do qual os desacordos são possíveis: com Hart — diz Fuller —, enfim se torna "explicitamente reconhecido, dos dois lados, que uma das principais questões é sobre como melhor podemos definir e servir ao ideal de fidelidade ao direito".[377]

De minha parte, não sei bem até que ponto isso é assim tão pacífico; parece-me que, seja por estratégia retórica ou crença genuína, Fuller superestima um pouco a pretensão normativa, *consciente* e *assumidamente* normativa, do positivismo. Penso que essa pretensão — e, *eo ipso*, a leitura de Fuller — é muito mais aplicável a Hobbes e Bentham, positivistas de pretensões inequi-

376 *Cf.* FULLER, Lon L. Positivism and Fidelity to Law: A Reply to Professor Hart. *Harvard Law Review*, vol. 71, n. 04, fev. 1958, pp. 630-672 (630-631).

377 "*Now, with Professor Hart's paper, the discussion takes a new and promising turn. It is now explicitly acknowledged on both sides that one of the chief issues is how we can best define and serve the ideal of fidelity to law.*" FULLER, Lon L. Positivism and Fidelity to Law: A Reply to Professor Hart. *Harvard Law Review*, vol. 71, n. 04, fev. 1958, pp. 630-672 (632).

vocamente normativas, do que àqueles que marcam o positivismo a partir de Austin, quando a '*jurisprudence*' fica marcadamente e cada vez mais '*analytical*'. De todo modo, penso que tampouco se pode atribuir peso demais ao possível exagero de Fuller, uma vez que a leitura bem tem sua razão de ser: Hart, afinal, como vimos, (1) começa seu ensaio exatamente por uma defesa da existência de preocupações normativas em Bentham e Austin, (2) reconhece que a fidelidade ao direito e o respeito à lei são (também) valores morais e (3) rejeita o ceticismo de regras a partir do qual *todas* as regras jurídicas são tratadas como se pertencessem, em seus termos, à 'zona de penumbra', de modo que não haveria regra que não estivesse aberta a releituras puramente políticas objetivando um fim ou propósito social.[378]

Assim, feito esse esclarecimento, enfim podemos seguir o primeiro passo na tarefa de rearticular o legado de Fuller, revisitando algumas de suas posições num debate no qual a compreensão majoritária é a de que ele saiu derrotado. Assim como foi o caso com Hart, a ideia agora é a de reconstruir algumas das teses articuladas por Fuller em resposta a seu interlocutor; em resposta a um texto, que, para Fuller, tem como principal virtude o fato de trazer à disputa a questão da fidelidade ao direito — e que tem seu principal defeito na "falha em perceber e aceitar as implicações que decorrem dessa ampliação da esfera da discussão".[379]

2.1.2.1 *As definições de 'direito' e 'moralidade'*

Fuller inicia com um *insight* que me parece absolutamente subestimado. Seu argumento começa por notar e apontar que (1) Hart subscreve uma 'posição geral' — a insistência na distinção entre o direito como ele é e o direito como ele deve ser — que ele associa a nomes como Bentham, Austin, Gray e Holmes e que, (2) muito embora o próprio Hart reconheça que todos e cada um desses autores têm explicações muito diferentes acerca do 'direito como ele é', (3) "essa diversidade

378 Tudo isso sem mencionar os inequívocos compromissos de Hart com o pluralismo de valores, que ficam mais do que latentes ao longo de seu ensaio e que, em mais de uma passagem, dialogam diretamente com a tese da separabilidade.

379 "*If, as I believe, it is a cardinal virtue of Professor Hart's argument that it brings into the dispute the issue of fidelity to law, its chief defect, if I may say so, lies in a failure to perceive and accept the implications that this enlargement of the frame of argument necessarily entails.*" FULLER, Lon L. Positivism and Fidelity to Law: A Reply to Professor Hart. *Harvard Law Review*, vol. 71, n. 04, fev. 1958, pp. 630-672 (632).

[de concepções] é aparentemente considerada por ele *irrelevante* em sua defesa de sua escola geral de pensamento".[380] Fuller já antecipava muito bem aqui um ponto que levantei no ponto metodológico desta pesquisa, quando da discussão sobre as metodologias em direito: os desacordos não apenas acerca da melhor teoria a explicar o direito enquanto objeto, mas *desacordos relacionados ao próprio objeto* entre autores que aparentemente concordam acerca da melhor teoria a explicá-lo. De qualquer forma, e talvez exatamente porque a questão que o preocupa é a 'fidelidade ao direito', a linha adotada por Fuller é a de demonstrar que, muito bem, cada uma a seu modo, essas teorias são mesmo capazes de diferenciar o direito da moralidade (se for essa sua pretensão); o problema, que surge quando a fidelidade ao direito passa ao centro da discussão, é que diferentes concepções de direito terão diferentes respostas e repercussões práticas diante de diferentes circunstâncias que fazem parte da realidade do direito. Em crises constitucionais, por exemplo, o papel que uma teoria atribui ao poder judiciário ou os limites à capacidade legislativa do 'poder soberano' que uma teoria admite ou não admite, tudo isso aproxima a discussão teórica do problema da fidelidade ao direito. "Se tudo que a escola positivista tem a oferecer em tempos assim", diz Fuller, "é a observação de que, como quer que você escolha definir o direito, ele será sempre algo diferente da moralidade, então seus ensinamentos não são muito úteis a nós".[381]

Além disso, Fuller mantém que, ao mesmo tempo em que procura preservar com rigor e precisão o conceito de direito, o positivismo não dedica o mesmo esforço para clarificar exatamente aquilo que *exclui* de sua (excludente) definição — ou *definições*, se levarmos em conta os desacordos teóricos entre os próprios positivistas. Agora, ao mesmo tempo em que os positivistas — e o próprio Hart, nesse sentido — parecem, por um lado, classificar como pertencente à esfera da moralidade tudo aquilo que pertence ao plano do '*ought*' (já que a ideia é insistir na tese da separabilidade entre direito e moral), Hart também diz por vezes, vimos — para manter íntegra a própria tese —, que nem todo '*ought*' é moral. É esse o

380 Itálico meu. "*He recognizes, of course, that the conceptions of these men as to 'what law is' vary considerably, but this diversity he apparently considers irrelevant in his defense of their general school of thought.*" FULLER, Lon L. Positivism and Fidelity to Law: A Reply to Professor Hart. *Harvard Law Review*, vol. 71, n. 04, fev. 1958, pp. 630-672 (632).

381 "*If all the positivist school has to offer in such times is the observation that, however you may choose to define law, it is always something different from morals, its teachings are not of much use to us.*" FULLER, Lon L. Positivism and Fidelity to Law: A Reply to Professor Hart. *Harvard Law Review*, vol. 71, n. 04, fev. 1958, pp. 630-672 (634).

caso do argumento *hartiano* acerca da consistência tanto (a) daquilo que chama de 'justiça natural procedimental' quanto (b) da tese de Fuller sobre a articulação de um propósito subjacente às regras enquanto regras, com suas exigências implícitas, com regimes que qualquer um classificaria como imorais.[382]

Respondendo ao argumento da 'moralidade imoral' — às possibilidades e aos perigos de uma confusão entre as esferas do direito e da moralidade representados por essa afirmação —, a resposta de Fuller tem diferentes camadas. O primeiro argumento, de algum modo, exemplifica a possível falta de rigor analítico-filosófico de Fuller que fica tão contrastada com a de Hart, o filósofo analítico *par excellence*: enquanto Hart parece "pressupor que propósitos maus têm tanta coerência e lógica interna quanto propósitos bons", Fuller se "recusa" a aceitar essa premissa. Dizendo-se consciente de que o ponto envolve questões complexas de epistemologia moral (e dizendo-se também pouco indicado para lidar com essas questões, além de dizer que o ensaio em questão não é o local para isso), Fuller diz que é preciso aceitar como suficiente a declaração de "uma crença que pode parecer ingênua; a de que a coerência e o bem têm uma afinidade maior do que a coerência e o mal".[383] Para Fuller, a aceitação dessa premissa tem, como decorrência, a ideia de que a própria noção de *accountability* — a exigência de que decisões sejam explicadas e justificadas por aqueles responsáveis por tomá-las — tende a conduzir essas decisões em direção a propósitos bons ("quaisquer que sejam os padrões últimos de bem").[384]

Penso que essa decorrência do salto de fé — que coloca em diálogo e reforça a tese de maior congruência entre as exigências implícitas das regras e propósitos moralmente valiosos com a responsabilização dos agentes — oferece possibilida-

---

382 *Cf.* FULLER, Lon L. Positivism and Fidelity to Law: A Reply to Professor Hart. *Harvard Law Review*, vol. 71, n. 04, fev. 1958, pp. 630-672 (634-635).

383 "*First, Professor Hart seems to assume that evil aims may have as much coherence and inner logic as good ones. I, for one, refuse to accept that assumption. I realize that I am here raising, or perhaps dodging, questions that lead into the most difficult problems of the epistemology of ethics. Even if I were competent to undertake an excursus in that direction, this is not the place for it. I shall have to rest on the assertion of a belief that may seem naive, namely, that coherence and goodness have more affinity than coherence and evil.*" FULLER, Lon L. Positivism and Fidelity to Law: A Reply to Professor Hart. *Harvard Law Review*, vol. 71, n. 04, fev. 1958, pp. 630-672 (636).

384 "*Accepting this belief, I also believe that when men are compelled to explain and justify their decisions, the effect will generally be to pull those decisions toward goodness, by whatever standards of ultimate goodness there are.*" FULLER, Lon L. Positivism and Fidelity to Law: A Reply to Professor Hart. *Harvard Law Review*, vol. 71, n. 04, fev. 1958, pp. 630-672 (636).

des argumentativas muito maiores do que *a mera declaração desse salto de fé*, de modo que, parece-me, poderia ter sido mais bem explorada, sobretudo por ser um campo profícuo e promissor. Seja como for, repito, esse não foi o único argumento de Fuller — embora seus críticos tendam a fazer com que pareça ter sido o caso.[385] Fuller vai além e diz que, muito bem, ainda que abríssemos mão da distinção rígida entre o direito e a moralidade — uma distinção que, para Hart, fazemos bem ao mantermos em mente — e, com isso, abríssemos as portas a um perigo de que a 'moralidade imoral' invadisse a esfera própria do direito, a pergunta seguiria em aberto: qual é nossa melhor proteção contra esse perigo? Para Fuller, não está claro que o positivismo oferece refúgio, ao simplesmente "falsificar o problema, [transformando-o] em uma simplicidade ilusória que deixa intocadas as difíceis questões nas quais reside o verdadeiro perigo".[386] Mais: num exercício de imaginação, Fuller sugere um cenário em que somos perseguidos depois de transportados a um local hipotético cujos padrões de moralidade convencional tratam nossas crenças como anátema. Dentro desse cenário, Fuller sugere também que seria natural que esperássemos que o direito fosse nosso último refúgio, e que isso é assim por duas razões. Primeiro, porque "mesmo nos mais perversos regimes, há uma certa hesitação quanto a sacralizar crueldades, intolerâncias e desumanidades no direito [positivo]"; segundo, porque essa hesitação é derivada não de uma separação entre direito e moral, mas precisamente de uma *identificação* do direito com as mais óbvias e justificáveis exigências da moralidade que constituem um horizonte comum de humanidade compartilhada.[387-388]

---

385 Por exemplo, *cf.* GREEN, Leslie. Positivism and the Inseparability of Law and Morals. *New York University Law Review*, vol. 83, n. 04, out. 2008, pp. 1035-1058 (em especial, pp. 1057-1058).

386 "*I cannot myself believe it [the most effective protection against this danger] is to be found in the positivist position espoused by Austin, Gray, Holmes, and Hart. For those writers seem to me to falsify the problem into a specious simplicity which leaves untouched the difficult issues where real dangers lie.*" FULLER, Lon L. Positivism and Fidelity to Law: A Reply to Professor Hart. *Harvard Law Review*, vol. 71, n. 04, fev. 1958, pp. 630-672 (636-637).

387 "*If we felt that the law itself was our safest refuge, would it not be because even in the most perverted regimes there is a certain hesitancy about writing cruelties, intolerances, and inhumanities into law? And is it not clear that this hesitancy itself derives, not from a separation of law and morals, but precisely from an identification of law with those demands of morality that are the most urgent and the most obviously justifiable, which no man need be ashamed to profess?*" FULLER, Lon L. Positivism and Fidelity to Law: A Reply to Professor Hart. *Harvard Law Review*, vol. 71, n. 04, fev. 1958, pp. 630-672 (637).

388 Aqui, novamente, parece que o argumento poderia ter sido mais bem desenvolvido do ponto de vista analítico. Fuller parece por vezes tomar como óbvias certas conclusões que (1) não neces-

2.1.2.2 *Os fundamentos morais e a moralidade do próprio direito*

Outra linha adotada por Fuller é a de dizer que, embora Hart esteja certo em apontar insuficiências na teoria imperativa de Austin, essas insuficiências não eram por acaso. Hart, rejeitando a explicação austiniana do direito como 'comando de um soberano habitualmente obedecido amparado por uma sanção', definiu que o fundamento de um sistema jurídico não está na coerção, mas em certas 'regras fundamentais' que são *aceitas* e, aceitas como tais, especificam os procedimentos legislativos e de produção do direito em geral (o leitor familiarizado terá percebido como Hart adianta em 1958 a tese da regra de reconhecimento);[389] além disso, como vimos, disse que o abandono da teoria imperativa não significa nem deve pressupor um abandono do positivismo em seu compromisso mais geral com a tese da distinção. O que Fuller faz é dizer que a relação de uma coisa com a outra não é por acaso, nem é um equívoco tão flagrante quanto Hart faz parecer: revisitando as *lectures*, Fuller sustenta que, em várias passagens, Austin flerta com o abandono da teoria imperativa em favor de algo muto próximo das 'certas regras fundamentais, aceitas, especificando os procedimentos legislativos essenciais' — mas não o faz porque esse salto traz complicações para a tão rígida e clara distinção entre as esferas do direito e da moralidade, que era exatamente o objeto da teoria de Austin.[390]

Trazendo alguns problemas práticos como ilustração, ao dispor que reconhecer o direito como produto de regras que não são ainda 'direito' nos remete à ideia de uma constituição (escrita ou não escrita) e, assim, à questão da fidelidade ao direito — problemas como, por exemplo, a questão de que, para que seja capaz de produzir efeitos práticos, "uma constituição escrita deve ser aceita, ao menos de forma provisória, não apenas como direito, mas como *bom* direito"[391] —, Fuller diz que o positivismo é incapaz de servir a esse ideal, porque respeitá-lo exige *planejamento*. O positivismo não é capaz de dar conta disso não apenas porque

---

sariamente são e, (2) ainda que sejam, demandam articulação quando colocadas em debate com um interlocutor cujas teses parecem falsificá-las ou, no mínimo, caminhar em uma direção contrária.

389 *Cf.* HART, H. L. A. Positivism and the Separation of Law and Morals. *Harvard Law Review*, vol. 71, n. 04, fev. 1958, pp. 593-629 (603).

390 *Cf.* FULLER, Lon L. Positivism and Fidelity to Law: A Reply to Professor Hart. *Harvard Law Review*, vol. 71, n. 04, fev. 1958, pp. 630-672 (640-642).

391 Ênfase minha. "*All this amounts to saying that to be effective a written constitution must be accepted, at least provisionally, not just as law, but as good law.*" FULLER, Lon L. Positivism and Fidelity to Law: A Reply to Professor Hart. *Harvard Law Review*, vol. 71, n. 04, fev. 1958, pp. 630-672 (643).

não faz questão, mas porque não pode, e não pode precisamente em razão do compromisso teórico que o define; em razão de sua dependência de um "teste", de uma "linha clara, rígida, capaz de dividir as regras que devem validade à sua fonte daquelas cuja validade depende de sua aceitação e atração intrínseca".[392] E o ponto é justamente esse: não é apenas o caso de que o positivismo não enfrenta problemas como aqueles que Fuller traz como ilustrativos; ele também pretende excluí-los da própria esfera da filosofia do direito. "Em sua preocupação por atribuir os rótulos certos às coisas que os homens fazem, essa escola parece perder todo interesse em questionar se os homens estão fazendo as coisas certas".[393]

Nesse sentido — e, assim como fez Hart, adiantando no debate a tese principal da *magnum opus* que viria depois —, Fuller diz que muito daquilo que Hart levanta em seu ensaio pode bem ser rearticulado nos seguintes termos, em uma distinção entre 'ordem' e 'boa ordem': o direito representaria a 'ordem', ponto, enquanto a 'boa ordem' seria representada pelo direito que corresponde às exigências impostas por ideais de justiça, de moralidade, por aquilo que 'deve ser'. Ainda que, para fins de argumentação, suponhamos que seja mesmo fácil separar os conceitos de ordem e boa ordem, Fuller diz que mesmo essa noção mais abstrata e primária de ordem já pressupõe em si mesma um elemento moral. O direito, ainda que considerado meramente como ordem, já pressupõe uma moralidade interna que lhe é própria, e que deve ser observada para que o direito possa existir enquanto tal.[394]

O argumento da moralidade interna será trabalhado em maior detalhe na próxima subseção, que se dedica exatamente a *The Morality of Law* — onde esse argumento aparece rearticulado e com muito mais força. De todo modo, é importante que ele já apareça aqui, ainda que incipientemente, porque dele depende a resposta de Fuller quanto à clássica questão do debate sobre o direito nazista. Quando percebemos que a ordem em si é já algo que deve ser *buscado*, e que depende da observância de requisitos mínimos que lhe servem de condição

392 "[*T*]*he positivist quest for some clear and unambiguous test of law, for some clean, sharp line that will divide the rules which owe their validity to their source and those which owe their validity to acceptance and intrinsic appeal.*" FULLER, Lon L. Positivism and Fidelity to Law: A Reply to Professor Hart. *Harvard Law Review*, vol. 71, n. 04, fev. 1958, pp. 630-672 (641).

393 "*In its concern to assign the right labels to the things men do, this school seems to lose all interest in asking whether men are doing the right things.*" FULLER, Lon L. Positivism and Fidelity to Law: A Reply to Professor Hart. *Harvard Law Review*, vol. 71, n. 04, fev. 1958, pp. 630-672 (643).

394 *Cf.* FULLER, Lon L. Positivism and Fidelity to Law: A Reply to Professor Hart. *Harvard Law Review*, vol. 71, n. 04, fev. 1958, pp. 630-672 (644-645).

de possibilidade, o direito passa a ser compreendido não como um fato — como Fuller diz ser a leitura de Hart, fruto de uma inobservância deliberada de aspectos da moralidade interna —, mas como produto de *esforços*, de *aspirações* humanas. Assim, "a existência de um sistema jurídico, mesmo um sistema jurídico ruim ou iníquo, é *sempre uma questão de grau*".[395] Dessa maneira, diz Fuller, se torna impossível dizer simplesmente que 'bem, os nazistas tinham direito; era ruim, mas era direito'. A pergunta fundamental é sobre "quanto de um sistema jurídico sobreviveu à degradação e perversão de todas as formas de ordem social ocorridas sob o regime nazista"; sobre "as implicações morais que esse sistema mutilado teve para o cidadão de consciência obrigado a viver sob ele".[396] O problema, assim, passa a ser sobre "*a restauração do respeito pelo direito e pela justiça após o colapso de um regime que não respeitou nenhuma das duas coisas*".[397]

2.1.2.3 *"O problema da restauração do respeito pelo direito e pela justiça após o colapso de um regime que não respeitou nenhuma das duas coisas"*

É com esse (brilhante) subtítulo que Fuller passa a enfrentar o problema do direito nazi — problema que Hart enfrentava, segundo Fuller, com "certo ar de desespero",[398] ao dispor, como vimos, que um estatuto criminal retroativo seria ao menos uma solução honesta e aberta, sem mistificações, para lidar com um ato perfeitamente legal, mas horrível e horrível, mas perfeitamente legal. A forma como Hart coloca o problema à luz da discussão sobre a fidelidade ao direito — baseada precisamente no pressuposto de que as leis promulgadas sob o regime nazista eram direito válido, do ponto de vista *jurídico* —, acaba tratando sobre quem deve fazer o 'trabalho sujo': as cortes ou o parlamento. Na

---

395 Itálico meu. "*When we realize that order itself is something that must be worked for, it becomes apparent that the existence of a legal system, even a bad or evil legal system, is always a matter of degree.*" FULLER, Lon L. Positivism and Fidelity to Law: A Reply to Professor Hart. *Harvard Law Review*, vol. 71, n. 04, fev. 1958, pp. 630-672 (646).

396 "*We have instead to inquire how much of a legal system survived the general debasement and perversion of all forms of social order that occurred under the Nazi rule, and what moral implications this mutilated system had for the conscientious citizen forced to live under it.*" FULLER, Lon L. Positivism and Fidelity to Law: A Reply to Professor Hart. *Harvard Law Review*, vol. 71, n. 04, fev. 1958, pp. 630-672 (646).

397 "*The problem of restoring respect for law and justice after the collapse of a regime that respected neither.*" Esse é o belíssimo título para uma das seções do ensaio, dedicado justamente à questão que tornou o debate mais famoso.

398 "[*A*] *certain air of desperation*".

leitura de Fuller, "Hart parece pressupor que a única diferença entre o direito nazista e, digamos, o direito inglês é a de que os nazistas usavam suas leis para atingir fins odiosos aos olhos de um inglês"[399] — um equívoco que obscurece o afastamento deliberado do regime nazista daquela que Fuller entende ser a moralidade interna ao próprio direito.

Fuller traz à discussão então uma série de exemplos práticos, factuais, de episódios que demonstram a desconsideração por parte do regime nazista desses princípios que, para Fuller, constituem a moralidade interna e, consequentemente, as próprias condições (*morais*) de possibilidade para que o direito seja direito. (1) A promulgação de estatutos retroativos num período no qual Hitler declarou ser ele a própria Suprema Corte 'do povo alemão' — amparada pelo argumento de que a retroatividade sistemática é uma degradação dessa moralidade interna sem a qual o direito não existe, uma vez que torna qualquer lei passível de se tornar desprovida de seu significado; (2) a promulgação de 'leis secretas' (*i.e.* disposições promulgadas sem qualquer observância de qualquer medida de um princípio de publicidade) — de modo que qualquer simples, espúria (e *privada*) ordem verbal de Hitler pudesse ser considerada de pronto uma diretiva administrativa, e, assim, 'jurídica'; e, principalmente, (3) a completa desconsideração por parte dos nazistas *de suas próprias promulgações* quando elas já não eram mais convenientes; tudo isso demonstra, para Fuller, que o direito jamais foi respeitado *enquanto direito* ao longo do regime nazi. Esse é um ponto sem o qual não seria possível uma análise justa da atuação dos tribunais alemães do período pós-Guerra.[400]

O argumento de Fuller no que diz respeito ao caso específico da esposa que denunciou o marido é, penso, ainda mais interessante. Fuller retoma as disposições específicas dos estatutos de 1934 e 1938, que serviram de alegação à defesa da mulher informante, e investiga até que ponto elas podem ser consideradas 'direito', mesmo em seus próprios termos. A primeira seção recuperada por Fuller, do estatuto de 1938, dispõe que seria condenado a morte todo aquele que 'solicitasse ou encorajasse publicamente a recusa às obrigações militares das forças armadas da Alemanha ou de aliados da Alemanha' ou 'visasse publicamente ameaçar ou

---

399 "*Throughout his discussion Professor Hart seems to assume that the only difference between Nazi law and, say, English law is that the Nazis used their laws to achieve ends that are odious to an Englishman.*" FULLER, Lon L. Positivism and Fidelity to Law: A Reply to Professor Hart. *Harvard Law Review*, vol. 71, n. 04, fev. 1958, pp. 630-672 (650).

400 *Cf.* FULLER, Lon L. Positivism and Fidelity to Law: A Reply to Professor Hart. *Harvard Law Review*, vol. 71, n. 04, fev. 1958, pp. 630-672 (650-562).

destruir a vontade do povo alemão ou de povo aliado de se afirmar com lealdade contra seus inimigos'.[401] Para Fuller, é inconcebível abarcar os comentários do marido delatado nesse dispositivo, que, por sua vez, fazia parte de outra promulgação mais completa cujo contexto mais amplo era o de responder a deserções. A questão, então, com isso em mente, passa a ser sobre "até que ponto os princípios interpretativos aplicados pelas cortes do regime de Hitler devem ser aceitos para determinar se os comentários do marido de fato contrariavam o direito":[402] comentários *privados*, que foram classificados como ilegais por uma corte que ignorou uma limitação imposta *pelo próprio estatuto* ao mencionar atos *públicos*.

Essa limitação, baseada em uma distinção entre as esferas pública e privada, também aparecia na promulgação de 1934. Esta falava em 'comentários provocativos ou de ódio direcionados aos líderes da nação e do Partido Nacional Socialista dos Trabalhadores Alemães' que, proferidos de maneira privada, seriam igualmente punidos se 'aquele que os profere percebe ou devia ter percebido que chegariam ao público'. Para além de toda a discricionariedade administrativa que esse estatuto concede, já problemática por si só, fica muito claro que a pena imposta ao marido não se justifica nem por seus termos. É por isso que Fuller não acha apenas a punição inconcebível; acha inconcebível também a crítica de Hart à atuação dos tribunais que considerou esses estatutos, dispositivos e disposições desprovidos de juridicidade.[403]

É verdade, para Hart — como para Bentham e Austin —, é uma mistificação dizer que 'quando um estatuto é suficientemente iníquo, perde o caráter de direito'. O ponto de Fuller é que *a discussão não é essa*, e que o dilema entre obedecer ao direito e obedecer às demandas da moralidade e da decência é por vezes um falso dilema. Diferentemente do que denota o postulado fundamental do positivismo, em sua insistência na tese da separabilidade, Fuller diz que essas demandas não se localizam em dois mundos completamente separados. O verdadeiro dilema

401 Traduzi de forma livre e contextualizada a partir já da tradução de Fuller ao inglês do dispositivo em questão. *Cf.* FULLER, Lon L. Positivism and Fidelity to Law: A Reply to Professor Hart. *Harvard Law Review*, vol. 71, n. 04, fev. 1958, pp. 630-672 (653).

402 "*The question arises, then, as to the extent to which the interpretive principles applied by the courts of Hitler's government should be accepted in determining whether the husband's remarks were in-deed unlawful.*" FULLER, Lon L. Positivism and Fidelity to Law: A Reply to Professor Hart. *Harvard Law Review*, vol. 71, n. 04, fev. 1958, pp. 630-672 (653).

403 *Cf.* FULLER, Lon L. Positivism and Fidelity to Law: A Reply to Professor Hart. *Harvard Law Review*, vol. 71, n. 04, fev. 1958, pp. 630-672 (655).

— desconsiderado por Hart e, segundo Fuller, bem notado por Radbruch (tanto que algumas páginas do ensaio são dedicadas a uma defesa de alguns de seus pontos)[404] — era outro: o desafio da Alemanha era o de reconstruir tanto o respeito ao direito quanto o respeito pela justiça e, embora seja impossível restaurar um lado da equação sem a restauração do outro, não é sempre fácil restaurá-los ao mesmo tempo. O problema da época, nos termos de Fuller, era o de observar as exigências da *ordem*, de um lado, e, de outro, as demandas da *boa ordem* — e se a mera reformulação do dilema não é capaz de solucioná-lo, ela, ao menos, "diferentemente do positivismo, não nos coloca exigências contrastantes sem qualquer ponto de contato umas com as outras, com contradições em conflito num vácuo". A definição de Fuller a esse respeito é poderosíssima e tomo a liberdade de aqui reproduzi-la:

> Enquanto buscamos a ordem, devemos significativamente lembrar que a ordem em si não nos trará nenhum bem se não for boa para algo. Enquanto buscamos tornar nossa ordem boa, devemos lembrar que a justiça em si é impossível sem a ordem e que não devemos renunciar à ordem em si em nome de tentar torná-la boa.[405]

No limite, portanto, o argumento é o de que não haveria qualquer necessidade em apelar a um 'direito superior', às demandas de um padrão de justiça substantiva, se mais atenção tivesse sido dedicada à própria moralidade interna do direito. Uma ditadura que recorre a um verniz de juridicidade pode se afastar tão completamente da própria moralidade que torna o direito possível que deixa de ser um sistema jurídico propriamente dito: quando um sistema que atribui a si mesmo o rótulo de direito é predicado numa desconsideração geral por parte dos juízes das próprias leis que eles têm o dever funcional de aplicar, quando as irregularidades desse sistema são remediadas com legislação retroativa, quando mesmo as mínimas restrições que a ideia de legalidade impõe são ignoradas e o sistema recorre ao terror para se manter, não estamos mais falando de *direito*. A necessidade de recorrer a um 'direito superior' é em si um resquício positivista, que denota como premissa

404 *Cf.* FULLER, Lon L. Positivism and Fidelity to Law: A Reply to Professor Hart. *Harvard Law Review*, vol. 71, n. 04, fev. 1958, pp. 630-672 (655-657).

405 "*As we seek order, we can meaningfully remind ourselves that order itself will do us no good unless it is good for something. As we seek to make our order good, we can remind ourselves that justice itself is impossible without order, and that we must not lose order itself in the attempt to make it good.*" FULLER, Lon L. Positivism and Fidelity to Law: A Reply to Professor Hart. *Harvard Law Review*, vol. 71, n. 04, fev. 1958, pp. 630-672 (657).

a existência de um *gap* entre as esferas do direito e da moralidade e é incapaz de levar em conta os pontos de interseção entre ordem e boa ordem.[406]

2.1.2.4 O problema da interpretação — e os fundamentos morais do positivismo

Depois disso, Fuller passa ao problema da interpretação: uma resposta aos comentários de Hart acerca da 'zona de penumbra' e do 'sentido central', uma teoria sobre a linguagem em geral que, para Fuller, se torna (também) uma teoria sobre a interpretação judicial. A forma como Fuller interpreta a proposta de Hart, com o acréscimo de algumas premissas e qualificações que Fuller a ele atribui, dispõe mais ou menos o seguinte: a tarefa da interpretação é a de identificar o sentido, o significado de palavras individuais presentes em uma regra jurídica — como 'veículo', em uma regra proibindo veículos no parque. Nesse sentido, refinando, a tarefa da interpretação seria a de identificar, determinar a esfera de referência de tal palavra, ou o agregado de coisas às quais ela se refere. A comunicação, a partir dessa teoria, só é possível porque as palavras teriam um 'exemplo padrão', um 'caso central', um 'cerne de significado' que apresenta uma certa constância de forma independente de contexto. Além desse cerne constante de significado, porém, as palavras teriam a 'zona de penumbra', uma zona de significados que, diferentemente do que acontece nos 'casos centrais' que correspondem ao 'cerne', podem variar de um a outro contexto. É aqui, na zona de penumbra, que os juízes devem interpretar a regra à luz de seu(s) propósito(s) — e é (somente) aqui que há ao menos uma possível interseção entre o *is* e o *ought*.[407]

Essa é a leitura de Fuller das teses de Hart sobre a interpretação. E, segundo ele, se essa leitura estiver correta, essas teses não se sustentam: porque "seu mais óbvio defeito" é "sua premissa de que problemas de interpretação tipicamente dizem respeito ao significado de palavras individuais".[408] Tomemos a regra que proíbe veículos no parque: um monumento colocado no meio do parque que recuperasse um caminhão do Exército utilizado na Segunda Guerra

406 *Cf.* FULLER, Lon L. Positivism and Fidelity to Law: A Reply to Professor Hart. *Harvard Law Review*, vol. 71, n. 04, fev. 1958, pp. 630-672 (660).

407 *Cf.* FULLER, Lon L. Positivism and Fidelity to Law: A Reply to Professor Hart. *Harvard Law Review*, vol. 71, n. 04, fev. 1958, pp. 630-672 (662).

408 "*The most obvious defect of his theory lies in its assumption that problems of interpretation typically turn on the meaning of individual words.*" FULLER, Lon L. Positivism and Fidelity to Law: A Reply to Professor Hart. *Harvard Law Review*, vol. 71, n. 04, fev. 1958, pp. 630-672 (663).

Mundial — um caminhão em perfeito estado — estaria na zona 'central' ou na zona 'de penumbra'? Fuller traz também como ilustração o exemplo de um juiz decidindo sobre duas possíveis violações de uma regra proibindo que se dormisse em estações de trem: o primeiro caso é o de um passageiro regular que aguardava e cochilou brevemente entre um trem e outro, o segundo é de um homem que levou consigo um colchão e um travesseiro para a estação, mas que foi preso antes de efetivamente pegar no sono. Qual desses casos traz um 'exemplo central' da palavra 'dormir'?[409] O ponto de Fuller é o de que, pela teoria de Hart, a comunicação e, portanto, a própria elaboração e construção de um sistema eficaz e operante de regras seriam impossíveis — a não ser que as palavras tenham 'exemplos centrais' de significado constante independentemente de contexto. Acontece que, para Fuller, *é impossível interpretar qualquer palavra em qualquer estatuto sem que se saiba o propósito do estatuto em questão*, e isso está para além de uma explicação teórica baseada em exemplos centrais e uma zona de penumbra.

Essa configuração do problema trata, segundo Fuller, a tarefa judicial como a tarefa de um bibliotecário responsável pela catalogação e classificação de livros: há casos fáceis — *e.g.* a Bíblia vai para a seção de 'Religião', *A Riqueza das Nações* em 'Economia' etc. —, e há casos difíceis que exigem a atividade criativa do intérprete — *e.g. O Capital* entre 'Economia' ou 'Política', *As Viagens de Gulliver* entre 'Fantasia ou 'Filosofia'. A questão é que, uma vez que a decisão é tomada, seja ela de um caso 'fácil' ou 'difícil', tudo que resta a ser feito é colocar o livro na prateleira. Segundo Fuller, definir o problema da interpretação nesses mesmos termos é dizer que o mesmo acontece com um juiz decidindo um caso, quando, na verdade, "o processo judicial é muito mais que um processo de catalogação", uma vez que "o juiz não se exonera de sua responsabilidade quando diagnostica um rótulo no caso".[410] A tarefa interpretativa de um juiz, em tudo que ela envolve, é muito maior que isso — e é nessa responsabilidade mais ampla que reside o ponto crucial. Problemas interpretativos em direito, para Fuller, quase nunca recaem sobre o significado de uma palavra individual. Tome-se como ilustração um fragmento

409 *Cf.* FULLER, Lon L. Positivism and Fidelity to Law: A Reply to Professor Hart. *Harvard Law Review*, vol. 71, n. 04, fev. 1958, pp. 630-672 (663-664).

410 "*Surely the judicial process is something more than a cataloguing procedure. The judge does not discharge his responsibility when he pins an apt diagnostic label on the case. He has to do something about it, to treat it, if you will.*" FULLER, Lon L. Positivism and Fidelity to Law: A Reply to Professor Hart. *Harvard Law Review*, vol. 71, n. 04, fev. 1958, pp. 630-672 (666).

de um estatuto que lê 'Todas as melhorias devem ser relatadas imediatamente a (...)'. Qualquer que seja a conclusão do dispositivo, *quase todas* as palavras nele presentes exigem interpretação: as 'melhorias', *quais?*, devem ser 'relatadas' *como?*, e *o que significa* 'imediatamente'? Nenhum intérprete lidando com esse problema poderá resolvê-lo — diz Fuller — apelando a 'exemplos centrais', a um 'cerne de significado' extrajurídicos. Mais do que isso: "quando essas palavras são todas parte de *uma única estrutura de pensamento*, elas estão *em interação umas com as outras durante o processo de interpretação*".[411]

O ponto de Fuller quanto à interpretação, portanto, é o de que devemos olhar para além de palavras individuais. Nossa atenção deve estar direcionada — à luz de nossa "obrigação de fidelidade ao direito" — ao contexto (estatuto, código, constituição etc.) a que elas pertencem, tornando esse estatuto, código, constituição "*um todo, praticável e coerente*".[412] Seu (importante e subestimado, penso eu) argumento sobre a interpretação, assim, encerra-se com uma pergunta e um desafio: "[s]erá possível que a filosofia positivista exige que abandonemos uma visão acerca da interpretação que tenha como preocupação principal não palavras, mas *propósito* e *estrutura*"? Se for o caso, então o que está em jogo nessa "batalha de escolhas" é mesmo de extrema relevância.[413]

Isso faz com que a batalha seja mais do que exercício de erudição porque, para Fuller, o ideal de respeito e fidelidade ao direito pode se tornar impossível quando não

411 Ênfase acrescentada por mim. "*But, much more important, when these words are all parts of a single structure of thought, they are in interaction with one another during the process of interpretation.*" FULLER, Lon L. Positivism and Fidelity to Law: A Reply to Professor Hart. *Harvard Law Review*, vol. 71, n. 04, fev. 1958, pp. 630-672 (667).

412 Grifos meus. "*When we look beyond individual words to the statute as a whole, it becomes apparent how the putting of hypothetical cases assists the interpretative process generally. By pulling our minds first in one direction, then in another, these cases help us to understand the fabric of thought before us. This fabric is something we seek to discern, so that we may know truly what it is, but it is also something that we inevitably help to create as we strive (in accordance with our obligation of fidelity to law) to make the statute a coherent, workable whole.*" FULLER, Lon L. Positivism and Fidelity to Law: A Reply to Professor Hart. *Harvard Law Review*, vol. 71, n. 04, fev. 1958, pp. 630-672 (667). (A importância desse ponto, se já não estiver clara à luz do que foi discutido na dimensão interpretativa do direito no segundo capítulo, será retomada depois.)

413 Grifos meus. "*Can it be possible that the positivistic philosophy demands that we abandon a view of interpretation which sees as its central concern, not words, but purpose and structure? If so, then the stakes in this battle of schools are indeed high.*" FULLER, Lon L. Positivism and Fidelity to Law: A Reply to Professor Hart. *Harvard Law Review*, vol. 71, n. 04, fev. 1958, pp. 630-672 (667).

aceitamos as responsabilidades — elas próprias dotadas de um propósito, por natureza — exigidas por uma interpretação, uma leitura a partir da qual *o direito* é dotado de e constituído por propósitos. A *saída* aos riscos que esse tipo de leitura sobre o fenômeno pode trazer — riscos apontados por Hart em seu alerta sobre a confusão entre as esferas do '*is*' e do '*ought*' —, diz Fuller, está exatamente no conceito de *estrutura*. As regras jurídicas, tomadas em si mesmas e em seus contextos — e com as relações estabelecidas entre elas e tudo aquilo que constitui um ordenamento jurídico, além de, fundamentalmente, a própria leitura que coloca o direito como *atividade* dotada de *propósito* —, têm aquilo que se pode chamar de "*integridade estrutural*".[414] É dentro dos limites dessa estrutura, tomada em seu todo, que o juiz exerce sua responsabilidade interpretativa; com a criatividade permitida pelas considerações quanto ao que deve ser, mas com o peso da responsabilidade e dos limites que a fidelidade ao direito impõe. Se é possível a objeção de que isso também traz seus próprios 'problemas de penumbra', Fuller diz que, ao menos, "a penumbra aqui está ao redor de algo real, algo que tem significado e integridade próprios": não se trata de um "arranjo sem propósito de palavras que tomam seus significados emprestados do uso ordinário".[415]

Aqui, encontramos um problema típico da obra de Fuller — que talvez corresponda à sua parcela de culpa nessa leitura geral de que ele teria perdido do debate. Um ponto que é tão interessante quanto complexo acaba deixando muitas questões em aberto. Muito mais poderia, e talvez *deveria*, ter sido dito sobre a integridade de um ordenamento jurídico tomado como uma estrutura que tem um propósito e, por isso mesmo, demanda essa integridade. Talvez seja também disso que se trate a tarefa de recuperar e rearticular o legado de Lon Fuller.

2.2 A moralidade do direito — e a resposta aos críticos

Como vimos, o próprio Fuller anunciar em sua 'Resposta aos críticos' — apêndice à segunda edição de *The Morality of Law* e que será parte substancial desta seção —, as teses que constituem sua *magnum opus* são, de algum modo, mais um *round* no grande debate que travou com o positivismo ao longo de sua trajetória intelectual. Isso não é apenas porque o livro acaba por atacar diretamente algumas

---

414 "*Structural integrity*".

415 "*Of course, the structure of which I speak presents its own 'problems of the penumbra'. But the penumbra in this case surrounds something real, something that has a meaning and integrity of its own. It is not a purposeless collocation of words that gets its meaning on loan from lay usage*." FULLER, Lon L. Positivism and Fidelity to Law: A Reply to Professor Hart. *Harvard Law Review*, vol. 71, n. 04, fev. 1958, pp. 630-672 (670).

das teses centrais do positivismo, mas também porque muito do que o constitui já havia sido, de algum modo, anunciado (de forma mais ou menos direta) em seus escritos anteriores, sobretudo o ensaio de 1958.

É em *The Morality of Law* que Fuller vai enfim desenvolver de forma mais direta aquilo que já havia mencionado, na discussão com Hart, ao tratar sobre os conceitos de 'ordem' e 'boa ordem': a moralidade interna do direito, constituída por princípios de legalidade, internos à própria prática, sem os quais o direito não é capaz de exercer adequadamente as formas e o propósito próprios que lhe definem como 'direito'.[416] A tese já é célebre (embora amplamente contestada): a partir de uma metáfora contrafactual, de um rei incapaz de exercer seu reinado adequadamente,[417] Fuller defende a tese de que é possível estabelecer oito princípios que, tomados em seu conjunto, são constitutivos da 'moralidade que torna o direito possível'. Lembremos: para Fuller, se as leis (ou, melhor dizendo, normas) de um sistema que se pretende jurídico não forem *(i)* gerais, *(ii)* públicas, *(iii)* prospectivas (isto é, não retroativas), *(iv)* inteligíveis, *(v)* consistentes umas com as outras (isto é, não contraditórias), *(vi)* praticáveis (isto é, se seus comandos ou instruções ou orientações forem impassíveis de exercício prático), *(vii)* estáveis e, finalmente, se não houver *(viii)* congruência entre a lei (norma) tal como anunciada/disposta/declarada e sua posterior administração por parte do Estado, não podemos falar em um sistema *jurídico*.[418]

2.2.1 Reciprocidade e The Morality of Law *lido de forma íntegra*

Como dito, a tese já é tão célebre quanto contestada: várias são as respostas a Fuller — incluindo aí, sobretudo, o também célebre contra-argumento *hartiano* da 'moralidade interna do envenenamento', no sentido de que a eficácia dos propósitos de uma atividade não são capazes de atribuir a ela, por si só, uma moralidade intrínseca[419] (daí por que os princípios de legalidade, mesmo que verdadeiros enquanto

416 Daí por que os oito princípios de legalidade em Fuller já foram discutidos brevemente na seção dedicada a uma possível dimensão funcional no conceito de direito, ainda na seção metodológica introdutória.

417 E, de novo, vale lembrar o quanto metáforas desse tipo são algo recorrente em Fuller — algo que talvez o tenha prejudicado em círculos majoritariamente analíticos.

418 *Cf.* FULLER, Lon L. *The Morality of Law*. 2ª ed. New Haven: Yale University Press, 1969, pp. 33-94 (em especial, 39).

419 *Cf.* HART, H. L. A. Review: The Morality of Law, by Lon L. Fuller. *Harvard Law Review*, vol. 78, n. 6, abr. 1965, pp. 1281-1296. Destaco também, fundamentalmente, as respostas de Joseph Raz, Scott Shapiro e, em especial, Matthew Kramer. (*Cf.* RAZ, Joseph. *The Authority of Law*. 2ª ed. Oxford: Oxford University Press, 2011, pp. 210-229; SHAPIRO, Scott. *Legality*. Cambridge: The Belknap Press,

condição de possibilidade para um sistema jurídico, não provariam a inseparabilidade entre as esferas do direito e da moralidade). De todo modo, antes de uma discussão substantiva sobre as implicações desse debate à parte, um passo fundamental na reconsideração do legado de Fuller inclui a devida contextualização da tese da moralidade interna: fora de seu contexto, ela perde muito de sua força. A ideia desta seção, portanto, é exatamente a de destacar alguns aspectos e elementos presentes em *The Morality of Law* sem os quais a tese de Fuller fica invariavelmente incompleta.

A primeira coisa a se destacar é que não é por acaso que, logo após a metáfora e a elaboração dos oito princípios, Fuller reivindica o sociólogo Georg Simmel para dizer que "existe um tipo de *reciprocidade* entre governo e cidadão no que diz respeito à observância das regras".[420] Sem a ideia de *reciprocidade*, sem uma concepção *horizontal* de direito, é impossível compreender a profundidade e o alcance do argumento da moralidade interna do direito. Nesse sentido, parece acertadíssima a leitura de Kristen Rundle, no sentido de que não só *The Morality of Law* "dá expressão a uma teoria própria, distinta do direito que toma *a forma do direito* como ponto de partida", explorando "as relações, e as *responsabilidades*, de legislador e cidadão no contexto dessa[s] forma[s]", a obra também articula

> um *ethos* de produção do direito que dá expressão prática à ideia moralmente significativa que distingue o império do direito do império dos homens: um compromisso interno, inegociável, de respeito ao sujeito [destinatário do direito] enquanto agente.[421]

Responder à tese dos oito princípios de legalidade respondendo *apenas aos oito princípios*, em abstrato, ou disputar a densidade moral desses princípios, significa perder de vista a concepção de direito mais ampla que informa a tese de Fuller como um todo: uma concepção horizontal de direito baseada em responsabilidades

---

2011, pp. 392-398; KRAMER, Matthew H. *In Defense of Legal Positivism*: Law Without Trimmings. Oxford: Oxford University Press, 1999, pp. 37-77.) Voltarei a elas mais adiante.

420 Itálico meu. "*As the sociologist Simmel has observed, there is a kind of reciprocity between government and the citizen with respect to the observance of rules.*" FULLER, Lon L. *The Morality of Law*. 2ª ed. New Haven: Yale University Press, 1969, p. 39.

421 Itálicos meus. "*First, it gives expression to a distinctive jurisprudence which takes the form of law as its starting point, and which explores the relationships, and responsibilities, of both lawgiver and subject within that form (...). The principles of the internal morality of law are moral, that is, because they articulate an ethos of lawgiving that gives practical expression to the morally significant idea that distinguishes rule through law from rule by men.*" RUNDLE, Kristen. *Forms Liberate*: Reclaiming the Jurisprudence of Lon L Fuller. Oxford: Hart Publishing, 2012, p. 116.

morais recíprocas, estabelecidas em primeiro lugar exatamente pelo tipo de leitura que Fuller tem do fenômeno.

A "visão implícita de direito" subjacente à tese da moralidade interna, lembremos, é a de que "o direito é a empreitada dedicada a sujeitar a conduta humana à governança por meio de regras". Mais do que a (pré-)definição conceitual em si — "modesta" e "sóbria",[422] quase um truísmo —, importa a orientação por ela revelada: a consideração do direito como uma *atividade*, de um sistema jurídico como produto de esforços contínuos em direção a um propósito — um propósito sem o qual é impossível conceber *a própria atividade* em primeiro lugar.[423] O ponto fundamental, e que mais importa para o objetivo aqui estabelecido, é o de que analisar o direito sem levar às últimas consequências a possibilidade de se lhe atribuir determinado(s) propósito(s) específico(s) — e suficientemente próprio(s), específico(s), *a ponto de marcar o direito como meio próprio* para a busca desse(s) propósito(s) — não é possível "senão por uma *falsificação da realidade*" que se pretende analisar e descrever.[424]

Além disso, e no mesmo sentido, não é apenas o caso de que, por serem princípios de aspiração — o próprio Fuller deixa isso claro —, esses princípios constituam ideais que o direito deve buscar e à luz dos quais deve responder. Por serem constitutivos *da própria prática, pela ótica do propósito a que se destina*, os princípios da moralidade interna são, ao mesmo tempo, *fundamentos* do direito enquanto direito propriamente dito. Se se aceita que o direito tem propósito/função,[425] e essa orientação teórica é assumida como tal e levada às suas últimas consequências, é nada menos que plausível que se derive daí não apenas uma

---

422 "[*T*]*he purpose I have attributed to the institution of law is a sober and modest one*." FULLER, Lon L. *The Morality of Law*. 2ª ed. New Haven: Yale University Press, 1969, p. 146.

423 *Cf.* FULLER, Lon L. *The Morality of Law*. 2ª ed. New Haven: Yale University Press, 1969, pp. 146-147.

424 "*The question becomes, not which view is most comforting and reassuring, but which view is right, which view corresponds most faithfully to the reality with which we must deal (...). [T]he view which pretends to abstract from the purpose of law and to treat law simply as a manifested fact of social power cannot be supported except through a falsification of the reality on which it purports to build*." FULLER, Lon L. *The Morality of Law*. 2ª ed. New Haven: Yale University Press, 1969, p. 147.

425 É preciso que se diga que positivistas, por uma questão de rigor terminológico, preferem o termo 'função' a 'propósito' — em tese, por uma atenção ao fato de que há "potenciais lacunas entre as intenções de indivíduos e as consequências de suas ações" ("*potential gaps between the intentions of individuals and the consequences of their actions*"). *Cf.* KRAMER, Matthew H. *In Defense of Legal Positivism:* Law Without Trimmings. Oxford: Oxford University Press, 1999, pp. 49-50. Mesmo assim, e insisto no ponto, é incontroverso *mesmo entre positivistas* que o direito exerce uma função/funções geral/gerais que lhe é/são própria(s).

concepção do que significa exercer bem essa função, o que significa estar à altura do propósito tomado como ideal — o que já teria importantes consequências teóricas de cunho eminentemente normativo —, mas também uma concepção sobre quais são os fundamentos para a própria existência daquilo que tem determinada função ou propósito como uma de suas características próprias.[426]

Em Fuller, isso fica muito claro: ao mesmo tempo em que os princípios da moralidade interna do direito pertencem a um plano de moralidade de aspiração,[427] Fuller sustenta que "um *completo* fracasso em qualquer uma dessas oito direções não resulta simplesmente em um sistema jurídico ruim; resulta em algo que *sequer pode ser propriamente chamado de sistema jurídico*".[428] Ao mesmo tempo, e por se tratarem de princípios de *aspiração* de uma *atividade projetada através do tempo* — o direito entendido à luz de seu propósito próprio —, é perfeitamente possível conceber diferentes graus de satisfação e observância desses princípios: o direito não é uma "matéria inerte" que existe ou não existe e eis tudo.[429]

É isso que se deve ter em mente para a compreensão daquele que, após dedicar uma série de páginas a críticas ao positivismo proposto por Hart (sendo algumas dessas críticas boas, outras não tão boas), Fuller define como *o* grande desacordo entre sua proposta e aquelas que a desafiam. Essa "divergência fundamental" está justamente, primeiro, na insistência de Fuller de que o direito seja tratado como uma atividade dotada de propósito, cujo êxito depende da energia, da perspicácia, da inteligência e da consciência daqueles que a conduzem e dela participam; uma atividade que, em razão dessa dependência, está fadada a estar sempre aquém de uma completa, plena satisfação de seus objetivos. A divergência aparece como divergência quando vemos que, do outro lado — e ao menos é o que diz Fuller —, há aqueles (sendo aqui o positivismo o alvo claro) que consideram que o direito

---

426 *Cf.* PRIEL, Dan. Reconstructing Fuller's Argument Against Legal Positivism. *Comparative Research in Law & Political Economy Research Papers*, Osgoode Hall Law School, n. 16/2013, 2013 (especialmente, p. 14).

427 *Cf.* FULLER, Lon L. *The Morality of Law*. 2ª ed. New Haven: Yale University Press, 1969, pp. 42-43.

428 Itálico meu. "*A total failure in any of these eight directions does not simply result in a bad system of law; it results in something that is not properly called a legal system at all.*" FULLER, Lon L. *The Morality of Law*. 2ª ed. New Haven: Yale University Press, 1969, p. 39.

429 "*[B]oth rules of law and legal systems can and do half exist (...). It is truly astounding to what an extent there runs through modern thinking in legal philosophy the assumption that law is like a piece of inert matter—it is there or not there.*" FULLER, Lon L. *The Morality of Law*. 2ª ed. New Haven: Yale University Press, 1969, pp. 122-123.

deve ser abordado como um fato de autoridade social ou de poder, a ser estudado "de acordo com aquilo que *é* e *faz*, não de acordo com aquilo que está *tentando fazer* ou *se tornar*."[430]

Aqui, é preciso que se diga de novo o quanto Fuller pode ter prejudicado a si mesmo por falta de um maior rigor analítico, sobretudo quando seus adversários teóricos eram praticamente os analíticos *par excellence* na teoria do direito. Isoladamente — daí minha insistência no sentido de que uma leitura mais caridosa, e *mais correta*, de Fuller exige que se leve em conta os fundamentos gerais de sua tese tomada como um todo —, a ideia de que o positivismo trata o direito como mero fato de projeção de autoridade pode parecer uma caricatura, como se Fuller estivesse a atacar um espantalho construído por ele próprio. Por outro lado, é preciso também que o pecado oposto não seja cometido: o apego excessivo a distinções e categorias analíticas que só fazem sentido dentro de um jogo de linguagem muito próprio da filosofia analítica — o que acaba por criar um mundo à parte, que lembra essa 'falsificação da realidade' apontada por Fuller, e, mais do que isso, faz perder de vista os aspectos que, no limite, em última análise, acabam dando *certa razão* a Fuller em sua leitura. *Não é bem verdade* que o positivismo trata o direito como mero fato social engendrado pelo poder; não é sem razão que o *Conceito* de Hart parte justamente de uma rejeição à teoria imperativa do direito nos moldes propostos por Austin. Agora, Fuller não está errado quando diz que a própria distinção entre o direito como ordem amparado por sanção e um sistema jurídico propriamente dito, constituído por regras primárias e secundárias — distinção elaborada e proposta pelo positivismo moderno, *hartiano* e pós-Hart, tão analiticamente rigoroso e metodologicamente informado —, "não dispõe de qualquer sugestão de qualquer elemento de *reciprocidade tácita*": a distinção se dá "completamente em termos *formais ou estruturais*".[431]

---

430 Itálico meu. "*The nature of this fundamental divergence may be expressed in these terms: I have insisted that law be viewed as a purposeful enterprise, dependent for its success on the energy, insight, intelligence, and conscientiousness of those who conduct it, and fated, because of this dependence, to fall always somewhat short of a full attainment of its goals. In opposition to this view it is insisted that law must be treated as a manifested fact of social authority or power, to be studied for what it is and does, and not for what it is trying to do or become.*" FULLER, Lon L. *The Morality of Law*. 2ª ed. New Haven: Yale University Press, 1969, p. 145.

431 Itálico meu, referência omitida. "*Hart's own distinction between the 'gunman situation' and a legal system contains no suggestion of any element of tacit reciprocity. Instead, the distinction runs entirely in formal or structural terms.*" FULLER, Lon L. *The Morality of Law*. 2ª ed. New Haven: Yale University Press, 1969, p. 139.

Parece-me que Fuller poderia ter sido um pouco mais cuidadoso, exatamente para evitar ataques ou condescendência por falta de rigor, e ter explorado melhor essa crítica que parece muito promissora: a incapacidade do positivismo de levar em conta essa ideia de reciprocidade mútua e tácita entre cidadãos e governantes que *a própria ideia de direito* parece pressupor quando o fenômeno é lido de acordo com os princípios que o constituem levados às últimas consequências. Seja como for, a ideia *está ali*, e parece nada menos que razoável que um autor seja lido à luz daquilo que pretende com sua teoria e daquilo que ela afirma quando lida integralmente. No caso de Fuller, estamos falando de uma concepção de direito a partir da qual o homem (ou indivíduo, ou cidadão) é tratado como *um centro ativo de ação e inteligência*, dotado de responsabilidade e autodeterminação.[432]

2.2.2 A 'Resposta aos críticos'

Não me parece ser por acaso, ou mero detalhe, que a '*reply to critics*' — resposta aos críticos — de Fuller seja uma articulação mais tardia, em uma fase posterior de sua trajetória, servindo de apêndice a uma segunda edição de *The Morality of Law*. Penso que, no que diz respeito aos escritos de Fuller sobre sua empreitada em teoria 'geral' do direito, por assim dizer, a 'resposta' seja a melhor versão, mais madura e mais bem elaborada, daquilo que o caracteriza e distingue de seus adversários teóricos. Antes de avançarmos, porém, é interessante recuperar aqui, brevemente, alguns dos pontos lançados por Hart em sua resenha à primeira edição de *Morality*;[433] afinal, como o próprio Fuller definiu, a resenha marca um importante *round* na disputa e, no limite, acaba sendo *a* principal fonte de diálogo em um apêndice que responde aos críticos no plural.

2.2.2.1 *A resenha de* The Morality of Law

Grande parte da resenha (bastante) crítica de Hart passa por rebater — não sem certa dose de razão, não sem boa dose de acidez — a já mencionada falta de rigor filosófico por parte de seu interlocutor: "é geralmente difícil, em meio às firmes afirmações do autor acerca daquilo que é certo e errado em teoria do direito,

---

432 *Cf.* FULLER, Lon L. *The Morality of Law*. 2ª ed. New Haven: Yale University Press, 1969, pp. 162-163.

433 Naturalmente, os pontos principais e que mais guardam relação com as pretensões da pesquisa aqui desenvolvida.

identificar quaisquer argumentos igualmente firmes e claros sustentando essas afirmações".[434] Hart vai além, dizendo que, seja como for, a diferença fundamental entre os pontos de partida — o seu e o de Fuller — é tamanha que talvez tenha como consequência a impossibilidade de um debate realmente inteligível, no qual as partes realmente conversem a partir de um terreno comum e não estejam cada uma falando para si mesma. Não sei até que ponto o debate profícuo era mesmo impossível, mas a diferença fundamental entre pontos de partida parece ser mesmo o grande ponto, a grande chave de leitura que permite uma melhor compreensão do debate Hart–Fuller como um todo — algo que o próprio Fuller também declara, como veremos mais adiante.

Hart é bastante crítico com a concepção demasiadamente ampla de direito oferecida no livro — incapaz, a seus olhos, de definir com precisão os termos dos quais depende para fazer sentido (sendo o próprio conceito de 'regra' o principal deles) — e com uma alegada falta de clareza e rigor (de novo!) com a distinção proposta por Fuller entre as moralidades de dever e de aspiração. É inclusive com base nessa crítica que, em sua resenha, Hart recorre ao argumento da 'moralidade do envenenamento': envenenar alguém também é um exemplo de 'atividade', de 'empreendimento humano' dotado de um *propósito*, e que, por isso, também pode ter uma série de 'princípios' sem os quais se torna impossível (*e.g.* 'Evite venenos que possam chamar atenção'); denominar esses princípios de um tipo de 'moralidade', como Fuller faz com a moralidade interna do direito, significa confundir a *eficiência*, a *eficácia* de um propósito com os juízos morais que se pode fazer sobre esses propósitos mesmos.[435] Ou ao menos é o que diz Hart; também voltaremos a isso mais adiante (ao analisarmos mais detidamente se o argumento baseado na eficácia faz justiça ao que Fuller propõe).

Hart diz que muito daquilo que compõe 'moralidade interna do direito' já era identificado e defendido por autores criticados por Fuller, como Bentham; esquece, porém, que *o próprio Fuller* reconhece isso, chegando ao ponto de citar Bentham

---

434 "*For though the main positions which the author wishes to defend are clearly and frequently stated, and though they are often illustrated with suggestive examples and analogies drawn from science or economics, it is nonetheless often difficult amid the author's firm and clear assertions of what is right and wrong in jurisprudence to identify any equally firm and clear argument in support of these assertions.*" HART, H. L. A. Review: The Morality of Law, by Lon L. Fuller. *Harvard Law Review*, vol. 78, n. 6, abr. 1965, pp. 1281-1296 (1281).

435 *Cf.* HART, H. L. A. Review: The Morality of Law, by Lon L. Fuller. *Harvard Law Review*, vol. 78, n. 6, abr. 1965, pp. 1281-1296 (1282-1288).

expressamente.[436] De todo modo, mais importante do que isso — embora seja importante apontar a falta de rigor *de Hart* nessa desatenção, sobretudo quando essa é uma arma por ele tão utilizada — é a defesa *hartiana* de sua proposta teorética em contraste àquela desenvolvida por Fuller. Para Hart, em um exemplo muito claro da pretensão 'fundacional' do positivismo (discutida ao longo da seção metodológica desta pesquisa), seu *Conceito de Direito* não exclui ou anula uma investigação teórica quanto aos 'propósitos' do direito, mas pretende oferecer previamente uma análise mais clara das *estruturas* dentro das quais esses propósitos podem ser buscados. Hart defende assim sua proposta de uma 'regra de reconhecimento' como categoria teórica — defendendo inclusive uma espécie de positivismo inclusivo *avant la lettre*, ao dispor que não há nada em sua elaboração de uma regra última e suprema, a partir da qual se pode derivar critérios de determinação e identificação das normas enquanto normas, que seja conceitualmente incompatível com a eventual incorporação de critérios morais — e diz que, por mais importante que seja a pergunta sobre a legitimidade de autoridades legislativas e de produção de direito, ela é uma pergunta *diferente* e *posterior* à investigação e análise da prática que determina os critérios de validade jurídica. Nesse sentido, Hart diz que Fuller até pode ter razão ao dizer que qualquer reconhecimento de autoridade jurídica enquanto autoridade jurídica já pressupõe, ainda que implicitamente, limites morais — mas diz também que, se esse foi seu erro, ele ainda demanda "um ataque mais frontal e mais detalhado que esse oferecido pelo autor".[437]

Finalmente, e em última análise, é o próprio Hart quem define melhor que ninguém a tônica de sua leitura e sua resposta às teses desenvolvidas por Fuller, ao final de sua resenha. Para Hart, tudo que *The Morality of Law* tem de positivo e de negativo deriva-se precisamente da "paixão" que Fuller nutre pela ideia de 'propósito'; como qualquer paixão, ela pode "cegar um homem". Sem a pretensão de "encerrar a duradoura união" de Fuller com sua "ideia-mestra",

---

436 *Cf.* FULLER, Lon L. *The Morality of Law*. 2ª ed. New Haven: Yale University Press, 1969, p. 97.

437 "*Here, if I may say so, the author's target should have been my claim that it is both intelligible and important to distinguish the general acceptance of the legally ultimate rule of a system of law which specifies the criteria of legal validity from whatever moral principles or rules individuals act upon in deciding whether and to what extent they are morally bound to obey the law. Again, I may have been wrong in making this distinction, and the author may be right in thinking that any recognition of legal authority contains implicitly moral limitations. But if this was my error it stands in need both of a more frontal and detailed attack than the author mounts here.*" HART, H. L. A. Review: The Morality of Law, by Lon L. Fuller. *Harvard Law Review*, vol. 78, n. 6, abr. 1965, pp. 1281-1296 (1294).

a intenção de Hart — *diz Hart* — é tão somente demonstrar que, em filosofia, o "romance" não é a melhor abordagem: a queda na temperatura significa um aumento na clareza.[438]

De novo, penso que Fuller deixou-se, sozinho, vulnerável a esse tipo de ataque. Como já disse, *é verdade* que, por vezes, faltou um pouco de rigor. Mas também é verdade que debates filosóficos exigem generosidade na leitura — e se Fuller nem sempre foi generoso em sua leitura do positivismo, tampouco Hart foi generoso em sua leitura de Fuller. Antes de abordarmos isso em maior detalhe, vejamos que tipo de resposta foi oferecida a tão crítica resenha crítica.

2.2.2.2 O round *final, e a resposta aos críticos na segunda edição*

É exatamente o encerramento conclusivo da resenha de Hart que dá a Fuller uma impressão acerca do modo como seu interlocutor percebia as diferenças entre seus pontos de partida — um fator decisivo na discussão, apontado por Hart e reafirmado por Fuller, para quem os debates se desenvolviam menos sobre princípios articulados e mais sobre premissas tácitas; menos sobre aquilo que efetivamente era dito por cada uma das partes e mais sobre os fundamentos anteriores e subjacentes.[439] Retomando o parágrafo final da resenha de Hart, sobre seu "romance" com a ideia de propósito, Fuller diz se tratar de um interessante e legítimo (embora explícito demais para seu gosto) "recurso literário" adotado por Hart para deslegitimar uma suposta atenção demasiada e injustificada de sua parte ao propósito servido pelo direito. A visão de Fuller é a de que não é ele quem dá atenção demais à ideia de propósito: Hart é quem dá *atenção de menos*. Trata-se de uma "ilusão positivista" de que há virtudes — não declaradas ou analisadas, sem justificação que as sustente enquanto virtudes — em uma empreitada teórica

---

438 "*In conclusion I would say this: the virtues and vices of this book seem to me to spring from the same single source. The author has all his life been in love with the notion of purpose and this passion, like any other, can both inspire and blind a man. I have tried to show how it has done both to the author. The inspiration is so considerable that I would not wish him to terminate his longstanding union with this* idée maîtresse. *But I wish that the high romance would settle down to some cooler form of regard. When this happens, the author's many readers will feel the drop in temperature; but they will be amply compensated by an increase in light.*" HART, H. L. A. Review: The Morality of Law, by Lon L. Fuller. *Harvard Law Review*, vol. 78, n. 6, abr. 1965, pp. 1281-1296 (1295-1296).

439 *Cf.* FULLER, Lon L. *The Morality of Law*. 2ª ed. New Haven: Yale University Press, 1969, p. 189.

que trate empreendimentos e atividades dotadas de propósito *como se estas não tivessem propósito.*[440]

Essa 'ilusão positivista' é um bom gancho para notarmos aqui as teses que Fuller atribui ao positivismo analítico — uma vez que, declaradamente, um de seus propósitos com a resposta aos críticos é a de enfim trazer às claras as premissas tácitas que marcam cada um dos tão distintos pontos de partida que separam as partes nesse debate. Já é um oportuno acerto de Fuller definir aqui seu adversário com o rótulo 'analítico', e ele assim o faz por duas razões. Primeiro, sua pretensão é a de excluir de sua análise uma escola de pensamento por ele definida como um positivismo baseado em padrões de comportamento: o realismo jurídico norte-americano, segundo o qual (ao menos em suas versões mais radicais) investigar a natureza do direito significa buscar, nos padrões de comportamento dos juízes e demais autoridades que compõem a prática, previsões acerca de como os tribunais virão a decidir — o direito é aquilo que os tribunais dizem que é.[441] Segundo, e mais importante para o ponto aqui desenvolvido, Fuller diz que 'analítico' é um termo apto para capturar uma disposição intelectual específica, que marca teóricos mais preocupados em distinções e separações do que em explicações sobre como elementos e categorias se ajustam e funcionam em conjunto; é nesse sentido que

---

440 "*The amatory figure — though inevitably a little vivid for the taste of its victim — I accept as a legitimate literary device. I take it what Hart is attempting to convey is that I make too much of purpose and that I would do well to play it down in my thinking. In my view Hart makes too little of purpose; he suffers from the positivist delusion that some gain — unstated and unanalyzed — will be realized if only we treat, insofar as we can, purposive arrangements as though they served no purpose.*" FULLER, Lon L. *The Morality of Law*. 2ª ed. New Haven: Yale University Press, 1969, p. 190.

441 Há discussão sobre até que ponto o realismo jurídico pode ser considerado uma forma de positivismo. O próprio Fuller, como se vê, defende uma sintonia entre as concepções de direito que informam cada uma dessas escolas (e já o fazia em seus escritos anteriores, desde o já abordado *Law in Quest of Itself*); por outro lado, o *Conceito de Direito* de Hart passa também por responder a um ceticismo-de-regras muito atrelado a uma leitura realista do conceito de direito. Contemporaneamente — e Brian Leiter é um autor que se destaca nesse sentido, embora Leslie Green também apresente uma interessante versão do argumento (com maior nuance) —, também se aponta que o realismo jurídico *pressupõe* o aparato conceitual oferecido pelo positivismo. *Cf.* LEITER, Brian. Legal Realism and Legal Positivism Reconsidered. *Ethics*, vol. 111, n. 02, jan. 2001, pp. 278-30; LEITER, Brian. Legal Positivism as a Realist Theory of Law. In: SPAAK, Torben; MINDUS, Patricia (ed.). *The Cambridge Companion to Legal Positivism.* Cambridge: Cambridge University Press, 2021, pp. 79-101; GREEN, Leslie. Positivism, Realism, and Sources of Law. In: SPAAK, Torben; MINDUS, Patricia (ed.). *The Cambridge Companion to Legal Positivism.* Cambridge: Cambridge University Press, 2021, pp. 39-60.

há, diz Fuller, "pouco interesse entre positivistas analíticos em identificar os elementos de inter-relação tácita que formam — embora sempre de maneira um tanto imperfeita — aquilo que chamamos, não por acidente, de um *sistema* jurídico".[442] De novo: se é verdade que a leitura de Fuller acerca do positivismo nem sempre foi das mais rigorosas,[443] também existe uma importante parcela de verdade em sua interpretação acerca da disposição intelectual analítica.

Assim, finalmente, passemos às teses que marcam o positivismo analítico — aos olhos de Fuller. *Primeiro*, o positivismo analítico vê o direito como uma *projeção unilateral de autoridade* emanando de uma fonte social autorizada para produzir direito; isto é, o positivismo não guarda espaço para, ou não vê como essencial para a compreensão do fenômeno, qualquer elemento de *cooperação tácita* entre governante e governado — o direito *age sobre* o cidadão, de forma moral ou imoral, justa ou injustamente. *Segundo*, o positivismo analítico não investiga primeiro o que o direito é ou faz, mas *de onde ele vem* — a pergunta fundamental para entender *o que é* está em *quem produz* o direito, de modo que as disputas internas ao positivismo (diz Fuller) têm quase todas a ver com o problema da definição do(s) princípio(s) a partir dos quais se pode identificar a capacidade/prerrogativa de criar/produzir direito. Aqui, Fuller finalmente traz uma importante nuance que consegue dar conta ao menos de propor uma tréplica à resposta positivista (vista, por exemplo, na resenha de Hart) às duas primeiras teses imputadas: a de que o positivismo não é incompatível com a eventual incorporação de critérios morais aos critérios de validade jurídica. Fuller diz que positivistas bem podem reconhecer, é certo, a possibilidade de que a fonte social autorizada careça de certos poderes para promulgar determinadas normas enquanto normas jurídicas — o exemplo comum é o de constituições escritas (de)limitando certas possibilidades no exercício de um poder legislativo. O ponto é que nenhum positivista moderno — diz Fuller — traz ao centro de sua investigação quaisquer limitações *já pressupostas pelo próprio direito na criação*

---

442 Itálico no original. "*The term 'analytical' is also apt in conveying an intellectual mood that finds more satisfaction in taking things apart than in seeing how they fit and function together; there is, indeed, little interest among analytical positivists in discerning the elements of tacit interrelatedness that infuse — though always somewhat imperfectly — what we call, by no accident, a legal* system." FULLER, Lon L. *The Morality of Law*. 2ª ed. New Haven: Yale University Press, 1969, p. 191.

443 *Cf.* KRAMER, Matthew H. *In Defense of Legal Positivism*: Law Without Trimmings. Oxford: Oxford University Press, 1999, p. 38.

do direito. Essa é claramente uma das preocupações de Fuller (e, claramente, uma das preocupações *desta pesquisa mesma*, como seu próprio título já indica), e é claramente um ponto no qual, à parte e para além de sua 'falta de cuidado filosófico',[444] ele tem razão em sua leitura sobre o positivismo jurídico: um ponto que (quase) chega a compensar essa falta de rigor, já que, uma vez considerado, faz com que as outras impressões de Fuller sobre o positivismo façam ao menos um pouco mais de sentido em todo seu alcance.

Sigamos. A *terceira* característica que Fuller atribui ao positivismo analítico, bastante relacionada às anteriores, é uma desatenção ao papel do legislador (ou, em sentido mais amplo, à autoridade responsável pela produção do direito) como um papel *próprio e específico* — efetivamente como *um papel*, uma função exercida em ajuste e sintonia ao papel de outros agentes e atores sociais, incluindo aí cidadãos comuns. A *quarta* característica, derivada dessa terceira, é a incapacidade positivista de atribuir à função legislativa (ou de produção do direito) uma espécie de moralidade própria no exercício dessa função, uma espécie de 'código de ética' *próprio da função enquanto tal*: "[s]e o legislador promulga aquilo que Hart chama de leis 'iníquas', ele peca contra a moralidade geral, mas não há qualquer moralidade especial aplicável [especificamente] à sua própria tarefa".[445]

A clara interdependência entre esses elementos até aqui leva Fuller a resumi-los no seguinte sentido: não há, no 'credo positivista', o reconhecimento de uma *dimensão social* no funcionamento de um sistema jurídico — isto é, um espaço de *interação*, de responsabilidades mútuas entre governantes e governados que constitui um ingrediente essencial, indispensável para o próprio direito. E embora isso não pareça, à primeira vista, guardar relação com a *quinta* característica identificada e atribuída por Fuller ao positivismo, também ela tem direta relação: a crença de que só se pode pensar claramente sobre o direito com base em uma distinção rígida entre (a) o engajamento, os esforços orientados *a* e *por* um propósito que fazem parte da empreitada de produção do direito e (b) o direito que efetivamente exsurge desse

---

444 Matthew Kramer, por exemplo, chega a falar em "*philosophical clumnsiness*". *Cf.* KRAMER, Matthew H. *In Defense of Legal Positivism*: Law Without Trimmings. Oxford: Oxford University Press, 1999, p. 38.

445 "*There is (...) no room in the positivist philosophy for* [an] *ethical code governing the lawgiver's role. If the lawgiver enacts what Hart calls 'iniquitous' laws, he sins of course against general morality, but there is no special morality applicable to his job itself.*" FULLER, Lon L. *The Morality of Law*. 2ª ed. New Haven: Yale University Press, 1969, p. 193.

engajamento, desses esforços.[446] Para Fuller, é isso que *dá o nome* ao positivismo e que sustenta a própria disposição analítica:[447] afinal, a categorização e o desengajamento e a dicotomia rígida entre as esferas daquilo que 'é' e daquilo que 'deve ser' não são mais plenamente possíveis quando esse 'direito implícito' — que surge dessa noção de um direito a ser compreendido como atividade, orientada a partir de e em direção a um propósito e baseada na interação mútua, constante e recíproca entre todos aqueles que compõem a prática —, *anterior ao próprio direito positivo*, é levado em conta. Em Fuller, portanto, trata-se de uma concepção de direito baseada fundamentalmente na ideia de reciprocidade, em uma ideia de padrões compartilhados sem os quais o direito não pode ser compreendido em toda sua densidade.[448]

---

446 É por passagens como essa que defendo a ideia de que, com a devida ressalva a uma falta de rigor, Fuller acerta em muito de sua leitura sobre o positivismo. Basta ver a (já aqui mencionada) passagem de um dos maiores e mais rigorosos positivistas contemporâneos — e grande crítico de Fuller —, Matthew Kramer, no sentido de que há uma preocupação por parte do positivismo quanto às "potenciais lacunas entre as intenções de indivíduos e as consequências de suas ações" ("*potential gaps between the intentions of individuals and the consequences of their actions*"). *Cf.* KRAMER, Matthew H. *In Defense of Legal Positivism:* Law Without Trimmings. Oxford: Oxford University Press, 1999, pp. 49-50. Claro, essas lacunas existem e não seriam — não *eram* — negadas nem mesmo pelo próprio Fuller, para quem o êxito na grande empreitada que constitui o fenômeno jurídico é, sim, uma questão de graus, nuances. O ponto é que, em Fuller, as intenções anteriores às consequências (para usar aqui a terminologia de Kramer) são um padrão de orientação e referência sem o qual as consequências não fazem pleno sentido. Inclusive, o respeito aos princípios de legalidade como uma questão de graus foi criticada por Ronald Dworkin, em um argumento que também é respondido por Fuller na *Reply*. (*Cf.* FULLER, Lon L. *The Morality of Law.* 2ª ed. New Haven: Yale University Press, 1969, p. 199.) A ideia de que os princípios são atendidos de forma substancial, mas não *completa,* por sistemas jurídicos propriamente ditos é aceita e endossada por Kramer, autor que rejeita a ideia de uma 'moralidade interna do direito' mas entende que, do ponto de vista puramente formal, os oito princípios de legalidade levantados por Fuller constituem a essência do direito — sendo a 'moralidade' condicionada ao preenchimento substantivo das lacunas deixadas em aberto pelos princípios de legalidade enquanto meros princípios formais. (Por outro lado, Kramer, diga-se, rejeita a ideia de que *ser um sistema jurídico* possa ser uma questão de escala ou graus como Fuller parece endossar; dito isso, Kramer ressalta que *a clareza de um regime de governança jurídica enquanto regime de governança jurídica* pode ser, sim, uma questão de graus. *Cf.* KRAMER, Matthew H. *Objectivity and the Rule of Law.* Cambridge: Cambridge University Press, 2007, pp. 105-108.)

447 *Cf.* FULLER, Lon L. *The Morality of Law.* 2ª ed. New Haven: Yale University Press, 1969, pp. 194-195.

448 Para Gerald Postema, esse 'direito implícito', que gravita em torno dessa concepção de direito centrada na interação de uma 'dimensão social', é o grande centro da teoria do direito de Fuller. O direito não apenas guarda uma relação de continuidade — guarda também uma relação de *dependência* com as práticas sociais que o circulam e antecedem, a tal ponto que não se pode abstrair essas práticas da teorização sobre o fenômeno: "[p]or sua própria natureza, o direito está profundamente implicado nas práticas e convenções das comunidades que governa",

É com essa ideia em mente que se pode ler melhor a resposta de Fuller ao argumento *hartiano* contra a moralidade interna do direito, baseada, como vimos, na 'moralidade interna do envenenamento'. Para Fuller, esse tipo de objeção baseia-se antes em uma confusão entre moralidade e *eficácia*: como se a moralidade interna do direito fosse simples e tão somente uma questão de eficácia na administração de um sistema de governança. Uma vez expandida, entendida a longo prazo e levada às últimas consequências — diz Fuller —, a própria ideia de eficácia acaba por prejudicar a rígida distinção positivista entre as esferas do direito e da moral: a eficácia constante de um sistema jurídico *qua* sistema jurídico — isto é, a sobrevivência de um sistema estruturado de normas públicas enquanto sistema jurídico ao longo do tempo — exige um respeito à integridade desse sistema. Mais do que isso, essa confusão entre moralidade e eficácia revela, para Fuller, a ideia de que a existência ou inexistência do direito não é uma questão que se coloca do ponto de vista moral; revela, uma vez mais, a compreensão positivista de direito como projeção vertical de autoridade.[449]

Daí por que insisto na ideia de que Fuller não será plenamente compreendido sem que se tenha sempre como *background* a premissa da reciprocidade. Entendido como projeção vertical de autoridade, e como um sistema cuja plena existência não envolve considerações morais, o direito fica muito mais próximo de uma outra forma de ordenação social, chamada por Fuller de '*managerial direction*' — algo como 'controle gerencial', em tradução livre. Tanto o direito quanto esse sistema de comando e controle envolvem a coordenação das atividades humanas e algum tipo de sujeição a autoridade, além de compartilharem todo um vocabulário comum — 'obediência', 'legitimidade', 'autoridade', 'ordens', 'jurisdição' etc. Fuller diz que, verdade, um sistema de comando e controle, para ser *eficaz*,

---

de modo que essa "profundidade social" anterior e implícita é necessária para uma adequada compreensão das "normas promulgadas, validadas por *pedigree* e dotadas de autoridade", que representam somente a "superfície" do direito. ("*Fuller's conclusion (...) is that enacted, pedigree-validated, authoritative norms ('made law') represent only the surface phenomena of law. Law has a social depth which we must recognize if we are to understand adequately the nature and modes of functioning of these salient surface phenomena. By its very nature, law is deeply implicated in the practices and conventions of the communities it governs*".) *Cf.* POSTEMA, Gerald J. Implicit Law. In: WITTEVEEN, Willem J.; VAN DER BURG, Wibren (eds.). *Rediscovering Fuller:* Essays on Implicit Law and Institutional Design. Amsterdam: Amsterdam University Press, 1999, pp. 255-275 (em particular, 268).

449 *Cf.* FULLER, Lon L. *The Morality of Law.* 2ª ed. New Haven: Yale University Press, 1969, pp. 201-204.

precisa claramente respeitar ao menos alguns dos oito princípios de legalidade,[450] sobretudo se estes forem entendidos como princípios de eficácia. A questão é que alguns dos princípios próprios de legalidade — sobretudo o primeiro, a exigência de generalidade e, fundamentalmente, o oitavo, a congruência entre a norma declarada e sua aplicação em sus termos — *não* são passíveis de construção como mera questão de eficácia, porque, para fazer sentido, passam já "pela existência de uma reciprocidade relativamente estável de expectativas entre legislador e sujeito"; e essa relação, *mútua*, já é "parte *da própria ideia* de uma ordem jurídica em [seu pleno] funcionamento".[451]

É nesse sentido que ganha destaque o oitavo princípio: faz parte *da própria essência* do império da lei que um sistema de governança aplique as regras tal como previamente declaradas e que as observe como determinantes acerca dos direitos e deveres de cidadãos e autoridades em igual medida; "se o Império da Lei não significa isso, não significa nada".[452] É *por isso*, portanto, que não se trata de eficácia simplesmente: aderência às próprias regras não é um conselho para a persecução de fins, quaisquer que sejam, em abstrato; é justamente aquilo que separa o direito de um mero sistema baseado em comando e controle: o direito não é simplesmente uma questão de direcionar as pessoas a como a tarefas fixadas por um superior hierárquico; é uma questão de oferecer aos cidadãos uma estrutura sólida para suas interações uns com os outros e para com seus governantes — autoridades que têm entre suas funções, por natureza própria do papel exercido, a observância da integridade desse sistema de coordenação social.

No limite, é esse o ponto: o direito pressupõe um compromisso da autoridade para com o cidadão, um compromisso de respeito pelos próprios padrões estabelecidos. Compreender o direito apenas como produto das fontes sociais autorizadas para produzi-lo significa perder de vista uma dimensão igualmente fundamental, cujo paradoxo é apenas aparente: a de que o próprio direito, ainda que seja um

---

450 Lembremos: (p1) Generalidade; (p2) Publicidade; (p3) Prospectividade; (p4) Inteligibilidade; (p5) Consistência; (p6) Praticabilidade; (p7) Estabilidade; (p8) Congruência entre a norma como promulgada e sua aplicação.

451 Destaque meu. "*With a legal system the matter stands quite otherwise, for here the existence of a relatively stable reciprocity of expectations between lawgiver and subject is part of the very idea of a functioning legal order.*" FULLER, Lon L. *The Morality of Law*. 2ª ed. New Haven: Yale University Press, 1969, p. 209.

452 "*If the Rule of Law does not mean this, it means nothing.*" FULLER, Lon L. *The Morality of Law*. 2ª ed. New Haven: Yale University Press, 1969, p. 210.

produto, já impõe *ex ante* limites implícitos *à sua própria produção. Potestas irritans*:[453] mutuamente, o direito não apenas oferece os recursos para exercício do poder — sendo produto desse exercício —; oferece também meios para controle desse exercício próprio. E não é essa a única razão pela qual a moralidade de que fala Fuller é interna ao direito. Também é o caso que, chamemos essas expectativas mútuas pelo nome que for, essa reciprocidade é passível de observação na própria prática — não é uma projeção desde um olhar externo moralizante, mas "uma parte da realidade social": "a obediência às regras perde sua razão de ser se o indivíduo sujeito a elas sabe que aquele que as produz não respeitará as próprias disposições".[454] Em minhas conclusões, essa frase terá um eco muito importante.

2.3 Reconstruindo um legado possível

Concluindo suas reflexões sobre o debate Hart–Fuller, Jeremy Waldron diz esperar que filósofos do direito considerem válida a empreitada de "continuar, talvez de forma mais profícua, as considerações de Lon Fuller quanto às conexões entre o conceito e o império do direito".[455] Em larga medida, como o próprio título já sugere de maneira muito direta, é disso que se trata esta pesquisa: eis por que, então, revisitar — e recuperar, e rearticular — as teses de Fuller (e do próprio Waldron, em

---

453 A dimensão de *potestas irritans* remonta aos direitos canônico e romano e foi mais claramente articulada por *Sir* Matthew Hale, que atentava para a invalidação e anulação de atos contrários ao direito. É exatamente o poder de invalidação: as atividades de quaisquer grupos ou indivíduos em posição de poder ou autoridade — ainda que tenham sido assim investidas pelo próprio direito — tanto têm como podem *perder* seu *status* de juridicidade a depender de sua adequação aos padrões estabelecidos pela lei. *Cf.* MCILWAIN, Charles Howard. *Constitutionalism:* Ancient and Modern. Ithaca: Cornell University Press, 1940, pp. 135-136. POSTEMA, Gerald. Conversations with Professor Gerald J. Postema. Entrevista concedida a Lesley Dingle e Daniel Bates. *The Squire Law Library*, University of Cambridge, 30 jun. 2014. Disponível em <https://bit.ly/3krCtXU>.

454 "[*B*]*y whatever name we call it, we must not ignore the reality of the commitment implied in lawmaking, nor forget that it finds expression in empirically observable social processes; it is not something projected on those processes by a moralistic outside observer (...). The commitment implied in lawmaking is not, then, simply an element in someone's 'conceptual model'; it is a part of social reality. I have been emphasizing that obedience to rule loses its point if the man subject to them knows that the rulemaker will not himself pay any attention to his own enactments.*" FULLER, Lon L. *The Morality of Law*. 2ª ed. New Haven: Yale University Press, 1969, pp. 218-219.

455 "*I hope that my fellow legal philosophers will think it worth taking advantage of this openness to continue, perhaps more profitably, Lon Fuller's consideration of the connections between the concept and the rule of law.*" WALDRON, Jeremy. Positivism and Legality: Hart's Equivocal Response to Fuller. *New York University Law Review*, vol. 83, n. 04, out. 2008, pp. 1135-1169 (1169).

alguma medida, como veremos na sequência) é uma tarefa que constitui elemento fundamental em um projeto teórico cujos desafios à metodologia positivista passam pela compreensão de que o direito e o *rule of law* são mais bem compreendidos quando articulados em conjunto.

O que Fuller sugere, mais ainda, não está apenas nessa relação conceitual em si mesma, mas em afirmá-la do seguinte modo: a satisfação às exigências da legalidade é algo que necessariamente aparece como critério a ser atendido para que um sistema possa ser classificado como sistema jurídico. E é *aqui*, muito mais do que em chamar os oito princípios de 'moralidade' — ou mesmo nos próprios oito princípios elencados —, que reside, penso, a verdadeira chave de leitura para a tese *fulleriana*. Mais: os oito princípios de Fuller servem de base quase universalmente assumida para a caracterização do *rule of law* moderno, verdade; mas penso que as *considerações* de Fuller acerca dos princípios por ele listados apontam a uma leitura mais específica *do tipo de interpretação* de 'império da lei' que fundamenta a relação conceitual estabelecida para com o próprio conceito de direito. Vimos, afinal, a contestabilidade do conceito de *rule of law*. A ênfase de Fuller na ideia de *reciprocidade* como algo que distingue a empreitada *jurídica* de outras formas potenciais de organização e coordenação social é algo que orienta uma concepção mais específica do conceito de legalidade — e essa concepção específica de legalidade, por sua vez, ajuda a informar e substanciar os requisitos a serem observados e as exigências a serem cumpridas por essa empreitada específica e característica de organização e coordenação social.[456]

Além disso, assim como discutir o caráter de 'moralidade' nos oito princípios é uma discussão que acaba por se tornar semântica, apontar à possibilidade de conformidade entre esses princípios e 'fins iníquos' também significa perder de vista o alcance e o verdadeiro significado da proposta de Fuller. Os princípios de legalidade não são mera questão de eficácia: são uma questão de *fundamentos* da prática enquanto prática distinta e, igualmente, de *fidelidade recíproca*, de todos os atores envolvidos, a esses fundamentos mesmos. É assim que a tese de Fuller surge como uma *via media*, afinal: assume a ideia da função, do propósito elementar do direito como centro de gravidade — mas parte desse centro para fundamentar a

---

456 José Reinaldo de Lima Lopes parece favorecer uma leitura como essa que, com base em Fuller, proponho aqui, em suas considerações tanto sobre o Estado de Direito quanto sobre uma dimensão de *moralidade* que é (já) interna ao próprio conceito de direito, e sem o qual o direito, enquanto prática, não pode fazer sentido. Ver LOPES, José Reinaldo de Lima. *Curso de Filosofia do Direito*: o Direito como Prática, 2ª ed. São Paulo: Atlas, 2021, pp. 384-385.

noção de que o direito se distingue pelo *modo* no qual se apresenta. Igualmente, Fuller rejeita um 'jusnaturalismo' caricatural, ingênuo, superado, de uma 'lei superior' capaz de invalidar o direito positivo — rejeitando, ao mesmo tempo, um convencionalismo incapaz de oferecer por si mesmo limites àquilo que vem a se tornar produto da convenção.

É por isso que John Gardner, por exemplo, tem razão quando diz que, em Fuller (como em Kelsen e Hart) o direito é um conceito *modal*, não funcional;[457] o ponto é que, embora não seja mero instrumento a um fim específico, o direito tampouco é mera *técnica* puramente convencional. O direito tem uma função própria e, embora não seja necessariamente distinguido por ela de forma exclusiva a ponto de se tornar um conceito funcional, é uma atividade por ela orientada; e, sendo uma empreitada distinta em relação a outras instituições e fenômenos sociais, com seus fins específicos, tem *formas* que lhe são próprias. Há, na acertada definição de Kristen Rundle, não uma distinção, mas uma *interação* entre meios e fins[458] — e, na acertada lição de Waldron, a fidelidade ao direito, com Fuller, está não nos fins a que serve, mas naquilo que o direito efetivamente *é*.[459] Daí por que os princípios de legalidade *não podem ser* mera questão de eficácia — a justificação para sua existência e sua observância não é instrumental.

É por isso que Fuller oferece um panorama teórico que nos torna capazes de reconhecer sistemas jurídicos como defeituosos, problemáticos, sem *necessariamente* desatribuir-lhes o rótulo de sistemas jurídicos — mas *mantendo essa possibilidade em aberto.* O teste positivista de validade jurídica é inicialmente válido e tem um ponto: ninguém poderia negar (sobretudo em sociedades democráticas sob as circunstâncias do pluralismo) que leis que desaprovamos são ainda assim leis. O ponto é que a degradação de *um sistema* de governança — a degradação de suas *formas* e seus *meios* — pode ser tão marcada a ponto de *esse sistema* perder aquilo que o distinguiria enquanto direito. A análise está para além de leis, regras, normas específicas, abstratamente isoladas. E o ponto fundamental é que os critérios a partir dos quais julgamos, classificamos e

457 *Cf.* GARDNER, John. The Supposed Formality of the Rule of Law. In: GARDNER, John. *Law as a Leap of Faith*. Oxford: Oxford University Press, 2012, pp. 195-220.

458 *Cf.* RUNDLE, Kristen. Gardner on Fuller: A Response to 'The Supposed Formality of the Rule of Law'. *Jurisprudence*, vol. 06, n. 03, 2015, pp. 580-587.

459 *Cf.* WALDRON, Jeremy. Why Law - Efficacy, Freedom, or Fidelity? *Law and Philosophy*, vol. 13, n. 03, ago. 1994, pp. 259-284 (275).

avaliamos a natureza de juridicidade de sistemas de governança são, com Fuller, critérios que podemos construir *internamente* à própria prática, concebida *em seus próprios termos*, na interação entre os fins que assume como empreitada de organização e coordenação social e os meios que a tornam uma empreitada própria, distinta. Aqui, recorro novamente a Kristen Rundle. Também ela, em sua (magnífica) obra sobre Fuller, revisitou em detalhe o debate de 1958. Entre suas considerações, ela destaca exatamente que, quando observamos mais detidamente as respostas de Fuller a Hart, vemos que elas abordam "direta e profundamente a questão sobre se o positivismo é capaz de acomodar uma ideia que faça sentido de *patologia jurídica*".[460]

A discussão relevante não é sobre se generalidade, publicidade etc. são princípios 'morais'. Tampouco é uma discussão sobre eficácia. O legado de Fuller está em colocar nos domínios próprios da teoria do direito a investigação acerca do que distingue o direito enquanto prática, à luz *tanto* de suas funções e propósitos *quanto* dos meios e das formas que assume na busca desses propósitos e no exercício dessas funções. Seu legado é o de colocar como um problema teórico, próprio da teoria *jurídica*, o que distingue não o direito da moralidade — a questão historicamente típica da agenda positivista —, mas (a) o que distingue o império da lei do império dos homens, (b) por que os compromissos que distinguem o primeiro do segundo são internos ao direito enquanto forma de coordenação social e (c) como esses compromissos internos auxiliam e exigem uma compreensão mais densa do fenômeno mesmo.

Daí por que seu legado está exatamente na sugestão de Waldron. Deve fazer parte da agenda da *jurisprudence* uma investigação acerca das conexões e das relações entre o direito e o *rule of law*, exatamente para que tenhamos uma melhor compreensão daquilo que o direito verdadeiramente significa. A investigação sobre o *rule of law* não é nem pode ser externa, sob pena de compreendermos mal o objeto que pretendemos investigar. Assim, com base (1) nas considerações metodológicas, (2) em uma concepção de império da lei e (3) no legado de Fuller, esta pesquisa assume, no próximo capítulo, a tarefa de avançar na ideia do conceito e do império do direito, enfrentando debates contemporâneos e buscando unificar, de maneira coerente e inteligível, as discussões aqui propostas.

---

460 "*The objection actually speaks directly, and powerfully, to the question of whether positivism can accommodate a meaningful idea of legal pathology*." RUNDLE, Kristen. *Forms Liberate:* Reclaiming the Jurisprudence of Lon L Fuller. Oxford: Hart Publishing, 2012, p. 74.

3 | O DIREITO E SEU IMPÉRIO

Até aqui, imagino que o tipo de concepção de direito articulada e proposta por esta pesquisa já tenha ficado claro — ou, melhor, o tipo de concepção *pretendida* já parece ter ficado claro, uma vez que as premissas foram declaradas sempre que possível. Para além disso, as filiações e os compromissos teóricos implicitamente fixados pela própria seleção de autores e obras de referência costuma ser o melhor indicativo daquilo que alguém pensa sobre seu objeto de estudo, análise, reflexão.

Dito isso, após um (necessário) percurso mais 'descritivo' — 'descritivo' num sentido de exploração de conceitos e propostas teóricas já existentes —, é chegado enfim o momento de se buscar uma articulação mais própria e coerente da concepção de direito que surge precisamente da exploração e união do que me parece haver de mais relevante e verdadeiro no que foi abordado até aqui. Nesse sentido, este capítulo pretende oferecer — após uma breve síntese daquilo que foi trabalhado até este momento, de modo a indicar os pontos em comum que têm especial relevância para o que pretendo oferecer — uma tentativa de uma concepção coerente de direito, que busque dar conta de aspectos próprios e, argumento, *internos ao próprio conceito* de direito. Além disso, o capítulo busca contribuir, com essa perspectiva própria, com debates contemporâneos ao responder a algumas objeções possíveis ao tipo de empreitada filosófica aqui buscada.

Inaugurando o argumento, quando da discussão sobre as diferentes abordagens metodológicas diante do direito, a hipótese elencada para a investigação foi a de compreender o fenômeno jurídico não antes, mas *em conjunto* com a própria ideia de *rule of law*, aqui traduzida como 'império da lei' ou 'império do direito'. A partir daí, dois foram os passos: primeiro, investigar o *rule of law* em suas diferentes concepções e, depois, oferecer uma (re)leitura de argumentos desenvolvidos por Lon Fuller. A escolha por Fuller não foi mera preferência pessoal (embora parte da minha argumentação aqui desenvolvida já tenha como premissa a convicção de que, talvez pela falta de treinamento técnico enquanto filósofo profissional, Fuller é um tanto subestimado na história da teoria do direito). Fuller é um autor paradigmático no sentido de articular essa relação concomitante, dúplice, entre o direito e a própria noção de legalidade enquanto ideal. Além disso, e talvez isso seja mais do que coincidência, Fuller foi também um autor cuja teoria sempre enfatizou a noção de um propósito subjacente ao direito concebido enquanto atividade. Isso também é importante porque um dos pontos considerados na discussão metodológica aqui proposta foi o de que buscar uma análise mais completa do fenômeno jurídico — ou, se optarmos por uma discussão que não envolva a 'natureza' do fenômeno, do 'conceito' de direito, voltado enquanto conceito a capturar esse fenômeno mesmo —, especialmente quando tratamos do direito enquanto empreendimento humano, envolve discutir seriamente a ideia de função, bem como discutir as consequências teóricas do reconhecimento dessa ideia.

É verdade que, por um lado, o trabalho de releitura de um autor parece, por vezes, um tanto exegético. Dito isso, a tarefa exegética é importante não apenas para contextualizar as ideias de um autor e recontextualizar aquelas que parecem mais importantes para novas teses daí propostas. Além disso — e talvez até mesmo pela premissa, assumida, de que Fuller foi subestimado em seu debate com Hart, e pela ampla convicção em círculos academicamente dominantes de que ele teria sido superado —, parece importante oferecer uma tentativa de releitura que destaque alguns desses argumentos de modo a explicitar um possível legado esquecido. Neste contexto, quem acredita e sustenta que um autor foi historicamente subestimado tem o ônus argumentativo de demonstrar o possível legado deixado por suas ideias quando interpretadas com olhares mais generosos. Essa é a tarefa principal de um capítulo mais exegético, que, repito, tem grande parte de sua razão de ser na hipótese de Waldron: a de que Fuller abriu o caminho para uma exploração possível, e que ainda é uma lacuna, quanto às conexões entre o direito e o império da lei.[461]

Feito isso, é hora de explorar essa ideia — e essa lacuna. Assim, após considerações (1) metodológicas, que levantaram essa conexão como hipótese passível de investigação, (2) sobre o império da lei quanto conceito e enquanto ideal, chegando à conclusão de que é fundamental entender *sua razão de ser*, para além da

461 *Cf.* WALDRON, Jeremy. Positivism and Legality: Hart's Equivocal Response to Fuller. *New York University Law Review*, vol. 83, n. 04, out. 2008, pp. 1135-1169 (1169).

abordagem tradicional baseada em concepções formais/substantivas, e (3) sobre o possível legado de Fuller para uma investigação sobre as possíveis conexões entre o direito e o *rule of law*, é chegada a hora de (a) tentar construir algo inteligível e coerente a partir desses *insights* todos, (b) enfrentar algumas objeções e debates (mais) contemporâneos que guardam relação com essa ideia e, ainda, (c) verificar algumas das repercussões e consequências da adoção dessa concepção mais 'densa' de direito. Alguns comentários sobre a proposta de Waldron serão oportunos: por sua importância mesma, pelo contraste que acaba oferecendo para a abordagem de uma discussão bastante contemporânea em teoria do direito — e central para meus propósitos aqui —, pelas bases muito sólidas que oferece para aquilo que pretendo introduzir à discussão. Minha concepção é muito influenciada pela de Fuller e também pela de Waldron, e isso deve ser reconhecido justamente sempre que é o caso.

3.1 O conceito e o império do direito

Além de sugerir o caminho proposto por Fuller como uma hipótese promissora para a teoria do direito, Waldron ofereceu uma boa dose de contribuição nesse sentido. Em '*The Concept and the Rule of Law*', ensaio cujo título já anuncia o que vem, Waldron desenvolve uma linha de argumentação que propõe que o *rule of law*, tido sempre como ideal, tem (também) um importante papel na teorização sobre aquilo que o direito *é*. A proposta de Waldron é inovadora e segue a mesma orientação de grande parte de seus escritos, uma vez que está baseada fortemente em aspectos *procedimentais* e *argumentativos* da prática jurídica — uma tônica muito comum, muito presente, na obra de Waldron como um todo. Uma vez que sigo aqui uma sugestão deixada pelo próprio Waldron, parece justo explorar aqui sua proposta — até porque, a partir dela, a tarefa de oferecer uma nova perspectiva fica bastante mais simples.

As teses de Waldron são as seguintes: (1) a compreensão daquilo que o direito efetivamente é e a compreensão daquilo que significa o *rule of law* devem ser tratadas com uma proximidade muito maior do que se é geralmente considerado na literatura jurídica moderna; (2) uma melhor compreensão do *rule of law* deve levar em conta não apenas valores como previsibilidade e segurança jurídica — valores tipicamente associados a uma compreensão de direito baseada em *regras*, claras, determinadas e estabelecidas —, mas também os aspectos procedimentais e argumentativos que são típicos do direito na esfera prática; e (3) essas duas proposições, (1) e (2), guardam uma importante conexão entre si, na medida em que, para Waldron, "o aspecto procedimental do *rule of law* ajuda a dar vida à nossa teorização conceitual sobre o direito", tanto quanto "uma compreensão de sistemas jurídicos que leve em conta a argumentação nas cortes, e não apenas a existência e o reconhecimento das regras, oferece os fundamentos para uma compreensão muito mais robusta dos valores reunidos sob o *rule of law*".[462]

Em sua discussão, Waldron retoma a concepção de Raz — comentada brevemente no capítulo aqui dedicado ao *rule of law* — segundo a qual o *rule of law*, entendido em termos amplamente formais, representaria uma espécie de 'virtude negativa': isto é, o *rule of law* seria um antídoto a vícios e males e perigos engendrados *pelo próprio direito*.[463] Waldron discorda e apresenta uma compreensão mais ampla quanto ao significado e quanto à *abrangência* do império da lei: para Waldron, o *rule of law* se apresenta como recurso contra os eventuais abusos do exercício do poder político em sentido amplo, não contra riscos criados 'pelo direito'. Ao contrário: a forma a partir da qual o *rule of law* se oferece como proteção contra os riscos de arbítrio e abuso de poder está exatamente em sua insistência, característica, de que o poder político seja exercido por meio do direito. É esse modo específico de governança que protege — ou aspira a proteger (e essa nuance é importante) — os cidadãos. O direito é *parte da solução* representada pelo *rule of law* enquanto ideal, não o criador dos problemas que o ideal vem a corrigir — como supõe Raz.[464]

Em termos conceituais, Waldron reconhece que a própria gramática parece sugerir que é preciso antes entender o que é 'direito' para que se possa então entender o que significa o 'império do direito': isto é, precisamos saber o que é *law* para que possamos entender o que significa o *rule of law*. Waldron diz que essa é uma conclusão apressada, e que não é possível compreender nenhum dos conceitos, a *profundidade* de cada um desses conceitos ('*law*' e '*rule of law*'), sem que se os leia em conjunto. Ele começa por oferecer duas respostas — *e é a segunda, em particular, que me parece bastante persuasiva. Ainda na esfera gramatical,*

---

462 "*The procedural aspect of the Rule of Law helps bring our conceptual thinking about law to life, and an understanding of legal systems that emphasizes argument in the courtroom as much as the existence and recognition of rules provides the basis for a much richer understanding of the values that the Rule of Law comprises in modern political argument.*" WALDRON, Jeremy. The Concept and the Rule of Law. *Georgia Law Review*, vol. 43, n. 01, 2008, pp. 01-61 (05).

463 *Cf.* RAZ, Joseph. *The Authority of Law*. 2ª ed. Oxford: Oxford University Press, 2011, pp. 210-214.

464 *Cf.* WALDRON, Jeremy. The Concept and the Rule of Law. *Georgia Law Review*, vol. 43, n. 01, 2008, pp. 01-61 (11).

primeiro, Waldron afirma que *não há nenhuma dificuldade* realmente importante imposta pela gramática aqui porque, não fosse por nada, é possível conceitualizar a mesma ideia com uma única palavra, como '*legalidade*', por exemplo. Mas além disso, e fundamentalmente, Waldron coloca um ponto metodológico importante que dialoga muito exatamente com as considerações metodológicas propostas nesta pesquisa: "descrever um exercício de poder como um exemplo de criação ou aplicação do direito *já significa dignificá-lo com certo caráter; já significa emitir um juízo ou fazer uma avaliação sobre aquilo que acontece*".[465] *O próprio* Waldron diz, corretamente — e vimos isso na abordagem de discussões contemporâneas dentro da esfera do positivismo metodológico, como na obra de Julie Dickson[466] —, que "[m]esmo na literatura positivista, o direito não é uma categoria fundamentalmente descritiva":[467] o positivismo reconhece que *algum tipo de juízo ou avaliação* sempre faz parte de um processo de teorização. Mesmo assim (e para além de eventuais problemas outros na explicação e na escolha analítica por 'virtudes explanatórias'), o método tradicionalmente associado ao positivismo jurídico em seu sentido mais amplo deixa algumas lacunas. Waldron explora essas carências criticando aquilo que chama de "*positivismo casual*".[468]

3.1.1 Um sistema (realmente) jurídico

Tomemos a analogia proposta pelo próprio Waldron como ponto de partida: uma analogia entre os termos, enquanto termos mesmo, 'direito' e 'democracia'. Para que reconheçamos propriamente um regime como *democrático*, é preciso que esse regime satisfaça determinados critérios substantivos. É certo, podemos discordar profundamente sobre alguns desses critérios, mas não é isso que está em discussão

465 Itálico meu. "*In my view, to describe an exercise of power as an instance of lawmaking or lawapplication is already to dignify it with a certain character; it is already to make a certain assessment or evaluation of what has happened*." WALDRON, Jeremy. The Concept and the Rule of Law. *Georgia Law Review*, vol. 43, n. 01, 2008, pp. 01-61 (12).

466 E talvez o mesmo possa ser dito até já sobre Hart e seus avanços substanciais em relação às concepções imperativistas de direito, com toda a profundidade de suas considerações sobre o ponto de vista interno, a distinção entre regras e hábitos de obediência, a disposição crítica reflexiva etc. Engana-se quem pensa que Hart era tão metodologicamente ingênuo a ponto de se julgar capaz de compreender o direito somente por meio da reprodução e (tentativa de) descrição de manifestações empíricas (e uma leitura do próprio '*Concept of Law*' já deveria deixar isso claro).

467 "*Even in positivist jurisprudence, law is not a fundamental descriptive category*." WALDRON, Jeremy. The Concept and the Rule of Law. *Georgia Law Review*, vol. 43, n. 01, 2008, pp. 01-61 (12).

468 "*Casual positivism*".

no momento: o ponto é que não basta que um sistema de governança se autointitule uma democracia para que mereça ser reconhecido como tal. O exemplo de Waldron é o título autoatribuído da Alemanha Oriental à época da Guerra Fria, a "República Democrática Alemã".

A analogia é proposta por Waldron porque uma de suas teses é a de que a mesma lógica — a mesma adoção de critérios mais rigorosos, para além da aceitação de rótulos autoatribuídos — deve ser aplicada ao modo como utilizamos o termo 'direito', ao modo como atribuímos a um sistema de governança o rótulo de 'sistema jurídico'. Daí por que Waldron chama o positivismo moderno de 'casual': não num sentido de 'ocasional', mas de uma certa *indiferença*. Isso porque, para Waldron, o positivismo em geral não parece muito preocupado em questionar, em ir além da autocaracterização de sistemas de governança que atribuem a si mesmos o rótulo de 'jurídicos'. Não só isso, o positivismo é "*generoso*" demais em suas especificações quanto àquilo que é necessário para que um sistema possa ser classificado como sistema jurídico. Essa leitura definitivamente não parece injusta (e veremos também por que quando do enfrentamento de debates contemporâneos ainda neste capítulo); basta ver que a caracterização feita por ele do positivismo de Hart e seus seguidores modernos — embora talvez pudesse e até possa suscitar discussões e questionamentos terminológicos ou de detalhe — parece muito acurada. Em geral, para os positivistas, "basicamente, qualquer sistema bem estruturado de ordem centralizada, utilizando prescrições e proibições identificáveis e articuladas conta como direito", bastando apenas que "*os membros participantes de uma elite desse sistema* sejam capazes de distinguir as prescrições e proibições que vêm do centro desse sistema de outras normas que eventualmente circulem em sociedade". (A referência aqui à regra de reconhecimento em Hart é bastante óbvia para aqueles já familiarizados com o conceito.) Ainda que com os óbvios avanços, o positivismo moderno "não é assim tão diferente do positivismo de gerações anteriores, indo de Austin e Bentham até mesmo às origens com Thomas Hobbes".[469]

469 "[*T*]*he legal positivists' own specifications for what it takes to count as a legal system are overly generous in my view: basically, any wellorganized system of centralized order using articulate and identifiable prescriptions and prohibitions counts as law, provided that elite participants in the system can distinguish prescriptions and prohibitions coming from the center from other norms that may be circulating in the society.* [Nota omitida.] *This is the positivism of H. L. A. Hart and his modern followers. In this regard, it really is not much different from the positivism of earlier generations of jurists stretching back through John Austin and Jeremy Bentham, all the way to Thomas Hobbes.*" WALDRON, Jeremy. The Concept and the Rule of Law. *Georgia Law Review*, vol. 43, n. 01, 2008, pp. 01-61 (14).

Digo que a leitura é acurada porque, de novo, embora Hart tenha desenvolvido avanços inequívocos em relação a seus antecessores, inclusive (e sobretudo) no que diz respeito a diferenciar o direito de mera ordem imposta por um soberano, a segunda parte da caracterização feita por Waldron é fundamental. É o próprio Hart quem diz que é plenamente possível imaginar um "caso extremo" no qual "apenas os *officials* aceitam e usam os critérios de validade jurídica de um sistema". Hart, um liberal, reconhece que esse "caso extremo" seria, "deploravelmente", o caso de uma "sociedade de ovelhas", e que "as ovelhas poderiam muito bem acabar no matadouro". O ponto é que ainda assim, e por mais deplorável que isso seja, "não há razão para se pensar que isso não pode existir, ou *para negar* [a esse sistema] *o rótulo de sistema jurídico*".[470-471] Ou ao menos é o que diz Hart.

É o que diz o 'positivismo casual'. Para uma concepção de direito disposta a classificar como jurídico um sistema estruturado e centralizado baseado em uma prática social de reconhecimento, identificação e aplicação de regras — regras essas aceitas como tais por membros desse sistema mesmo, responsáveis por reconhecer, identificar e aplicar essas regras mesmas —, "regimes como os de Kim Jong-Il na Coreia do Norte ou de Saddam Hussein no Iraque pré-2003 são sistemas jurídicos". A hipótese de Waldron é que a filosofia do direito deve ser menos indiferente, mais (substantivamente) criteriosa do que isso.[472] É nessa linha que Waldron propõe elementos por ele considerados essenciais[473] para um sistema (genuinamente) jurídico: alguns deles são aparentemente, e apenas aparentemente, mais óbvios; outros,

---

470 Itálico meu. "*In an extreme case, (...) only officials might accept and use the system's criteria of legal validity. The society in which this was so might be deplorably sheeplike; and the sheep might end in the slaughter-house. But there is little reason for thinking that it could not exist or for denying it the title of a legal system.*" HART, H. L. A. *The Concept of Law*. 2ª ed, com pós-escrito, organizado por Penelope A. Bulloch e Joseph Raz. Oxford: Clarendon Press, 1994, p. 117.

471 Para uma excelente discussão crítica motivada por essa passagem, *cf.* WALDRON, Jeremy. All We Like Sheep. *Canadian Journal of Law and Jurisprudence*, vol. 12, n. 01, jan. 1999, pp. 169-186.

472 "*On this account, the regimes of Kim Jong-Il in North Korea and Saddam Hussein in pre-2003 Iraq are legal systems. I propose that a philosophy of law should be less casual and less accommodating than this.*" WALDRON, Jeremy. The Concept and the Rule of Law. *Georgia Law Review*, vol. 43, n. 01, 2008, pp. 01-61 (14-15).

473 Apenas para fins de clarificação, é importante que se diga que, aqui, quando Waldron fala em "essência", ele não está sequer propondo participação em debates metodológicos em teoria do direito que adquirem uma tônica cada vez mais 'metafísica', na linha de, por exemplo, Mark Greenberg, Michael Moore e, em última análise, mais recentemente — e na linha de Greenberg —, Scott Shapiro.

são bastante curiosos e merecem, além de comentários, talvez até mesmo uma expansão do sentido inicialmente proposto e articulado por Waldron. Vejamos.

Em síntese, os elementos constitutivos de um sistema jurídico, para Waldron, são cinco; os três primeiros são os que que me parecem aparentemente mais óbvios (ou, dito de outro modo, menos controversos enquanto elementos constitutivos de um sistema jurídico); os dois últimos exigem uma reflexão maior, e até por isso são mais interessantes para os meus propósitos aqui. De todo modo, e até mesmo pelo fato de que a obviedade dos três primeiros é apenas aparente, vale a pena comentá-los brevemente aqui.

Primeiro, em sua listagem de critérios básicos para que um sistema de governança seja um sistema jurídico, Waldron cita (1) a presença e o funcionamento de cortes/tribunais. Vale dizer, para que um sistema seja jurídico, esse sistema precisa de "instituições que aplicam normas e padrões estabelecidos em nome de toda a sociedade a casos individuais", que "resolvem disputas/litígios sobre a aplicação dessas normas", e que assim o fazem por meio de audiências — por meio de eventos formais, públicos, organizados e estruturados de forma a garantir que "um órgão imparcial determine equânime e efetivamente os direitos e responsabilidades de pessoas em particular depois de ouvirem evidências e argumentos dos lados envolvidos".[474] A obviedade é apenas aparente porque, como diz Waldron, há muito pouca coisa sendo dita sobre tribunais, sobre cortes, sobre esse aspecto mesmo do direito — e *essencial* ao direito — na literatura positivista moderna.[475] Aqui entra um ponto importante, diretamente ligado à concepção de direito de Waldron, e à ênfase por ele dada nos aspectos procedimentais e *argumentativos* do direito e do *rule of law*: não é que autores como Hart e Raz, por exemplo (e são ambos os exemplos do próprio Waldron), não mencionem, para adotarmos os próprios termos positivistas, 'regras de adjudicação' (ou 'regras de julgamento').

O ponto de Waldron é que não há nenhum destaque, nenhuma atenção na literatura positivista tradicional *ao modo próprio de operação das cortes enquanto*

---

474 "*By courts, I mean institutions that apply norms and directives established in the name of the whole society to individual cases, that settle disputes about the application of those norms, and that do so through the medium of hearings-formal events that are tightly structured to enable an impartial body to fairly and effectively determine the rights and responsibilities of particular persons after hearing evidence and argument from both sides.*" WALDRON, Jeremy. The Concept and the Rule of Law. *Georgia Law Review*, vol. 43, n. 01, 2008, pp. 01-61 (20).

475 *Cf.* WALDRON, Jeremy. The Concept and the Rule of Law. *Georgia Law Review*, vol. 43, n. 01, 2008, pp. 01-61 (20).

cortes em um sistema propriamente jurídico — daí a insistência, em sua definição de "cortes", em aspectos como publicidade e imparcialidade. No 'positivismo casual', na definição majoritariamente e tipicamente oferecida pelo positivismo acerca dos órgãos e mecanismos de adjudicação e julgamento, sistemas de governança dominados por órgãos sem nenhuma preocupação com audiências públicas e imparciais e respeito pleno a princípios como contraditório e ampla defesa são passíveis de classificação como sistemas jurídicos. E essa ênfase na argumentação, e em um modo de imparcialidade cujo sentido é traduzido em audiências, em juízos com contraditório e participação plena das partes, não é, segundo Waldron, mera estipulação arbitrária: elas capturam "um importante e profundo sentido que está associado *fundacionalmente*[476]com a ideia de um sistema jurídico", com *a própria ideia de direito*, entendido (mais corretamente) como um modo de governança que trata indivíduos como *cidadãos*, como centros ativos dotados de autonomia e agência.

O segundo elemento apontado por Waldron como necessário para um sistema jurídico é (2) a presença de normas gerais e públicas. Aqui, novamente, a compreensão de Waldron acerca desse elemento aparentemente mais óbvio, menos controverso, é mais ampla que aquela tipicamente oferecida pelo 'positivismo casual' e diretamente relacionada à sua concepção de direito como sistema de governança apto e responsável por respeitar e promover a dignidade dos cidadãos enquanto tais. Ao determinar e destacar que as normas gerais e públicas são e devem ser produzidas em público e *para* o público, Waldron está respondendo diretamente, de novo, à afirmação de Hart sobre a possibilidade conceitual de um sistema jurídico no qual a maioria da população desconhece as próprias estruturas jurídicas e seus critérios de validade.[477]

Na linha de Fuller — e penso que Waldron, tão associado ao positivismo em razão de sua posição radicalmente contrária ao *judicial review*,[478] é muito mais *fulleriano* do que geralmente se aponta na literatura que o comenta —, Waldron, assim como fez em sua definição sobre as cortes em um sistema jurídico, diz que

476 Optei por traduzir "*foundationally*" nesse sentido mais literal, e não como "*fundamentalmente*", para deixar claro que não se trata de mera ênfase, mas de uma afirmação sobre os *fundamentos* de um sistema jurídico genuíno.

477 *Cf.* HART, H. L. A. *The Concept of Law*. 2ª ed, com pós-escrito, organizado por Penelope A. Bulloch e Joseph Raz. Oxford: Clarendon Press, 1994, p. 114.

478 O que talvez já denote a disseminação do mal-entendido acerca do próprio conceito de positivismo.

a inteligibilidade, o acesso público às normas jurídicas públicas, a possibilidade de *autoaplicação*, tudo isso é característico e próprio do direito como modo *distinto* de governança, em contraste com sistemas que, sem essa característica fundamental *nesse sentido fundamental*, não são passíveis dessa classificação. Se uma das funções do direito é guiar e coordenar e orientar a conduta daqueles por eles governados (e vimos que até mesmo positivistas em geral concordam com isso), Waldron entende (como dito, *à la* Fuller) que o exercício próprio dessa função *necessita* dessa ampla publicidade; e que essa ampla publicidade, por sua vez, denota novamente uma conexão entre um elemento fundamental de um sistema jurídico e um valor substantivo de dignidade humana.[479]

Essa conexão suposta por Waldron (e Fuller), essa ideia dos elementos constitutivos de um sistema jurídico como elementos inerentemente morais, foi objeto central de disputa entre Fuller e Hart — daí a presença de uma seção mais 'exegético' sobre o debate nesta pesquisa — e, importante, segue central em debates mais contemporâneos como veremos mais adiante, em um dos eixos principais deste capítulo. Dito isso, por ora, avancemos nos cinco elementos de Waldron, sobretudo porque eles serão importantes para o próprio desenvolvimento da discussão com mais profundidade.

Depois de destacar as cortes (em sentido especificamente ligado ao contraditório, à argumentação) e a publicidade das normas (em sentido especificamente ligado aos cidadãos como centros ativos de agência e autonomia e dignidade), Waldron elenca, como mais uma característica essencial de sistema jurídico, (3) a positividade — o fato de o direito ser uma *instituição*, criada e modificada e controlada por humanos. E a leitura, novamente muito própria, que Waldron oferece desse elemento é a seguinte: a positividade não é apenas uma questão ontológica, uma questão sobre aquilo que o direito é; é também uma questão que diz respeito ao modo como o direito é *compreendido* e *percebido* por aqueles que são por ele guiados e orientados. As normas que nos governam são estas e, bem, poderiam ser outras, e são as regras que *nós* — num sentido de coletividade unida em uma mesma comunidade política com um mesmo sistema de governança — escolhemos, fixamos e estabelecemos.[480]

479 *Cf.* WALDRON, Jeremy. The Concept and the Rule of Law. *Georgia Law Review*, vol. 43, n. 01, 2008, pp. 01-61 (24-28).

480 *Cf.* WALDRON, Jeremy. The Concept and the Rule of Law. *Georgia Law Review*, vol. 43, n. 01, 2008, pp. 01-61 (28-31).

Depois de listar esses elementos aparentemente menos controversos, mas que adquirem uma leitura particular quando colocados sob a luz de sua concepção de direito, Waldron traz um quarto elemento que, curiosamente, é aquele sobre o qual ele menos fala. Esse elemento, ao qual Waldron dedica poucas linhas, será bastante importante para a concepção de direito aqui articulada. Waldron diz que, além (1) das cortes, (2) das normas públicas e (3) da ideia de positividade, também faz parte de um sistema jurídico (4) *uma orientação ao bem comum*. A nuance de Waldron é interessante: sua afirmação não é aquela, tipicamente ligada à tradição jusnaturalista desde seu sentido medieval, de que o direito promove *e* deve promover o bem comum. A leitura de Waldron é não necessariamente 'pluralista' — já que o próprio jusnaturalismo que afirma a conexão necessária entre o direito e uma efetiva promoção do bem comum pode aceitar o pluralismo de valores, uma multiplicidade de bens incomensuráveis e valiosos em si mesmos —, mas é certamente mais aberta e, se muito mais robusta que o 'positivismo casual', menos (necessariamente) engajada e comprometida com uma ideia específica de bem do que uma teoria do direito natural. A proposta de Waldron é assumidamente "intermediária": "[e]m vez de dizer que um sistema não conta como direito se não promover o bem comum, podemos dizer que um sistema não conta como direito se não *pretender* a promoção do bem comum, *i.e.*, se não estiver orientado a essa direção".[481] Como o próprio Waldron diz, a ideia pode ser de aspiração e não de substância específica, mas nem por isso deixa de ser importante, interessante. Penso, inclusive, que ela é mais interessante e promete mais potencial do que aquilo que *o próprio Waldron* explora no artigo, mas isso será discutido mais tarde. Antes, rapidamente, vejamos o último elemento por ele trazido como necessário a um sistema jurídico.

Essa característica fundamental é a da (5) *sistematicidade*, o caráter 'cumulativo' do direito. Com esse elemento, Waldron estabelece que, *necessariamente*, um sistema jurídico vai se construindo continuadamente — legisladores e juízes, em suas capacidades enquanto membros oficiais de um sistema jurídico em funcionamento, adicionam novas normas, regras, máximas, interpretações a um corpo de material jurídico já existente. Mas não é só isso: a ideia de sistematicidade exige também que (de novo, *necessariamente*) um sistema jurídico, para que possa ser classificado apropriadamente como tal, deve guardar e respeitar uma espécie de

---

481 Itálico no original. "*There might be an intermediate position, however. Instead of saying that nothing is law unless it promotes the public good, we might say that nothing is law unless itpurports to promote the public good, i.e., unless it presents itself as oriented in that direction.*" WALDRON, Jeremy. The Concept and the Rule of Law. *Georgia Law Review*, vol. 43, n. 01, 2008, pp. 01-61 (32).

coerência sistemática entre essas normas, regras, máximas, interpretações, entre as novas e as que já existiam. "As normas jurídicas", diz Waldron, "se apresentam como harmônicas, ou aspiram à harmonização, em seu conjunto em um sistema", de modo que "cada novo proferimento, cada norma promulgada assuma seu lugar em um corpo jurídico organizado passível de ser compreendido pela inteligência humana".[482] O ponto é bem reforçado por Gerald Postema, cuja obra também traz uma valiosa contribuição à ideia de sistematicidade no direito — ou, melhor, à ideia de sistematicidade como elemento essencial ao direito como tal. Para Postema, faz parte *do próprio tipo de orientação normativa que o direito pretende oferecer* a característica de se apresentar "como uma rede inteligível e coerente de normas diretivas e constitutivas, não como um agregado de diretivas desconectadas".[483] O próprio Fuller, em sua 'Resposta aos críticos', ao discutir a interpretação no direito, já alertava para essa relação entre a função própria do direito e sua sistematicidade: a função de coordenação social prometida pelo direito acaba exigindo respeito, por parte de quem interpreta suas normas, ao que Fuller chama de *estrutura sistemática* do ordenamento.[484] Penso ser mais do que uma coincidência que Fuller, Waldron e Postema apontem a isso. Penso também que a ideia é muito valiosa para a compreensão adequada de padrões normativos que fazem parte de sistemas jurídicos, que são reconhecidos como padrões jurídicos e que não fazem parte do que está efetivamente escrito ou promulgado ou explícito: como bem aponta Waldron, "[o]s princípios de um sistema jurídico não são parte de suas leis promulgadas ou de seus precedentes formais, mas representam a *coerência* subjacente de suas leis promulgadas e seus precedentes formais".[485]

---

482 "*Legal norms present themselves as fitting or aspiring to fit together into a system, each new ruling and each newly-issued norm taking its place in an organized body of law that is fathomable by human intelligence.*" WALDRON, Jeremy. The Concept and the Rule of Law. *Georgia Law Review*, vol. 43, n. 01, 2008, pp. 01-61 (33).

483 "*The reason (...) lies in part in the kind of normative guidance law seeks to provide, namely, that which involves presenting itself as an intelligible and coherent network of constitutive and directive norms, rather than an aggregate of discrete directives.*" POSTEMA, Gerald J. Positivism and the Separation of Realists from their Scepticism: Normative Guidance, the Rule of Law and Legal Reasoning. In: CANE, Peter (ed.). *The Hart-Fuller Debate in the Twenty-First Century*. Londres: Hart Publishing, 2010, pp. 259-290 (274).

484 *Cf.* FULLER, Lon L. *The Morality of Law*. 2ª ed. New Haven: Yale University Press, 1969, p. 229.

485 Itálico no original. "*The principles of a legal system are not part of its enacted law or its formal holdings, but they represent the underlying* coherence *of its enacted laws and its formal holdings.*" WALDRON, Jeremy. The Concept and the Rule of Law. *Georgia Law Review*, vol. 43, n. 01, 2008, pp. 01-61 (34).

3.1.2 *O conceito, o império, a* teoria *do direito*

Cortes, positividade, publicidade, orientação ao bem comum, sistematicidade: essas características são, para Waldron, essenciais ao próprio conceito de direito. E a razão pela qual essa concepção se afasta do positivismo (tal como mais tradicionalmente compreendido e mais geralmente teorizado por seus representantes) está no fato de que, assumidamente, essa concepção *não se trata de uma explicação que se pretende puramente descritiva*. É uma concepção analítica, é uma concepção que pretende capturar elementos importantes e explicá-los da forma como se apresentam — daí por que não se trata tampouco de uma empreitada puramente normativa —, mas é também uma concepção de direito "que define um modo específico de governança digno de que se almeje tê-lo, digno de que seja distinguido de outros modos de governança".[486] Não é todo e qualquer modo de governança que se qualifica como jurídico. E aqui entra uma nuance importante: as características fundamentais apontadas por Waldron, embora se afastem do positivismo tradicional ('casual', 'indiferente'), não representam um apelo a um jusnaturalismo caricatural, segundo o qual 'lei injusta não é lei'. Essas características tampouco cometem o pecado com o qual Hart tanto se preocupava: concepções demasiadamente 'exigentes' quanto ao rótulo de 'direito' gerando confusão quanto à questão da obediência, ao trazerem demandas morais internas ao conceito e ignorarem que o direito bem pode ser *ruim* e não merecer obediência *mesmo sendo direito*. Waldron diz, acertadamente, que o argumento *hartiano* recai somente contra concepções de direito cujas demandas internas ao conceito são tidas como aptas a resolver a questão da obediência. As respostas às perguntas e às exigências levantadas pelas características essenciais apontadas por Waldron certamente têm peso e valor moral, e podem inclusive *contribuir* no tipo de deliberação moral do agente que pondera sobre obediência e conformidade com os padrões de um sistema jurídico, mas a questão crucial permanece em aberto — independentemente da "aura de autoridade" que um sistema jurídico digno do nome venha a ter, a "questão da obediência" e as "exigências" desse sistema mesmo seguem, em última análise, passíveis do "escrutínio moral" do cidadão crítico, em sua consciência e para além dos limites do direito.[487] Como desejava Hart.

---

486 "*It defines a distinctive mode of governance that is worth having and worth distinguishing from other modes of governance.*" WALDRON, Jeremy. The Concept and the Rule of Law. *Georgia Law Review*, vol. 43, n. 01, 2008, pp. 01-61 (36).

487 "*What surely is most needed in order to make men clearsighted in confronting the official abuse of power, is that they should preserve the sense that the certification of something as legally valid is not*

O argumento de Waldron, portanto, é que a questão sobre classificar um sistema como digno do rótulo de 'jurídico' (1) já significa dignificá-lo com um certo elemento minimamente meritório, mas (2) não significa *tudo*, deixando em aberto a questão sobre a obediência, sobre a melhor interpretação de suas leis, deixando espaço para a crítica reflexiva do cidadão que faz parte do sistema de governança em questão. Não poderia ser diferente, uma vez que o argumento normativo é baseado justamente em uma concepção de *rule of law* que enfatiza a cultura argumentativa proporcionada pela própria prática do direito. Hart estava certo ao dizer que muita coisa não se segue do fato de um sistema ser jurídico; o ponto é que, se não significa tudo, o caráter de juridicidade de um sistema já significa ao menos algumas coisas.

É em torno desse centro que gravita o argumento de Waldron, por ele muito bem sintetizado nos seguintes termos: "o império da lei, como ideal normativo, surge de nossa compreensão daquilo que o direito é". Aquilo que entendemos como próprio do *rule of law* "representa uma trajetória natural de pensamento normativo projetado *a partir* da *importância normativa* das características fundamentais que *definem* o direito como tal"[488] — no caso do argumento de Waldron, cortes, positividade, publicidade, orientação ao bem comum, sistematicidade. Uma concepção de direito baseada somente na existência/prática de regras e num mínimo institucional responsável pelo reconhecimento e aplicação dessas regras mesmas, e uma concepção de império da lei baseada somente nas ideias de clareza e segurança jurídica oferecida pelas regras postas — isto é, sem levar em conta os aspectos procedimentais, *interpretativos* e *argumentativos* da racionalidade subjacente ao direito em seus elementos fundamentais — são concepções que, empobrecidas do ponto de vista normativo, acabam frágeis *também de um ponto de vista analítico*, ao não explicarem adequadamente a relação entre esses conceitos e o caráter distinto de cada um deles. "O império do direito e o conceito de direito podem informar e proteger um ao outro contra os riscos dessas concepções empobrecidas"; isso porque "[n]ossa concepção sobre o que é o direito é o melhor guia para aquilo

---

conclusive of the question of obedience, and that, however great the aura of majesty or authority which the official system may have, its demands must in the end be submitted to a moral scrutiny." HART, H. L. A. *The Concept of Law*. 2ª ed, com pós-escrito, organizado por Penelope A. Bulloch e Joseph Raz. Oxford: Clarendon Press, 1994, p. 210.

488 Tradução livre, itálico meu. "*I have argued (...) that the Rule of Law as a normative ideal arises out of our understanding of what law is. It represents a natural trajectory of normative thought projected out from the normative significance of law's defining features.*" WALDRON, Jeremy. The Concept and the Rule of Law. *Georgia Law Review*, vol. 43, n. 01, 2008, pp. 01-61 (59).

que importa sobre o direito", assim como "uma compreensão integral sobre como sistemas jurídicos são importantes para nós é o melhor guia para identificarmos aquilo que é próprio sobre modos jurídicos em contraste com modos não jurídicos de governança".[489]

Por óbvio, como o próprio título já indica, esse argumento de Waldron é absolutamente central para a pesquisa que foi aqui desenvolvida. Como já indiquei, porém, penso que há aspectos a serem explorados a partir daí, inclusive em linhas de argumentação iniciadas pelo próprio Waldron — e imagino que nem o próprio autor discordaria, uma vez que, vimos também, é sua a sugestão de que o caminho indicado por Fuller, sobre as relações conceituais entre o direito e os princípios de legalidade, fosse mais seguido pela teoria e filosofia do direito. Agora, antes disso, e até para que isso seja possível, é interessante que se volte a atenção a um ponto trazido por Waldron apenas *en passant*, em uma passagem aparentemente menos importante em seu argumento geral.

À certa altura do artigo, em sua analogia entre os conceitos de 'direito' e 'democracia', Waldron oferece um ponto para explicar e justificar sua proposta conceitual como uma proposta para além de debates terminológicos ou disputas verbais. Nós sabemos o que uma pessoa quer dizer quando chama um sistema ditatorial, baseado em comandos e diretivas arbitrárias, de 'direito' de certa forma, é, de novo, a velha discussão sobre o 'direito nazista'. Ora, Waldron diz, você *pode* chamar de 'direito', de 'sistema jurídico' um sistema como esse — sem que isso represente um obstáculo para a concepção por ele oferecida, baseada naqueles cinco elementos fundamentais. Essa concepção, afinal, não promete explicar aquilo que se quer dizer por todo e cada uso inteligível da palavra 'direito', nem pretende dar conta de todo uso possível e imaginável do termo em linguagem ordinária. Não se trata de uma discussão semântica. Trata-se, diz Waldron — e é aqui que entra o ponto ao qual quero chamar atenção —, de "uma explicação *do conceito central de direito*";[490] um conceito que serve, como pano de fundo, exatamente de

489 "*The Rule of Law and the concept of law can inform each other and protect each other against the prospect of that impoverishment. Our conception of what law is our best guide to what matters about law, and a full understanding of how the legal system matters to us is our best guide to what is distinctive about legal as opposed to non-legal modes of governance.*" WALDRON, Jeremy. The Concept and the Rule of Law. *Georgia Law Review*, vol. 43, n. 01, 2008, pp. 01-61 (60-61).

490 Itálico meu. "*It is an explication of the central concept of law.*" WALDRON, Jeremy. The Concept and the Rule of Law. *Georgia Law Review*, vol. 43, n. 01, 2008, pp. 01-61 (39).

orientação para uma compreensão crítica desses outros usos capazes de acomodar sistemas de comando e controle sob o mesmo rótulo de 'direito'.

Na verdade, duas ideias aqui merecem destaque. A primeira delas é mais óbvia, mais direta: a discussão proposta por Waldron já aponta muito claramente à ideia de que há critérios normativos internos ao próprio conceito de direito, corretamente compreendido *tal como ele é*, que permitem que se classifique sistemas como *melhores* ou *piores*, sem que isso se transforme em uma discussão semântica ou em uma afirmação de que '*lex iniusta non est lex*'. Agora, a segunda ideia, e que serve de elemento de ligação para os próximos pontos, está no fato de Waldron, ainda que sem articular ou elaborar a ideia em detalhe, se referir a um *conceito central* de direito — e de fazê-lo num trecho imediatamente anterior a um comentário sobre *The Concept of Law*.

Hart foi notável em basear sua teorização sobre o conceito de direito, em termos metodológicos, em uma explicação baseada em casos centrais, em exemplos-paradigma do objeto explicado. Hart, à frente de seu tempo e de muitos de seus críticos, estava ciente dos problemas de uma discussão semântica, de uma busca pelas condições suficientes e necessárias para o uso do termo 'direito'. A metodologia de casos centrais de Hart, assim, pretendia especificar os elementos e características centrais compartilhadas por esses exemplos paradigmáticos aos quais o conceito de direito pode ser claramente aplicável. Exatamente como fez Waldron, indicando que seu 'conceito central' é pano de fundo para a análise de possíveis outros exemplos classificados eventualmente sob o mesmo conceito, Hart entendia que exemplos limítrofes de sistemas jurídicos podem ser compreendidos sob o conceito de direito a partir de suas possíveis relações e similaridades com casos centrais.[491]

Para Waldron, portanto, o caso central, a instância paradigmática de sistema jurídico que serve de padrão teórico em qualquer classificação e atribuição de juridicidade a um sistema de governança, passa *necessariamente* pelos cinco elementos por ele elencados. Voltamos, assim, à discussão metodológica: quais são os critérios por meio dos quais um exemplo ou manifestação de sistema jurídico é tida como 'central', 'típica', e outra é considerado 'limítrofe'? O ponto muito

491 Esse foi um ponto abordado de início na primeira parte deste livro, ainda no 'Discurso sobre o método'. A discussão agora se volta novamente a esse ponto, enfim com maiores subsídios teóricos. Para uma explicação sobre a metodologia de casos centrais em Hart, *cf.* KRAMER, Matthew. H. *H. L. A. Hart*: The Nature of Law. Cambridge: Polity, 2018, pp. 05-08.

promissor que Waldron levanta é o de que esses critérios podem ser encontrados exatamente nessa relação conceitual entre o direito e o império da lei — levando, assim, a uma concepção de direito que é muito mais (1) exigente em relação ao que conta como um 'caso central' de direito e, consequentemente, (2) rígida, crítica, *estrita* quanto aos critérios possíveis para que um sistema possa ser caracterizado como manifestação central de sistema efetivamente jurídico. E a questão é que esses critérios não são criações arbitrárias do teórico, mas, ainda que (assumidamente) normativos, baseados em uma noção de que o direito, propriamente dito, guarda uma relação necessária *ainda em seu plano conceitual* com o ideal de *rule of law*.

3.1.3 Casos centrais

Neste ponto da discussão, voltamos (oportunamente) a um dos pontos metodológicos destacados ao início; um dos pontos mais relevantes de disputa no que diz respeito à construção e elaboração de uma teoria que se pretende 'analítica', ainda que parcialmente — isto é, de uma teoria que, independentemente do paradigma filosófico dentro do qual esteja situada, tem (também) pretensões de *explicar* o fenômeno que lhe serve de objeto em seus termos. Vimos que Hart, rejeitando uma abordagem semântica, desenvolveu seu plano teórico baseado em casos/exemplos centrais, paradigmáticos, de sistemas jurídicos. Não deve ser simplesmente acaso, assim — muito embora não tenha aprofundado o ponto em questão —, que Waldron tenha falado em um 'conceito central' de direito, dada a importância desse *insight* para a teoria do direito.

Outro autor célebre em articular um plano metodológico a partir da ideia de casos centrais é John Finnis, e é aqui que a discussão retoma alguns dos pontos elaborados ao início da pesquisa. Já vimos, ao início, que Finnis começa por observar que, por razões óbvias, uma teoria nunca é capaz de descrever *tudo* que um fenômeno envolve — do contrário, seria um "amontoado de fatos aleatórios descritos em uma série de terminologias incomensuráveis".[492] Assim, uma teoria sobre instituições jurídicas deve estar baseada a partir de certas premissas, de juízos acerca da importância relativa de determinados elementos e características dessas instituições, de modo que qualquer investigação ou teorização tem, como passo metodológico fundamental, a identificação de quais são as características

492 "[A] *vast rubbish heap of miscellaneous facts described in a multitude of incommensurable terminologies*." FINNIS, John. *Natural Law and Natural Rights*. 2ª ed. Oxford: Oxford University Press, 2011, p. 17.

e os elementos mais importantes nas instituições a serem descritas/explicadas. Também vimos, com Finnis, que isso conduz a uma pergunta óbvia: "[a] partir de que ponto de vista, e em relação a quais preocupações, *importância* e *relevância* devem ser avaliadas?"[493]

É aqui — é *até* aqui — que Finnis concorda com Hart (ou, de forma mais ampla, com os positivistas modernos): quanto à adoção de um método baseado em casos, instâncias, exemplos centrais de sistemas jurídicos, e quanto à ideia de que os juízos de um teórico acerca de *importância* e *relevância* devem levar em conta os pontos de vista daqueles que *participam* das práticas que formam as instituições jurídicas. A questão é que, para Finnis, Hart (e Raz, e os demais positivistas *hart* e *razianos*) falharam por não terem levado esse *insight* suficientemente a sério; por não o terem levado às suas últimas consequências. Nas palavras de Kramer, explicando (e rebatendo) algumas das ideias de Finnis em *Natural Law and Natural Rights*:

> Ao buscarem explicar a perspectiva interna de modo a capturar o funcionamento e os fundamentos dos casos centrais de instituições jurídicas, [os positivistas] não aplicaram o método de casos centrais à própria perspectiva interna. Na teoria positivista (...), a perspectiva interna dos *officials* não é necessariamente uma perspectiva moral. A normatividade dessa perspectiva e, consequentemente, a natureza do comprometimento dos membros do sistema para com o seu regime, pode ser absolutamente baseada em razões prudenciais. Finnis dispõe que, ao fundirem uma perspectiva interna baseada em consideração própria e uma perspectiva interna baseada em considerações morais, os positivistas teriam falhado em separar o periférico do central. O que deve ser reconhecido, para Finnis, é que o caso central de uma perspectiva interna é completamente moral (tanto no sentido de ser não prudencial e no sentido de ser corretamente congruente com exigências morais). Qualquer variação prudencial dessa perspectiva seria, [para Finnis,] desviante, derivativa [é, portanto, limítrofe].[494]

493 Ênfase no original. "*From what viewpoint, and relative to what concerns, are* importance *and* significance *to be assessed?*" FINNIS, John. *Natural Law and Natural Rights*. 2ª ed. Oxford: Oxford University Press, 2011, p. 09.

494 "*Having endeavored to explicate the internal perspective in order to apprehend the operations and fundaments of the central cases of legal institutions, they have not turned the central-case method upon the internal perspective itself. In positivist jurisprudence — as should be abundantly clear from*

Kramer rejeita a alternativa proposta por Finnis, e voltaremos às críticas de Kramer mais adiante. O ponto a ser destacado, por ora — um ponto que é *fundamental* para os passos seguintes — é a passagem na qual Finnis deixa clara a posição explicada nessa citação destacada acima. Respondendo a Hart e Raz, Finnis diz que o *official*, o membro da prática movido por razões prudenciais (nos termos de Kramer), por 'cálculos de interesse a longo prazo' (nos termos de Raz), enfim, por autointeresse — por razões autocentradas, razões não *morais* —, "enfraquecem qualquer preocupação eventual com *a função do direito como uma resposta a problemas sociais reais*"; "diluem sua fidelidade do direito e sua busca por métodos jurídicos de pensamento com doses *do mesmo autointeresse que o direito tem uma função elementar (na visão de todo mundo) de subordinar a necessidades sociais*".[495]

Em toda essa discussão, assim — isto é, os juízos de um teórico acerca do que conta como relevante ou significativo em uma prática para a construção de uma teoria descritiva acerca dessa prática, casos centrais de instituições jurídicas e de uma perspectiva interna a elas —, Finnis entende ser impossível a identificação, por parte de um teórico, do "caso central do ponto de vista prático" (a ser adotado, necessariamente, para uma adequada identificação do 'caso central' do próprio objeto descrito) sem que esse teórico "decida quais são as exigências da razoabilidade prática"[496] em relação às preocupações humanas em questão. "Em relação ao direito", diz Finnis, "as coisas mais importantes que um teórico tem para conhecer e descrever são aquelas que, em seu juízo, fazem com que seja

---

my earlier discussions — the internal perspective of legal officials is not necessarily a moral perspective. The normativity of that perspective, and thus the nature of officials' allegiance to their regime, can be prudential through and through. Finnis contends that, by lumping together an internal perspective based on self-devotion and an internal perspective based on moral concern, the positivists have failed to separate the peripheral from the central. What should be acknowledged, he maintains, is that the central case of the internal perspective is unalloyedly moral (both in being nonprudential and in being correctly attuned to moral requirements). Any prudential variant of that perspective is deviant and derivative." KRAMER, Matthew H. *In Defense of Legal Positivism*: Law Without Trimmings. Oxford: Oxford University Press, 1999, p. 235.

495 Itálicos meus, para destacar os pontos em particular que me são mais fundamentais. "*Hart's persons who are moved by 'calculations of long-term interest' (sc. self-interest) water down any concern they may have for the function of law as an answer to real social problems; like Raz's anarchistic judge, they dilute their allegiance to law and their pursuit of legal methods of thought with doses of that very self-interest which it is an elementary function of law (on everybody's view) to subordinate to social needs.*" FINNIS, John. *Natural Law and Natural Rights*. 2ª ed. Oxford: Oxford University Press, 2011, p. 14.

496 Optei por 'razoabilidade prática', e não 'razão prática', uma vez que o original é "*practical* reasonableness".

importante que tenhamos o direito de um ponto de vista *prático*". Identificar (e, depois, descrever) os casos centrais de instituições jurídicas é algo que passa por "juízos acerca do bem humano e de suas exigências práticas".[497] Isso é apenas mais um passo, até aqui lógico, do que Finnis já havia dito desde o início em sua obra: práticas, empreendimentos, ações humanas só são compreendidas quando se compreende seus propósitos, seus objetivos. O raciocínio de Finnis é o seguinte: identificar, especificar, explicar, descrever um 'caso central' de direito passa pela identificação da função do direito; identificar essa função — frise-se, no raciocínio de Finnis —, por sua vez, passa por juízos teóricos cerca do bem humano e suas exigências práticas.

Retomemos, portanto, o indicativo dado por Finnis quanto à "função elementar" do direito; segundo ele, uma função elementar "na visão de todo mundo": a de subordinar o autointeresse a necessidades sociais. Finnis traz isso ao argumento para dizer que autoridades e membros da prática movidos por razões não morais (no sentido de prudenciais, razões baseadas em autointeresse, enfim) são manifestações de um ponto de vista "manifestamente desviante, diluído, enfraquecido"[498] do (único) ponto de vista prático a partir do qual o direito pode ser visto *e mantido* como um tipo importantemente característico e próprio de ordenação social. A conclusão disso tudo, diz Finnis, é "clara":

> Se há um ponto de vista no qual a obrigação jurídica é tratada ao menos presumivelmente como uma obrigação *moral* (...), um ponto de vista no qual o estabelecimento e a manutenção de uma ordem *jurídica* — em contraste com uma ordem discricio-

---

497 Itálico no original. "[*T*]*heorists cannot identify the central case of that practical viewpoint which they use to identify the central case of their subject-matter, unless they decide what the requirements of practical reasonableness really are, in relation to this whole aspect of human affairs and concerns. In relation to law, the most important things for the theorist to know and describe are the things which, in the judgment of the theorist, make it important from a practical viewpoint to have law — the things which it is, therefore, important in practice to 'see to' when ordering human affairs (...). There is thus a movement to and from between, on the one hand, assessments of human good and of its practical requirements, and on the other hand, explanatory descriptions (using all appropriate historical, experimental, and statistical techniques to trace all relevant causal interrelationships) of the human context in which human well-being is variously realized and variously ruined*." FINNIS, John. *Natural Law and Natural Rights*. 2ª ed. Oxford: Oxford University Press, 2011, pp. 17, 18.

498 "*All these considerations and attitudes, then, are manifestly deviant, diluted, or watered-down instances of the practical viewpoint that brings law into being as a significantly differentiated type of social order and maintains it as such. Indeed, they are parasitic upon that viewpoint.*". FINNIS, John. *Natural Law and Natural Rights*. 2ª ed. Oxford: Oxford University Press, 2011, p. 14.

> nária ou estaticamente consuetudinária — é algo considerado um ideal moral, senão uma convincente exigência de justiça, esse é o ponto de vista que deve constituir o caso central do ponto de vista jurídico.[499]

Isso é assim porque, segue Finnis, é *somente nesse ponto de vista* que a distinção entre o direito de outros tipos de ordenação social assume fundamental importância, tornando-se assim um objeto a ser descrito pelo teórico que o identifica. Por isso,

> [s]e há um ponto de vista no qual a instituição *do Império do Direito* e a conformidade com regras e princípios jurídicos de acordo com seu teor são tidas ao menos presumivelmente como exigências da própria razoabilidade prática, esse ponto de vista é o ponto de vista a ser adotado como padrão ou referência pelo teórico que descreve os elementos de uma ordem jurídica.[500]

Resumindo: Finnis concorda com a metodologia *hartiana* até o ponto em que ela abandona a identificação de condições suficientes e necessárias para o uso de um conceito — 'direito' — e, em seu lugar, assume a tarefa de identificar casos/exemplos/manifestações centrais, paradigma, do objeto descrito — instituições jurídicas. Finnis também concorda com a importância, com a necessidade, de que o teórico envolvido nessa tarefa consiga identificar uma perspectiva, um ponto de vista interno a essa prática mesma. O que Finnis faz, agora se afastando de Hart e Raz, é dizer que é igualmente necessário identificar um 'caso central' *de perspectiva interna*, um caso central do 'ponto de vista jurídico', aplicável a autoridades, membros da prática e cidadãos igualmente. Se, com Hart (e os positivistas modernos), assumir/aceitar o direito como um padrão de orientação de conduta é algo que pode ter uma série de razões de diferentes naturezas, razões morais e

---

499 Itálicos meus. "*The conclusion we should draw is clear. If there is a point of view in which legal obligation is treated as at least presumptively a moral obligation (...), a viewpoint in which the establishment and maintenance of legal as distinct from discretionary or statically customary order is regarded as a moral ideal if not a compelling demand of justice, then such a viewpoint will constitute the central case of the legal viewpoint.*" FINNIS, John. *Natural Law and Natural Rights*. 2ª ed. Oxford: Oxford University Press, 2011, pp. 14-15.

500 Itálico meu. "*If there is a viewpoint in which the institution of the Rule of Law, and compliance with rules and principles of law according to their tenor, are regarded as at least presumptive requirements of practical reasonableness itself, such a viewpoint is the viewpoint which should be used as the standard of reference by the theorist describing the features of legal order.*" FINNIS, John. *Natural Law and Natural Rights*. 2ª ed. Oxford: Oxford University Press, 2011, p. 15.

razões prudenciais igualmente, Finnis aduz que, embora isso seja verdadeiro, há algo mais a ser dito: aquele que adota o direito como critério de referência, seja para obedecê-lo (cidadão) ou para identificar/produzir/interpretar/aplicar suas normas (autoridade), por razões morais — aquele que trata razões jurídicas como moralmente obrigatórias, vinculantes — representa um caso central da perspectiva interna, muito mais do que aquele que adota o direito por razões outras (por medo, por autointeresse, por razões não morais).

O interessante aqui é que, com Finnis, isso é assim porque aquele que considera ('ao menos presumivelmente') a obrigação jurídica uma obrigação moral, aquele que trata a observância e a conformidade com regras e princípios ('ao menos presumivelmente') como 'exigências da própria razoabilidade prática', está observando ou respeitando ou seguindo ou adotando o direito *em seus próprios termos*: em sua função de resposta, de resolução de problemas morais em sociedade, de responder a necessidades sociais às quais o autointeresse é subordinado (*nos termos do próprio direito*). Pelo mesmo raciocínio, o direito que atende às exigências da razoabilidade prática, merecendo esse tipo de fidelidade, é um caso central de direito — daí por que, para Finnis, diante do velho problema, não é uma questão de '*lex iniusta non est lex*', mas de dizer que sistemas moralmente iníquos são 'desvios', são exemplos 'diluídos', são casos que ficam aquém da verdadeira natureza (*moral*) do direito.

3.2 As objeções de Matthew Kramer

Matthew Kramer é, hoje, um dos maiores nomes na teoria do direito.[501] Essa é uma segunda razão pela qual se torna imperativo que se discuta algumas de suas objeções a muito do que foi trabalhado até aqui; a primeira razão é precisamente a força de suas críticas, que representam um desafio a ser enfrentado por quem pretende articular uma concepção de direito na linha aqui proposta. Comecemos, assim, pelo que Kramer responde a Finnis e suas considerações sobre o caso central de uma perspectiva interna (e as implicações metodológicas dessas considerações) — uma vez que, além de ter relação com o assunto que acabou de ser aqui discutido, essa resposta oferece um bom ponto de conexão para uma análise mais detalhada da tese geral de Kramer em defesa de uma abordagem positivista acerca do direito e da legalidade.

---

501 Com a recente morte de Joseph Raz — escrevo em 2022 —, é possível dizer que se foram os quatro gigantes da filosofia do direito: Hans Kelsen, H. L. A. Hart, Ronald Dworkin e Joseph Raz. Entre aqueles ainda vivos, cujas obras se apresentam como herdeiras dignas desse legado, estão autores como John Finnis, Jeremy Waldron e, como dito, Matthew Kramer (além de outros, naturalmente, uma vez que 'listas' como esta são tão exemplificativas quanto, de algum modo, arbitrárias, no mais das vezes).

Finnis, vimos, diz que a autoridade movida por razões de autointeresse enfraquece qualquer preocupação eventual com 'a função do direito como resposta a problemas sociais reais' e, além disso, dilui sua 'fidelidade ao direito', sua observância das formas e do raciocínio próprio do direito, no mesmo autointeresse que o direito tem a função básica, elementar, de subordinar às necessidades sociais diante das quais ele surge como resposta. Kramer oferece duas objeções iniciais, sendo a primeira delas exatamente a que será trabalhada em maior detalhe na próxima seção: a ideia de que maus governantes, tiranos, movidos por razões de autointeresse, podem ter razões para respeitar e aderir aos padrões jurídicos estabelecidos. Na mesma linha, Kramer diz que Finnis erra em não diferencias egoísmo, autointeresse, de curto e de longo prazo — uma vez que, para Kramer,

> [a]utoridades egoístas em busca de poder, desejando perseguir seus projetos atrozes com maior efetividade, terão razões substanciais para subordinar seus impulsos de curto prazo às exigências da legalidade. Elas assim se tornam capazes de gerar fortes incentivos para que os cidadãos observem e obedeçam a seus comandos, facilitando, astutamente, a coordenação de seus próprios projetos iníquos.[502]

O que Kramer quer dizer é que, enquanto Finnis supõe que o autointeresse por parte de autoridades responsáveis pela produção/identificação/aplicação do direito dilui sua fidelidade ao direito e sua observância dos métodos e padrões jurídicos de raciocínio, o caso é que, na verdade, uma preocupação com interesses e projetos pessoais de poder podem *contribuir* para que os métodos e os padrões jurídicos de raciocínio e a própria estrutura de legalidade sejam observados. A normatividade na perspectiva das autoridades jurídicas pode ser prudencial e não apenas moral — e, para Kramer, Finnis erra ao supor o contrário. A tese *krameriana*, afinal, é a de que "autoridades que se importam apenas com seus próprios interesses iníquos têm poderosas razões para aderir firmemente ao *rule of law*"[503] — uma tese que encontra eco ao longo de toda a insistência de Kramer quanto à possibilidade de uma "escrupulosidade sem

---

502 "*Power-hungry officials wishing to pursue their heinous designs with great effectiveness will have substantial reasons for subordinating their short-run impulses to the requirements of the rule of law. They thereby enable themselves to generate strong incentives for citizens to comply with their mandates, and they shrewdly facilitate the co-ordination of their own evil efforts.*" KRAMER, Matthew H. *In Defense of Legal Positivism*: Law Without Trimmings. Oxford: Oxford University Press, 1999, p. 236.

503 "*[O]fficials who care only about their own evil interests will often have powerful reasons for adhering quite steadily to the rule of law.*" KRAMER, Matthew H. *In Defense of Legal Positivism*: Law Without Trimmings. Oxford: Oxford University Press, 1999, p. 236.

escrúpulos":[504] "[m]esmo quando um regime é perverso, ele terá de aderir aos preceitos de Fuller de forma contínua se pretende realizar seus desígnios perversos em longo prazo".[505]

Uma primeira (contra)objeção possível de Finnis, reconhecida por Kramer, está na ideia de que um caso/exemplo central de instituição jurídica deve ser derivado e especificado da função do direito — e que conhecer, determinar essa função passa por juízos teóricos acerca do bem humano e suas exigências práticas. Kramer diz que é exatamente a especificação dessa função que fica em aberto, e que uma função de garantir autonomia, segurança e coordenação social é típica de sistemas jurídicos benevolentes; é plenamente possível, segundo Kramer — dado seu argumento de que autoridades iníquas terão boas razões para subordinar seus impulsos de curto prazo às exigências da legalidade em nome de seus próprios projetos iníquos de longo prazo —, conceber sistemas jurídicos efetivos, em pleno funcionamento, cuja principal função é a de manter o domínio opressivo das autoridades que compõem esses sistemas.[506]

A outra possível resposta de Finnis considerada por Kramer é a de natureza metodológica, no sentido de uma eventual *superioridade analítica/explanatória* de uma teoria que destaque como caso central a perspectiva interna de autoridades cujas práticas e disposições em relação aos padrões jurídicos de seu sistema de governança são baseadas em razões morais, fundamentalmente não prudenciais. O argumento de Finnis é assumidamente aristotélico: o indivíduo desenvolvido, diligente, dotado de razão e *razoabilidade* práticas, é capaz de entender e explicar as razões prudenciais do indivíduo autointeressado, mas este não é capaz de explicar as razões morais do indivíduo desenvolvido, diligente, de razoabilidade prática — de modo que compreender as preocupações e as razões do indivíduo virtuoso oferece, assim, uma melhor explicação *empírica* acerca dos assuntos e questões humanas.[507]

---

504 "*Scrupulousness without scruples*", termo que dá título ao seu capítulo dedicado a responder às críticas de Lon Fuller e seus defensores.

505 "*Even if a regime is wicked, it will normally have to abide by the Fullerian precepts quite perseveringly if it is to give effect to its wicked designs over the long term.*" KRAMER, Matthew H. *In Defense of Legal Positivism*: Law Without Trimmings. Oxford: Oxford University Press, 1999, p. 67.

506 *Cf.* KRAMER, Matthew H. *In Defense of Legal Positivism*: Law Without Trimmings. Oxford: Oxford University Press, 1999, pp. 237-238.

507 *Cf.* FINNIS, John. *Natural Law and Natural Rights.* 2ª ed. Oxford: Oxford University Press, 2011, p. 15.

Aqui, Kramer novamente repete seu argumento de que autoridades iníquas terão razões para manter e observar os elementos e os padrões básicos que formam o direito — e que essa possibilidade mesma favorece uma abordagem teórica como a sua, uma abordagem "igualmente alerta às razões para agir de autoridades movidas por considerações morais e de autoridades iníquas movidas por considerações egoístas".[508] Em suma, o ponto de Kramer é o seguinte: é verdade que um sistema jurídico pode ser composto, formado, mantido e observado por autoridades movidas por razões morais — assim como também pode ser o caso que autoridades iníquas, movidas por razões puramente prudenciais, até o mais baixo autointeresse, adiram às exigências da legalidade, exatamente para fins de perseguir com maior efetividade seus próprios projetos egoístas. Autoridades e membros oficiais de um regime marcado pela tirania, pela opressão, pelos mais diversos vícios precisam coordenar suas atividades e direcionar a conduta dos governados; e uma vez que fazer isso, ao longo de um maior curso de tempo, "envolve uma estrutura normativa que atende às oito exigências de Fuller em nível considerável, uma aderência constante a essas exigências é algo que se apresenta em regimes monstruosos por razões puramente prudenciais".[509]

De minha parte, é exatamente a compreensão de Kramer acerca do que constituem essas 'exigências da legalidade' que pretendo desafiar; antes, porém, dada a centralidade do argumento das autoridades iníquas em sistemas jurídicos efetivos em pleno funcionamento para a tese geral de Kramer — num contraste com Lon Fuller, que é uma das bases teóricas mais fundamentais desta pesquisa —, é importante que a analisemos em maior detalhe.

3.2.1 Rule of Law e rule of law

Neste ponto da pesquisa, já vimos em maior detalhe a proposta teórica de Lon Fuller. Sua tese geral é conhecida e comumente resumida nos seguintes termos:

---

508 "*My own theoretical approach (...) is alert to the reasons-for-action of morally solicitous officials and evilly selfish officials alike.*" KRAMER, Matthew H. *In Defense of Legal Positivism*: Law Without Trimmings. Oxford: Oxford University Press, 1999, p. 236.

509 "*In short, given that officials in a wicked regime must co-ordinate their own endeavors while they achieve their aims through the direction of citizens' behavior, and given that the co-ordination of their efforts will almost certainly involve a normative structure that fulfills the eight Fullerian requirements to a considerable extent, a steady adherence to those requirements can commend itself to monstruous regimes on purely prudential grounds*". KRAMER, Matthew H. *In Defense of Legal Positivism*: Law Without Trimmings. Oxford: Oxford University Press, 1999, p. 71.

generalidade, publicidade, prospectividade, inteligibilidade, consistência, praticabilidade, estabilidade e congruência são os oito princípios que constituem o âmago da ideia de legalidade; esses oito princípios constituem, igualmente, uma *moralidade* que é *interna* ao próprio direito. Para Fuller, não se trata de *direito* se um sistema que se pretende jurídico não é capaz de satisfazer cada um dos oito princípios para além de um mínimo grau razoável. Nas palavras de Matthew Kramer, a visão de Fuller é a de que "os elementos do direito que lhe atribuem o próprio *status* de direito são também elementos que lhe atribuem um certo valor moral intrínseco", de modo que "[a] natureza de um sistema enquanto sistema jurídico — o que necessariamente envolve sua conformidade com os oito princípios de legalidade — não é um fato moralmente neutro".[510]

Kramer, positivista, toma Fuller como um ponto de partida. Kramer concorda que os oito princípios constituem o cerne daquilo que se convencionou chamar de *rule of law* e, não só isso, *concorda que esses oito padrões são mesmo internos ao direito*. Kramer também diz que, juntos, esses princípios constituem parte de um ideal moralmente desejável. Dito isso, e contra Fuller, Kramer argumenta que o modo pelo qual esses princípios são internos ao direito não é o mesmo que os aproxima de ideais moralmente valiosos. Arriscando-se uma apertada síntese, é possível dizer que Kramer estabelece o mesmo ponto de partida — os oito princípios de legalidade articulados por Fuller — para duas concepções distintas do conceito de *rule of law*: uma concepção puramente jurídica e uma concepção que captura um ideal de moralidade política.

Gerald Postema, em um debate com Kramer — debate que será retomado logo mais —, resume bem: a primeira dessas concepções articula, por meio dos oito princípios, "as condições de existência de um sistema jurídico operante", enquanto a segunda, por meio dos mesmos oito princípios, "expressa um elemento constitutivo do ideal liberal-democrático de boa governança e uma sociedade justa".[511]

---

510 "*[T]he features of law which endow it with its very status as law are also features that endow it with an inherent moral worthiness (...). A system nature as a legal system — which necessarily involves its conformity with Fuller's principle of legality — is not a morally neutral fact.*" KRAMER, Matthew H. *In Defense of Legal Positivism*: Law Without Trimmings. Oxford: Oxford University Press, 1999, p. 39.

511 "*The two conceptions offer different and separable ways of articulating the significance of Fuller's eight standards. One articulates conditions of the existence of a fully functioning legal system, the other expresses a constituent of the liberal-democratic ideal of good governance and a just society.*" POSTEMA, Gerald J. From Law's Existence to Law's Rule: Reflections on Kramer's Understanding of the Rule of Law. In: MCBRIDE, Mark; KURKI, Visa A. J. (eds.) *Without Trimmings*: The Legal, Moral, and Political Philosophy of Matthew Kramer. Oxford: Oxford University Press, 2022.

O que Kramer quer dizer é que, "embora as características fundamentais do *rule of law* estejam sempre presentes quando existe um sistema jurídico funcionando, seu alcance moral substantivo pode variar consideravelmente".[512] Os elementos constitutivos do império da lei, os 'princípios de legalidade' de Fuller, podem *adquirir* importância, alcance e densidade moral a depender da natureza do sistema de governança que os apresente, mas esses elementos não têm — argumenta Kramer — valor moral intrínseco. Daí as duas concepções distintas de *rule of law* a partir dos mesmos elementos constitutivos: primeiro, como um "fenômeno jurídico em sentido amplo", esses princípios são "nada mais e nada menos do que as condições que devem ser satisfeitas para a existência de um sistema jurídico"; agora, quando esse "fenômeno jurídico em sentido amplo" é observável especificamente em "sociedades liberal-democráticas", ele adquire o caráter de uma "expressão moralmente desejável de compromissos com a dignidade e a igualdade de indivíduos".[513]

Aqui, numa breve digressão, é importante notar a (correta e oportuna) interpretação de Kramer[514] quanto aos princípios de legalidade em Fuller. Cada um dos princípios manifesta uma condição que deve ser preenchida de forma considerável, mas não há nenhum sistema jurídico que atinja com perfeição e completude absolutas todo e cada princípio de legalidade — uma vez que seria impossível atender com perfeição exata a todos os princípios em conjunto, mesmo num mundo ideal. O exemplo de Kramer, nesse sentido, volta atenção aos princípios um e quatro: generalidade e clareza. Se as normas fossem *perfeita* e *completamente* gerais, perderiam em clareza; se fossem perfeitamente claras, exatas, perderiam em seu caráter geral. É nesse sentido que cada princípio é uma condição de existência para um sistema jurídico a ser preenchida acima de um nível mínimo, não um elemento num conjunto que forma um arquétipo de perfeição.[515]

---

512 "*[A]lthough the fundamental characteristics of the rule of law are always present when a functional legal system exists, their substantive significance can vary considerably.*" KRAMER, Matthew H. *Objectivity and the Rule of Law.* Cambridge: Cambridge University Press, 2007, p. 101.

513 "*Firstly, as a general juristic phenomenon, it amounts to nothing more and nothing less than the fundamental conditions that have to be satisfied for the existence of any legal system. Secondly, whenever that juristic phenomenon obtains specifically in liberal-democratic societies — which exhibit rich diversity among themselves in their detailed institutions and practices — it is a morally cherishable expression of commitments to the dignity and equality of individuals.*" KRAMER, Matthew H. *Objectivity and the Rule of Law.* Cambridge: Cambridge University Press, 2007, p. 102.

514 Isso porque o próprio Fuller faz alertas nesse sentido. *Cf.* FULLER, Lon L. *The Morality of Law.* 2ª ed. New Haven: Yale University Press, 1969, pp. 41, 45.

515 *Cf.* KRAMER, Matthew H. *Objectivity and the Rule of Law.* Cambridge: Cambridge University Press, 2007, pp. 108-109.

Isso posto, é possível avançar. Kramer diferencia as duas concepções — duas concepções que ele deriva dos mesmos oito princípios — por meio de uma distinção marcada por letras minúsculas e maiúsculas. O *rule of law*, em sua concepção positivista, é o estado de coisas que se pode observar uma vez que os oito princípios de legalidade estejam satisfeitos acima de um nível mínimo. O *rule of law*, assim, é o cenário onde se pode observar um sistema jurídico operante e efetivo em funcionamento — de modo *completamente à parte e independente* dos méritos ou deméritos de normas e sistemas jurídicos específicos em particular. O *rule of law* de Kramer, com letras minúsculas, "pertence à esfera da filosofia jurídica e não à da filosofia política"; é uma concepção que estabelece "as condições individualmente necessárias e conjuntamente suficientes para a existência de um regime de direito" e, ao fazê-lo, revela-se "neutra em todas as questões morais e políticas".[516] O *rule of law* minúsculo é moralmente neutro, por ser indispensável para a busca de fins justos tanto quanto para a busca de fins injustos.

Por outro lado — e a partir dos mesmos oito princípios —, é possível articular uma concepção que Kramer distingue com letras maiúsculas: o *Rule of Law*, que depende do *rule of law* — isto é, que depende de um cenário onde haja um sistema jurídico operante e efetivo em funcionamento — mas vai além dele, ultrapassando questões que Kramer classifica como meramente formais e adentrando no território de questões substantivas. Se no *rule of law* os oito princípios representam as condições individualmente necessárias e conjuntamente suficientes para a existência de um sistema jurídico operante, é no *Rule of Law* que eles se tornam preceitos de moralidade política, expressando valores tipicamente associados à tradição do liberalismo democrático.[517]

Tomemos o sexto princípio *fulleriano* como exemplo — o princípio da 'praticabilidade', isto é, a exigência de que as normas do sistema em questão não exijam coisas que ultrapassem as capacidades de seus destinatários. Em sua exposição acerca do *rule of law*, Kramer diz que nenhum sistema jurídico

---

516 "*My conception of the rule of law, as it has been expounded hitherto, belongs to the domain of legal philosophy rather than to the domain of political philosophy. It is a jurisprudential conception. It sets forth the individually necessary and jointly sufficient conditions for the existence of a regime of law. In so doing, it is neutral on all moral and political questions.*" KRAMER, Matthew H. *Objectivity and the Rule of Law.* Cambridge: Cambridge University Press, 2007, p. 142.

517 *Cf.* KRAMER, Matthew H. *Objectivity and the Rule of Law.* Cambridge: Cambridge University Press, 2007, pp. 143-144.

funcionaria se apresentasse consideráveis e constantes desvios da exigência de que as normas devem ser formuladas de modo que sua observância seja possível por parte dos cidadãos. Isso é assim porque Kramer concorda que "a função primária de um regime jurídico é direcionar a conduta das pessoas apresentando-as com mandados e outras leis às quais elas são capazes de conformar seu comportamento";[518] a prevalência, num sistema de governança, de diretrizes cuja observância ('praticabilidade') é impossível desqualifica esse sistema enquanto sistema genuinamente jurídico, uma vez que essa prevalência é incompatível com o papel fundamental que tem o direito na coordenação da conduta dos cidadãos. A falta de praticabilidade é incompatível com a "principal função" do direito — razão pela qual o sexto princípio *fulleriano* adquire o papel de condição necessária à existência de qualquer sistema jurídico, uma vez que é uma exigência "indispensável para uma orientação minimamente efetiva da conduta humana".[519]

Agora, quando esse mesmo princípio é estendido para além do *rule of law* — para além de um cenário onde se pode observar um sistema jurídico operante e efetivo em funcionamento — e articulados nos termos do *Rule of Law*, Kramer sustenta que podemos ver outras razões para a satisfação desse princípio, e que *é só aqui* que essas razões adquirem contornos morais. Responsabilizar cidadãos por condutas cuja prática é impossível significa um desrespeito à liberdade e à própria ideia de responsabilidade moral, de forma que o princípio da praticabilidade *pode* assumir uma tônica de moralidade. O ponto fundamental aqui, porém, está no '*pode*': para Kramer, não é necessariamente o caso. Porque a chave de distinção é esta: o respeito aos oito princípios *pode* adquirir, substantivamente, um caráter moral, a depender dos termos em que exigido e do tipo de sistema específico que a eles se conforme; a depender dos fins particulares que um sistema específico de governança jurídica assume como seus, em conformidade com fins tipicamente

518 "[A] *legal regime's primary function is to direct the conduct of people by presenting them with mandates and other laws to which they are capable of adjusting their behavior.*" KRAMER, Matthew H. *Objectivity and the Rule of Law.* Cambridge: Cambridge University Press, 2007, p. 131.

519 "*Like most of Fuller's other principles of legality, then, the principle of compliability is integrally connected to law's paramount function. It articulates a necessary condition for the existence of any legal system because it captures something that is indispensable for the minimally effective guidance of human conduct. Any arrangement that fails to provide such guidance is not an instantiation of the rule of law.*" KRAMER, Matthew H. *Objectivity and the Rule of Law.* Cambridge: Cambridge University Press, 2007, p. 132.

associados a regimes liberal-democráticos.[520] Articulados em termos teóricos, os oito princípios são necessários para a *existência* de um sistema jurídico — para o *rule of law*.

Articulados em termos de moralidade política, os oito princípios estabelecem condições para a *legitimidade* e para a *autoridade moral* de um sistema — para o *Rule of Law*. A estrutura teórica articulada por Fuller, na leitura de Kramer, sintetiza todas as propriedades essenciais do *rule of law* enquanto cenário que denota a existência de um sistema jurídico operante em funcionamento, mas não *encerra* o significado nem *pressupõe necessariamente* a tônica moral que os princípios adquirem quando articulados nos termos do *Rule of Law* enquanto ideal do liberalismo democrático. A estrutura teórica é a mesma porque, diz Kramer, "o *rule of law* é condição *sine qua nom* do *Rule of Law*" — com o alerta de que o primeiro, embora seja condição necessária, não é condição *suficiente* para o segundo.[521]

Outra razão pela qual os princípios de legalidade oferecem a estrutura básica das duas concepções de Kramer está em seu reconhecimento da orientação da conduta humana como papel básico a ser exercido pelo direito. Para Kramer, Fuller acerta ao enxergar essa função no direito e acerta igualmente ao dizer que ela só pode ser exercida por meio da observância dois oito princípios, tanto quanto acerta ao relacionar esse papel distinto do direito com a capacidade racional do cidadão enquanto agente — e esse é um ponto importante, que deixa a discussão um tanto mais interessante. Para Kramer, um fio condutor que une as duas concepções, com base na ideia de que o direito tem como 'papel básico' a orientação da conduta dos cidadãos, está em "[u]m foco na *agência racional dos destinatários das normas*".[522] É a partir desse foco, dessa premissa de que os cidadãos são agentes racionais e autônomos, que se pode discernir aquilo que é necessário para a

---

520 *Cf.* KRAMER, Matthew H. *Objectivity and the Rule of Law*. Cambridge: Cambridge University Press, 2007, pp. 164-170.

521 "*The affinities are more numerous and conspicuous than the dissimilarities, of course. In part, they stem from the sheer fact that the rule of law is a* sine qua non *of the Rule of Law. Albeit the realization of the former is not a sufficient condition for the realization of the latter, it is a necessary condition.*" KRAMER, Matthew H. *Objectivity and the Rule of Law*. Cambridge: Cambridge University Press, 2007, p. 183.

522 "*A focus on the rational agency of the law's addressees is, then, a unifying thread that ties together the two main components of this chapter's investigations.*" KRAMER, Matthew H. *Objectivity and the Rule of Law*. Cambridge: Cambridge University Press, 2007, p. 184.

(mera) *existência funcional* do direito — o *rule of law* — e, igualmente, aquilo que é necessário para a *legitimidade e autoridade moral* do direito — o *Rule of Law*. As duas concepções têm como pressuposto compartilhado o reconhecimento da função do direito como orientação da conduta dos cidadãos e, em decorrência disso, o reconhecimento dos destinatários das normas como centros autônomos de inteligência e racionalidade.[523]

3.2.2 O debate Kramer–Postema

Não foi por acaso que tomei o sexto princípio como exemplo ilustrativo. A escolha se deu porque é em sua elaboração acerca do princípio da praticabilidade que Kramer evidencia a importância da *função* do direito em seu argumento, e a relação dessa função mesma com o pressuposto, compartilhado pelas duas concepções acerca dos oito princípios, de que os destinatários das normas são seres dotados de autonomia e agência racional. É esse o ponto de partida de Gerald Postema no debate que ele propõe, reconhecendo o valor e o rigor analítico do argumento de Kramer mas buscando "estender sua análise a um território mais rico, ainda que mais controverso".[524]

3.2.2.1 Postema: da existência ao império do direito

Antes de oferecer seus comentários críticos, Postema apresenta, num rigoroso resumo da posição de Kramer a ser enfrentada, uma excelente síntese dessas duas concepções baseadas nos mesmos princípios e na mesma premissa. A citação é um tanto longa, mas peço a devida licença pois ela me parece tão completa quanto objetiva para capturar o cerne da visão de Kramer neste ponto:

> Essas duas concepções, para Kramer, dependem da premissa compartilhada de que indivíduos, sujeitos jurídicos, são agentes racionais e autônomos, uma vez que a função fundamental do direito é a de guiar o comportamento estabelecendo-lhes regras e normas. Do ponto de

523 *Cf.* KRAMER, Matthew H. *Objectivity and the Rule of Law.* Cambridge: Cambridge University Press, 2007, pp. 184-185.

524 "*My aim in this chapter is to consider how we might extend his analysis into richer, if more controversial, territory.*" POSTEMA, Gerald J. From Law's Existence to Law's Rule: Reflections on Kramer's Understanding of the Rule of Law. In: MCBRIDE, Mark; KURKI, Visa A. J. (eds.) *Without Trimmings*: The Legal, Moral, and Political Philosophy of Matthew Kramer. Oxford: Oxford University Press, 2022.

> vista moral, liberal-democrático, essa característica dos sujeitos jurídicos não é meramente uma condição para a efetividade do direito, mas um fato de importância moral fundamental, exigindo nosso respeito. Seres humanos são agentes morais responsáveis, capazes de organizar as próprias vidas nos termos de fins e objetivos escolhidos, orientando suas condutas à luz de normas que pretendem orientá-los. Essa capacidade de indivíduos embasa um tipo moralmente fundamental de dignidade, exigindo respeito de outros agentes morais e daqueles que exercem autoridade sobre eles. Uma vez que essas concepções dependem de compreensões distintas acerca da importância prática de se respeitar a agência individual, o escopo e a força normativa dos padrões de Fuller são bastante diferentes nessas duas perspectivas diferentes. Vistos como exigências morais, eles tendem a ter maior força prática e são menos suscetíveis a serem renunciados em face de preocupações conflitantes do que quando vistos como condições para o funcionamento efetivo de um sistema jurídico.[525]

Como dito, Postema pretende desafiar essa visão — e pretende fazê-lo questionando a possibilidade mesma de uma distinção entre essas duas concepções, argumentando que a premissa por elas compartilhada funciona também como uma espécie de ponte, um ponto de ligação entre essas duas noções.

Postema começa por destacar que, embora Kramer reconheça o direito como um modo específico de governança, suas considerações, em diversas passagens, mencionam a satisfação dos oito princípios acima de um nível mínimo como

---

525 "*These distinct accounts, Kramer argues, pivot on the shared assumption that individual legal subjects are rational, self-directing agents. Lawgivers acknowledge and assume for their purposes, that legal subjects are rational, self-directing agents, because law's fundamental function is to guide behavior through addressing rules and norms to them. Yet, from the liberal-democratic moral point of view, this feature of legal subjects is not merely a condition of law's effectiveness, but a fact of fundamental moral importance, demanding our respect. Human beings are responsible moral agents, capable of ordering their lives in light of chosen ends and goals and directing their conduct in light of norms that purport to guide them. This capacity of individuals grounds a morally fundamental kind of dignity demanding proper respect from other moral agents and from those who exercise authority over them. Because these conceptions rest on distinct understandings of the practical significance of respecting the agency of individuals, the scope and normative force of Fuller's standards turn out to be rather different from the different perspectives. Viewed as moral demands, they tend to have greater practical force and are more resistant to compromise with competing concerns than when viewed as conditions of effective functioning of the legal system.*" POSTEMA, Gerald J. From Law's Existence to Law's Rule: Reflections on Kramer's Understanding of the Rule of Law. In: MCBRIDE, Mark; KURKI, Visa A. J. (eds.) *Without Trimmings*: The Legal, Moral, and Political Philosophy of Matthew Kramer. Oxford: Oxford University Press, 2022.

condição necessária ao funcionamento de qualquer sistema de governança.[526] Com base no próprio Fuller, na já comentada '*Resposta aos críticos*', e em exemplos concretos — diretivas particularizadas, individualizadas, expedidas por autoridades em Mianmar, e a China de Mao Tsé-Tung, onde as resoluções do Partido adquiriam força de lei —, Postema questiona até que ponto, de fato, o respeito aos oito princípios é algo exigível para a operação e a manutenção de *qualquer* sistema de governança, *tout court*. Um regime baseado na repressão e no arbítrio pode não ser bom, mas *existe* e pode sobreviver como tal por um longo tempo; para Postema, pode fazê-lo sem respeito aos oito princípios.

Além de sistemas assim, Postema alerta para a possibilidade de regimes baseados no que ele chama de "legalidade à conveniência":[527] regimes nos quais há leis do ponto de vista formal, mas que não têm um sistema jurídico operante como tal — "não por haver desordem política e social generalizada, mas pelo fato de as leis não funcionarem *como leis*". Leis que não funcionam *como leis* são observáveis em sistemas de governança, baseados meramente num tipo raso de legalidade formal, cujos representantes "efetivamente exercem poder e efetivamente mantém a ordem, *apesar* das leis, e apesar da não observância dos oito padrões de Fuller".[528] Entre os princípios mais violados, diz Postema, está aquele mais importante para a concepção de direito que pretendo articular ao final desta pesquisa: o oitavo princípio, da congruência entre a prática oficial e as leis em seus termos.

---

526 Postema tem razão, já que, nas considerações individualizadas de Kramer acerca de cada um dos princípios, ele menciona, por diversas vezes, uma observância fundamental não apenas ao (que ele chama de) *rule of law* (com letras minúsculas), mas também a qualquer modo sustentável e efetivo de governança — *e.g.* "*essential not only for the rule of law but also for any tenable scheme of governance*", "*necessary condition not only for the rule of law but also for any viable mode of governance*", "*not a system of governance at all, much less a legal system*", "[s]*uch a system of governance would not be a legal system — and would probably not be a system of governance at all*", "*they are not veritable laws, and the scheme of governance which they form is a mere carcass*". *Cf.* KRAMER, Matthew H. *Objectivity and the Rule of Law.* Cambridge: Cambridge University Press, 2007, pp. 111, 113, 127, 132, 136.

527 "*Legality at convenience*".

528 O primeiro itálico é meu; o segundo, do autor. "*Formal laws existed, but a functioning legal regime did not; not because there was widespread social and political disorder, but because the laws were not functioning as laws. They were not functioning as laws because rulers exercised governing power, and effectively kept order,* despite *the laws, and despite the fact that Fuller's canons were not satisfied.*" POSTEMA, Gerald J. From Law's Existence to Law's Rule: Reflections on Kramer's Understanding of the Rule of Law. In: MCBRIDE, Mark; KURKI, Visa A. J. (eds.) *Without Trimmings*: The Legal, Moral, and Political Philosophy of Matthew Kramer. Oxford: Oxford University Press, 2022.

A consideração de Postema levanta dois questionamentos. O primeiro: se a satisfação dos oito princípios acima de um nível mínimo são é condição necessária para todo e qualquer sistema de governança, de qualquer tipo, Kramer tem razão ao menos quando afirma que sua observância é essencial para a existência de um sistema propriamente jurídico? O segundo: o que significa, o que está por trás da ideia de leis funcionando *como leis*? Para responder a essas perguntas — e aqui se revela a importância deste debate a esta pesquisa —, Postema retoma a proposta de Fuller, aceita e adotada por Kramer, acerca da função principal do direito.

Como vimos, Kramer assume a premissa de que a função principal do direito é a de orientar a conduta de cidadãos, agentes de autonomia e racionalidade, por meio de normas. Para Postema, assumir essa premissa, e atribuir ao direito essa função, significa dizer que "o direito funciona *como direito* quando vige em uma comunidade política e exerce papel fundamental na economia deliberativa de seus membros".[529] Postema reconhece que Hart, por exemplo, rejeita essa tese, ao dispor que é possível haver um sistema jurídico no qual apenas as autoridades, os membros oficiais que o compõem adotam o ponto de vista interno (uma disposição crítico-reflexiva) em relação às normas do sistema; seu ponto é o de que Kramer, por sua vez, *não pode* dizer o mesmo, sob pena de inconsistência argumentativa. Negar que as normas jurídicas precisam exercer esse papel na vida dos cidadãos seria contraditório com uma tese que toma como pressuposta a agência racional dos seres humanos enquanto sujeitos jurídicos, cidadãos destinatários das normas. Para que as leis funcionem *como leis*, elas devem funcionar *como normas* na deliberação prática desses agentes que são seus destinatários; para que funcionem *como normas*, as leis devem ser mais do que meros parâmetros nos quais o cidadão pode antever possível interferência em sua vida, sendo efetivamente padrões de orientação de sua conduta prática e, fundamentalmente, *aceitos como tais*. Aceitar as normas enquanto normas, que devem antes *funcionar desse modo*, é um elemento fundamental subjacente à ideia de orientação normativa — e isso, diz Postema, deve ser *necessariamente* levado em conta por uma tese que tem, entre suas premissas, a função do direito

529 Itálico no original. "*At the heart of this notion is the claim that law functions as law when it is in force in a political community and plays a key role in the deliberative economy of its members.*" POSTEMA, Gerald J. From Law's Existence to Law's Rule: Reflections on Kramer's Understanding of the Rule of Law. In: MCBRIDE, Mark; KURKI, Visa A. J. (eds.) *Without Trimmings*: The Legal, Moral, and Political Philosophy of Matthew Kramer. Oxford: Oxford University Press, 2022.

como orientação da conduta de cidadãos enquanto agentes dotados de autonomia e racionalidade.

É com base nisso que Postema introduz, no debate com Kramer, uma noção muito presente em toda sua obra, que já consideramos no capítulo aqui dedicado ao império da lei: a noção de *fidelidade*. Postema retoma aqui os exemplos utilizados para rebater as passagens nas quais Kramer diz que princípios de legalidade são condições necessárias a todo sistema de governança, mas, desta vez, para levar a ideia mais adiante. É evidente — e o próprio Kramer entenderá assim — que não faz parte da ideia *rule of law* enquanto ideal de moralidade política (o *Rule of Law* de Kramer) um cenário no qual autoridades que exercem o poder utilizam a legalidade formal como seu instrumento de comando e domínio. Agora, a partir do *insight* da necessidade de normas que funcionam *enquanto normas* — centrado em uma premissa que liga a função do direito à autonomia e agência racional dos destinatários das normas do sistema jurídico —, e, portanto, da ideia de que o direito deve funcionar enquanto direito na 'economia deliberativa' dos cidadãos e dos membros oficiais que compõem a prática, Postema avança e pergunta: pode-se dizer que um sistema no qual as autoridades usam o direito para governar, e *sem que sejam igualmente por ele governados*, é um sistema jurídico operante em funcionamento?

Fuller, já vimos, entendia que não, atribuindo à *reciprocidade* uma noção fundamental para que um sistema seja digno do rótulo de sistema *jurídico*. Kramer, por outro lado, vimos também, dirá que essa ideia faz parte apenas do *Rule of Law* enquanto ideal de moralidade política do liberalismo democrático, não do *rule of law* enquanto cenário onde existe um sistema jurídico de governança eficaz em funcionamento. O ponto de Postema é que há um problema nesse raciocínio, diretamente ligado à função do direito como padrão de orientação da conduta de cidadãos enquanto destinatários de *normas* e enquanto agentes autônomos e racionais. Pressupor essa função, no argumento de Postema — função pressuposta por Kramer em suas duas concepções —, significa necessariamente pressupor que um compromisso *de princípio* em assumir as normas *como tais*, por parte de cidadãos e autoridades igualmente, é um elemento necessário para a configuração própria de um sistema *enquanto sistema propriamente jurídico*.

Isso tudo conduz ao entendimento, para Postema, de que interpretar os oito princípios de legalidade como mera técnica — interpretar a possibilidade de o direito ser mero instrumento de poder — não é capaz de oferecer *qualquer* concepção plausível de *rule of law*: em maiúsculas ou mesmo minúsculas, em termos de moralidade política ou mesmo em uma concepção que se pretende estritamente teórica. "Os argumentos de Kramer em favor da necessidade do respeito aos padrões de Fuller para a existência de um sistema jurídico operante", diz Postema, "nos dão uma explicação acerca das condições para a existência de leis" — mas o ponto é justamente o de que para que haja o governo das leis, o *rule of law* já enquanto modo de governança, é preciso mais do que as leis existirem: "*o direito deve governar*". O império do direito exige *que o direito impere*, e o direito não é capaz de operar "*sem exercer alguma força normativa sobre aqueles que pretendem governar por meio do direito*".[530]

Essa ideia ainda não é suficiente para a construção da ponte pretendida entre o *rule of law* e o *Rule of Law*, mas oferece o caminho para fazê-lo. Postema reconhece que Kramer pode ter razão ao dizer que, ao adotaram o direito como modo escolhido de governança, autoridades não estão *automaticamente*, já por essa razão mesma, assumindo a obrigação de respeito à autonomia, à agência e à responsabilidade moral, enfim, à dignidade dos cidadãos enquanto destinatários das normas. Por outro lado, adotar o direito como modo de governança — e adotando assim, igualmente, as limitações que ele impõe — *não significa adotar (apenas) uma técnica, mas estabelecer um ambiente marcado* por essa relação entre membros oficiais que compõem a prática — que, ao adotá-la, aceitam as limitações que ela impõe — e os cidadãos destinatários das normas enquanto sujeitos jurídicos e agentes morais. Estabelecer esse ambiente, "*independentemente das motivações para tal*" (e isso é importante num argumento contrário a uma tese centrada na noção de autoridades que adotam o direito por razões prudenciais), "implica em colocar governantes e sujeitos jurídicos em uma relação de *tônica* moral, na qual subjazem certas *obrigações recíprocas*".[531] *Não são as razões para*

530 Itálico meu. "*Kramer's arguments for the necessity of compliance with Fuller's standards for the existence of a functioning legal system give us an account of the conditions of the existence of laws, but the rule of law as a mode of governance demands more than that laws exist. The law must rule. And it cannot rule without exerting some normative force on those who seek to rule by law.*" POSTEMA, Gerald J. From Law's Existence to Law's Rule: Reflections on Kramer's Understanding of the Rule of Law. In: MCBRIDE, Mark; KURKI, Visa A. J. (eds.) *Without Trimmings*: The Legal, Moral, and Political Philosophy of Matthew Kramer. Oxford: Oxford University Press, 2022.

531 Itálico meu. "*The effect of establishing this environment, regardless of motivations for doing so, is to put rulers and legal subjects into a morally inflected relationship in which certain reciprocal obligations are embedded. It is the nature of the relationship that is established, not the reasons for establishing it, that generates the obligations.*" POSTEMA, Gerald J. From Law's Existence to Law's Rule: Reflec-

estabelecer a relação, mas *a própria natureza da relação em si* que gera, além das obrigações, sua reciprocidade.

Talvez, assim, as únicas diferenças entre o *Rule of Law* e o *rule of law* sejam, afinal, duas letras maiúsculas.

3.2.2.2 Kramer e a visão positivista

Kramer, por óbvio — sendo, assumidamente, um positivista em relação a virtualmente todos os debates acerca das possíveis teses da separabilidade entre direito e moral —, rejeita as conclusões a que chega Postema. Rejeita, igualmente, as premissas que Postema a ele atribui. Para Kramer, há muito mais do que apenas duas letras maiúsculas diferenciando *rule of law* e *Rule of Law* e, não surpreendentemente, ele mantém sua posição mesmo após as críticas.

(Permitindo-me um pequeno interlúdio, uma observação interessante: em seu estilo marcada e notavelmente *analítico*, com seu rigor inequívoco e sua prosa sempre técnica, Kramer aponta, em mais de uma passagem, a linguagem "elusiva", "metafórica"[532] de seu interlocutor. Embora Fuller não tivesse algo sequer próximo do nível técnico de Postema, nos termos de treinamento e prática formais na filosofia enquanto disciplina acadêmica, não deixa de ser curioso observar nesse debate, além da coincidência entre as posições, uma coincidência entre os estilos no debate Hart–Fuller.)

Diretamente, Kramer começa por destacar sua aproximação junto às teses de Hart, distanciando-se daquilo em que Postema acredita e, fundamentalmente, distanciando-se daquilo que Postema a ele atribui. Para Kramer, tanto quanto para Hart, existe uma distinção muito clara entre plena aceitação — quando o destinatário das normas adota uma disposição crítico-reflexiva em relação a elas (estando disposto a observá-las, reprovar a conduta daqueles que não as observam, e aprovar as críticas direcionadas àqueles que as transgridem)[533] — e mera obediência das normas. Em linguagem obviamente *hartiana*, Kramer diz

---

tions on Kramer's Understanding of the Rule of Law. In: MCBRIDE, Mark; KURKI, Visa A. J. (eds.) *Without Trimmings*: The Legal, Moral, and Political Philosophy of Matthew Kramer. Oxford: Oxford University Press, 2022.

532 "*Elusive*", "*metaphorical*".

533 *Cf.* KRAMER, Matthew H. Gerald Postema and the Rule of Law. In: MCBRIDE, Mark; KURKI, Visa A. J. (eds.) *Without Trimmings*: The Legal, Moral, and Political Philosophy of Matthew Kramer. Oxford: Oxford University Press, 2022. Ver também o sexto capítulo de *The Concept of Law*.

que "as normas que impõem deveres de um sistema jurídico podem preencher sua função de orientar a conduta de seus destinatários mesmo que estes estejam meramente as obedecendo e não as aceitando plenamente".[534]

Postema, vimos, sustenta que, num cenário no qual os cidadãos meramente obedecem às normais, sem aceitá-las como tais, eles não têm sua conduta orientada pelas normas *enquanto normas* — uma expressão que Kramer chama de "opaca", criticando Postema por usá-la "repetidamente" (num exemplo dessa diferença de estilos filosóficos).[535] Para Kramer, a afirmação simplesmente não faz sentido, uma vez que, em sua concepção, destinatários das normas que meramente obedecem às suas diretrizes, sem aceitação plena, "engajam-se com todos os oito aspectos dessas leis que são articulados nos princípios de legalidade de Fuller"; esses cidadãos, em sua visão, estão "certamente sendo guiados por essas leis de maneiras que envolvem integralmente suas faculdades enquanto agentes racionais".[536] Kramer diz, no mesmo sentido, que a agência humana, e a consideração dessa característica, não tem, necessariamente, uma tônica *moral*: mesmo em regimes tirânicos, baseados em governantes movidos por puro autointeresse e sem nenhum respeito pelos cidadãos em suas capacidades individuais, os destinatários das normas de um sistema jurídico "são tratados como agentes deliberativos, no sentido de que (talvez com a ajuda de advogados) deles se espera que se familiarizem e conformem seu comportamento com os conteúdos das normas jurídicas".[537]

Cf. HART, H. L. A. *The Concept of Law*. 2ª ed, com pós-escrito, organizado por Penelope A. Bulloch e Joseph Raz. Oxford: Clarendon Press, 1994, pp. 100-123.

534 "*Like Hart, and unlike Postema, I have always contended that the duty-imposing norms of a legal system can fulfill their function of guiding people's conduct even if the addressees of the norms are merely obeying them and are not fully accepting them.*" KRAMER, Matthew H. Gerald Postema and the Rule of Law. In: MCBRIDE, Mark; KURKI, Visa A. J. (eds.) *Without Trimmings*: The Legal, Moral, and Political Philosophy of Matthew Kramer. Oxford: Oxford University Press, 2022

535 "[A] *rather opaque phrase which he uses repeatedly.*" KRAMER, Matthew H. Gerald Postema and the Rule of Law. In: MCBRIDE, Mark; KURKI, Visa A. J. (eds.) *Without Trimmings*: The Legal, Moral, and Political Philosophy of Matthew Kramer. Oxford: Oxford University Press, 2022

536 "*Citizens who merely obey the duty-imposing laws in their system of governance are engaging with all eight of the aspects of those laws that are distilled in Fuller's principles of legality (...). Such citizens are certainly being guided by those laws in ways that integrally involve the faculties of rational agents*". KRAMER, Matthew H. Gerald Postema and the Rule of Law. In: MCBRIDE, Mark; KURKI, Visa A. J. (eds.) *Without Trimmings*: The Legal, Moral, and Political Philosophy of Matthew Kramer. Oxford: Oxford University Press, 2022.

537 "*Even in a repressive system that shows very little respect for individuals, the addressees of the law are treated as deliberative agents in that they (perhaps with the assistance of lawyers) are expected to*

Por essa mesma razão, com base no mesmo argumento, Kramer também diz não endossar outra das teses que Postema diz serem derivadas das próprias premissas por ele adotadas: a ideia de que um sistema de governança só será jurídico quando suas autoridades, os membros que compõem esse sistema, adotam e assumem um compromisso *de princípio* com a condução de governo submetido aos padrões das leis. É muito forte, muito presente no argumento de Kramer, uma vez mais, a ideia de que as autoridades de um sistema jurídico têm razões prudenciais para aderir aos princípios de legalidade, sacrificando impulsos de curto prazo em nome de interesses próprios de longo prazo (um de seus pontos é de que esses interesses podem ser facilitados quando as autoridades se mantêm no poder por mais tempo, e que, por vezes, manter-se no poder por mais tempo requer aderência aos oito princípios).

Por fim, vale destacar ainda dois pontos na resposta de Kramer — sobretudo porque é justamente a partir deles que pretendo me alinhar a Postema, de certo modo, ao desenvolver minha perspectiva própria. O primeiro: em contraposição às premissas a ele atribuídas, Kramer diz não acreditar apenas que leis não adquirem um *status* moral simplesmente em decorrência mesma do *status* de leis; ele diz ainda que *um sistema jurídico de governança* como um todo, em razão de seu *status* enquanto sistema jurídico de governança, não tem ou carrega necessariamente algum valor moral.

Além disso, há o segundo ponto que quero destacar aqui; um ponto de particular relevância, uma vez que trata do oitavo princípio de legalidade em Fuller — o princípio da congruência — e, novamente, revela uma característica que pretendo apontar como uma das lacunas dessa visão positivista acerca do *rule of law*. Kramer vê, na argumentação de Postema, uma pressuposição de que autoridades e membros oficiais da prática num sistema de governança centrado no autointeresse (em razões prudenciais, na busca do poder pelo poder, enfim) tendem a se afastar com maior ênfase ou frequência dos princípios *fullerianos* quando comparados com autoridades e membros oficiais da prática num sistema de governança centrado nos valores liberais-democráticos. Kramer reivindica aqui justamente um dos princípios mais centrais, o oitavo princípio, para sustentar que não é necessariamente o caso. Vejamos:

---

become acquainted with the contents of legal norms and to adapt their behavior accordingly." KRAMER, Matthew H. Gerald Postema and the Rule of Law. In: MCBRIDE, Mark; KURKI, Visa A. J. (eds.) *Without Trimmings*: The Legal, Moral, and Political Philosophy of Matthew Kramer. Oxford: Oxford University Press, 2022.

> Por um lado, *officials* num sistema repressivo de governança estarão, indubitavelmente, mais inclinados do que *officials* num sistema de governança benevolente a se afastarem malignamente do oitavo princípio. Eles estarão frequentemente mais inclinados a punir ou maltratar pessoas que não infringiram ou deixaram de cumprir qualquer dever jurídico, simplesmente para fins de intimidação ou demonstração do alcance de seus domínios. Por outro lado, *officials* num sistema imoral de governança estarão frequentemente menos inclinados do que *officials* de um sistema liberal-democrático de governança a se afastarem *benignamente* do oitavo princípio, e um regime maligno irá frequentemente monitorar o comportamento das pessoas por meio de opressivas técnicas de vigilância que podem reduzir de forma bastante significativa a incidência de [pequenas, menores] violações da lei (...). [A] aderência ao oitavo princípio de legalidade em um nível particularmente elevado pode ser um meio de afirmação e reforço da ascendência de uma autocracia.[538]

O que Kramer quer dizer, aqui, é que há "complicados fatores em operação quando se está a determinar o padrão de conformidade [com os oito princípios] sob um sistema de governança", não havendo garantia segura, mesmo lógica, de que os níveis de aderência serão necessariamente maiores em democracias liberais (em regimes 'benignos' *tout court*).[539] Seu ponto, a partir do oitavo princípio, serve para

---

538 "*On the one hand, the officials in a repressive system of governance will undoubtedly be more inclined than the officials in a benevolent system of governance to deviate malignly from the eighth Fullerian principle. They will typically be more inclined to punish or mistreat people who have not contravened any legal duties, in order to cow those people and to flaunt the dominance of their own sway. On the other hand, the officials in a malevolent system of governance will typically be far less inclined than the officials in a liberal-democratic system of governance to deviate benignly from the eighth Fullerian principle, and a malevolent regime will typically monitor people's behavior through heavy-handed techniques of surveillance that can greatly reduce the incidence of undetected and unpunished violations of the law (...) the fulfilment of the eighth principle of legality at a particularly high level* [can be] *a means of asserting and reinforcing the ascendance of an autocracy*." KRAMER, Matthew H. Gerald Postema and the Rule of Law. In: MCBRIDE, Mark; KURKI, Visa A. J. (eds.) *Without Trimmings*: The Legal, Moral, and Political Philosophy of Matthew Kramer. Oxford: Oxford University Press, 2022.

539 "[*M*]*y point is to emphasize that complicated factors are at work in determining the pattern of such conformity under any given system of governance. We cannot safely take for granted that the levels of compliance in liberal democracies are always higher than the levels in countries ruled by dictatorships. In some credibly possible instances, the latter levels are higher than the former*." KRAMER, Matthew H. Gerald Postema and the Rule of Law. In: MCBRIDE, Mark; KURKI, Visa A. J. (eds.) *Without Trimmings*: The Legal, Moral, and Political Philosophy of Matthew Kramer. Oxford: Oxford University Press, 2022.

dizer que, em autocracias, por exemplo, a congruência estrita entre a lei tal como declarada e sua aplicação por parte dos membros oficiais do sistema pode servir para punir severamente desvios menores e pouco significativos de conduta — desvios que são praticamente inofensivos num cenário maior de coisas e que, por essa razão mesma, seriam ignorados pelas autoridades responsáveis pela aplicação do direito num regime dotado de valor moral e marcado pelo respeito à dignidade dos cidadãos enquanto agentes.

3.3 O *telos* do direito e sua aspiração à legalidade

De algum modo, penso que o debate Kramer–Postema traz uma discussão, tanto do ponto de vista metodológico quanto do ponto de vista substantivo, bastante mais ampla e mais relevante do que faz parecer à primeira vista. Em minha leitura, arriscaria dizer que, em uma série de aspectos — e a diferença, o contraste entre estilos dá à essa leitura a tônica de uma curiosa coincidência —, esse novo debate rearticula e traz novamente à tona, ainda que em outros termos e em outro contexto, muito do que *realmente* estava em jogo no debate Hart–Fuller. Nesse sentido, por tudo isso — e, fundamentalmente, após considerações (1) sobre metodologia, (2) sobre o *rule of law*, e (3) sobre a obra de Lon Fuller —, a discussão teórica travada entre Matthew Kramer e Gerald Postema surge como um excelente pano de fundo e, mais do que isso, como um elo perfeito de ligação, muito bem sintetizado, entre (a) as considerações metodológicas e os pressupostos teóricos que me servem de base e, enfim, (b) uma apresentação mais conclusiva do tipo de leitura sobre o conceito de direito que efetivamente me parece o mais adequado (de modo a levar em consideração a complexidade do fenômeno, mantendo fidelidade às pretensões explicativas que toda teoria deve ter e, ao mesmo tempo, às premissas metodológicas aqui assumidas).

O ponto fundamental, que nos permite avançar, está em uma consideração específica de Postema, que, penso, pode e merece, *deve* ser estendida: a ideia de normas funcionando *como normas* — o direito que deve funcionar *como direito*. Para Postema, vimos, é esse o caso quando o direito efetivamente exerce um papel fundamental na 'economia deliberativa' dos membros de uma determinada comunidade política. Em sua leitura, faz parte dessa ideia mesma, do próprio significado pleno de orientação normativa, a noção de que as normas sejam *aceitas enquanto normas*, com um compromisso *de princípio*, por cidadãos e membros da prática igualmente.

A noção do direito funcionar *como direito* é, talvez, a exata chave necessária para apontar às conclusões daquilo que é, afinal, aqui proposto: uma releitura do conceito de direito, após uma consideração do debate Hart–Fuller (e, por que não, do debate Kramer–Postema) e baseada, fundamentalmente, em uma metodologia que propõe uma interpretação do conceito em conjunto com o ideal do *rule of law.* O interessante aqui, no início dessas considerações, é notar que — a partir de um *insight* de John Gardner, diga-se[540] —, é um inesperado autor quem acaba convidando a um passo bastante significativo nesse sentido: justamente, ninguém menos que H. L. A. Hart — e, ainda mais curiosamente, em uma passagem na qual ele *critica* Fuller (ou, ao menos, pretende criticar). Senão, vejamos.

3.3.1 Com (e contra) Hart: uma (terceira) conexão

A passagem que tenho em mente é o célebre trecho de *The Concept of Law* no qual Hart rebate diretamente "um crítico do positivismo" que fala sobre princípios de "moralidade interna do direito" — quem será? —, dizendo que, embora aceite-os como princípios de legalidade, eles são "compatíveis com grande iniquidade". De forma ainda incipiente, mas já adiantando de forma plenamente análoga com aquilo que vimos Kramer sustentar, Hart diz que, embora não configurem uma 'moralidade', de fato, princípios como *e.g.* a inteligibilidade e a praticabilidade e a irretroatividade são necessários "[s]e o controle social desse tipo" — controle por meio de regras; entre eles, o direito — "pretende funcionar".[541] O controle social *desse tipo*, segundo Hart, consiste em "padrões gerais de conduta comunicados a classes de pessoas"; indivíduos dos quais "se espera que compreendam esses padrões e conformem sua conduta às regras sem [a necessidade de] orientação oficial

---

540 Devo o ponto-chave de unificação para o início do argumento nesta seção ao brilhante John Gardner (1965–2019).

541 "*If social control of this sort is to function, the rules must satisfy certain conditions: they must be intelligible and within the capacity of most to obey, and in general they must not be retrospective, though exceptionally they may be. This means that, for the most part, those who are eventually punished for breach of the rules will have had the ability and opportunity to obey. Plainly these features of control by rule are closely related to the requirements of justice which lawyers term principles of legality. Indeed one critic of positivism has seen in these aspects of control by rules, something amounting to a necessary connection between law and morality, and suggested that they be called 'the inner morality of law'. Again, if this is what the necessary connection of law and morality means, we may accept it. It is unfortunately compatible with very great iniquity.*" HART, H. L. A. *The Concept of Law*. 2ª ed, com pós-escrito, organizado por Penelope A. Bulloch e Joseph Raz. Oxford: Clarendon Press, 1994, p. 207.

subsequente".[542] O ponto é que, para Hart — assim como para Kramer depois dele —, é plenamente possível conceber um sistema jurídico no qual as regras orientam, nesse sentido por ele articulado, apenas a elite oficial que compõe esse sistema.[543] Traduzindo a ideia em termos mais diretos, no vocabulário desta seção: na versão positivista, é possível visualizar um sistema jurídico em que as regras efetivamente *guiam* apenas a elite desse sistema, sendo possivelmente instrumentalizadas por essa elite mesma para controlar, oprimir, até subjugar os cidadãos governados. Há direito, mas não há o ideal do império da lei — como já vimos com Kramer, há o *rule of law* sem que haja o *Rule of Law*.

É aqui que começa efetivamente minha dívida para com John Gardner. Gardner — em ensaio dedicado exatamente às considerações de Hart sobre justiça, legalidade e moralidade — nota que, a partir de seus comentários sobre o *tipo* específico de controle social do qual o direito é um exemplo, Hart concede a seguinte conexão entre o direito, '*law*', e o *rule of law*: por sua natureza própria enquanto sistema de regras, um sistema jurídico traz, consigo, um "modo *propriamente jurídico* de funcionar" enquanto fonte de referência e orientação de conduta; um modo específico do qual, muito embora seja este o modo próprio de um sistema de regras, sistemas jurídicos possíveis e imagináveis podem ficar aquém. Em sistemas como esse — e até aqui a conclusão caminha nas considerações do próprio Hart —, "é possível que haja bastante direito e, ainda assim, uma visível falta de legalidade".[544]

---

542 "[A]*ny method of social control (...) which consists primarily of general standards of conduct communicated to classes of persons, who are then expected to understand and conform to the rules without further official direction.*" HART, H. L. A. *The Concept of Law.* 2ª ed, com pós-escrito, organizado por Penelope A. Bulloch e Joseph Raz. Oxford: Clarendon Press, 1994, p. 207.

543 Como já vimos: "*In an extreme case, (...) only officials might accept and use the system's criteria of legal validity. The society in which this was so might be deplorably sheeplike; and the sheep might end in the slaughter-house. But there is little reason for thinking that it could not exist or for denying it the title of a legal system.*" HART, H. L. A. *The Concept of Law.* 2ª ed, com pós-escrito, organizado por Penelope A. Bulloch e Joseph Raz. Oxford: Clarendon Press, 1994, p. 117.

544 Itálico meu. "*So here we have a second conceptual connection between law and the rule of law that Hart concedes and indeed emphasizes in the passage under scrutiny: the nature of legal systems (as systems of rules) brings with it a properly legal way of functioning (as a source of guidance) which nevertheless some legal systems may abjectly fail to realize. In such systems there may be lots of law and yet a conspicuous shortage of legality.*" GARDNER, John. Hart on Legality, Justice, and Morality. In: GARDNER, John. *Law as a Leap of Faith.* Oxford: Oxford University Press, 2012, pp. 221-237 (227).

Agora, o interessante é o que John Gardner deriva dessa discussão, apontando a ainda outra conexão conceitual possível entre o direito e a própria ideia de legalidade — a partir dessa ideia de que o *telos* das regras, '*rules*', é, efetivamente '*to rule*'. Talvez, sugere Gardner, não somos capazes de compreender completamente o conceito de direito sem que compreendamos esse 'modo propriamente jurídico de funcionar'; seu passo, assim, para além daquele já dado, concedido por Hart, é o de sugerir então que talvez "seja parte *da própria natureza do direito* a ideia de que *o direito deve corresponder ao ideal do império da lei*", ainda que por vezes fracasse em fazê-lo (e essa nuance, diga-se, é importante).[545] Hart concorda quanto à existência de um modo próprio de funcionamento típico da empreitada que caracteriza o direito enquanto fenômeno de coordenação social; o ponto até o qual Gardner avança, já que o propósito mesmo das regras é o de efetivamente exercer seu papel normativo — numa linha próxima àquela articulada por Postema, mas desde outra direção —, está em dizer que, por essa razão, faz sentido supor que *uma aspiração à ideia de legalidade já faça parte da própria natureza do fenômeno enquanto tal.*

Ora, Gardner concorda com Hart (e com Kramer, já que a discussão é esta) no sentido de que há uma série de sistemas de governança possíveis, imagináveis, *existentes*, cujas regras são apreendidas (e instrumentalizadas) somente pela elite que o compõe. Quem discordaria? O ponto de divergência está em atribuir *já ao próprio direito*, do ponto de vista *conceitual*, essa *dimensão normativa* — para retomar o termo que adotei para esta pesquisa, já em seu título —, essa *aspiração intrínseca* a uma ideia mais densa de legalidade: mais densa, precisamente porque, com base na noção de que guiar, orientar, coordenar faz parte do *telos* das regras — e, assim, do modo propriamente jurídico de funcionar —, é possível afirmar que há algo de problemático — de *conceitualmente problemático* — em um sistema de governança no qual somente a elite oficial que o compõe apreende, aceita (e instrumentaliza) suas normas.

Naturalmente que é possível explicar isso de maneira ainda mais clara (e, principalmente, seguir avançando nessa direção, já que esse é *o* grande mote desta pesquisa); por ora, vejamos ainda que o próprio Gardner segue o raciocínio de modo a oferecer essa explicação mais detalhada, permitindo que avancemos — e

545 Itálico meu. "*Perhaps, to put it another way, it is part of the very nature of law that law should live up to the ideal of the rule of law (even though it depressingly often fails to do so).*" GARDNER, John. Hart on Legality, Justice, and Morality. In: GARDNER, John. *Law as a Leap of Faith*. Oxford: Oxford University Press, 2012, pp. 221-237 (227).

Gardner assim o faz ainda com Hart, continuando sua análise crítica das considerações sobre justiça e legalidade no *Concept of Law*.

No mesmo (célebre) Capítulo 09, Hart traz à tona a distinção entre *lex* e *jus*.[546] Hart aponta à conotação moral de termos, em idiomas variados, como '*ius*', '*Recht*', '*diritto*', '*droit*' — termos "carregados com a teoria do Direito Natural",[547] cujos contrastes se dão, naturalmente, com '*lex*', '*Gesetz*', '*legge*', '*loi*' (e poderíamos seguir ainda com 'lei' e 'direito', '*ley*' e '*derecho*', enfim, ao passo que, no inglês, temos apenas '*law*'). Para Hart, para além de uma questão semântica, o contraste revela a possibilidade de um embate entre duas concepções distintas, 'rivais', de direito: uma disputa relacionada "ao mérito comparativo entre um modo mais amplo", '*lex*', "e outro mais estrito" ou exigente, '*jus*', "de se classificar regras que pertencem a um sistema geralmente eficaz na vida social". Para Hart, a escolha racional por um ou outro deve estar baseada em sua superioridade para nos auxiliar em investigações teórica ou deliberações morais.[548] No fundo, afinal, essa é uma apertadíssima mas bastante oportuna síntese da grande discussão em toda a teoria do direito.

A escolha conclusiva do (positivista) Hart, claro, é pela concepção mais ampla: Hart entende que "o estudo teórico ou científico" do direito tem a ganhar quando consideramos 'direito' "todas as regras válidas de acordo com os testos formais de um sistema de regras primárias e secundárias, ainda que algumas delas ofendam a moralidade de uma sociedade ou [mesmo] aquilo que acreditamos ser a verdadeira moralidade". É por isso que, para Hart, nesse embate entre duas abordagens, duas

546 *Cf.* HOBBES, Thomas. *De Cive*, The English Version, entitled in the first edition Philosophical Rudiments Concerning Government and Society. Oxford: Oxford University Press, 1987 [1643], p. 170: "*There is great difference therefore between* Law, *and* Right; *For Law is a* fetter, *Right is* freedome, *and they differ like contraries*".

547 [*W*]*ords like* ius, recht, diritto, droit *which are laden with the theory of Natural Law*." HART, H. L. A. *The Concept of Law*. 2ª ed, com pós-escrito, organizado por Penelope A. Bulloch e Joseph Raz. Oxford: Clarendon Press, 1994, p. 208.

548 "*Plainly we cannot grapple adequately with this issue if we see it as one concerning the proprieties of linguistic usage. For what really is at stake is the comparative merit of a wider and a narrower concept or way of classifying rules, which belong to a system of rules generally effective in social life. If we are to make a reasoned choice between these concepts, it must be because one is superior to the other in the way in which it will assist our theoretical inquiries, or advance and clarify our moral deliberations, or both*." HART, H. L. A. *The Concept of Law*. 2ª ed, com pós-escrito, organizado por Penelope A. Bulloch e Joseph Raz. Oxford: Clarendon Press, 1994, p. 209.

concepções rivais, a concepção mais ampla *inclui* a mais estrita.[549] Esse é o grande ponto do positivismo: *lex* inclui *jus*.[550]

Muito bem. Por que trago isso? Por que *Gardner* traz isso? Exatamente para, à luz de suas considerações anteriores, oferecer seu contraponto — evidenciando uma vez mais como seu ensaio é um elo muito oportuno para reunir os vários focos da discussão aqui proposta. Não é o caso de que uma concepção mais ampla, *lex*, pressupõe e inclui as instâncias e manifestações práticas cobertas por *jus*, uma concepção mais estrita; sequer é o caso de haver duas concepções diferentes, rivais. Para Gardner, há apenas *um* conceito de direito; novamente como Hart (e como Finnis, e como é típico na filosofia analítica do direito em seu sentido mais amplo), ele parte de uma distinção entre casos centrais e casos limítrofes, mas — e aqui, novamente *contra* Hart — para dizer que, dentro desse conceito único de direito, *jus* corresponde justamente *aos casos centrais*, enquanto *lex* caracteriza os *casos limítrofes*. E isso é assim *precisamente porque o conceito de direito já traz uma aspiração intrínseca ao ideal de legalidade*. A analogia proposta por Gardner é a de que compreender completamente o conceito de futebol ou críquete envolve uma compreensão do futebol ou do críquete que seja completa, incluindo sua aspiração intrínseca à ideia de espírito desportivo, *ainda que esse espírito não esteja sempre presente em partidas de futebol ou críquete*.[551]

Hart, assim, concede dois tipos de conexão entre o direito e a legalidade: primeiro, a ideia de legalidade exige, por uma necessidade lógica, conceitual, a existência de um sistema jurídico; segundo, o ideal de legalidade é um ideal

---

549 "*The wider of these two rival concepts of law includes the narrower. If we adopt the wider concept, this will lead us in theoretical inquiries to group and consider together as 'law' all rules which are valid by the formal tests of a system of primary and secondary rules, even though some of them offend against a society's own morality or against what we may hold to be an enlightened or true morality. If we adopt the narrower concept we shall exclude from 'law' such morally offensive rules. It seems clear that nothing is to be gained in the theoretical or scientific study of law as a social phenomenon by adopting the narrower concept: it would lead us to exclude certain rules even though they exhibit all the other complex characteristics of law.*" HART, H. L. A. *The Concept of Law*. 2ª ed, com pós-escrito, organizado por Penelope A. Bulloch e Joseph Raz. Oxford: Clarendon Press, 1994, p. 209.

550 E afirmo que esse é o grande ponto do positivismo, que essa é a grande discussão em teoria do direito, porque não se trata apenas do debate Hart–Fuller. Não é esse, de algum modo, o objeto mais genuíno do debate Kramer–Postema? A ideia positivista, hartiana, de que uma concepção mais abrangente inclui as instâncias práticas cobertas por uma concepção mais estrita — sendo, portanto, analiticamente superior, por virtudes teorético-explanatórias — não era justamente a resposta de Kramer a Finnis?

551 *Cf.* GARDNER, John. Hart on Legality, Justice, and Morality. In: GARDNER, John. *Law as a Leap of Faith*. Oxford: Oxford University Press, 2012, pp. 221-237 (228-229).

próprio do direito porque o direito é um sistema de regras e, como tal, tem um modo próprio de funcionar enquanto sistema jurídico. O que Gardner faz é afirmar ainda uma *terceira* conexão conceitual, negada por Hart, entre o direito e o império da lei: uma aspiração intrínseca do direito ao ideal de império da lei. É precisamente essa aspiração, *interna ao conceito*, que nos permite classificar instâncias práticas do que chamamos de '*jus*' como casos centrais de direito, ao passo em que instâncias do termo mais amplo, '*lex*', são casos limítrofes. Com Gardner, muito claramente, temos já *uma dimensão normativa do conceito de direito à luz do império da lei.*

3.2.2 Exigências internas à prática

É por razões como essa, articulada e argumentada por Gardner, que podemos — devemos, penso — rejeitar a concepção *raziana* de império da lei como um ideal que, ainda que próprio do direito, é a ele *extrínseco* e, não só isso, surge para corrigir abusos engendrados pelo próprio direito enquanto sistema de governança. Quando Gardner atribui ao direito, já num primeiro nível, uma aspiração à legalidade — uma atribuição que nos permite classificar instâncias de '*jus*', e não meramente de '*lex*', com os verdadeiros casos centrais do conceito de direito —, podemos conferir maior substância e maior densidade argumentativo (1) à sugestão de Waldron, acerca de uma metodologia que articule o direito e o *rule of law*, enquanto conceitos, em conjunto, e (2) à sua suposição, que afirma ambos os conceitos como derivados de um mesmo ideal normativo que os informa, a ambos igualmente. O rigor analítico de Gardner confere um peso muito maior a *insights* que, acertados, permanecem por vezes fragilizados em contraste com argumentos positivistas como o de Kramer, quase sempre muito bem construídos do ponto de vista analítico.

Tenho em mente aqui, por exemplo, o promissor *insight* de T.R.S. Allan — autor cuja abordagem substantiva acerca do *rule of law* já foi (parcialmente) rejeitada nas considerações sobre o império da lei, mas que também sustenta essa relação conceitual entre direito e legalidade; uma relação que, mantenho, Gardner ajuda a tornar mais robusta e mais sustentável do ponto de vista argumentativo. A razão pela qual me parece oportuno trazer o que Allan diz (além da obrigação pura e simples de fazer constar, por responsabilidade teórica, dada a importância do autor e a relação direta do que ele diz com meu argumento) está no fato de que, entre suas ideias, gostaria de aproveitar parte de uma delas em particular.

Allan diz que o império da lei não é um valor externo ao conceito de direito — um padrão extrínseco de acordo com o qual o direito pode ser avaliado —, mas um valor *interno* ao próprio direito já num plano conceitual; um padrão "que informa e direciona nossos esforços na identificação de direitos, poderes e dever jurídicos criados por estatutos, precedentes, costume ou prática constitucional".[552] Mais do que isso, e já se aproximando da parte em particular que me importa mais, Allan diz que o império da lei é um ideal que informa, que caracteriza nosso conceito de direito do seguinte modo: "vemos a natureza e *o propósito* do direito, como uma forma de regulação sistemática do Estado de pessoas e propriedade, quando compreendemos a ideia subjacente de legalidade como um valor político e moral básico".[553] Essa ideia de propósito, como já ficou claro ao longo destas páginas, é o que quero desenvolver mais a fundo.

Antes, porém, cumpre ainda trazer outro elemento promissor na tese levantada por Allan, cuja concepção substantiva de *rule of law*, ao menos nesse sentido, nesse ponto específico, acaba por se aproximar muito da concepção por mim adotada. Allan diz que, em seu mínimo grau, o *rule of law* pressupõe a aplicação, a operabilidade mesma das normas em face dos cidadãos e das autoridades públicas igualmente: condutas "*arbitrárias*", sustenta, "representam *a antítese do direito*".[554] Além disso — isto é, além de uma ideia *interna* (do ponto de vista conceitual) do *rule of law*, a partir da qual *o próprio direito* surge como antítese do arbítrio —, afirma que, além de garantias de previsibilidade ou segurança jurídica, o império da lei impõe, aos membros oficiais da prática de um sistema de governança, uma

552 "[*T*]*he rule of law is not merely an ideal or aspiration* external *to the law — a yardstick by which the law can be measured for its compliance with an important political value, and against which it may fall short. It is a value internal to law itself, informing and guiding our efforts to ascertain the legal rights, powers, and duties created by statutory enactment, judicial precedent, and constitutional custom or practice.*" ALLAN, T. R. S. *The Sovereignty of Law*: Freedom, Constitution, and Common Law. Oxford: Oxford University Press, 2013, p. 88.

553 Itálico meu. "*The rule of law is an ideal that informs and characterizes our concept of law: we see the nature and point of law, as a form of systematic state regulation of persons and property, when we grasp the underlying idea of legality as a basic moral and political value.*" ALLAN, T. R. S. *The Sovereignty of Law*: Freedom, Constitution, and Common Law. Oxford: Oxford University Press, 2013, p. 89.

554 Itálico meu. "*The rule of law consists, at a minimum, in the impartial enforcement of legal rules against both private citizens and public officials: arbitrary conduct by powerful persons or groups, unconstrained by rules, represents the antithesis of law.*" ALLAN, T. R. S. *The Sovereignty of Law:* Freedom, Constitution, and Common Law. Oxford: Oxford University Press, 2013, p. 89.

exigência de justificação.[555] O argumento de Allan segue em uma direção mais voltada à liberdade enquanto ideal de moralidade política — liberdade entendida no sentido (neo)republicano, como garantia contra interferência arbitrária —, uma linha que não pretendo perseguir ou explorar em maior detalhe aqui. Gostaria, porém, isso sim, de aproveitar duas linhas por ele colocadas: essa ideia do direito, já em si mesmo, como antitético à conduta arbitrária e, além disso, e antes disso — uma vez que serve de gancho para que exploremos ainda outro autor que será importante neste momento —, essa ideia do *rule of law* e sua exigência de justificação oficial.

A conexão que pretendo estabelecer aqui se dá — é o que argumento, ao menos —, com as considerações conceituais de R. A. Duff, (bastante) mais conhecido por sua trajetória intelectual dedicada à filosofia do direito penal do que à teoria (geral) do direito. Mesmo assim, penso — e essa é parte do argumento — que há, em sua obra, algo de muito valioso para o estudo do conceito de direito; algo relacionado, como dito, a essa ideia de justificação subjacente ao *rule of law*.

Em *Trials and Punishments*, cujo título por si só já revela a ênfase no direito penal, Antony Duff dedica-se mais geralmente à questão da justificação da punição. Há, porém, um capítulo específico do livro que me parece ter passado sem a atenção merecida pelos debates no âmbito da *jurisprudence*: um capítulo dedicado às *exigências do direito*.[556] A adequação de um comentário a esse capítulo nesta pesquisa já fica clara quando o autor anuncia sua pretensão com um trecho mais típico da teoria do direito *lato sensu* em meio à sua obra um pouco mais especializada: para Duff, "há mais em uma explicação adequada acerca do conceito de direito (...) do que um positivista, que insiste em uma separação rigorosa entre conceitos morais e jurídicos, é capaz de oferecer".[557] É claro, diga-se, que é discutível o ponto até o qual é possível afirmar, sem especificações ou detalhe ou diferenciação entre

555 *Cf.* ALLAN, T. R. S. *The Sovereignty of Law*: Freedom, Constitution, and Common Law. Oxford: Oxford University Press, 2013, p. 91.

556 "*The Law's Demands*", terceiro capítulo da obra. *Cf.* DUFF, R. A. *Trials and Punishments*. Cambridge: Cambridge University Press, 1986, pp. 74-98.

557 "[*T*]*here is more to an adequate account of the concept of law, and of the concept of legal obligation in particular, that can be provided by a Positivist who insists on a rigorous separation between legal and moral concepts*." DUFF, R. A. *Trials and Punishments*. Cambridge: Cambridge University Press, 1986, p. 79.

teóricos, o quanto 'positivistas', ponto, insistem nessa 'rigorosa separação'; há várias teses da separabilidade, no plural, e nem todos positivistas dizem haver uma separação, do ponto de vista *semântico*, entre conceitos jurídicos e de moralidade (como é, por exemplo, o caso de Raz). De todo modo, e feita essa ressalva, Duff mostra que também ele, por sua vez, enxerga a abordagem analítica como necessariamente incompleta.

O que Antony Duff sustenta a existência de *uma dimensão moral* ao conceito de direito; uma dimensão essencial, necessária, que se dá porque "classificar um sistema ou uma regra como direito significa, necessariamente, ver o sistema ou regra como algo a exigir um certo tipo de *justificação moral*, algo suscetível a certas *exigências morais*".[558] O positivismo analítico aceita que conceitos morais servem de padrão de referência e análise para uma crítica posterior à identificação do direito como tal; uma avaliação externa, portanto. O ponto de Duff, nesse caso, é que os conceitos morais que balizam a justificação e a crítica a sistemas jurídicos são *internos ao próprio conceito de direito* e "essencialmente, e não contingentemente, relacionadas à *existência* do direito *enquanto direito*".[559]

Aqui, novamente — evidenciando a conexão com o grande tema discutido —, volta à tona a questão da agência racional dos destinatários das normas e, fundamentalmente, suas razões para agir — além da questão do direito, em seus *propósitos*, funcionando *como* direito. Vejamos.

Assim como Fuller fez com seu rei *Rex*, elaborando uma pequena metáfora para delinear seus oito princípios de legalidade, Duff também recorre a um exercício de imaginação (talvez não tão longe assim da realidade): um sistema de governança conduzido originalmente por uma família de oligarcas, cercada por asseclas e mercenários que constituem um exército oficial, baseado em uma união de regras primárias e secundárias, amparadas em uma regra de reconhecimento desconhecida aos cidadãos, identificada como tal por membros oficiais do sistema apenas, com razões puramente baseadas no mais baixo autointeresse. Já vimos aqui, como Duff bem nota, que, do ponto de vista *lógico*, não há nada

---

558 Itálicos meus. "[*T*]*o see a system of rule as law is necessarily to see it as requiring a certain kind of moral justification, and as subject to certain moral demands*." DUFF, R. A. *Trials and Punishments*. Cambridge: Cambridge University Press, 1986, p. 79.

559 Itálicos meus. "[*P*]*ositive law and legal systems must be justified and criticised by reference to moral notions which are internal to the concept of law itself; these moral notions are essentially, not contingently, related to the existence of law as law*." DUFF, R. A. *Trials and Punishments*. Cambridge: Cambridge University Press, 1986, p. 79.

que nos impeça de classificar esse sistema de governança como um sistema jurídico — ele pode ser um sistema jurídico moralmente corrupto, degradado, iníquo, os cidadãos podem ter todas as razões morais do mundo para desobedecê-lo, enfim, mas se trata de um sistema jurídico. Ao menos, é o que diriam Hart, Kramer, enfim, os positivistas modernos. O que Duff sustenta diante desse cenário (talvez não tão hipotético) é que não é apenas o caso que cidadãos sob esse regime podem não ter qualquer obrigação moral de obediência, e que se trata de um regime degradado apenas do ponto de vista moral. Para Duff, *não há qualquer obrigação jurídica* num regime como esse, um regime degradado também do ponto de vista *jurídico*.[560]

É aqui que, de novo, voltamos à questão da agência racional e das razões para agir. Duff entende que proposições que determinam obrigações, deveres (proposições de natureza jurídica e não jurídica igualmente), uma vez que endereçadas a agentes reconhecidamente racionais — por sua lógica e natureza próprias, enquanto normas voltadas a agentes racionais —, buscam não apenas a obediência, mas *também* o assentimento: proposições desse tipo "devem ser justificadas à pessoa cuja obediência ela reivindica, em referência a *razões* que ela supostamente deve ser capaz de apreender e deve aceitar para si como boas razões para fazer aquilo que a reivindicação exige".[561]

O ponto de Duff é que a justificação de uma proposição jurídica que reivindica um caráter de obrigatoriedade, também jurídica, é algo que ultrapassa a demonstração de que se trata de uma regra primária validada por uma regra secundária; o agente ainda assim poderia perguntar

> por que deveria obedecer a regras assim validadas; e nós deveríamos então mostrar que o agente tem uma obrigação de obediência para com o *sistema* de regras. Podemos manter uma proposição prescritiva de obrigação jurídica em face de alguém que se recusa a aceitá-la; mas devemos então sustentar que o agente *deve* aceitá-la; que deve reconhecer as boas razões que exigem que ele aceite e obedeça tanto às regras primárias que lhe impõem obrigações particulares quanto

560 *Cf.* DUFF, R. A. *Trials and Punishments.* Cambridge: Cambridge University Press, 1986, pp. 80-82.

561 Itálico no original. "*They must be justified* to *the person whose obedience they claim, by reference to* reasons *which he allegedly can grasp and should accept for himself as good reasons for doing what the claim requires.*" DUFF, R. A. *Trials and Punishments.* Cambridge: Cambridge University Press, 1986, p. 82.

> às regras secundárias que conferem a essas regras primárias seu caráter de juridicidade.[562]

Aqui, o entendimento de Duff é o de que deve haver uma *identidade* entre dois elementos: as razões que tem um membro oficial da prática para criar e exigir obediência a uma proposição que a exige, e as razões que esse membro *oferece* para que o cidadão *aceite* e *obedeça* à regra: "a lógica de proposições que reivindicam obrigações incorpora, assim, a exigência moral de que devemos tratar e endereçar-nos uns aos outros enquanto agentes racionais e autônomos".[563]

Até então, diante dessa 'tese da identidade' de Duff, permanece, como ruído de fundo, a tese *hart-krameriana* de um sistema possível e imaginável no qual as autoridades e membros oficiais da prática aceitam os critérios de identificação e aplicação do direito por razões prudenciais, puramente baseadas em autointeresse. E, com esse ruído de fundo, volta a soar igualmente uma nota já adiantada em resposta por Postema, acerca das normas que funcionam como normas.

O que Duff dirá — além de, com base na tese da identidade, dizer que esses membros oficiais, movidos por razões de puro egoísmo e autointeresse, não são capazes de oferecer razões genuínas para que os cidadãos aceitem esse sistema enquanto sistema — é que *nem mesmo sobre esses membros oficiais* pode-se dizer que aceitam as regras *enquanto regras de um sistema jurídico.* E aqui, em mais uma feliz coincidência para esta pesquisa — e parte do argumento é justamente o de que essas todas são mais do que apenas felizes coincidências —, o ponto de Antony Duff adquire uma tônica muito similar àquela que já havia sido outrora articulada, ainda que incipientemente, por Lon Fuller.

Em contraposição à perspectiva *hartiana* (que acabamos de revisitar com o auxílio de Gardner), Duff diz que aceitar uma regra, de qualquer tipo, envolve mais do que tomá-la como padrão normativo de conduta: compreender esse

---

562 Itálico no original — e a ênfase na palavra "sistema" aqui é importante. "*For she may ask why we should obey rules which are thus validated; and we must then show that she has an obligations to obey that* system *of rules. We may maintain a prescriptive claim of legal obligation against one who refuses to accept it; but what we must then maintain is that she* ought *to accept it; that she ought to recognise the good reasons which require her to accept and obey both the primary rules which impose particular obligations on her, and the secondary rules which ghive those primary rules their legal standing.*" DUFF, R. A. *Trials and Punishments.* Cambridge: Cambridge University Press, 1986, p. 83.

563 "[*T*]*he logic of obligations-claims thus incorporates the moral demand that we should treat and address other as rational and autonomous agents.*" DUFF, R. A. *Trials and Punishments.* Cambridge: Cambridge University Press, 1986, p. 83.

cenário envolve uma visão mais ampla acerca das razões pelas quais a regra é tomada como padrão normativo de conduta e, além disso, acerca *do significado da regra em questão*. Isso não é uma estipulação arbitrária: afinal, "uma regra não prescreve apenas um certo padrão de conduta: ela prescreve esse padrão *à luz de valores e propósitos que, por sua vez, são integrais a seu significado e sua identidade enquanto tipo particular de regra*".[564] E são *esses valores, esses propósitos*, que compõem o significado da regra enquanto regra, que devem motivar uma aceitação, no sentido *genuíno*, dessa regra.

O exemplo de Duff é, primeiro, o de regras morais. Em termos *hartianos*, duas pessoas 'aceitam' uma determinada regra moral: a pessoa justa, que a aceita por razões morais, e a pessoa injusta, ou egoísta, que atende externamente às exigências da regra porque agir assim atende seus interesses a longo prazo.[565] E a questão aqui não é apenas a de que, por aceitá-la apenas por razões prudenciais, a pessoa egoísta vai abandonar a regra quando ela não mais atender a seus interesses próprios; para Duff, essas duas pessoas não aceitam a *mesma* regra, uma vez que apreender genuinamente uma regra moral pressupõe apreender seus valores subjacentes, tanto quanto *aceitar* essa regra envolve, *pro tanto*, respeito por esses valores mesmos.[566]

É certo que nem todas as regras são regras morais e o próprio Duff reconhece isso prontamente. Seu exemplo, porém, serve para evidenciar que regras, de qualquer natureza, existem dentro de uma prática social da qual essas regras são próprias — e a prática social em questão, por sua vez, será também ela estruturada por, e orientada a, certos propósitos e valores. "Compreender e aceitar uma regra significa compreendê-la como uma regra que pressupõe, e aceitá-la *porque* ela pressupõe, os valores e propósitos que lhe conferem significado e identidade", diz o autor; e, segue Duff, "uma vez que esses valores e propósitos são independentes de autointeresse, o autointeresse é *irrelevante* e *inapropriado*

564 Itálico meu. "[A] *rule does not simply prescribe a certain pattern of conduct: it prescribes it in the light of values and purposes which are themselves integral to its meaning and its identity as a particular kind of rule.*" DUFF, R. A. *Trials and Punishments.* Cambridge: Cambridge University Press, 1986, p. 84.

565 O leitor atento já notará aqui a importância do argumento em contraste com a proposta de Kramer, de que é plenamente possível chamar de sistema *jurídico* um sistema cujos *officials* 'aceitam' seus padrões normativos por razões de interesse pessoal a longo prazo.

566 *Cf.* DUFF, R. A. *Trials and Punishments.* Cambridge: Cambridge University Press, 1986, pp. 84-85.

enquanto razão para aceitação dessa regra".[567] É possível seguir a prescrição de uma regra sem seguir seu espírito — seus valores e propósitos subjacentes, que lhe conferem significado, importância, identidade; mas *aceitar* a regra envolve *reconhecer e aceitar esse espírito*, e *também a letra da regra depende desse espírito*. Sim, é possível conceber, imaginar, entender, visualizar um agente que segue regras por força de hábito ou por razões prudenciais, egoístas, de autointeresse; o *cenário* oferecido por Hart (e Kramer) é plausível (ou, melhor dizendo, inteligível). A questão é que a relação de um agente para com essas regras, quando marcada pelo egoísmo ou autointeresse, é uma relação *defeituosa*, *degradada*, e esse não é apenas o caso com regras morais: essa relação é uma relação degradada *pelos padrões internos da própria prática*.

Nesse ponto, a pergunta óbvia está em questionar se os padrões internos ao direito são 'propósitos e valores' que nos permitem classificar como degradada a relação de membros oficiais para com as normas de um sistema de governança. Isso significaria rejeitando, assim, o ponto *hartiano* de uma concepção 'ampla', 'abrangente' de direito, dentro da qual *lex* pressupõe e inclui *jus* — e recepcionando a sugestão de Gardner, que coloca instâncias de *jus* como casos centrais de direito, colocando instâncias de *lex* como manifestações limítrofes da prática. Se o argumento de Duff fizer sentido, a promissora sugestão de Gardner ganha ainda mais força. Agora, por fidelidade ao texto, vejamos ainda a resposta que o próprio Duff oferece a essa pergunta que se impõe — uma resposta que também por sua vez, novamente, permitirá um elo possível com um outro tema subsequente.

Duff, assim como vários autores (o próprio Kramer, inclusive, como já vimos) parte da premissa básica de que o direito é endereçado a cidadãos enquanto sujeitos dotados de autonomia, agência, racionalidade. A premissa aqui é comum, naturalmente, mas Duff supõe, primeiro, que essa premissa simples, por si só, já é suficiente para que se determine que o direito deve garantir, preservar, respeitar certos direitos fundamentais básicos que sejam apropriados a esse caráter de um agente racional e autônomo vivendo sob um sistema jurídico. Mas Duff vai ainda mais além e — uma vez que sua premissa não é apenas a de que

567 No primeiro trecho, itálico no original. No segundo, itálico meu. "*To understand and accept a rule is to understand it as embodying, and to accept it* because *it embodies, the values and purposes which thus give its meaning and its identity; and insofar as those values and purposes are independent of self-interest, self-interest is irrelevant and inappropriate as a reason for accepting that rule.*" DUFF, R. A. *Trials and Punishments*. Cambridge: Cambridge University Press, 1986, p. 85.

o direito é endereçado a agentes dotados de agência, autonomia e responsabilidade moral, mas também a de que o direito deve respeito ao cidadão enquanto agente racional, autônomo e moralmente responsável — diz que a reivindicação de obediência do direito deve ser uma reivindicação *moral, justificada* a esse cidadão em termos *morais*.

Só que há mais. Lembremos aqui da tese da identidade, somada à ideia de que a aceitação (genuína) de uma regra como algo que envolve aceitar seu 'espírito', e vejamos por que ele vai até o ponto aonde vai o autor. "Se nos perguntarmos que tipos de razões podem ser apropriadas para justificar um sistema jurídico e suas leis", diz Duff, "é tentador responder que elas devem ter como referência *o bem comum da comunidade*". A justificação oferecida àqueles cuja obediência é reivindicada — cidadãos enquanto agentes dotados de autonomia, racionalidade e responsabilidade moral — deve se dar nos termos do bem comum, tanto quanto as atividades legislativas e administrativas dos membros oficiais da prática devem estar orientadas ao bem comum — que, por sua vez, é o critério de avaliação dessas atividades oficiais. Para R. A. Duff, assim, "é somente em referência ao bem comum da comunidade que as reivindicações do direito podem ser justificadas para todos seus membros".[568]

Isso exige toda uma série de qualificações. O próprio Duff reconhece, por exemplo — e isso é algo que parece ficar cada vez mais marcado, em sociedades cada vez mais divididas, mais fragmentadas, mais marcadas pelas circunstâncias do pluralismo —, que há uma série de concepções possíveis acerca do melhor significado do 'bem comum', e que essas concepções podem ser informadas e constituídas por uma série de valores distintos, por vezes incomensuráveis, irreconciliáveis, e, acrescento eu, valores que por sua vez chamam igualmente a diferentes concepções que lhes deem significado (ou *significados*, no plural, muitas vezes distintos).[569] Seu ponto, mesmo assim — somadas todas essas suas teses e premissas — é o de que, para a formação adequada de um conceito de direito, ainda em termos teóricos, contribui significativamente "a tese de que *o propósito essencial, próprio de um sistema de direito é o de servir ao bem comum da comunidade à*

568 Itálico meu. "*If we ask what kinds of reason could appropriately justify a legal system and its laws, it is tempting to reply that they must refer to the common good of the community (...). [O]nly by reference to the community's common good can the law's claims be justified to all its members.*" DUFF, R. A. *Trials and Punishments*. Cambridge: Cambridge University Press, 1986, p. 89.

569 *Cf.* DUFF, R. A. *Trials and Punishments*. Cambridge: Cambridge University Press, 1986, pp. 89-90.

qual pertence".[570] Os membros oficiais, a elite que compõe um sistema jurídico só poderá reivindicar genuinamente a autoridade própria do direito se for capaz de justificar, ao cidadão, suas regras enquanto regras designadas a servir não apenas a seus interesses próprios, ou a de um grupo em particular, mas ao bem comum de toda a comunidade diante da qual esse sistema se apresenta como padrão de orientação de conduta.[571]

É com base nisso que Duff apresenta o '*ideal*' do direito como o de "uma comunidade de agentes racionais cooperando em busca do bem comum".[572] Particularmente, não adotaria o termo 'ideal', mas a ideia principal é claramente alinhada à tese de Gardner e sua classificação de instâncias de '*jus*' como casos centrais e instâncias de '*lex*' como casos limítrofes de direito. Duff diz que sistemas jurídicos reais, existentes, podem bem ficar para aquém desse ideal: "o direito tal como é raramente é o direito como ele deve ser".[573] O ponto é que sistemas estruturados a partir de (1) uma concepção inadequada de bem comum, ou de (2) pretensões opressivas disfarçadas em termos apenas externamente articulados e racionalizados, falsamente, em termos de uma concepção de bem comum, ou de (3) regras conhecidas e praticadas apenas pela elite que compõe esse sistema, e apenas por razões egoístas, prudenciais, de autointeresse até podem ser apresentados como sistemas 'jurídicos' — desde que neles "os tipos apropriados de reivindicações prescritivas sejam feitas, e os tipos apropriados de justificação sejam oferecidas". A questão é que sistemas assim serão "*necessariamente* defeituosos", degradados

---

570 Itálico meu. "*Despite these qualifications, the claim that it is the essential or proper purpose of a system of law to serve the common good of the community whose law it is contributes significantly to an adequate understanding of the concept of law.*" DUFF, R. A. *Trials and Punishments.* Cambridge: Cambridge University Press, 1986, p. 91.

571 Isso não significa dizer que todas as leis devem ser obedecidas, ou que toda e cada lei em particular deve ser apresentada como se a contribuir específica e diretamente com o bem comum: o sistema como um todo deve servir ao bem comum, e as regras *secundárias* que exigem do judiciário a aplicação de regras específicas — que, por sua vez, podem vir a ser consideradas ruins pela ótica do cidadão que tem a obediência, a conformidade de conduta exigida — devem ser justificadas nos termos do bem comum. *Cf.* DUFF, R. A. *Trials and Punishments.* Cambridge: Cambridge University Press, 1986, p. 91.

572 "*The ideal of law is that of a community of rational agents cooperating in the pursuit of the common good.*" DUFF, R. A. *Trials and Punishments.* Cambridge: Cambridge University Press, 1986, p. 92.

573 Evidenciando aqui uma aceitação parcial, e *correta,* do *insight* mais básico do positivismo jurídico resumido a seu mais reduzido denominador comum: "*law as it is is rarely law as it ought to be*". DUFF, R. A. *Trials and Punishments.* Cambridge: Cambridge University Press, 1986, p. 92.

enquanto sistemas *jurídicos*, e assim serão "pelos padrões que são *internos ao próprio conceito de direito*".[574]

Com Duff, assim, podemos bem reconhecer sistemas iníquos, opressivos, injustos, ruins, como sistemas jurídicos, desde que o tipo próprio de justificação desses sistemas seja oferecido para justificá-los. Mas não é só isso: reconhecer sistemas assim como sistemas jurídicos significa vê-los como sistemas que *necessitam* desse tipo de justificação e que devem ser classificados como *maus sistemas jurídicos* quando essa justificação for ruim, incompleta, inadequada, hipócrita. Não se trata de *lex iniusta non est lex*, mas, sim, da ideia de que o direito desse tipo é *necessariamente degradado já enquanto direito, pelos padrões próprios da prática.* Em síntese, assim, a conclusão de R. A. Duff é a seguinte: não teremos um sistema jurídico somente quando ele efetivamente servir ao bem comum, mas quando aqueles que o aceitam como tal são capazes de justificá-lo em termos articulados em torno de uma concepção plausível de bem comum — e teremos necessariamente uma instância prática defeituosa, degradada do conceito de direito, nos termos do próprio conceito de direito, quando essa justificação não for satisfatória, adequada.[575]

No Brasil, José Reinaldo de Lima Lopes também oferece um argumento nesse sentido — um argumento que nos ajuda a entender que não são *quaisquer* exigências passíveis de serem internas à prática do direito, ainda que se considere seu caráter de positividade/convencionalidade.[576] Trata-se de um argumento fundamental e, penso, muito subestimado — não apenas pelos juristas brasileiros. A tese de Lima Lopes, a esse respeito, procede em dois estágios: primeiro, "o direito é criador de igualdades, é por meio dele que podemos dizer o que é um caso igual a outro, quando há igualdade". Segundo, essa igualdade, "entre os seres humanos vinculados a uma sociedade política", chama-se "justiça" — e diz respeito "à distribuição e troca dos bens socialmente produzidos". É a *compreensão* da igualdade, desse sentido de igualdade, que "permite que os participantes do sistema jurídico tomem suas decisões de forma sensata"; é ela, portanto, que *permite que se compreenda o sentido da prática.* É só a partir

574 No primeiro trecho, itálico no original. No segundo, itálico meu. "*Systems such as these are still legal systems, so long as the appropriate kinds of prescriptive claim are made, and the appropriate kinds of justification are offered, within them; but they are* necessarily *defective as systems of law, by the standards which are internal to the concept of law itself*". DUFF, R. A. *Trials and Punishments.* Cambridge: Cambridge University Press, 1986, p. 85.

575 *Cf.* DUFF, R. A. *Trials and Punishments.* Cambridge: Cambridge University Press, 1986, pp. 91-94.

576 Um caráter reconhecido direta, expressamente, pelo próprio José Reinaldo de Lima Lopes.

de uma compreensão da igualdade *própria do direito* que compreendemos *seu próprio sentido enquanto prática,* Assim, a reflexão moral sobre a justiça não é dispensável, não é *externa,* é *pressuposto* e parte fundamental "*do processo de compreensão do direito mesmo*".[577] Um direito sem essa dimensão de raciocínio prático é *um direito sem razões.*

Dessa forma, a partir de toda uma outra direção, chegamos novamente ao ponto: por uma questão interna já ao próprio conceito de direito, as manifestações práticas desse conceito classificáveis como '*jus*' serão seus casos centrais, ao passo que instâncias incapazes de ultrapassar uma dimensão de '*lex*' são casos limítrofes. São, uma vez mais, dimensões normativas do conceito de direito que nos permitem reunir critérios a partir dos quais, necessariamente, determinados sistemas jurídicos serão melhores ou piores, superiores ou inferiores, adequados ou distantes de uma aspiração disposta e presente por tudo aquilo que é pressuposto pela própria ideia de direito.

3.3.3 Funções valorativas próprias da prática

Também a proposta de Duff, quanto ao propósito próprio do direito ser o de servir ao bem comum da comunidade à qual pertence, encontra eco nos escritos de outro autor importante: Neil MacCormick, em suas considerações de natureza mais voltada à *jurisprudence* ao final do celebrado *Institutions of Law.* A obra trata, naturalmente, da abordagem geral de MacCormick acerca do direito enquanto 'ordem institucional normativa', mas é a última parte do livro que interessa mais para meus propósitos aqui, uma vez que ela é dedicada àquilo que seu título indica bem: 'direito, moralidade, metodologia'.[578] Ademais, não apenas pelos motivos já óbvios, de clara aderência e pertinência temática, essas reflexões oferecem, igualmente, ainda outro elemento que nos permitirá avançar na reunião de toda a base teórica aqui reunida em uma proposta integrada.

MacCormick começa por dizer, com uma série de exemplos, que o direito, em razão do próprio papel que cumpre em comunidades políticas, necessariamente levanta e envolve e se envolve em questões diretamente relacionadas à moralidade política — tanto num aspecto mais relacionado à moralidade *tout court*, de justiça

577 Itálicos meus. LOPES, José Reinaldo de Lima. *Curso de Filosofia do Direito*: o Direito como Prática, 2ª ed. São Paulo: Atlas, 2021, p. 399.

578 "*Law, Morality, and Methodology.*" *Cf.* MACCORMICK, Neil. *Institutions of Law.* Oxford: Oxford University Press, 2007, pp. 243-305.

substantiva, quanto em um aspecto ligado ao império da lei. O direito público lida com questões de distribuição e redistribuição econômica, infraestrutura pública, proteções a trabalhadores e consumidores, enfim, questões que envolvem diretamente a justiça e o bem comum enquanto valores abstratos — que são, enquanto valores abstratos, considerados sempre, por parte das autoridades públicas, em relação ao direito positivo, trazendo assim à cena também o *rule of law* enquanto valor. O direito penal lida com a proibição de condutas, com a punição e a retribuição, com a ideia de justificação moral e, novamente trazendo à tona um aspecto ligado ao *rule of law*, envolve questões ligadas ao devido processo, à representação, à proporcionalidade, enfim.[579]

O que MacCormick deriva disso, em termos teóricos, conceituais, é a conclusão de que "o direito é necessariamente orientado a alguma concepção de justiça, levando em consideração seus aspectos distributivos, retributivos e corretivos — sendo essencial a todos eles, no contexto da capacidade de coerção do estado, o respeito pelo *rule of law*".[580] Aqui fica muito clara a relação que pretendi estabelecer com a concepção oferecida por Duff, tanto na parte de uma orientação do direito ao bem comum quanto na parte de uma exigência por justificação.

Vemos isso quando MacCormick elabora sua noção de que o direito é '*necessariamente*' orientado a 'alguma concepção de justiça'. MacCormick diz que as autoridades e membros oficiais do direito responsáveis por produzi-lo, identificá-lo, interpretá-lo, administrá-lo ou aplicá-lo só podem cumprir essas atribuições de forma justificada se puderem sustentar que essas atribuições satisfazem "alguma concepção razoável de justiça", ou que elas buscam "algum elemento de um bem comum razoavelmente estabelecido de modo que seja razoavelmente coerente com a concepção de justiça relevante" em questão.[581]

579 *Cf.* MACCORMICK, Neil. *Institutions of Law.* Oxford: Oxford University Press, 2007, pp. 263-264.

580 "[*L*]*aw is necessarily geared to some conception of justice, taking account of distributive, retributive, and corrective aspects of justice, to all of which respect for the rule of law is, in the context of the state's capability for coercion, essential.*" MACCORMICK, Neil. *Institutions of Law.* Oxford: Oxford University Press, 2007, p. 264.

581 "[*A*]*nyone engaged in its administration, whether in a legislative, executive, or judicial capacity, can only be justified in implementing, amending, or interpreting provisions of the system given a certain condition. This is that they can give grounds for holding that some reasonable conception of justice is satisfied by the provision in question, or that it pursues some element of a reasonably assessed common good in a way that is reasonably coherent with the relevant conception of justice.*" MACCORMICK, Neil. *Institutions of Law.* Oxford: Oxford University Press, 2007, p. 264.

É certo que nem sempre o direito *atende, satisfaz* as exigências de 'alguma concepção razoável de justiça'; também MacCormick, como não poderia ser diferente, dá razão ao *insight* positivista mais básico reduzido a seu denominador comum: "[o] direito deve ser justo e deve servir ao bem comum de todos sob sua jurisdição. Mas o direito frequentemente fracassa em ser como deveria ser. O que o direito é e aquilo que ele deve ser são coisas diferentes".[582] Mesmo assim, diz MacCormick, entender que *o propósito* — novamente aqui temos a linguagem de um propósito próprio — de uma ordem normativa como o direito envolve a realização da justiça e do bem comum é algo que traz consequências. Entre elas, consequências teóricas bastante relevantes na construção de uma teoria.

Uma dessas consequências teóricas acaba se revelando quando MacCormick enfrenta o clássico problema da lei injusta, novamente se aproximando, desde outra perspectiva, da visão de Antony Duff nesse aspecto (e, por que não, de uma das premissas metodológicas desta pesquisa). MacCormick coloca o problema a partir de seu pressuposto de que (1) o direito, por natureza própria, deve ser justo, mas, (2) muitas vezes, fracassa em sê-lo. O que é mais 'alarmante' diante de leis injustas, diz ele, é o fato de essas leis ainda assim serem leis, aplicadas, exigidas e reforçadas pelo poder coercitivo do Estado. O direito injusto, nessa perspectiva, é um direito *corrompido*. A preocupação teórica de MacCormick, aqui, é ver até que ponto, quão longe essa degradação pode ir: isto é, há um ponto, um nível tal de degradação e injustiça a partir do qual o direito deixa de sê-lo?

Sua analogia é com um setor de fornecimento/abastecimento de água de uma determinada cidade. Entre os vários propósitos de um setor de abastecimento está o de fornecer água à população que serve. Sempre há impurezas nesse processo, em todos os setores do tipo, mas é preciso que essas impurezas sejam sempre mantidas a um nível que permaneça aceitável, compatível com aquilo que é adequado à saúde da população servida. A água continua sendo água — mas e quando ela se torna demasiadamente impura, demasiadamente adulterada, demasiadamente prejudicial à saúde? MacCormick dirá que não se trata mais de 'água' *no sentido, na definição que o termo adquire na locução 'abastecimento de água'*. E aqui está a consequência teórica: porque essa locução é *definida*, no mínimo parcialmente,

582 "*Law ought to be just and ought to serve the common good for all within the jurisdiction. But law frequently fails to be as it ought to be. What law is and what it ought to be are different things.*" MACCORMICK, Neil. *Institutions of Law.* Oxford: Oxford University Press, 2007, p. 264.

pelo (ou *por um*) *propósito ao qual o processo de fornecimento e abastecimento de água é orientado*. No caso, fornecer água potável à população.[583]

Voltemos ao direito, e os exemplos lembrados por MacCormick (e pela teoria do direito em geral, e por qualquer pessoa razoável) são, infelizmente, muitos: o regime nazista, o regime de Idi Amin em Uganda, o sistema opressivo da União Soviética, enfim. A resposta de MacCormick, na linha de sua analogia proposta — e, claro, fundamentalmente, na linha do propósito por ele atribuído ao direito (a realização da justiça e do bem comum de sua comunidade política) —, é a de que um sistema de governança perderá seu *status* de sistema 'jurídico', regras específicas perderão seu caráter próprio de 'legalidade' ou 'juridicidade', quando aquilo que é praticado no sistema e materializado pelas regras em questão não for passível de sustentação "sob alguma concepção possível de justiça que poderia ser razoavelmente adotada ou defendida por uma pessoa razoável disposta a submeter suas crenças a escrutínio discursivo".[584]

É importante notar aqui, num breve parêntesis, antes de avançarmos ao que mais interessa para o propósito desta pesquisa, o pluralismo de MacCormick — um pluralismo que, diga-se, sempre marcou sua trajetória enquanto filósofo, intelectual público, político. Ele reconhece prontamente a existência de diferentes teorias e interpretações possíveis acerca do bem e da justiça, acerca de princípios e crenças morais conflitantes, muitas vezes irreconciliáveis — daí seu ponto de '*alguma concepção* de justiça', que seja 'razoável' e passível de defesa pública por um agente moral razoável disposto a submetê-la ao escrutínio intersubjetivo da linguagem. Essa qualificação é importante porque surge como um ajuste valioso que pode ser feito a teorias próprias do jusnaturalismo moderno que associam o direito ao 'bem comum'. *Qual* bem comum? O pluralismo *maccormickiano* oferece uma boa saída, de respeito e tolerância.

Mas avancemos. MacCormick, tendo atribuído um caráter inerentemente valorativo à própria prática disso a que chamamos 'direito', levanta — numa seção do livro dedicada, como vimos, à metodologia — a questão (com a qual se iniciou esta pesquisa) acerca da construção mesma de uma teoria do direito, uma vez

583 *Cf.* MACCORMICK, Neil. *Institutions of Law.* Oxford: Oxford University Press, 2007, p. 271.

584 "*That is, if what is done cannot be accounted for under any possible conception of justice that could reasonably be adopted or advocated by a reasonable person willing to subject his or her beliefs to discursive scrutiny, then what is thus done by way of rules and practices of governance would not properly count as law.*" MACCORMICK, Neil. *Institutions of Law.* Oxford: Oxford University Press, 2007, p. 273.

que, à primeira vista, qualquer pretensão de objetividade parece exigir uma abordagem neutra. Uma vez mais, o autor recorre a algumas analogias. A economia, primeiro, só faz sentido a partir de premissas acerca da ideia de racionalidade em busca de valores constituídos pelas preferências do agente (e, senão essas preferências, a própria racionalidade aqui surge como um valor); a arte, por sua vez, não é redutível a objetos dispostos em galerias de arte, mas se trata da expressão de valores estéticos. A educação, em outro exemplo, não é apenas uma questão de lições, aulas, sistemas exclusivos que ocorrem em escolas ou universidades; a educação é um aspecto integral do desenvolvimento humano, da transmissão de conhecimento, de uma compreensão possível acerca do mundo e de nós mesmos, sendo esse conhecimento algo valioso a seres humanos.[585-586]

A conclusão teórica é a seguinte: não somos capazes de saber o que conta, o que é passível de classificação como um carro (economia), ou como uma pintura (arte), ou como uma aula de geografia (educação), "a não ser nos termos daquilo que constituiria uma instância *boa*, de *bom funcionamento*, do objeto de nossa investigação".[587] O eco de Finnis aqui é muito claro. E um corolário disso é óbvio: temos aqui ainda outro elemento para reforçar a classificação *gardneriana* de instâncias de '*jus*' como casos centrais de direito. Isso porque, à luz do que diz MacCormick, tem-se que — uma vez que todo tipo de atividade ou empreitada se manifesta de diversas formas, instâncias materializações práticas — "algumas instâncias exemplificam melhor os valores aos quais se considera apropriadamente que a prática esteja orientada". E elucidar os valores envolvidos da melhor e mais completa forma possível, nesse aspecto, não é antitético à ideia de objetividade, mas sua "pré-condição".[588-589] Em termos

585 *Cf.* MACCORMICK, Neil. *Institutions of Law.* Oxford: Oxford University Press, 2007, p. 294.

586 Um endosso do argumento de MacCormick em LOPES, José Reinaldo de Lima. *Curso de Filosofia do Direito*: o Direito como Prática, 2ª ed. São Paulo: Atlas, 2021, pp. 307-311.

587 Itálico meu. "*We cannot know what counts as a car, or a painting, or a geography lesson except in terms of what would be a good, well-functioning, instance of the object of our inquiry.*" MACCORMICK, Neil. *Institutions of Law.* Oxford: Oxford University Press, 2007, p. 294.

588 "*This is because some instances better exemplify the values to which the enterprise is properly considered to be oriented (...). Elucidation of values is not the antithesis of objectivity, but its precondition. Indeed, objectivity itself matters only as a value in the context of some pursuit of understanding and truth.*" MACCORMICK, Neil. *Institutions of Law.* Oxford: Oxford University Press, 2007, p. 295.

589 Outro corolário é um retorno às considerações que pertencem ao início desta pesquisa, num discurso sobre o método. MacCormick diz que o tipo de metodologia próprio desse tipo de investigação

hermenêuticos, é uma questão de 'pré-compreensão'[590] — *sem que isso signifique relativismo.* Nas palavras de Streck, a "*autoridade da tradição*" é que blinda esses valores anteriores, *inescapáveis ao intérprete,* de um relativismo raso que renuncia à racionalidade.[591]

Voltemos, assim, à analogia do abastecimento da água e seu propósito; isto é, voltemos à complexa discussão acerca da possibilidade de uma instância do objeto de investigação que não exerce propriamente a função que lhe é atribuída. O alerta de MacCormick é importante e não pode ser perdido de vista, não apenas pelo seu significado prático. Trata-se de um ponto que é fundamental também do ponto de vista teórico, uma vez que nos permite dar a importância devida à função do fenômeno sem que isso recaia em um 'funcionalismo', que nos obrigaria necessariamente a desqualificar como instância possível do conceito tudo aquilo que fracassa no exercício dessa função. Precisamos, sim, compreender o direito nos termos de sua funcionalidade orientada em relação a certos valores próprios da prática — mas isso deve sempre ser qualificado com um realismo acerca da possibilidade de fracasso, e da possibilidade mais do que real de que qualquer sistema existente, qualquer manifestação prática do direito, tenha sérias falhas ou lacunas quando avaliado à luz *dos próprios valores* que são exatamente as causas finais do direito enquanto sistema normativo.[592]

é, necessariamente, 'interpretativo' ou 'hermenêutico', no sentido de que deve buscar "compreender as práticas e instituições humanas nos termos daquilo que as torna inteligíveis e valiosas, ou ao menos valiosas na soma geral das coisas, a seus participantes humanos". ("*The methodology of the kind of explanation offered here has to be interpretative or hermeneutic. That is, it must seek to understand the practices and institutions of human beings in terms of what makes them intelligible and worthwhile, or at least on balance worthwhile, to their human participants*".) *Cf.* MACCORMICK, Neil. *Institutions of Law.* Oxford: Oxford University Press, 2007, p. 295. Aqui, num círculo, surge novamente aquele que sempre foi o grande ponto de Streck no Brasil — em sua leitura 'antropofágica', como ele próprio sugere, de Ronald Dworkin: uma teoria do direito será necessariamente hermenêutica e, assim, interpretativa. *Cf.* STRECK, Lenio Luiz. *Verdade e Consenso*: Constituição, Hermenêutica e Teorias Discursivas. 6ª ed. São Paulo: Saraiva, 2017, p. 51.

590 Sobre essa "pré-condição" em seu caráter hermenêutico, mas *se afastando* da 'hermenêutica' tradicional — e pensando-a como um modo de se fazer *filosofia no direito*, ver STRECK, Lenio Luiz. *Hermenêutica Jurídica e(m) Crise*: Uma Exploração Hermenêutica da Construção do Direito. Porto Alegre: Livraria do Advogado, 2013, pp. 259-332.

591 Itálico meu. STRECK, Lenio Luiz. *Verdade e Consenso*: Constituição, Hermenêutica e Teorias Discursivas. 6ª ed. São Paulo: Saraiva, 2017, p. 526.

592 *Cf.* MACCORMICK, Neil. *Institutions of Law.* Oxford: Oxford University Press, 2007, p. 297.

Dito de outro modo e do outro lado: também os potenciais/eventuais/reais efeitos injustos, malignos, de determinadas leis/normas/regras/decisões de um sistema jurídico devem ser contrastados com "a aspiração à justiça e à civilidade" que é "*intrínseca*" a instituições jurídicas. O ponto é que esses efeitos surgem, assim, como eventuais efeitos colaterais negativos de instituições cujo propósito próprio inclui, não deixa de ser, a garantia da paz e da civilidade. O alerta de MacCormick é o de que não se pode nunca esquecer do *gap* existente entre dois polos. Do ponto de vista teórico, uma compreensão adequada e mais completa do conceito de direito envolve compreendê-lo à luz de suas instâncias centrais, de um modo que leve em consideração os valores aos quais a prática é intrinsecamente orientada por sua natureza própria. *Justamente por isso*, do ponto de vista *prático*, não podemos esquecer que há um *gap* entre o direito compreendido do ponto de vista conceitual e o direito tal como ele *de fato* é implementado, construído, interpretado e aplicado.[593] O clássico ponto *hartiano* em favor do positivismo jurídico como auxiliar epistemológico de uma postura de moralidade crítica em relação ao direito segue vivo aqui — mas com a noção de que uma orientação à justiça faz parte da própria ideia de direito auxiliando essa postura. O alerta à potencial diferença entre aquilo que deve ser e aquilo que efetivamente é permanece vivo, mas a crítica possível àquilo que efetivamente é pode se dar à luz daquilo que deve ser — e essa crítica sai enriquecida quando é a própria prática nos ajuda a estabelecer aquilo que deve ser.

De minha parte, penso que a ideia fundamental de Gardner pode ser qualificada, reforçada, ainda com outros elementos — elementos que dizem respeito a uma interpretação específica do *rule of law*. No limite, é esse o grande objetivo aqui fixado. O ponto é que, ainda que não se endosse integralmente sua concepção de direito como 'ordem institucional normativa' (em todas suas decorrências, pressuposições e implicações), os passos metodológicos trilhados por MacCormick — bem como suas teses sobre teorização no direito e, fundamentalmente, seus alertas — são valiosíssimos para que a relação aqui pretendida entre o direito e o império da lei sejam mais que uma estipulação *ad hoc*. O próprio MacCormick traz isso em uma passagem belíssima, pela qual peço licença para uma citação mais longa — sobretudo porque a passagem, além de representar uma síntese muito bem construída, mostra também um ponto que nos permite avançar para além dos propósitos que MacCormick atribui ao direito. O que

593 *Cf.* MACCORMICK, Neil. *Institutions of Law.* Oxford: Oxford University Press, 2007, pp. 297-299.

ele diz é que artefatos, atividades, empreitadas humanas, "incluindo quaisquer regras pelas quais as pessoas tentam viver ou fazer viverem, devem ser entendidas *funcionalmente*".

> Qual é seu propósito, qual é a causa final à qual elas estão orientadas? Elas exercerão essa função bem ou mal, estarão em boa ou má forma, na medida em que possam ser vistas de modo a funcionar em direção a esses fins essenciais com um mínimo de efeitos colaterais negativos. *É, sem dúvida, controverso determinar quais funções devem ser atribuídas ao direito em geral ou a leis em particular ou a qualquer outra produção humana.* O fracasso de alguém em confrontar e explicar abertamente os valores envolvidos, em defender suas próprias propostas acerca de *quais são* os valores envolvidos, pode conferir à teorização no direito uma aparência de maior objetividade do que seria o caso se uma abertura genuína fosse praticada. Mas é esconder essa orientação valorativa, e não sua crença declarada, que se torna ideológica num sentido sinistro da palavra. *Uma interpretação honesta, que é aberta quanto aos valores que pressupõe e que se mantém alerta a fracassos e êxitos de um sistema em relação a esses valores, é ainda a melhor objetividade disponível às ciências humanas, incluindo a teoria do direito.*[594]

A tônica é, oportunamente, muito similar àquela que tenho como correta, adequada, na metodologia aqui adotada, e as considerações de MacCormick sobre honestidade teórica — tanto quanto suas considerações sobre o pluralismo e a tolerância — são tão eloquentes e elegantes que dispensam maiores qualificações.

O ponto que nos permite avançar está na lembrança, nesta passagem, acerca da controvérsia existente na atribuição de funções específicas ao direito — uma

---

594 "*[H]uman artefacts and contrivances, including any rules by which people try to live, or get others to live, have to be understood functionally. What is their point, what is the final cause to which they are oriented? They perform well or ill, are in good shape or bad, to the extent that they can be seen to work towards these essential ends with a minimum of regrettable side-effects. It is undoubtedly controversial what functions should be ascribed to law in general or to particular laws or any other human production. Failure to confront and account openly for values involved, and to defend one's own proposals as to what the relevant values are, may confer on work about law an apparently greater objectivity than if a proper open-ness were practised. But it is this concealment of value-orientation, not its open avowal, that is ideological in a sinister sense. Honest interpretation that is open about the values it presupposes and that is as alert to system-failures as system-successes judged against those values is the best objectivity that is available to the human sciences, jurisprudence included.*" MACCORMICK, Neil. *Institutions of Law.* Oxford: Oxford University Press, 2007, p. 305.

proposta que envolve sempre valores e, por isso mesmo, exige essa abertura, essa honestidade. O próprio MacCormick, por exemplo, em outro escrito anterior, já havia declarado que o propósito do direito — ao menos, um ponto que lhe é central — é o de "gerar uma determinação adequada no discurso prático de uma mesma comunidade". Para MacCormick, é esse o ponto que diferencia, que distingue mais especificamente o direito de outros "elementos de existência social" com os quais ele guarda, eventualmente, pontos de conexão ou interseção.[595]

Por outro lado, também em outros escritos, sempre retorna a questão do bem comum, trazida justamente quando o autor enfatiza uma vez mais a noção de que a teorização no direito envolve necessariamente esse 'funcionalismo', ainda que em sentido fraco. MacCormick menciona o fato de sempre haver, no âmbito da política legislativa, uma reivindicação implícita, subjacente (mesmo que adotada maliciosamente, com fingimento, por uma questão de aparências externas),[596] voltada às exigências da justiça. Isso por si só já indica, em sua visão, "que o direito é impensável sem que se tenha a ele uma atribuição de funções valorativas".[597] A argumentação em favor disso está, já vimos, em seu *Institutions of Law* — e aqui há um eco de um *insight* de Gerald Postema, já destacado quando discutimos uma possível dimensão funcional na seção metodológica da pesquisa. Acontece que, nesse mesmo texto específico — como o livro, também de 2007, mas um ensaio de outro contexto, presente em uma coletânea dedicada à obra de Robert Alexy —, MacCormick oferece, ainda que *en passant*, outro elo que vai me auxiliar a unir todas essas perspectivas de forma mais integrada. Vejamos.

Em comentários acerca da tradição continental do *Rechtstaat*, MacCormick diz que Estados, enquanto entes políticos, tanto podem se tornar quanto podem

595 "*The point of law is to generate adequate determinacy in practical discourse in community or polity. At least, this is one central point of law, and perhaps the one which most specifically differentiates law from other intertwined elements of social existence.*" MACCORMICK, Neil. The Ethics of Legalism. *Ratio Juris*, vol. 02, n. 02, 1989, pp. 184-193 (188).

596 Um ponto que também aparece em *Institutions of Law*. *Cf.* MACCORMICK, Neil. *Institutions of Law*. Oxford: Oxford University Press, 2007, p. 264.

597 "*In legislative politics, there is always some underlying claim about just demands and the demands of justice. That this is so indicates that law is unthinkable without some ascription of value-laden functions to it.*" MACCORMICK, Neil. Why Law Makes No Claims. In: PAVLAKOS, George (ed.). *Law, Rights and Discourse*: The Legal Philosophy of Robert Alexy. Londres: Hart Publishing, 2007, pp. 59-68 (66).

fracassar enquanto Estados *de Direito*. "É nessa perspectiva", diz MacCormick, "que o direito estabelece, potencial ou efetivamente, restrições[598] à ação oficial". O direito não é meramente outro nome para essa entidade política — isto é, tampouco pode ser considerado mero subproduto ou instrumento do Estado —, mas "uma estrutura possível que limita e canaliza a ação estatal, isto é, os atos de pessoas em posições governamentais hierarquicamente superiores no Estado, em âmbito legislativo, executivo ou judicial".[599] O que surge de significativo aqui é "o caráter das restrições que uma *aspiração à legalidade* coloca em seus atos" — e sua conclusão fundamental é a de que "um Estado de Direito é uma *conquista*, não uma tautologia".[600]

Note-se que não é por acaso que surge de novo a ideia de uma *aspiração à legalidade*. Note-se, igualmente, que, embora MacCormick encerre dizendo, corretamente, que um Estado de Direito não é uma tautologia, ele só conclui assim porque tem antes, como base, a ideia de que *o direito* não é mero instrumento ou produto do Estado, mas um potencial ou efetivo modo de limitação e canalização do exercício de seu poder.Como venho afirmando, essas coincidências — de vocabulário, linguagem, perspectivas, linhas e teses adotadas, até de conclusões — entre diferentes autores, de diferentes matrizes, diferentes contextos e diferentes pontos de vista, são mais do que coincidências. São a afirmação de uma interpretação específica do império da lei como elemento fundamental a uma melhor compreensão teórica, conceitual, já do direito enquanto fenômeno específico.

---

598 "*Constraint*". Talvez mais do que "restrição" ou "restrições" — as traduções mais obviamente usuais, mais comuns —, a ideia de "*constrangimentos*' fosse mais adequada à concepção de *rule of law* aqui adotada.

599 "*Law, in this light, sets a potential, and often an actual, constraint on official action. It is not simply the state by another name, but a possible framework that constrains and channels state action, that is, the acts of persons holding superior governmental positions within the state, whether legislative, executive or judicial.*" MACCORMICK, Neil. Why Law Makes No Claims. In: PAVLAKOS, George (ed.). *Law, Rights and Discourse*: The Legal Philosophy of Robert Alexy. Londres: Hart Publishing, 2007, pp. 59-68 (63).

600 Grifos meus. "*What matters is the character of the constraints that an aspiration to legality would put upon their acts and ways of acting (...). A law-state is a political achievement, not a tautology.*" MACCORMICK, Neil. Why Law Makes No Claims. In: PAVLAKOS, George (ed.). *Law, Rights and Discourse*: The Legal Philosophy of Robert Alexy. Londres: Hart Publishing, 2007, pp. 59-68 (63).

3.4 Conclusão inicial: releituras, respostas, repercussões

A esta altura, já é possível articular e dizer diretamente o que surge de mais concreto de todas essas considerações teóricas, unindo as teorias e debates estudados e, fundamentalmente, os argumentos que recepciono enquanto corretos. Por razões de clareza, penso ser interessante fazê-lo por meio de um contraste.

Vimos que Hart, em seu debate com Fuller, defendia a tese positivista da separabilidade dizendo que podemos visualizar decisões judiciais juridicamente válidas, por exemplo, que desagradam as convicções de alguém. Hart diz que essa pessoa pode bem dizer que as decisões em questão são a manifestação de um direito ruim, que não deveria ser direito — mas, ao fazer isso, essa pessoa estará, segundo Hart, *adotando* a distinção positivista. O ônus de quem rejeita a distinção seria, assim, o de demonstrar que os 'propósitos sociais' que configurariam uma melhor decisão judicial aos olhos de nosso agente hipotético *já fazem parte do direito* — repetindo as palavras de Hart, "em um sentido adequadamente amplo da palavra 'direito' que tenha maior força explicativa".[601]

Hart, em seu exemplo, discutia decisões judiciais, mas o ponto pode ser expandido e, penso, respondido. A diferença central, em termos metodológicos, entre uma compreensão positivista de direito e uma concepção como aquela que procuro articular está exatamente neste ponto: há padrões e critérios que nos permitem classificar sistemas jurídicos específicos como bons ou maus que já são padrões próprios da esfera do direito, já num plano conceitual — e, *por essa razão mesma*, precisam ser levados em conta também por uma questão de virtudes 'epistêmicas' ou 'explanatórias'. Uma vez que internos ao conceito, à prática, esses critérios devem ser considerados para uma explicação mais adequada do fenômeno a ser explicado.

Não se trata de simplesmente rejeitar Hart. É certo, o positivismo tem *insights* e acertos valiosíssimos que não podem ser ignorados. Hart, brilhantemente, articulou toda uma base possível, toda uma chave de leitura para a compreensão da natureza de sistemas jurídicos modernos sem a qual essa discussão talvez

---

601 "*The point must be not merely that a judicial decision to be rational must be made in the light of some conception of what ought to be, but that the aims, the social policies and purposes to which judges should appeal if their decisions are to be rational, are themselves to be considered as part of the law in some suitably wide sense of 'law' which is held to be more illuminating than that used by the Utilitarians.*" HART, H. L. A. Positivism and the Separation of Law and Morals. *Harvard Law Review*, vol. 71, n. 04, fev. 1958, pp. 593-629 (612).

sequer fosse possível. O avanço por ele representado, em método e substância, não tem precedentes:[602] não é por acaso que se diz que, até Hart, a teoria jurídica no mundo anglo-saxão era "um vilarejo sonolento, satisfeito, complacente, dominado pela teoria jurídica austiniana",[603] e que qualquer pessoa que buscasse compreender o desenvolvimento da teoria do direito na Inglaterra poderia "concluir razoavelmente que nada de maior significado aconteceu do meio do século XIX ao meio do século XX".[604] Foi com seu *The Concept of Law* que Hart — rejeitando a concepção imperativista de direito até então dominante, e sua abordagem que colocava um elemento de sanções coercitivas no centro do conceito — chamou atenção à natureza fundamental do direito enquanto um sistema de padrões normativos regulativos e facultativos (sendo sanções coercitivas aí um método para assegurar e garantir respeito a direitos e observância de deveres do sistema; um método que, embora necessário, é *auxiliar* ao direito enquanto sistema normativo socialmente praticado).[605] Foi Hart quem destacou a necessidade de consideração do ponto de vista interno; foi ele também quem articulou uma teoria baseada em instâncias centrais como manifestações práticas que nos permitem compreender um conceito.

É possível ir até além e dizer que Hart tinha boa dose de razão, no debate sobre o 'direito nazista', ao lembrar que o direito não é tudo — assim como, penso, uma de suas lições mais valiosas está nas possibilidades de crítica moral que a própria tese da separabilidade permite. Há e *deve haver*, sempre, padrões externos aos quais não apenas o direito como *todas* nossas práticas sociais devem ser submetidas.

---

602 Por todos, vale ver o célebre ensaio de P. M. S. Hacker. *Cf.* HACKER, P. M. S. *Hart's Philosophy of Law*. In: HART, P.M.S.; RAZ, Joseph (eds.). *Law, Morality, and Society*: Essays in Honour of H. L. A. Hart. Oxford: Clarendon Press, 1977, pp. 01-21.

603 "[A] *sleepy, contented, complacent village, dominated by Austinian jurisprudence.*" POSTEMA, Gerald J. PATTARO, Enrico (ed.). *A Treatise of Legal Philosophy and General Jurisprudence*, vol. 11. Legal Philosophy in the Twentieth Century: The Common Law World. Nova York: Springer, 2011, p. 03.

604 "*Anyone who looks to textbooks on jurisprudence to understand the development of this subject in England might fairly conclude that nothing of great significance happened from the middle of the nineteenth century to the middle of the twentieth. Between 1832, when John Austin resigned as the professor of jurisprudence at University College London ('UCL'), and 1952, when H. L. A. Hart was appointed to the jurisprudence chair at Oxford, the only English development of note seems to have been the work of Sir Henry Maine — though even this receives but scant treatment in the most detailed of English jurisprudence textbooks.*" DUXBURY, Neil. English Jurisprudence between Austin and Hart. *Virginia Law Review*, vol. 91, n. 01, mar. 2005, pp. 02-91.

605 *Cf.* MACCORMICK, Neil. *H. L. A. Hart*, 2ª ed. Stanford: Stanford University Press, 2008, p. 171.

O caráter de juridicidade de um sistema jurídico não garante nem significa nem pressupõe um caráter pleno de justiça substantiva ou, digamos, uma satisfação plena de todos os valores hoje associados ao liberalismo democrático (enquanto grande tradição, entendido em seu sentido mais abrangente).

Ao mesmo tempo, porém, se é verdade que o direito não é tudo, e que todas as práticas sociais devem sempre estar sujeitas a um escrutínio moral externo — algo que aprendemos com Hart —, também é verdade que a própria prática do direito já traz em si elementos internos que demandam uma concepção mais exigente do que aquela capturada por uma distinção entre *rule of law* em minúsculo e *Rule of Law* maiúsculo — algo que, neste último capítulo, aprendemos com os autores principais que aqui me servem de base (e cujas considerações se tornam mais facilmente entendidas e adaptadas depois de já articulada uma base com Lon Fuller e com uma concepção específica acerca do império da lei). Vejamos.

3.4.1 O caminho teórico lançado

Com Waldron, vimos — mais clara e mais diretamente do que em qualquer outro depois de Fuller (e com muito mais treinamento filosófico para dizê-lo) — que, mais do que uma proposta normativa, articular os conceitos de direito e de império da lei em conjunto permitem concepções melhores de cada um desses conceitos, inclusive do ponto de vista analítico. Os elementos que constituem um sistema jurídico conduzem a interpretação sobre as exigências do ideal político do *rule of law* — e este, por sua vez, (1) indica que caracterizar um sistema de governança como um sistema de governança *jurídico* envolve mais do que a identificação de regras socialmente praticadas e (2) auxilia na identificação dos casos centrais que surgem como manifestações práticas do conceito de direito. É com essa leitura que, vimos, para Waldron, a presença de cortes/tribunais, o os caracteres de positividade e de publicidade, uma orientação ao bem comum e a própria ideia de sistematicidade são elementos essenciais sem os quais um sistema jurídico não funciona como tal — e o que o *rule of law*, ao mesmo tempo em que é projetado a partir da importância normativa própria desses elementos, é um guia para a identificação daquilo que distingue um modo *jurídico* de governança e para a identificação dos casos centrais de direito.

Com Finnis, surge a ideia de que os casos centrais da perspectiva interna de membros oficiais (unindo dois elementos importantíssimos na metodologia *hartiana*) não podem ser a perspectiva de autoridades movidas puramente por razões prudenciais, uma vez que — e é este que me parece o ponto subestimado na leitura de Finnis — o direito tem a função mesma de diluir o autointeresse oficial em face das exigências por ele atendidas enquanto fenômeno de coordenação social. O desafio positivista, nesse sentido — vimos o argumento articulado na versão de Kramer —, é o de que membros oficiais movidos puramente por razões egoístas terão razões para sustentar uma estrutura de legalidade a longo prazo (caso isso venha a satisfazer seus interesses pessoais nesse longo prazo, o que não seria implausível). Para Kramer, a função de subordinar o autointeresse oficial às necessidades sociais é típica de 'sistemas benevolentes', e que é possível conceber sistemas iníquos cuja função é exatamente a de preservar os interesses daqueles que os compõem.

Ora, Kramer diz que especificar a função do direito é algo que fica em aberto, e que a função de garantir autonomia, segurança e coordenação social é típica de sistemas jurídicos benevolentes. Mas como caracterizar como *jurídico* um sistema cuja função é a de preservar os interesses pessoais dos membros oficiais que formam esse sistema? O próprio Kramer, como vimos, entende que a própria existência funcional do direito — ainda num sentido raso, entendido apenas como uma estrutura básica em funcionamento (o cenário por ele chamado de *rule of law*, em minúsculas) — passa pelas premissas de que (1) sua função é a de orientar a conduta de cidadãos e de que (2) esses cidadãos, por sua vez, enquanto destinatários das normas dessa estrutura, são agentes dotados de autonomia, racionalidade e responsabilidade. É verdade que essa segunda premissa assume um caráter moral de muito mais peso e importância em sistemas benevolentes, liberais democráticos, mas isso não está em disputa. Pensemos já na estrutura em seu nível mais básico, nos termos propostos por Kramer, de uma observância formal dos oito princípios de legalidade. Uma vez que um sistema tal de governança, em seu nível mais básico, tem ao menos a função elementar de orientar a conduta dos cidadãos — enquanto agentes racionais, autônomos, responsáveis —, é possível atribuir *ao mesmo sistema* a função de preservar os interesses egoístas de uma elite que o compõe?

O argumento de Postema em seu debate com Kramer, vimos, caminha nesse sentido. Para que as leis funcionem *como leis*, Postema dirá que elas devem funcionar como 'normas' na deliberação prática desses agentes racionais e autônomos que são seus destinatários — e, para que funcionem como normas, para que sejam padrões reais de orientação de conduta prática, elas devem ser *aceitas como tais*. Mas o ponto vai ainda além, inaugurando uma noção que dispensa inclusive o debate sobre o ponto de vista interno dos cidadãos e a aceitação plena das normas a partir dessa perspectiva. Postema, com base na *reciprocidade* — que, afinal, subjaz às considerações de Fuller sobre os oito princípios de legalidade, adotados por Kramer como passíveis de mera observância técnica —, diz que a escolha pela governança pelo direito significa submissão *ao direito*. Vemos o argumento de Waldron acaba ganhando força novamente, agora articulado em termos diferentes: sob o *rule of law, até mesmo em uma versão positivista* (até mesmo uma versão que o articule em letras minúsculas), é *o direito* que governa. Desde Hart, não é mais o soberano quem faz as regras, mas *as regras fazem o soberano*.[606] É por isso que não se pode perder de vista, por mais que se queira manter pressupostos positivistas na construção de uma teoria, que o direito exerce força normativa sobre os membros oficiais que compõem os sistemas jurídicos que surgem como instâncias práticas do conceito. A ideia de reciprocidade *faz parte da própria ideia de direito*, já que aqueles que exercem poder e autoridade em seu nome *só podem fazê-lo, genuinamente*, se aceitarem os compromissos pressupostos por um sistema *jurídico* de governança.

Quanto ao argumento da aceitação plena, Kramer, por sua vez, mantém firme a ideia (*hartiana*) de que os cidadãos, destinatários das normas, que meramente obedecem às suas diretrizes, sem aceitá-las plenamente, acabam por se engajar com todos os oito aspectos dessas normas articulados nos princípios de legalidade — e que isso já basta para que se verifique sua autonomia e racionalidade. Quanto ao argumento do compromisso oficial pressuposto pela escolha por governar por meio do direito, Kramer insiste na ideia de que membros oficiais de um sistema jurídico podem ter razões prudenciais para, sacrificando impulsos de curto prazo, aderir aos princípios de legalidade quando isso for interessante na satisfação de interesses próprios de longo prazo.

Quem ajuda a responder isso, supus, é John Gardner. Vimos que, em comentários a Hart (em suas considerações sobre legalidade), Gardner recupera a ideia de que um sistema jurídico envolve um modo *propriamente jurídico* de funcionar. Hart e Kramer, como qualquer positivista, não negariam isso — não é sem razão que Kramer retoma os oito princípios de Fuller para denotar a existência funcional

---

606 "*In sharp contrast to Bentham and Austin who had insisted that the sovereign makes all of the rules, Hart argued instead that the rules make the sovereign.*"

Shapiro diz ter ouvido a frase de Waldron: "*I once heard Jeremy Waldron describe Hart's inversion of Austin in this way*". SHAPIRO, Scott J. What Is the Rule of Recognition (And Does It Exist)? In: ADLER, Matthew; HIMMA, Kenneth Einar (eds.). *The Rule of Recognition and the U.S. Constitution*. Oxford: Oxford University Press, 2009, pp. 235-268.

de um sistema de governança. A questão é que, dentro dessa ideia, Gardner diz que faz parte da própria noção de 'regras' uma pretensão a efetivamente vigorar: se há um *telos* próprio de '*rules*' só pode ser '*to rule*' — normas pretendem 'normar', por assim dizer. É unindo essa segunda ideia ao 'modo propriamente jurídico' de funcionar que Gardner dá o segundo passo, sugerindo que, talvez, já faça parte da própria natureza do direito a ideia de que o direito *deve* corresponder ao ideal do império da lei, mesmo que muitas vezes não o faça. Compreender adequadamente o conceito de futebol envolve uma compreensão do futebol que almeje ser completa, incluindo sua aspiração intrínseca à ideia de espírito desportivo, ainda que esse espírito não seja sempre respeitado por aqueles que jogam partidas de futebol. Waldron, vimos, já sugeria o direito e o império da lei como conceitos de auxílio mútuo, oriundos de um mesmo ideal normativo. Na mesma linha, Gardner estende a ideia de que, uma vez que direito é um sistema de regras e, como tal, tem um modo próprio de funcionar enquanto sistema jurídico, o ideal de legalidade é um ideal próprio do direito (uma ideia aceita pelo próprio positivismo); para Gardner, esse ideal, sendo próprio do direito, já lhe é também *uma aspiração intrínseca.*

É por isso que Gardner dirá que, diferentemente do que supunha Hart, não são duas formas de se conceber o conceito de direito que estão em jogo; não se trata de uma escolha entre '*lex*' ou '*jus*' — tal como entendia Hart, que favorecia por razões analíticas uma escolha por '*lex*' (um conceito epistemicamente superior ao permitir explicar manifestações práticas que não contemplem as exigências subjacentes a uma ideia de '*jus*'). Há apenas *um* conceito de direito e, uma vez que esse conceito — tendo na ideia de império da lei um ideal próprio e envolvendo um modo próprio de funcionamento que o distingue — tem na legalidade uma aspiração intrínseca, '*jus*' corresponde justamente aos casos centrais, enquanto '*lex*' caracteriza casos limítrofes de direito.

Adaptando para o debate proposto com Kramer, podemos dizer que não se trata de duas concepções distintas, entre *rule of law* em minúsculas — denotando a existência funcional de um sistema de normas de observância técnico-formal dos oito princípios *fullerianos* — e *Rule of Law* em maiúsculas — denotando a dimensão moral do respeito aos oito princípios. Penso que essa aspiração intrínseca à legalidade sugerida por Gardner, *somada* ao modo propriamente *jurídico* de funcionar que marca um sistema que se pretende jurídico, é o que permite que classifiquemos aquilo que Kramer chama de *rule of law* como casos limítrofes, sendo seu *Rule of Law* os casos centrais de sistemas jurídicos.

Os demais autores aqui trazidos auxiliam nessa direção. Vimos com Allan que, em seu mínimo grau, o *rule of law* pressupõe a ideia de que o arbítrio é a antítese do direito — e que, sendo assim, o império da lei impõe àqueles que governam por meio do direito uma *exigência de justificação*. Isso ecoa no modo próprio de funcionamento que distingue um sistema jurídico de outros sistemas de governança e nas considerações que Postema oferecia em debate com Kramer. O direito é um modo próprio, distinto, de governança e, como tal, tendo um modo próprio e específico de funcionar, exatamente para que funcione em seus termos. Os casos centrais do conceito de direito são os casos que mais de adequam e mais se aproximam desse modo próprio de funcionamento, que, por sua vez, envolve *necessariamente* um contraste com o arbítrio e a necessidade de justificação e responsabilidade institucional por parte daqueles que escolhem por governar juridicamente.

Postema, vimos, dizia que normas, para que funcionem *como normas*, devem ser aceitas por seus destinatários. Kramer (e virtualmente todos os positivistas pós-hartianos, repetindo a lição de Hart) diz que que a aceitação dos destinatários, para além da aceitação dos membros que compõem a prática (que, sustentam, também poderia por sua vez se dar por razões prudenciais), não é uma condição *sine qua non* para um sistema jurídico. Mas parece ser plenamente razoável supor, na linha sugerida por Gardner, que as normas devem ser ao menos potencialmente *justificadas como normas* para seus destinatários. Talvez Kramer tenha razão, do ponto de vista lógico, que mera obediência já é capaz de, por si só, indicar a presença de racionalidade e autonomia daquele que apenas obedece às normas sem plenamente aceitá-las. Mas pode ser jurídico um sistema cujas normas sequer podem ser *justificáveis* a esses cidadãos? Esse sistema teria qualquer possibilidade de existência funcional, assumindo aqui a premissa *krameriana* de que existência funcional passa pela observância (ainda que técnico-formal) dos oito princípios de Fuller?

Era esse, vimos também, o ponto de Antony Duff — célebre autor da filosofia do direito penal que acaba oferecendo um ponto fortíssimo de argumentação nessa esfera da teoria do direito. Para Duff, normas devem ser justificadas à pessoa cuja obediência ela reivindica, e que essa justificação se dá em referência a *razões* que essa pessoa deve ser potencialmente capaz de apreender e aceitar. Duff, com suas considerações, permite dizer que as razões que um membro oficial do sistema adota para sustentar uma norma e exigir que ela seja obedecida por seus destinatários devem ser passíveis de ser oferecidas como razões para sua obediência. Sim, *é plenamente possível* conceber sistemas jurídicos existentes e imagináveis nos quais isso não ocorre de maneira plenamente satisfatória ou integral sem que isso nos obrigue a recorrer ao velho '*lex iniusta non est lex*'. Ao mesmo tempo, porém, é plenamente possível classificar instâncias nas quais isso aparece mais claramente — sistemas que Kramer chamaria de 'benevolentes' — como as instâncias centrais do conceito de direito. Não só isso, é plenamente possível rejeitar a ideia de que um sistema jurídico, efetivamente jurídico, possa ter como função a manutenção e preservação dos interesses pessoais de longo prazo da elite que o compõe enquanto sistema de governança.

Kramer respondia a Postema (e também a Finnis) dizendo que membros oficiais egoístas podem ter razões de puro interesse pessoal para sustentar uma estrutura de legalidade a longo prazo. Duff oferece aqui uma saída. Não é apenas o caso de que, por aceitá-la apenas por razões prudenciais, a pessoa egoísta vai abandonar a norma (ou o conjunto de normas que forma o sistema) quando ela (ou essa estrutura) não mais atender a seus interesses próprios. Aquele que aceita normas por razões puramente egoístas e aquele que aceita normas por razões que se adequem ao espírito dessas normas mesmas *aceitam regras diferentes.*

É em tudo isso que está um ponto importante. Não precisamos recepcionar a noção estrita, carregada, de 'bem comum' de Finnis para concordar com seu ponto (e somente até esse seu ponto, com algumas nuances a serem apontadas) de que uma das funções do direito acaba por se traduzir em subordinar o autointeresse a necessidades sociais. Aquilo que observamos e qualificamos como 'direito' assume determinadas funções, de modo que Kramer tem razão apenas parcial ao dizer que especificá-las é uma questão que fica 'em aberto': ela só fica em aberto até que se argumente em favor delas. Se o ponto de Kramer é o de que *officials* movidos pelo autointeresse, pelas razões mais egoístas, têm razões para aderirem — para *se submeterem,* portanto — às limitações que, por natureza própria (traduzida nos oito princípios mesmo em seu nível mais básico), marcam a empreitada jurídica, seu argumento já concede que há aí um elemento de restrição, de aceitação das limitações impostas.

Kramer subestima, a esse respeito, todo o alcance da noção de *reciprocidade* que subjaz à opção por governar pelo direito. A reciprocidade está para muito além da leitura quase literal que Kramer faz do oitavo princípio e é algo que está pressuposto pelo próprio direito enquanto atividade com suas formas próprias. Essa horizontalidade oferece um bom argumento em favor daquilo que Finnis somente estipula (permitindo que Kramer classifique como algo sempre em aberto): o direito acaba por assumir, entre suas funções várias e regulares de orientação e coordenação social, exatamente a de limitar o arbítrio e o autointeresse oficial.

A questão é que tampouco isso nos empurra a uma noção gasta de '*lex iniusta non est lex*'. É possível, analiticamente, conceber e imaginar sistemas de governança com características tipicamente associadas a sistemas que classificamos como 'jurídicos' cujos membros oficiais têm somente a pretensão de perpetuar seus interesses oficiais ao longo do tempo, aderindo às formas do direito por razões egoístas. O grande ponto de Kramer é que, justamente por ser esse um cenário analiticamente visualizável, sua concepção mais ampla de direito, "*without trimmings*",[607] tem maior poder explicativo. Mas será? É por isso que Gardner ajuda aqui com seu refinamento de casos centrais e instâncias limítrofes. Uma concepção de direito que classifique como *limítrofes* essas manifestações práticas baseadas no autointeresse de uma elite que compõe o sistema de governança (em contraste com casos centrais, nos quais a ideia de reciprocidade é levada a sério e respeitada em seus termos) terá *maior poder explicativo, inclusive do ponto de vista prático*, já que leva em conta mais profundamente um elemento que já faz parte da própria natureza do direito, de uma empreitada jurídica que surge como manifestação prática do conceito — isso se levarmos a sério a sugestão de John Gardner quanto a *lex* e *jus*.

É certo, uma posição em favor da proposta de Gardner, que já indiquei aqui como promissora, deve ser defendida com argumentos, não com mera postulação — assim como se deve argumentar-se em favor dos propósitos atribuídos ao direito, precisamente para que isso não fique em aberto. A questão é que, vimos com MacCormick (reforçando uma premissa metodológica central assumida ao início do livro), compreender/construir/elaborar/articular um conceito passa pela concepção daquilo que constituiria uma instância *boa*, de *bom funcionamento*, do objeto de nossa investigação. Ora, uma visão sobre a importância do direito — sobre o *porquê* —, no mínimo, ajuda na identificação de seus elementos mais relevantes e no refinamento de uma teoria que o explique.

Kramer diz que a função do direito fica em aberto, mas fico com o ponto de MacCormick: essa atribuição é certamente algo que será inevitavelmente controverso, mas

---

607 "*Trimmings*" aqui são "acessórios", "extras", "acompanhamentos". Fiz a pergunta ao próprio Kramer, quanto a sua concepção de "*law without trimmings*" e sua explicação foi a de que, assim como se diz de pratos principais que estes têm '*trimmings*' quando servidos com acompanhamentos, sua concepção de direito não carrega os 'acompanhamentos'— isto é, as pressuposições e implicações — típicos de um raciocínio jusnaturalista, por exemplo, ou mesmo de concepções mais 'densas', 'exigentes' de direito (como a minha; daí o subtítulo desta conclusão parcial).

o ponto é que *não há outra alternativa.* A disputa teórica será uma disputa argumentativa e é preciso abertura em relação aos valores envolvidos nessa disputa. A posição positivista toma como seus, em favor de sua concepção aberta, valores 'epistêmicos' — mas parece ignorar exatamente a *densidade* do conceito de direito e, mais, a inescapabilidade de concebermos o melhor ou pior funcionamento de instâncias práticas de um fenômeno *público*, que *reivindica autoridade*[608] e que, lembremos, pretende *oferecer razões para agir* àqueles que são seus destinatários (não sendo, portanto, apenas uma questão que passa pelas razões que seus membros oficiais têm para adesão).

3.4.2 A questão da justificação e da legitimidade

É conveniente que a seção anterior tenha se encerrado lembrado Joseph Raz e seu *insight* sobre o direito e a reivindicação de autoridade, porque também há em Raz — um teórico tipicamente associado ao positivismo, frise-se — alguns pontos importantes para aquilo que pretendo estabelecer aqui, finalizando essa conclusão parcial. O que pretendo fazer, afinal, é exatamente argumentar em favor daquilo que, por vezes, aparece apenas estipulado em autores como *e.g.* Waldron — com sua sugestão de uma relação direta entre o conceito e o império do direito — e Gardner — com sua sugestão de *jus* como correspondente às instâncias centrais do conceito de direito.[609]

Raz oferece o seguinte raciocínio, bastante promissor para a linha aqui desenvolvida: é próprio de instituições jurídicas ao menos a pretensão de impor deveres a seus destinatários, assim como é típico dessas instituições que, por essa característica mesma, elas cheguem ao ponto de interferir na propriedade, na liberdade, por vezes até na vida, daqueles que desrespeitam seus padrões normativos. Disso, segue-se que essas instituições *tomam a si mesmas como legítimas.*[610] Isso já levanta um ponto fundamental para a discussão sobre a *legitimidade* que quero propor aqui.

---

608 Lembrando aqui Joseph Raz.

609 Naturalmente, não se trata aqui de dizer que autores como *e.g.* Waldron e Gardner não argumentam em favor de suas posições. É o contrário: ambos (como Duff, Postema, MacCormick etc.) são excelentes representantes do rigor teórico, filosófico, da matriz (mais tradicionalmente) analítica. O que quero dizer é apenas e nada além que, especificamente, os pontos específicos de cada um desses autores que adoto aqui aparecem, no mais das vezes, em escritos sobre assuntos distintos — não sendo assim diretamente confrontados em debates teóricos e, portanto, não exigindo exatamente um enfrentamento direto de objeções. É o caso aqui porque, de minha parte, pelo caminho adotado, diferentes posições acabam contrastadas (e, ademais, argumentar em favor de posições de autores consolidados é exatamente o papel de quem elabora uma pesquisa e toma essas posições como as melhores).

610 *Cf.* RAZ, Joseph. *Between Authority and Interpretation:* On the Theory of Law and Practical Reason. Oxford: Oxford University Press, 2009, p. 04.

Na mesma linha, também é Raz quem, em uma discussão sobre as teorias de Hart e Kelsen, diz que, embora seja de fato possível que alguém aceite o direito como padrão de orientação de conduta por razões puramente pessoais, de preferências ou autointeresse, "não se pode alegar as próprias preferências ou o próprio autointeresse como justificação para sustentar que outras pessoas devem ou têm um dever de agir de determinada maneira".[611] Ora, regras jurídicas são padrões *públicos, comuns* — o direito é um fenômeno *público*, portanto, e, como dito, ecoando o próprio Raz, além do fato de que pretende oferecer razões para agir, é um fenômeno que reivindica autoridade e cujas instituições tomam a si mesmas como legítimas para a imposição dos padrões que pretendem impor.

É exatamente em comentário a essa passagem de Raz que Postema, uma vez mais, apresenta um ponto absolutamente relevante que fundamenta o contraponto a Kramer e as razões autointeressadas dos *officials*.[612] Instituições jurídicas impõem deveres aos cidadãos e são as regras jurídicas os padrões em referência aos quais essa imposição é justificada. Assim, os padrões normativos de um sistema jurídico têm não apenas a função (clássica na literatura) de guiar e orientar a conduta humana, mas também a função de "uma estrutura para a *justificação pública* de ações"[613] oficiais. Assim, a aceitação das formas do direito por parte dos *officials* — isto é, sua adesão ao *rule of law* ainda no sentido de Kramer — passa necessariamente pela crença de que as regras têm o potencial de exercer essas funções, uma vez que, além da orientação da conduta dos cidadãos, a imposição de deveres por parte desses *officials* enquanto atores institucionais é feita em referência às regras que compõem o sistema.

O ponto é: se as regras/normas jurídicas são os padrões aos quais os atores e autoridades institucionais apelam, enquanto padrões, para a imposição de deveres, há, senão uma crença, *no mínimo*, a necessidade de *manifestação* da crença — por

---

611 "*While one can accept the law as a guide for one's own behaviour for reasons of one's own personal preferences or of self-interest one cannot adduce one's preferences or one's self interest by themselves as a justification for holding that other people must, or have a duty to act in a certain way.*" RAZ, Joseph. The Purity of the Pure Theory. *Revue Internationale de Philosophie*, vol. 35, n. 138 (4), 1981, pp. 441-459 (454-455).

612 Um ponto que, acredito, o próprio Postema poderia ter recuperado e rearticulado em seu ensaio comentando criticamente a concepção de Kramer de *rule of law* e *Rule of Law*.

613 Itálico meu. "*Legal rules have a two-fold function: they guide action and they provide a framework for public justification of actions. Thus, the argument continues, officials who accept legal rules must believe that they are at least minimally capable of performing these functions.*" POSTEMA, Gerald J. Norms, Reasons, and Law. *Current Legal Problems*, vol. 51, n. 01, 1998, pp. 149-179 (165).

parte desses atores institucionais — de que esses padrões efetivamente *podem justificar* a imposição desses deveres. E, nas palavras de Postema, "*mero conformismo, ou autointeresse pessoal, jamais poderia fundamentar tais justificações*".[614] De novo, é analiticamente/conceitualmente possível conceber, imaginar, visualizar um cenário de adesão puramente autointeressada. O ponto de Postema é que o hipotético *official* egoísta jamais poderia externar, tornar públicas suas razões egoístas para adesão ao sistema: aqueles que aceitam o sistema de governança jurídico, em suas formas e seus padrões, em sua autoridade, devem ser capazes de sustentar uma justificação moral que seja minimamente verossímil para essa aceitação — considerando-se exatamente essa função de justificação pública que faz parte do próprio caráter das regras jurídicas. O compromisso jurídico envolve no mínimo a pretensão de existência de uma razão apta a justificar esse compromisso.

O que eu acrescento aqui é que enquanto Kramer pode bem sustentar a possibilidade conceitual de sistemas baseados no autointeresse de longo prazo (defendendo assim uma superioridade explanatória de sua concepção mais abrangente de direito), esse caráter público de imposição de deveres e reivindicação de autoridade do direito e, fundamentalmente, a *dinâmica de justificação pública* envolvida nessa empreitada, por sua própria natureza, já é algo que nos permite — a partir do próprio conceito de direito — classificar instâncias tais como instâncias limítrofes. A argumentação de Postema, aqui, serve de sustentação possível à sugestão de John Gardner sobre a pretensão de legalidade e instâncias de *jus*, e não de *lex*, como os casos centrais de direito. Um sistema de governança jurídico não é apenas aceito pelos *officials* que aceitam/praticam uma regra de reconhecimento, de modo que o que está em jogo não é apenas as razões que os *officials* têm para aceitação; um sistema de governança jurídico, *exatamente porque é um sistema de governança jurídico* — e o próprio Hart foi pioneiro em distingui-lo de um modelo imperativo baseado meramente em ordens sustentadas por sanções —, passa também por *oferecer razões* a seus destinatários. É aí que entra o aspecto da justificação pública, que acaba pressuposto pela reivindicação de autoridade, própria ideia de *normatividade* envolvida pelo direito quando levada às últimas consequências. O oferecimento público de razões, e a argumentação e deliberação acerca dessas razões, é um elemento que faz parte do próprio direito já no plano conceitual (evidenciando aqui, uma vez mais, um motivo para sustentarmos uma

614 Itálico meu. "[*M*]*ere conformism, or personal self-interest, could never ground such justifications*." POSTEMA, Gerald J. Norms, Reasons, and Law. *Current Legal Problems*, vol. 51, n. 01, 1998, pp. 149-179 (165).

dimensão argumentativa própria do fenômeno, tal como sugerido e pressuposto nos prolegômenos metodológicos desta obra).

É nesse ponto da argumentação, após menção à regra de reconhecimento, que, de novo, uma vez mais, Postema e MacCormick auxiliam. Vimos que Kramer (num movimento já tradicional da filosofia moral analítica, claro) aponta para a distinção entre razões morais e razões prudenciais, mas há outro tipo de distinção possível: uma distinção entre razões de motivação e razões de justificação (*'motivating reasons'* e *'justifying reasons'*).[615] Um positivista na linha de Hart e Kramer poderia dizer que razões prudenciais, egoístas, até podem não justificar a aceitação oficial do sistema por parte de seus membros, mas que a plausibilidade conceitual desse cenário mostra que essas podem ser razões que os motivem a aceitar e praticar a regra de reconhecimento — que a ideia de justificação pública, que indique uma aceitação por razões morais, pode se traduzir em mero fingimento. A revelação que esse fingimento traz, porém, funciona nos dois sentidos: se ela pode indicar a possibilidade conceitual de razões prudenciais como razão de motivação, também é verdade que ela indica, por si mesma, a necessidade do fingimento. Por que fingir, afinal? Porque é *o próprio direito enquanto fenômeno que reivindica essa justificação,*[616] na mesma medida em que reivindica autoridade, na mesma proporção em que reivindica para si mesmo a legitimidade para oferecer razões para agir. Postema insiste, corretamente, que não devemos confundir, numa coisa só, as crenças e as disposições de membros particulares da prática com as reivindicações que o próprio direito, por natureza própria, faz. Se se trata de uma questão de eleger-se um 'ponto de vista', uma 'perspectiva' (lembrando aqui a distinção entre pontos de vista interno e externo), trata-se aqui do ponto de vista do próprio direito enquanto fenômeno público, normativo, de coordenação social.

Naturalmente, quando alguém atribui um ponto de vista ao direito, não a indivíduos (ainda que indivíduos abstratos), esse alguém está falando em uma construção teórica. Sequer é necessário insistir que indivíduos abstratos também são construções teóricas: basta dizer, retomando aqui as palavras de Postema, que atribuir reivindicações ao (próprio) direito são "uma tentativa de se explicar elementos constantes e importantes da prática e da linguagem jurídica".

---

615 A distinção em MACCORMICK, Neil. Comment. In: GAVISON, Ruth (ed.). *Issues in Contemporary Legal Philosophy:* The Influence of H. L. A. Hart. Oxford: Clarendon Press, 1989, pp. 105-113 (112-113).

616 *Cf.* POSTEMA, Gerald J. Norms, Reasons, and Law. *Current Legal Problems*, vol. 51, n. 01, 1998, pp. 149-179 (169-170).

> A tese segundo a qual o direito reivindica autoridade moral procura explicar, dar conta do fato de que membros oficiais da prática geralmente apresentam, e são tomados como responsáveis por apresentar, seus apelos a normas jurídicas como justificações àqueles afetados por suas decisões e àqueles que os têm como responsabilizáveis por suas decisões e ações oficiais.[617]

A tônica é, oportunamente, muito similar àquela que tenho como correta, adequada, na metodologia aqui adotada, e às considerações de MacCormick. Entender as reivindicações implícitas, as pretensões do direito — e também seus *propósitos*, retomando aqui um termo caro a Lon Fuller — faz parte de uma explicação mais completa "do modo como o direito funciona no raciocínio prático de membros oficiais *e cidadãos* igualmente".[618] Trata-se de explicar a própria prática enquanto manifestação de um conceito, o próprio fenômeno — não reduzindo, assim, essa explicação às crenças e disposições que pessoas abstratas eventualmente tenham sobre essa prática.

É nesse sentido, enfim, que fica mais diretamente claro aqui por que é importante a ideia de uma dimensão funcional sobre a qual falei em prolegômenos metodológicos. Essa dimensão de um propósito prático, interno à prática, permite que aproveitemos a construção teórica de Postema sobre o direito como fenômeno com reivindicações próprias e, na mesma linha por ele inaugurada, estendamos seu raciocínio acerca de regras, normas, padrões jurídicos como padrões de justificação pública também ao próprio direito como um todo, como conceito e como empreitada prática. Ora, é certo que o direito pode assumir uma série de funções, sem uma única que lhe seja única ou exclusivamente específica, e que essas funções não precisam, não *estarão* formuladas, expressas, declaradas. Agora, um sistema *jurídico* de governança, para que conserve sua natureza e caráter de juridicidade, deve ser ao menos *passível de* ter seu propósito, sua *raison d'être*, justificada para aqueles sobre quem exerce suas reivindicações. Esse é um argumento possível em defesa de uma direção

---

617 "*There is nothing mysterious about talk of 'law's claims'. The claims are attributed to the law in an attempt to account for important and enduring features of legal practice and legal discourse. The thesis that law claims moral authority seeks to account for the fact that officials typically put forward, and are taken to put forward, their appeals to legal norms as justifications to those affected by their decisions and to those who hold them accountable for their official decisions and actions.*" POSTEMA, Gerald J. Norms, Reasons, and Law. *Current Legal Problems*, vol. 51, n. 01, 1998, pp. 149-179 (171).

618 Itálico meu. "*We need some such understanding of the law's 'pretensions' if we are to explain the way law functions in the practical reasoning of officials and citizens alike.*" POSTEMA, Gerald J. Norms, Reasons, and Law. *Current Legal Problems*, vol. 51, n. 01, 1998, pp. 149-179 (171).

à tese que vimos articulada, em diferentes termos, por Waldron e MacCormick: o argumento pluralista segundo o qual o direito é, senão *à* justiça ou *ao* bem comum, necessariamente orientado a *alguma concepção razoável* de justiça (MacCormick) ou bem comum (Waldron). O direito *pretende ser* uma empreitada de padrões públicos de autoridade e coordenação, de modo que, por natureza própria, deve sempre ser passível de justificação sob alguma concepção razoável de 'bem comum' — ao menos no sentido de ultrapassar eventuais razões egoístas de longo prazo para a manutenção de um sistema de governança. Toda e qualquer manifestação prática do conceito de direito assim materializada será uma instância limítrofe de um conceito cujos casos centrais atendem *melhor* a essa demanda de justificação.

Por fim, ainda, gostaria de trazer um elemento diretamente relacionado ao da justificação: a legitimidade. Gostaria, aqui, de recuperar um *insight* de Bernard Williams a partir daquela que é considerada por ele a questão política primeira.[619]

Para Williams, a primeira de todas as questões políticas é articulada em termos de garantir a ordem, a proteção, a segurança, a confiança, as condições de cooperação entre os membros de uma comunidade. Essa questão, certamente *hobbesiana*, é a 'primeira' porque resolvê-la é condição de possibilidade para que quaisquer outras questões políticas sejam não apenas resolvidas como mesmo colocadas. Não há questões políticas outras sem que haja um ambiente político que permita e garanta condições mínimas de coordenação.[620]

---

619 Devo este ponto a Daniel Murata, cujo incentivo e cujas ideias foram fundamentais na elaboração da tese que deu origem ao livro. Murata, inclusive, discute alguns pontos bastante relacionados à minha pesquisa na sua (própria e com a típica robustez e densidade de alguém com treinamento *técnico* rigoroso em filosofia), na qual discute mais ampla e *filosoficamente* a questão da normatividade jurídica. Gosto muito de sua crítica ao ponto de vista interno em Hart, até porque pessoalmente — como deixo claro ao longo do trabalho — concordo com o que diz Gerald Postema, que é um autor recuperado por Murata nessa altura de sua discussão. Murata faz algumas ressalvas e propõe algumas nuances às objeções de Postema. Não sei até que ponto Daniel realmente está em desacordo com Postema como supõe estar. De qualquer forma, e para o que importa aqui, também Murata concorda que as razões oferecidas pelo direito — aplicadas a *todos* seus (potenciais, pretensos) destinatários — devem ser mais do que mera ameaça (até mesmo indireta) de sanção/punição/ uso da força. As razões do direito pretendem reivindicar a fidelidade dos destinatários. Foi em uma conversa sobre esse ponto que Daniel recomendou que eu investigasse os argumentos de Bernard Williams, como de fato o fiz. Isso foi muito importante para refinar e consolidar alguns de meus principais pontos e suas respectivas conclusões. *Cf.* MURATA, Daniel. *Reason, Respect, and the Law*: Bernard Williams and Legal Normativity. Tese de Doutorado, Escola de Direito da Universidade de Surrey, 2022, pp. 46-50.

620 *Cf.* WILLIAMS, Bernard. Realism and Moralism in Political Theory. In: WILLIAMS, Bernard. *In the Beginning was the Deed:* Realism and Moralism in Political Argument. Princeton: Princeton University Press, 2008, pp. 01-17.

Resolver essa questão política primeira não é uma condição suficiente, mas é uma condição necessária de legitimidade. Talvez Hobbes, ao articular a questão primeira, pensasse assim; mas o ponto de Williams é que nem mesmo Hobbes identificava um Estado *legítimo* — no sentido de responder à questão primeira — com um regime de terror, dado que a própria existência do Estado — seu *propósito*, seu motivo primeiro — era a de evitar um cenário de terror. É nesse sentido, seguindo a reflexão de Williams, que a diferença entre um Estado legítimo e um Estado ilegítimo está na satisfação da exigência, da 'demanda básica de legitimidade':[621] a solução não pode ser algo que vem a piorar o problema original.

E aqui está o ponto de interseção entre a legitimidade e a questão da justificação que vim apresentando até aqui: de acordo com Williams, "meramente a ideia de satisfação à demanda básica de legitimidade pressupõe um sentido no qual o Estado deve oferecer uma justificação de seu poder *a cada cidadão* [a ele submetido]".[622] O mero fato de alguém estar *de facto* submetido a uma estrutura de poder não é em si, automaticamente, a própria legitimação dessa circunstância de 'desvantagem radical': a escravidão não é legítima no que diz respeito à autoridade reivindicada sobre os escravos.

Se o Estado surge para responder à questão política primeira, não pode ser um mero aparelho institucionalizado das circunstâncias que antecedem e dão origem à questão política primeira; isto é, à própria necessidade de ordem, proteção, segurança, cooperação, coordenação. "Se o poder de um grupo de pessoas sobre outro vem a representar uma solução à questão política primeira", e não ser parte do problema que ele próprio surge para resolver, "*algo* deve ser dito para explicar (aos menos favorecidos, a observadores preocupados, a crianças educadas sob esta estrutura etc.) qual é a diferença entre a solução e o problema".[623] Quando o

---

621 "*BLD*", "*Basic Legitimation Demand*".

622 Itálico no original. "[*M*]*erely the idea of meeting the BLD implies a sense in which the state has to offer a justification of its power to* each subject." WILLIAMS, Bernard. Realism and Moralism in Political Theory. In: WILLIAMS, Bernard. *In the Beginning was the Deed:* Realism and Moralism in Political Argument. Princeton: Princeton University Press, 2008, pp. 01-17 (04).

623 Itálico no original. "*The situation of one lot of people terrorizing another lot of people is not per se a political situation: it is, rather, the situation which the existence of the political is in the first place supposed to alleviate (replace). If the power of one lot of people over another is to represent a solution to the first political question, and not itself be part of the problem,* something *has to be said to explain (to the less empowered, to concerned bystanders, to children being educated in this structure, etc.) what the difference is between the solution and the problem, and that cannot simply be an account of success-*

Estado exerce coerção sobre alguém, e assim o faz reivindicando a ideia de que sua existência mesma é algo que transcende condições de terror — circunstâncias (por exemplo) de um estado de natureza *hobbesiano* —, está reivindicando autoridade. Eis aí uma 'demanda básica de legitimação' a ser atendida diante de todo e qualquer indivíduo sobre o qual essa autoridade é reivindicada. (Veja-se que essa não é uma demanda moral externa, mas implícita na própria ideia de um Estado legítimo, já que é algo que surge a partir de uma ideia sobre o que conta como aceitável ou não enquanto resposta a uma demanda de justificação do exercício de um poder coercitivo.)[624]

Se o Estado vem como uma estrutura de autoridade a resolver a questão política primeira, trata-se de ver o que 'faz sentido'[625] *enquanto estrutura de autoridade a resolver a questão política primeira.* Trata-se de verificar "se uma estrutura faz sentido enquanto exemplo de ordem dotada de autoridade", e é isso que exige "que haja uma legitimação oferecida que vá além da [mera] asserção de poder".[626]

Trazendo a discussão de volta para o direito, após um (saudável, necessário) excurso pelas reflexões políticas de Williams, a questão aqui é perguntar, afinal, qual concepção de ordem jurídica *faz sentido* para nós *enquanto ordem jurídica.* Da natureza convencional de um sistema jurídico não se segue *qualquer coisa*, afinal. É também nesse sentido, de novo, que a função atribuída por Finnis ao direito — ao menos naquele ponto específico quanto à subordinação dos interesses privados — não fica tão em aberto assim quanto Kramer parece supor ao determinar que a preservação dos interesses egoístas de uma elite poderia ser o propósito de um sistema jurídico de governança. Dizer isso não é recorrer a uma questão de intuição, a um sentimento de que 'não pode ser assim' — é algo que

---

ful domination." WILLIAMS, Bernard. Realism and Moralism in Political Theory. In: WILLIAMS, Bernard. *In the Beginning was the Deed:* Realism and Moralism in Political Argument. Princeton: Princeton University Press, 2008, pp. 01-17 (05).

624 *Cf.* WILLIAMS, Bernard. Realism and Moralism in Political Theory. In: WILLIAMS, Bernard. *In the Beginning was the Deed:* Realism and Moralism in Political Argument. Princeton: Princeton University Press, 2008, pp. 01-17 (05-06, 07).

625 "*MS*", "*makes sense*".

626 "*The question is whether a structure MS as an example of authoritative order. This requires, on the lines already explained, that there is a legitimation offered which goes beyond the assertion of power; and we can recognize such a thing because in the light of the historical and cultural circumstances, and so forth, it MS to us as a legitimation.*" WILLIAMS, Bernard. Realism and Moralism in Political Theory. In: WILLIAMS, Bernard. *In the Beginning was the Deed:* Realism and Moralism in Political Argument. Princeton: Princeton University Press, 2008, pp. 01-17 (11).

se pode sustentar pela própria ideia de justificação, de legitimidade pressuposta pelo surgimento do direito enquanto instituição de coordenação num cenário de circunstâncias que *exigem essa instituição como solução.*

3.4.3 Ainda outras objeções de Kramer

Seria impossível finalizar esta conclusão parcial sem antes enfrentar as importantes e desafiadoras objeções de Kramer a autores cujos argumentos e proposições servem de base para este capítulo conclusivo da pesquisa. Como não poderia ser diferente, demonstrando ao menos que existe uma relação mais do que possível entre os pontos aqui trabalhados, as objeções de Kramer vêm em duas frentes que acabam interligadas e até se seguem uma à outra.

A primeira dessas frentes de objeções é dirigida a Antony Duff e sua noção de 'valores internos à prática'.[627] Vimos que, para Duff, aceitar uma regra — efetivamente *aceitá-la*, de maneira genuína, no sentido próprio e pleno do que envolve a *aceitação* — significa, ou pressupõe, a aprovação de seus valores internos.

Kramer começa por dizer que a aceitação só denota qualquer compromisso moral quando esses valores internos às regras são valores moralmente valiosos do ponto de vista substantivo. Se, para Duff, práticas como a etiqueta e o direito não podem ser realmente *adotadas* por razões de puro autointeresse (a etiqueta está entre os exemplos trabalhados por Duff no ensaio que Kramer toma como ponto de partida para responder), é exatamente isso que Kramer coloca em questão. Kramer começa pela etiqueta e elabora o seguinte exemplo: um grupo de pessoas que se encontra regularmente para refeições em conjunto no qual cada membro, de sua parte, adota os modos comuns do que chamamos convencionalmente de etiqueta simplesmente para evitar o incômodo da hipótese de outros membros do grupo faltarem em refinamento, tendo como incentivo apenas o de evitar o ostracismo imposto por parte do grupo em caso de transgressão. Nesse exemplo, tanto a justificação para o esquema de etiqueta quanto as razões para adesão são puramente prudenciais. Negar o caráter de 'etiqueta' a esse cenário, para Kramer, seria mera estipulação dogmática que se transformaria em mera discussão sobre rótulos.

Pessoalmente, tenho minhas dúvidas até que ponto a discussão seria mesmo meramente sobre rótulos, e se o raciocínio de Kramer não tem como premissa

---

627 KRAMER, Matthew H. *In Defense of Legal Positivism*: Law Without Trimmings. Oxford: Oxford University Press, 1999, pp. 73-77.

um ceticismo demasiado em relação aos limites que têm os praticantes ou participantes de uma dada convenção ou prática social na fixação de seu 'verdadeiro' significado. Por ora, porém, não importa tanto discutir o conceito de etiqueta, e se bons modos externados apenas por razões autointeressadas constituem mesmo a ideia civilidade pressuposta pelo conceito. Avancemos, com Kramer, à discussão sobre o direito e a aceitação de regras jurídicas.

Já vimos que, para Kramer, é plenamente possível que um sistema jurídico esteja baseado nas razões egoístas de médio e longo prazo que têm seus *officials* para sustentá-lo. Vimos também que, para Kramer, como já era para Hart, é plenamente possível que um sistema assim exista porque, para que haja um sistema jurídico, basta que os membros oficiais aceitem/pratiquem a regra de reconhecimento, enquanto os cidadãos apenas obedecem às regras (por medo de sanções, por exemplo) sem aceitá-las genuinamente.

Vimos também que um dos pontos de Duff é exatamente o de que essa noção positivista não dá conta realmente, ainda que fosse essa a pretensão de Hart em sua resposta a Austin, da distinção entre *autoridade* e mero instrumento de poder, entre coerção e *obrigação*. O que Kramer — o que o positivismo — dirá é que a diferença entre cada um dos polos já se explica suficientemente pela existência de normas jurídicas enquanto normas validadas pela regra de reconhecimento, cuja existência, por sua vez, é mera questão de fato. Quando alguém é simplesmente e apenas coagido, não há norma jurídica vigente (isto é, não uma norma válida de acordo com os critérios determinados pela regra de reconhecimento); quando uma pessoa tem autoridade jurídica, é apenas o caso de que haver normas que a autorizam a agir oficialmente em nome do sistema jurídico (normas igualmente validadas pela regra de reconhecimento).

Mas será? É aqui que retomo minhas dúvidas sobre se a discussão do rótulo é mesmo apenas sobre rótulos, e se a acusação de uma estipulação arbitrária não pode ser devolvida *ao positivismo*. Voltemos ao que diz Duff em *Trials and Punishments*: normas que pretendem criar deveres e obrigações devem ser *justificadas* àqueles cuja obediência é reivindicada em referência a razões *passíveis de serem aceitas* pelos destinatários dessas obrigações, desses deveres. É porque as razões devem ser passíveis de aceitação que deve haver uma *identidade* entre as razões oferecidas e as razões pelas quais a norma foi criada. Neste ponto, Duff dirá que as únicas razões apropriadas que poderiam justificar as leis de um sistema jurídico conduzem à ideia do bem comum da comunidade sobre a qual recaem as reivindicações do direito.

Pessoalmente, prefiro a nuance pluralista de Waldron e MacCormick quanto a *uma concepção (razoável) de bem comum* e, pessoalmente, penso que essa ideia mesma deve ser desenvolvida e reforçada com uma qualificação mais elaborada de tudo que envolve. Meu ponto, por ora, é que, quando a discussão chega neste mesmo ponto, mas por um outro lado, a atribuição ao direito de uma função de subordinar o autointeresse oficial não parece mesmo tão em aberto quanto diz Kramer. Ora, a regra de reconhecimento como questão de fato é capaz de realmente diferenciar os polos autoridade/obrigação e coerção/instrumento de poder? O que parece mesmo fazê-lo, mais do que uma regra de reconhecimento, está na ideia de *legitimidade*, que só é atendida com a justificação. Parar na regra de reconhecimento como mera questão de fato é que parece estipular e impor um limite à discussão que é ainda própria da teoria do direito. O poder não pode ser sua própria justificação.

Essa distinção entre os polos de autoridade e mero instrumento de poder, que respondo com a necessidade de que a ideia de legitimidade faça parte da discussão como uma questão própria da *jurisprudence*, conduz exatamente à próxima objeção de Kramer que deve ainda ser enfrentada; uma objeção a uma tese de Joseph Raz que adoto parcialmente aqui. De minha parte, adoto plenamente a ideia de que (1) o autointeresse não pode servir como justificação a sustentar que outras pessoas devem ou têm um dever de agir de determinada maneira e, num ponto relacionado, a ideia de que (2) uma vez que o direito reivindica autoridade, suas instituições tomam a si mesma como legítimas. As objeções de Kramer são dirigidas à tese mais ampla de Raz de que proposições que determinam obrigações jurídicas são proposições de obrigações morais — a tese de que o significado de 'obrigação' em contextos jurídicos é inseparável do significado e da dimensão moral do conceito de obrigação. Acontece que as respostas de Kramer à tese *raziana* acabam, invariavelmente, tocando nos pontos que adoto aqui — e, portanto, uma vez que acabam tocando exatamente nos pontos de autoridade, justificação, legitimidade, devem ser ainda enfrentadas.

Para sustentar que 'obrigação' tem o mesmo significado em contextos jurídicos e morais, Raz diz que proposições que dizem que uma pessoa deve φ têm equivalência lógica com proposições que dizem que uma pessoa tem uma ou mais *razões para* φ. Sendo assim, essas considerações devem dizer respeito, no mínimo, aos interesses do(s) destinatário(s) dessas proposições, uma vez que os interesses daqueles que declaram as proposições — do que buscam reforçar o cumprimento dos deveres dispostos na proposição — não podem, eles mesmos e por si mesmos, amparar proposições que dizem respeito ao modo de conduta de outras pessoas. Isso guarda relação direta com a reivindicação de *autoridade moralmente legítima* por parte do direito.

Kramer, por sua vez, rejeita (afinal, *precisa* rejeitar) essa ideia *raziana* de que proposições jurídicas sobre obrigações são proposições sobre razões para agir. Para Kramer, Raz supõe equivocadamente que todas as normas jurídicas sejam *prescrições*, sustentando que elas podem aparecer também como *imperativos.*[628] Como imperativos, as normas jurídicas independeriam em si mesmas dos interesses de seus destinatários porque, enquanto imperativos, surgem como produtos da *superioridade*, efetiva ou presumida, daqueles que determinam as normas sobre seus destinatários.[629] O ponto a se destacar é que essa 'superioridade' dos membros oficiais de um sistema jurídico consiste, *nas palavras do próprio Kramer*, no *poder coercitivo* desse sistema.[630]

Normas jurídicas que impõem deveres, em Raz, ao imporem — ao pretenderem impor — deveres, precisam levar em conta o interesse dos destinatários, uma vez o interesse de quem impõe — pretende impor — o dever não pode servir como razão para agir ao destinatário dessas normas. Kramer nega a premissa de um caráter necessariamente *prescritivo* nessas normas, que podem surgir como *imperativos* dos membros oficiais de um sistema em sua posição de superioridade coercitiva em relação aos cidadãos destinatários das normas. No sistema de governança de um país como "Despótia", por exemplo — e tanto o exemplo quanto *o termo que designa o nome do país hipotético* são de Kramer —, algumas das normas (*qua* imperativos) podem, além de não constituir ou refletir razões para agir, ser trazidas à tona pelos membros oficiais que exigem sua observância de maneira circular: 'vocês devem fazê-lo porque as normas vigentes assim determinam'.[631-632] É também com esse argumento que Kramer

628 *Cf.* KRAMER, Matthew H. *In Defense of Legal Positivism*: Law Without Trimmings. Oxford: Oxford University Press, 1999, pp. 83-89.

629 KRAMER, Matthew H. *In Defense of Legal Positivism*: Law Without Trimmings. Oxford: Oxford University Press, 1999, pp. 85-86.

630 "*In what does the overwhelming superiority consist? Within a discussion of law, of course, the factor that should be singled out is coercive might.*" KRAMER, Matthew H. *In Defense of Legal Positivism*: Law Without Trimmings. Oxford: Oxford University Press, 1999, p. 86.

631 Lembremos que, para Kramer, essas normas vigentes têm caráter de juridicidade determinado pela regra de reconhecimento que, por sua vez, é mera questão de fato — é *o próprio ponto de partida* no processo de teorização.

632 "*Despotian officials do not mince words when they invoke the directives which they enforce. Their assertions of those directives amount to variations on a circular theme: 'You [the adresses] must do these things because the prevailing norms enjoin you to do them'.*" KRAMER, Matthew H. *In Defense of Legal Positivism*: Law Without Trimmings. Oxford: Oxford University Press, 1999, p. 89.

responde à questão do caráter justificatório das normas, ponto que vimos quando introduzi a questão da justificação, com Postema e o próprio Raz.

Em síntese: Uma vez que as ações oficiais são explicadas e *justificadas* em relação às normas jurídicas, essas ações e decisões e determinações oficiais devem (no mínimo) *se apresentar* como moralmente legítimas. O direito não pode ser apresentado como a referência para a imposição daquilo que deve ser observado se não for ele também justificado como esse padrão mesmo de referência. A superioridade oficial em termos de poder coercitivo não é uma *justificação* do direito como padrão de coordenação e orientação de conduta, e sequer *reivindica* a legitimidade típica de um sistema cuja (pretensão de) imposição de deveres e obrigações se dá *em referência* às suas normas como se estas *efetivamente justificassem* a (pretensão de) imposição desses deveres, dessas obrigações.

O apelo de Raz ao papel justificatório da linguagem jurídica oficial, para Kramer, não se aplica a todos os sistemas jurídicos. Esse papel não se aplica exatamente a um país como Despótia, a um sistema de governança cujas normas são imperativos — nos quais referências a normas jurídicas surgem na linguagem e no discurso oficial num sentido apenas de 'porque sim', de modo a demonstrar que sua aplicação em caso de violação ou não observância enseja sanções/punições.[633] As explicações públicas que Kramer até concede que devem contar como um dos requisitos mínimos para um sistema jurídico podem ser meros reforços de incentivos à submissão. É isso que Kramer sustenta, ao menos, concedendo ainda que é bastante provável que no mínimo alguns membros oficiais expliquem suas decisões de modo a minimamente simular uma aparência de justiça ou legitimidade — mas sustentando igualmente que isso seria apenas uma questão de astúcia, esperteza política, e não uma necessidade conceitual para a caracterização de um sistema jurídico.[634]

Fica claro, por tudo que articulei até aqui, e pelo próprio marco teórico adotado no livro, que discordo quase que completamente de Kramer nesse sentido. E até este ponto de suas objeções, um contra-argumento mais óbvio a ser levantado seria o de que, ao ligar suas possibilidades conceituais de imperativos imorais 'explicados' somente em termos de reafirmação da norma com

633 *Cf.* KRAMER, Matthew H. *In Defense of Legal Positivism*: Law Without Trimmings. Oxford: Oxford University Press, 1999, pp. 89-92.

634 *Cf.* KRAMER, Matthew H. *In Defense of Legal Positivism*: Law Without Trimmings. Oxford: Oxford University Press, 1999, p 91.

seus eventuais incentivos ou sanções, Kramer não mais consegue diferenciar um sistema jurídico de um sistema puro e simples de mera coerção — exatamente, sabemos, uma das pretensões de Hart com *The Concept of Law*. Ele próprio leva isso em consideração em suas objeções respondendo novamente a Raz, para quem (penso que *acertadamente*) "o direito — diferentemente das ameaças de um bandido — reivindica para si legitimidade. O direito se apresenta como justificado e reivindica não apenas a obediência, mas a *fidelidade* de seus destinatários".[635]

Kramer enfrenta esse ponto de Raz (sustentado ainda em uma série de outras passagens de sua obra) *reafirmando* que "a relação entre membros oficiais e cidadãos pode ser uma relação de [meros] imperativos rígidos e obediência".[636] O que diferencia um regime moralmente iníquo nesses moldes do cenário de um bandido com suas vítimas está, para Kramer, nas *normas* e(m) seu caráter. As ordens de um bandido são limitadas em tempo, espaço, alcance; normas jurídicas são públicas, gerais etc. Ao passo em que as ordens de um bandido são passageiras e específicas, um sistema de governança jurídico (nos termos de Kramer) regula a vida de seus cidadãos de forma muito mais ampla e abrangente, por longos, indeterminados períodos, e por meio de uma série de normas muito mais especializadas e variadas (estatutos, leis, decretos, decisões judiciais etc.).[637] Para se diferenciar de Austin, nesse sentido — ainda que concedendo os elementos *austinianos* em sua teorização —, Kramer reafirma sua herança *hartiana* ao destacar não apenas a regra de reconhecimento, mas destacando que a ênfase de sua análise em contraposição a Hart não significa o esquecimento de normas que conferem poderes, imunidades, liberdades.[638]

"É claro", diz Kramer, "que uma associação de crime organizado como a Máfia pode vir a exercer controle sobre a maior parte dos aspectos da vida em uma

635 Itálico meu. "[*T*]*he law — unlike the threats of the highwayman — claims to itself legitimacy. The law presents itself as justified and demands not only the obedience but the allegiance of its subjects.*" RAZ, Joseph. *The Authority of Law*. 2ª ed. Oxford: Oxford University Press, 2011, p. 158.

636 "[*T*]*he relationship between officials and citizens can be one of stark imperatives and obedience.*" KRAMER, Matthew H. *In Defense of Legal Positivism*: Law Without Trimmings. Oxford: Oxford University Press, 1999, p. 95.

637 *Cf.* KRAMER, Matthew H. *In Defense of Legal Positivism*: Law Without Trimmings. Oxford: Oxford University Press, 1999, pp. 94-95.

638 *Cf.* KRAMER, Matthew H. *In Defense of Legal Positivism*: Law Without Trimmings. Oxford: Oxford University Press, 1999, p. 98.

certa região, com ditames tão ampla e duravelmente aplicáveis quanto os de um sistema jurídico".[639] Essa ideia, Kramer prossegue, pode "inicialmente parecer absurda" — mas a estranheza causada se dá, diz ele, "pela improbabilidade de que uma organização tal de fato estabeleça um sistema de controle social que exiba os elementos essenciais do direito", aumentada pelo fato de que gângsteres, como tais, já de saída começam em violação a um sistema jurídico existente. Agora, improbabilidade não significa impossibilidade, de modo que Kramer fica obrigado a dizer, portanto, que, na hipótese dessas dificuldades serem superadas por uma organização criminosa que efetivamente venha a exercer controle e dominação sobre determinado território por meio de normas gerais e duráveis e geralmente aplicáveis, "a dominação iníqua dessa organização *deve ser designada como um sistema jurídico, independentemente de ser acompanhado ou não de uma reivindicação de valor moral*".[640]

A visão de Kramer é, definitivamente, coerente com seus próprios pressupostos. O problema é que sua insistência em diferenciar aquilo que admite como jurídico de uma visão eminentemente *austiniana*, não me parece suficiente — assim como, e talvez justamente por isso, não me parece suficientemente enfrentada por Kramer uma objeção que é absolutamente *central* (e a palavra *central* aqui é uma feliz coincidência que me leva a essa objeção, enfrentada por Kramer somente em uma nota).

É possível que Kramer não tenha dedicado tanta atenção assim ao ponto, uma vez que, no contexto do autor que o coloca nestes termos, não se trata do foco principal do ensaio. Seja como for — não apenas por ser um ponto nas objeções de Kramer, mas sobretudo por se tratar de um ponto que ecoa exatamente a linha que procuro sustentar aqui —, Jeffrey Goldsworthy diz que classificar um cenário

---

639 "*Of course, an organized-crime syndicate such as the Mafia might well exert control over most aspects of life in a certain region, with dictates that are just as broadly applicable and lasting as the mandates of a veritable legal system.*" KRAMER, Matthew H. *In Defense of Legal Positivism*: Law Without Trimmings. Oxford: Oxford University Press, 1999, p. 96.

640 Itálicos meus. "*Though the notion of an organized-crime syndicate as a legal regime may initially seem outlandish, the strangeness of the notion derives chiefly from the unlikelihood that such a syndicate will indeed establish a system of social control that exhibits the essential features of law (...).* [*I*]*n the event that those difficulties are overcome by a criminal syndicate that exerts a comprehensive reign over the populace of some territory via norms that are general and durable and regularly applied, the evil reign of the syndicate should be designated as a legal regime irrespective of its being accompanied or unaccompanied by a claim-to-moral-worthiness.*" KRAMER, Matthew H. *In Defense of Legal Positivism*: Law Without Trimmings. Oxford: Oxford University Press, 1999, p. 97.

de uma pequena elite dominante exercendo domínio sobre os destinatários das normas a que aderem por razões autointeressadas[641] como uma instância de sistema jurídico significa obscurecer o *método* de Hart em sua elucidação das diferenças e (inter)relações entre direito, coerção, e moralidade; o método de instâncias centrais e limítrofes.[642]

Outra razão possível pela qual Kramer talvez não tenha dedicado tanta atenção assim a essa ideia pode estar no fato de que um dos argumentos centrais apresentados em seu favor vai exatamente na linha levantada por Raz, que Kramer rejeita diferenciando prescrições de imperativos. Agora, o interessante é que, na nota em que rebate o ponto dos casos centrais — algo que não está presente na teorização de Raz —, Kramer parece recorrer a uma certa circularidade. O que ele faz é simplesmente reafirmar a metodologia *hartiana*, dizendo que sua vantagem está em caracterizar o caso central de um sistema jurídico como uma estrutura institucional que combina normas primárias e secundárias, incluindo aí a regra de reconhecimento — relegando à categoria de casos limítrofes instâncias como sistemas ainda comunitários, tribais, de regras primárias ou mesmo o direito internacional.[643]

Talvez essa resposta reafirmativa bastasse se o ponto de Goldsworthy fosse simples e literalmente o de que posições como a de Kramer obscurecem o método original de Hart. A questão não é essa. A questão — e é este o *meu* ponto aqui — está exatamente nos fatos de que (1) toda a resposta *hartiana* de Kramer a Raz ou Duff não exclui a possibilidade de um refinamento, uma *atualização* da noção de instâncias centrais e limítrofes, fundamentalmente, e que (2) seu destaque para a possibilidade conceitual de um sistema baseado em imperativos iníquos que remontam tão somente a uma superioridade baseada na coerção faz exatamente o que apontava Goldsworthy. É aqui que devemos retomar as considerações de John Gardner sobre '*lex*' e '*jus*', unindo-a às considerações de Raz sobre uma reivindicação de legitimidade.

Kramer tem razão ao dizer que um sistema de governança baseado fundamentalmente em imperativos fundamentados em normas aderidas oficialmente

---

641 Aqui, adapto um pouco a linguagem de Goldsworthy para os termos mais correntes em uso nesta pesquisa.

642 GOLDSWORTHY, Jeffrey D. The Self-Destruction of Legal Positivism. *Oxford Journal of Legal Studies*, vol. 10, n. 04, 1990, pp. 449-486 (459-460).

643 *Cf.* KRAMER, Matthew H. *In Defense of Legal Positivism*: Law Without Trimmings. Oxford: Oxford University Press, 1999, p. 92.

por autointeresse é uma possibilidade conceitual. Agora, se uma das vantagens da teorização moderna sobre o direito, pós-Austin, está justamente em diferenciar sistemas jurídicos de sistemas brutos de coerção, é bastante questionável o ponto até o qual uma proposta positivista como a de Kramer permite aproximação tão estrita entre um sistema jurídico de governança e mero instrumento de poder.

Sim, *Hart disse* que a diferença está na regra de reconhecimento, na união de normas primárias e secundárias, e Kramer acrescenta a isso o alcance, a generalidade, a durabilidade e extensão das normas. Mas aqui volto aos prolegômenos metodológicos da pesquisa: a linha de corte entre aquilo que é objeto de uma teoria *do direito* e aquilo que fica de fora ainda é arbitrária como foi em Austin em sua delimitação de '*the province of jurisprudence*'. Há uma série de dimensões que fazem parte daquilo que entendemos por direito que favorecem uma leitura que até aceita a possibilidade conceitual de sistemas baseados principalmente em imperativos amparados na coerção, mas que rejeita a classificação destas como instâncias centrais do conceito de direito. A reflexividade (Postema), as funções que o direito assume de *accountability*, de meio de proteção e recurso contra o arbítrio, a *reciprocidade* — por que cidadãos ficam de fora do raciocínio, o que justifica a perspectiva baseada somente a partir da ação oficial? —; tudo isso nos permite insistir que não basta reafirmar os termos da metodologia *hartiana*. Ela deve ser justificada.

E o exato mesmo vale para o direito enquanto fenômeno dotado da possibilidade de coerção. Se a chave do que sustenta Kramer é a distinção prescrições/imperativos, e ele próprio diz que 'explicações públicas' podem mesmo estar entre aquilo que é necessário para configurar um sistema jurídico, a referência de membros oficiais a normas jurídicas em seus atos de interferência na vida dos cidadãos *não pode* se resumir à demonstração de que violações ou não observância ensejam sanções/punições. Isso não é uma *explicação*, e dizer isso não é questão de rótulo.

Não é apenas pela 'improbabilidade' que a sugestão de uma organização criminosa suficientemente ampla e dominante venha a constituir um sistema jurídico parece 'absurda'. Se é a própria teorização de Kramer que exige isso quando levada às últimas consequências, isso ocorre exatamente porque acaba *não diferenciando suficientemente o direito da (pura) coerção.* A preocupação demasiada em estabelecer uma distinção entre o direito e a moralidade acaba fazendo com que o mesmo rigor analítico e a mesma preocupação de clareza fiquem enfraquecidos quando se trata das diferenciações entre o direito e manifestações instrumentais de poder puro e simples. Um positivista até pode dizer — vimos, como fazia Hart ao falar sobre '*lex*' e '*jus*' e como faz Kramer em resposta a Finnis — que sua concepção de direito é superior por ser mais inclusiva e, sendo mais inclusiva, é mais explicativa. Mas ser mais inclusiva *não é sinônimo* de ser mais explicativa, nem significa que o será necessariamente. É preciso que se diga *por que* essa inclusão é de fato mais explicativa e, insisto, parece-me muito questionável que seja mais explicativa *do nosso conceito de direito* uma concepção que aceite a possibilidade de uma organização criminosa constituindo um sistema de governança jurídico simplesmente por alcance e eficácia temporal.

A regra de reconhecimento é o ponto de partida positivista, mas *por que deveríamos partir de uma regra de reconhecimento como questão de fato*? Por que a questão sobre *a justificação dessa prática enquanto empreitada jurídica* fica de fora? Retomo aqui o ponto de Bernard Williams sobre a demanda básica de legitimidade do Estado. Não apenas o que, mas *por que* o direito? Ora, pelas razões autointeressadas da elite opressiva que constitui o sistema, diria o positivista. *Mas por que a perspectiva dos cidadãos fica de fora do processo de teorização?* Não é exatamente a inclusão dessa perspectiva que *permite* que uma prática seja uma 'regra de reconhecimento' a constituir uma empreitada que seja *jurídica* — de modo a *realmente* 'desfazer confusões conceituais' entre direito e coerção, tal como pretendia Hart entre seus objetivos?

Meus problemas com o raciocínio tão analiticamente impecável do positivista, portanto, resumem-se aqui neste ponto específico a dois: diferenciar prescrições de imperativos, para rebater Raz e a perspectiva do direito como constituindo por proposições que oferecem razões para agir, não é suficiente pois ignora a 'demanda básica de legitimidade' que exige uma justificação *do regime como um todo*, para além de suas normas tomadas isoladamente; e, mesmo quando é o caso de se tomar normas isoladamente, os 'valores internos à prática' — de que falava Duff — não podem ser *quaisquer valores* tal como faz parecer Kramer em sua resposta que apela à convencionalidade e a razões prudenciais para adesão. Sugiro, os valores internos a uma empreitada jurídica remontam exatamente as funções que *o direito como direito* acaba assumindo, remontam exatamente à necessidade de que um sistema de governança *jurídico* procure *se justificar como tal* aos destinatários das normas — que são normas *jurídicas* e, por essa natureza mesma, *não são meras estipulações de coerção.* Vem nessa direção, reforçando que mesmo os pressupostos positivistas exigiriam uma distinção mais rígida entre o direito e a coerção bruta, a lição de José Reinaldo de Lima Lopes:

"[s]e o sentido do direito consistisse apenas na obediência, e eventualmente na identificação de uma autoridade arbitrária e voluntarista, *disso não resultaria uma prática social propriamente*".[644]

A perspectiva positivista, buscando preservar a tese da separabilidade nesse aspecto, foca-se exclusivamente em possibilidades conceituais de normas isoladas, abstraindo da análise uma leitura do *sistema* jurídico, e, fundamentalmente, abstrai de sua análise a perspectiva *dos destinatários das normas desse sistema.* Verdade, em termos *hartianos*, um teórico não precisa *adotar* o ponto de vista interno; mas Hart e aqueles que o seguem aqui vão longe demais ao dizerem simplesmente ser o caso que pode haver um sistema jurídico no qual cidadãos não têm essa perspectiva. Talvez Hart falasse apenas sobre a dimensão de validade, mas a argumentação de Kramer deixa muito clara, de qualquer forma, essa perspectiva positivista orientada desde os membros oficiais. De mais a mais, de todo modo, eu não tenho a pretensão aqui de negar a possibilidade de sistemas opressivos — seria ingenuidade — ou mesmo sequer de discutir rótulos, simplesmente. Kramer tem razão ao dizer que isso seria infrutífero e o próprio Hart já havia superado isso em *The Concept of Law*. Hart mesmo diz, em sua análise, que esse cenário hipotético — do vocabulário normativo do direito reservado ao 'mundo dos *officials*' — constitui "*um caso extremo*".[645]

A reivindicação de legitimidade, muitas vezes implícita no discurso oficial, a que alerta Raz é exatamente o que surge aqui como argumento possível para reforçar a aspiração à legalidade em Gardner e a classificação de instâncias de '*jus*' como os casos centrais do direito. A 'demanda básica de legitimidade' de Williams (adaptada ao direito) é o que nos permite dizer que uma teoria mais completa, mais explicativa, não é aquela que simplesmente for 'mais inclusiva', mas exatamente aquela que leve em conta as dimensões do fenômeno e a perspectiva também de seus destinatários, não só seus membros oficiais — e é isso que, por sua vez, permite

---

644 Itálicos meus. LOPES, José Reinaldo de Lima. *Curso de Filosofia do Direito*: o Direito como Prática, 2ª ed. São Paulo: Atlas, 2021, p. 399.

645 Itálico meu para passagem já reproduzida aqui nesta pesquisa: "*In an extreme case the internal point of view with its characteristic normative use of legal language ('This is a valid rule') might be confined to the official world. In this more complex system, only officials might accept and use the system's criteria of legal validity. The society in which this was so might be deplorably sheeplike; the sheep might end in the slaughter-house. But there is little reason for thinking that it could not exist or for denying it the title of a legal system*". HART, H. L. A. *The Concept of Law*. 2ª ed, com pós-escrito, organizado por Penelope A. Bulloch e Joseph Raz. Oxford: Clarendon Press, 1994, p. 117.

que não adotemos a objeção de Kramer a Raz, ainda que faça sentido do ponto de vista analítico diferenciar prescrições e imperativos. No mesmo sentido, essas duas ideias, combinadas, permitem-nos dizer que os valores internos à prática são *anteriores* ao ponto de partida positivista de uma regra de reconhecimento como questão de fato — e são elas que nos permitem, igualmente, não saltar para o outro oposto, numa perspectiva demasiadamente carregada e jusnaturalista, dizendo que o direito para ser direito precisa ser legítimo ou plenamente justificado. Agora, podemos, sim, dizer que faz parte da própria ideia de direito a *pretensão* dessa legitimidade, a *necessidade,* a *exigência* de que o fenômeno *deve ser* passível de justificação àqueles sobre quem reivindica autoridade — de forma que também aqui se unem, fazendo sentido, as sugestões de Waldron e MacCormick sobre a orientação a *alguma concepção razoável* de bem comum. Pessoalmente, não é esse o termo que adotaria, precisamente porque carregado demais; mas esse 'giro pluralista' no argumento de ambos surge aqui exatamente nessa linguagem de legitimidade, justificação, de uma aspiração intrínseca à ideia de legalidade.

A discussão sobre 'a função' do direito será sempre disputável e objeto de contestação, e não será algo estanque. Mas não é apenas o caso que ela deve ser levada em conta — o caráter de convencionalidade do direito positivo não admite *qualquer* função. Muitas das várias funções que o direito assume, que *o nosso* conceito de direito assume, traduzem-se exatamente em diferenciá-lo de um mero sistema de opressão — e quanto mais perto de um sistema de opressão, tanto mais perto um sistema de governança estará de uma instância limítrofe de sistema jurídico. Levar em conta uma dimensão argumentativa do fenômeno, que inclui a perspectiva dos cidadãos, e levar em conta as relações entre o direito e uma concepção específica de *rule of law* enquanto valor de moralidade política não prejudica a explicação de um conceito do ponto de vista epistemológico. *Pelo contrário.* A legitimidade e a justificação de um sistema jurídico devem fazer parte do projeto de teorização; pertencem, *contra* Austin, à '*province of jurisprudence*'. 'Porque sim' e a proposição 'você vai sofrer uma punição P caso opte por φ' amparada apenas em 'porque existe uma norma no sistema que diz que você não pode φ', *não constituem explicações públicas*. Isso não é questão de rótulo, mas do verdadeiro significado do direito contrastado com um instrumento de poder. O direito não só se diferencia da coerção — é o que *legitima* essa coerção, e assim o faz buscando responder, *devendo* responder, à demanda básica por justificação que têm seus destinatários.

Talvez, afinal, o único problema na função aludida por Dworkin em seu 'acordo pré-interpretativo' fosse mesmo tomá-la como um acordo pré interpretativo. Dito isso, fundamentalmente, parece que Dworkin indicava uma direção mais correta: faz parte do propósito mais básico, mais abstrato da prática jurídica, ser o critério de legitimidade do uso da coerção, de justificação da ação oficial. E como Fuller lembrava, naquilo que emerge talvez como grande legado de sua teoria, os destinatários das normas são parte fundamental na compreensão de um fenômeno que, por seu próprio funcionamento tal como o entendemos e verificamos, tem um caráter de horizontalidade. Um cidadão sobre o qual seu sistema de governança faz reivindicações por meio do direito tem sempre a possibilidade de perguntar '*por quê?*', afinal. Um sistema de governança que não dá conta disso em Despótia não é apenas um sistema que desagrada 'os olhos de um inglês'. É uma instância defeituosa daquilo que pretende ser. Por uma questão de direito. pelo surgimento do direito enquanto instituição de coordenação num cenário de circunstâncias que *exigem essa instituição como solução.*

CONCLUSÕES

Feita uma conclusão parcial — exigida porque ainda havia objeções a serem enfrentadas, e porque era importante demonstrar expressa e diretamente os pontos de encontro e auxílio mútuo entre os pontos de diferentes autores —, é momento de estabelecer aqui algumas linhas efetivamente conclusivas em sede de considerações finais. Tanto quanto possível, ao menos; é questionável o ponto até o qual uma pesquisa realmente *termina*. De qualquer forma, é a essas linhas conclusivas que me encaminho agora, procurando oferecer uma síntese daquilo que surge como resultado do que foi aqui abordado e trabalhado.

O direito — enquanto fenômeno público, coletivo e *normativo*, de coordenação e orientação social, que reivindica *autoridade* em face dos destinatários de suas normas — já carrega, intrinsecamente, uma obrigação de ao menos *pretender* oferecer aos cidadãos uma *justificação* capaz de, ao menos potencialmente, conferir-lhe *legitimidade*. Também o direito, já assumindo aqui seu caráter de positividade, tem uma razão de ser; com essa razão de ser, surge uma *demanda básica de legitimidade* a ser respondida — a, minimamente, ser *potencialmente* respondida — àqueles sobre quem o direito reivindica autoridade. Em um resumo tão reduzido quanto possível, é essa a conclusão que surge nesta pesquisa.

Teorias de matriz positivista, preocupadas analiticamente em estabelecer distinções entre as esferas moral e jurídica, acabam restringindo demasiadamente o alcance que deve ser o alcance próprio de uma teoria do direito que pretenda explicar o fenômeno de modo que ele *faça sentido para nós*.[646] Com sua ênfase na separabilidade entre direito e moral, positivistas acabam diferenciando de maneira insuficiente o direito de outro fenômeno inter-relacionado; notadamente, a coerção. Aceitando um foco exclusivo nos membros oficiais da prática, dado o caráter de

646 Em referência aqui ao '*MS*' de Bernard Williams.

convencionalidade do direito positivo, teorias positivistas oferecem uma explicação de direito que aceita deixar de fora a perspectiva dos cidadãos — e isso, embora gere teorias mais inclusivas no sentido de maior capacidade de classificar mais sistemas de governança como sistemas *jurídicos*, sem maiores exigências normativas teoreticamente estabelecidas anteriormente, gera teorias mais excludentes quanto àquilo que já faz e já deve fazer parte do campo de uma teoria que é *do direito*, e *já em seu caráter analítico*, de explicação.

Um dos pontos que informam estas conclusões está na ideia de que o império da lei não é um ideal posterior para corrigir abusos do poder que o direito mesmo gera, como sugere Raz; tampouco passa por listas de requisitos formais ou mesmo substantivos. É, como sugere Waldron, uma noção que surge do mesmo ideal normativo que nos permite classificar determinadas instâncias práticas como manifestações do conceito de direito; um ideal que passa, como sugerem Krygier e Postema, por seu propósito: um propósito de temperança do poder, de oferecimento de proteção e recurso contra o arbítrio oficial. Direito e império da lei auxiliam-se mutuamente em nossa construção e compreensão conceitual. A própria prática do direito revela essa relação, ao revelar dimensões que mentalidade analítica desconsidera: uma dimensão argumentativa sobre o conteúdo e a melhor interpretação das regras, uma dimensão sobre funções assumidas pelo fenômeno *já por seu caráter justificatório* — que, por sua vez, revela uma dimensão intrínseca de moralidade política que a própria ideia de direito já carrega. Governar por meio do direito já é uma escolha que pressupõe horizontalidade, *reciprocidade*, e é por essa razão que uma construção teórica que deixe de fora a perspectiva dos cidadãos será mais restrita.

Nós podemos, sim, conceber e imaginar sistemas analiticamente possíveis que, com base em uma regra de reconhecimento aceita e praticada por membros oficiais, dispõem de uma união de normas primárias e secundárias — tendo como sua função básica primeira a preservação dos interesses egoístas de uma elite na qual cada um de seus membros aceita a regra de reconhecimento puramente por razões prudenciais. A questão é que são os próprios fundamentos do direito que nos permitem levar a metodologia *hartiana*, baseada em casos centrais, um passo além: quaisquer instâncias nesses moldes serão instâncias *limítrofes* de direito — instâncias degradadas que ficam aquém dos requisitos que o próprio conceito de direito estabelece para que um sistema de governança seja um sistema *jurídico*. As normas devem ser justificadas àqueles a quem é dito que devem segui-las. Mera coerção não serve como *justificativa* para o exercício do poder. Verdade, podemos distinguir prescrições de imperativos — mas isso significa desconsiderar o caráter de *sistematicidade* do direito, que, se consistir meramente em um instrumento de canalização da coerção, perde em seu caráter próprio de reivindicação de autoridade. Considerar a estrutura analítica de normas isoladas significa perder de vista a prática como um todo tomada em seu conjunto, que, reivindicando autoridade, passa necessariamente pela *justificação* de sua existência mesma. Temos aqui um argumento que consolida a sugestão de Gardner: '*lex*' e '*jus*' não são duas compreensões, dois conceitos diferentes de direito; são instâncias centrais ou limítrofes de um fenômeno que *aspira à legalidade* — daí mais um ponto para a relação entre direito e *rule of law*.

Uma teoria do direito, além de explicar *o que é* o direito, deve explicar como ele funciona e, não só isso, deve explicar *por que ele importa*. Mesmo uma teoria que se pretenda puramente analítica, baseada em 'valores epistêmicos', deve conceder que identificar o porquê, o propósito, o ponto mesmo de uma prática e seus elementos já auxilia *na identificação desses elementos*, sendo fundamental considerá-los e explicá-los. Permito-me retomar aqui um ponto de Gerald Postema que ressalta bem isso, trazido no Capítulo 01 — um ponto que favorece e reforça a ideia de uma relação já conceitual, e circular (no sentido de apoio mútuo) entre o direito e o *rule of law*. Postema diz que não é apenas o caso que a melhor interpretação do império da lei traz a ideia de proteção e recurso contra o arbítrio do poder; é *o direito* que promete essa proteção, esse recurso.Essa noção é o que nos permite estabelecer uma espécie de terceira via. Rejeitar o positivismo, e sua aceitação de sistemas baseados no egoísmo e no autointeresse oficial como sistemas jurídicos, não significa aceitar uma leitura jusnaturalista carregada, que coloca, por exemplo, o direito como instrumento de promoção de um bem comum baseado em bens básicos. É até por isso que, embora traga esse ponto em meus argumentos e releituras de propostas já existentes, prefiro não adotar (ao menos nesse aspecto específico) a aproximação de Duff entre o direito e o bem comum. Prefiro sequer adotar a versão pluralista do argumento em Waldron e MacCormick, de uma orientação do direito a 'alguma concepção razoável' de bem comum ou de justiça. A resposta sobre a autoridade do direito, sobre sua legitimidade e sua justificação, está justamente em algumas das funções que acaba exercendo em sociedades como as nossas; notadamente, funções de distribuição e temperança do poder, de regulação do uso da coerção, de coordenação de nossas interações e atividades — exatamente num cenário de sociedades fragmentadas, sob as condições e circunstâncias do pluralismo, que me fazem preferir uma leitura que não seja carregada demais, exigente demais quanto ao conteúdo (das regras do direito positivo e até mesmo de eventuais conteúdos substantivos do que configuraria um 'bem comum' e, mais ainda, eventuais 'bens básicos' a compô-lo).

Uma teoria do direito apenas parece mais inclusiva quando simplesmente toma qualquer união de regras primárias e secundárias sob uma regra de reconhecimento como questão de fato. Ela exclui da '*province of jurisprudence*' — do campo de investigação da teoria do direito — as dimensões e as condições subjacentes sem as quais não se pode fazer sentido da autoridade que o direito reivindica: do seu caráter justificatório, de suas pretensões e aspirações de legalidade e legitimidade, da horizontalidade e reciprocidade já pressuposta por suas formas. É por isso, afinal, que venho afirmando ao longo de praticamente toda a obra que Fuller era mesmo subestimado: o direito que é não pode ser separado de forma tão estrita do direito que deve ser. Não compreenderemos o que o direito deve ser se não compreendermos aquilo que ele é — mas não compreenderemos aquilo que ele é se não levarmos em conta aquilo que ele próprio pretende ser. Raz ensina que o direito reivindica autoridade legítima. Uma teoria do direito que se pretende filosófica e mais completa passa por entender esse caráter e ao menos por apontar alguns dos caminhos pelos quais o direito pode fazê-lo.

Talvez o direito não seja *necessariamente* defeituoso se não tiver êxito, se não apresentar ou conquistar as condições de autoridade moralmente legítima — mas será degradado, sim, sob sua própria luz, se sequer tentar fazê-lo. O direito bem pode fracassar em ser aquilo que deveria ser — o positivista tem razão nesse sentido. Mas o direito deve sempre responder à demanda básica de legitimidade que surge àqueles sobre quem essa autoridade pretensamente legítima é reivindicada, e um sistema de governança não estará respeitando os fundamentos mais básicos da própria ideia de juridicidade se, em vez de ao menos *prometer* justificação — se sequer *prometer* oferecer proteção e recurso contra o arbítrio oficial —, servir de mero instrumento para o exercício da coerção 'explicada' tão somente por remontar a um sistema centralizado de comando e controle.

O que quero dizer, enfim, é que o direito pode fracassar em fazer aquilo que promete fazer, mas é *o tipo de coisa que promete fazê-lo*. É só assim que podemos explicar essa 'paradoxal empreitada da coerção respeitosa. De um modo que faça sentido para nós.

REFERÊNCIAS

ALLAN, T. R. S. *Law, Liberty, and Justice*: The Legal Foundations of British Constitutionalism. Oxford: Oxford University Press, 1993.

______________. *The Sovereignty of Law:* Freedom, Constitution, and Common Law. Oxford: Oxford University Press, 2013.

ARISTOTLE. *Politics*, with an English translation by H. Rackham, M.A. Cambridge: Harvard University Press, 1959.

ARON, Raymond. *L'Opium des Intellectuels*. Paris: Calmann-Lévy, 2004.

AUSTIN, John. *The Province of Jurisprudence Determined*. Cambridge: Cambridge University Press, 2001 [1832].

BLACKBURN, Simon. *The Oxford Dictionary of Philosophy*. Oxford: Oxford University Press, 1996.

BINGHAM, Tom. *The Rule of Law*. Londres: Allen Lane, 2010.

BIX, Brian. Theorizing About Law. *Minnesota Legal Studies Research Paper* n. 09-52, disponível no SSRN: <https://ssrn.com/abstract=1496403>.

______________. Types of Legal Theory. In: SELLERS, Mortimer; KIRSTE, Stephan (eds). *Encyclopedia of the Philosophy of Law and Social Philosophy*. Dordrecht: Springer. Disponível em <https://link.springer.com/referencework/10.1007/978-94-007-6730-0>.

BUSTAMANTE, Thomas; DECAT, Thiago Lopes. Introduction. In: BUSTAMANTE, Thomas; DECAT, Thiago Lopes (ed.). *Philosophy of Law as an Integral Part of Philosophy:* Essays on the Jurisprudence of Gerald J. Postema. Oxford: Hart Publishing, 2020, pp. 01-30.

CASS, Ronald. Property Rights Systems and the Rule of Law. In: COLOMBATTO, Enrico (ed.). *The Elgar Companion to the Economics of Property Rights.* Oxford: Edward Elgar Publications, 2004, pp. 131-163.

CROWE, Jonathan. *Natural Law and the Nature of Law.* Cambridge: Cambridge University Press, 2019.

COLEMAN, Jules L. Methodology. In: COLEMAN, Jules L.; HIMMA, Kenneth Einar; SHAPIRO, Scott J. (ed.). *The Oxford Handbook of Jurisprudence and Philosophy of Law.* Oxford: Oxford University Press, 2012, pp. 311-351.

______________. *The Practice of Principle.* Oxford: Oxford University Press, 2001.

DICKSON, Julie. *Evaluation and Legal Theory.* Oxford: Hart Publishing, 2001.

DUFF, R. A. *Trials and Punishments.* Cambridge: Cambridge University Press, 1986.

DUXBURY, Neil. English Jurisprudence Between Austin and Hart. *Virginia Law Review*, vol. 91, n. 01, mar. 2005, pp. 02-91.

DWORKIN, Ronald. *A Matter of Principle.* Cambridge: Harvard University Press, 1985.

______________. *Justice in Robes.* Cambridge: The Belknap Press, 2006.

______________. *Law's Empire.* Cambridge: The Belknap Press, 1986.

______________. *Taking Rights Seriously.* Cambridge: Harvard University Press, 1977.

DYZENHAUS, David. Fuller's Novelty. In: WITTEVEEN, Willem J.; VAN DER BURG, Wibren (eds.). *Rediscovering Fuller:* Essays on Implicit Law and Institutional Design. Amsterdam: Amsterdam University Press, 1999, pp. 78-99.

EHRENBERG, Kenneth. Defending the Possibility of a Neutral Functional Theory of Law. *Oxford Journal of Legal Studies*, vol. 29, n. 01, 2009, pp. 91-113.

______________. *The Functions of Law.* Oxford: Oxford University Press.

ENOCH, David; TOH, Kevin. Legal as a Thick Concept. In: WALUCHOW, Wil; SCIARAFFA, Stefan. *Philosophical Foundations of the Nature of Law.* Oxford: Oxford University Press, 2013, pp. 257-278.

FAWCETT, Edmund. *Liberalism*: The Life of an Idea. 2ª ed. Princeton: Princeton University Press, 2018.

FINNIS, John. *Natural Law and Natural Rights.* 2ª ed. Oxford: Oxford University Press, 2011.

______________. Human Purpose and Natural Law. *The American Journal of Jurisprudence*, vol. 03, n. 01, 1958, pp. 68-76.

______________. *The Law in Quest of Itself*. Boston: Beacon Press, 1966.

______________. *The Morality of Law*. 2ª ed. New Haven: Yale University Press, 1969.

______________. Positivism and Fidelity to Law: A Reply to Professor Hart. *Harvard Law Review*, vol. 71, n. 04, fev. 1958, pp. 630-672.

GALLIE, W.B. Essentially Contested Concepts. *Proceedings of the Aristotelian Society*, vol. 56, 1955–56, pp. 167-198.

GARDNER, John. Hart on Legality, Justice, and Morality. In: GARDNER, John. *Law as a Leap of Faith*. Oxford: Oxford University Press, 2012, pp. 221-237

______________. Legal Positivism: 5½ Myths. In: GARDNER, John. *Law as a Leap of Faith*. Oxford: Oxford University Press, 2012, pp. 20-54.

______________. The Supposed Formality of the Rule of Law. In: GARDNER, John. *Law as a Leap of Faith*. Oxford: Oxford University Press, 2012, pp. 195-220.

GOLDSWORTHY, Jeffrey D. The Self-Destruction of Legal Positivism. *Oxford Journal of Legal Studies*, vol. 10, n. 04, 1990, pp. 449-486.

GREEN, Leslie. The Concept of Law Revisited. *Michigan Law Review*, vol. 94, n. 06, 1996, pp. 1687-1717.

______________. The Functions of Law. *Cogito*, vol. 12, n. 02, 1998, pp. 117-124.

______________. Jurisprudence: A 25th Anniversary Essay. *Oxford Journal of Legal Studies*, vol. 25, n. 04, 2005, pp. 565-580.

________________. Legal Positivism. In: ZALTA, Edward N. (ed.) *The Stanford Encyclopedia of Philosophy*, Spring 2018 Edition. Stanford: Metaphysics Research Lab, Stanford University. Disponível em <https://plato.stanford.edu/archives/spr2018/entries/legal-positivism/>.

________________. Positivism and the Inseparability of Law and Morals. *New York University Law Review*, vol. 83, n. 04, out. 2008, pp. 1035-1058.

________________. Positivism, Realism, and Sources of Law. In: SPAAK, Torben; MINDUS, Patricia (ed.). The Cambridge Companion to Legal Positivism. Cambridge: Cambridge University Press, 2021, pp. 39-60.

HACKER, P. M. S. Hart's Philosophy of Law. In: HART, P. M. S.; RAZ, Joseph (eds.). *Law, Morality, and Society*: Essays in Honour of H. L. A. Hart. Oxford: Clarendon Press, 1977, pp. 01-21.

HART, H. L. A. *The Concept of Law.* 2ª ed, com pós-escrito, organizado por Penelope A. Bulloch e Joseph Raz. Oxford: Clarendon Press, 1994.

______________. Positivism and the Separation of Law and Morals. *Harvard Law Review*, vol. 71, n. 04, fev. 1958, pp. 593-629.

______________. Review: The Morality of Law, by Lon L. Fuller. *Harvard Law Review*, vol. 78, n. 6, abr. 1965, pp. 1281-1296.

HAYEK, F.A. *The Road to Serfdom*. Nova York: Routledge, 2006.

HOBBES, Thomas. *De Cive*, The English Version, entitled in the first edition Philosophicall Rudiments Concerning Government and Society Oxford: Oxford University Press, 1987 [1643].

HOLMES, Oliver Wendell. The Path of the Law. In: HOLMES, Oliver Wendell. *Collected Legal Papers*. Nova York: Harcourt, 1920.

KIERKEGAARD, Søren. *Kierkegaard's Journals and Notebooks*, vol. 02. Princeton: Princeton University Press, 2008.

KING, Jeff. Martin Krygier and the Tempering of Power. *Hague Journal on the Rule of Law*, vol. 11, n. 02-3, nov. 2019, pp. 363-370.

KRAMER, Matthew H. Gerald Postema and the Rule of Law. In: MCBRIDE, Mark; KURKI, Visa A. J. (eds.) *Without Trimmings*: The Legal, Moral, and Political Philosophy of Matthew Kramer. Oxford: Oxford University Press, 2022.

______________. *H. L. A. Hart:* The Nature of Law. Cambridge: Polity, 2018.

______________. *In Defense of Legal Positivism:* Law Without Trimmings. Oxford: Oxford University Press, 1999.

______________. *Objectivity and the Rule of Law*. Cambridge: Cambridge University Press, 2007.

KRYGIER, Martin. Four Puzzles About the Rule of Law: Why, What, Where? And Who Cares? In: FLEMING, James E. (ed.) *Nomos*, L: Getting to the Rule of Law. Nova York: New York University Press, 2011, pp. 64-104.

______________. What's the Point of the Rule of Law? Buffalo Law Review, vol. 67, n. 03, 2019, pp. 743-791.

LACEY, Nicola. *A Life of H. L. A. Hart:* The Nightmare and the Noble Dream. Oxford: Oxford University Press, 2004.

LEITER, Brian. Legal Positivism as a Realist Theory of Law. In: SPAAK, Torben; MINDUS, Patricia (ed.). *The Cambridge Companion to Legal Positivism*. Cambridge: Cambridge University Press, 2021, pp. 79-101.

________________. Legal Realism and Legal Positivism Reconsidered. *Ethics*, vol. 111, n. 02, jan. 2001, pp. 278-30.

LOCKE, John. *Two Treatises of Government*, edição de Peter Laslett. Cambridge: Cambridge University Press, 1999 (1689).

LOPES, José Reinaldo de Lima. *Curso de Filosofia do Direito*: o Direito como Prática, 2ª ed. São Paulo: Atlas, 2021.

LOUGHLIN, Martin. *Political Jurisprudence.* Oxford: Oxford University Press, 2017.

LOVETT, Frank. *A Republic of Law*. Cambridge: Cambridge University Press, 2016.

LOVIBOND, Sabina. *Realism and Imagination in Ethics*. Minneapolis: Wiley, 1983.

MACCORMICK, Neil. The Ethics of Legalism. *Ratio Juris*, vol. 02, n. 02, 1989, pp. 184-193.

________________. Comment. In: GAVISON, Ruth (ed.). *Issues in Contemporary Legal Philosophy:* The Influence of H. L. A. Hart. Oxford: Clarendon Press, 1989, pp. 105-113.

________________. *H. L. A. Hart*, 2ª ed. Stanford: Stanford University Press, 2008, p. 171.

________________. *Institutions of Law.* Oxford: Oxford University Press, 2007.

________________. Why Law Makes No Claims. In: PAVLAKOS, George (ed.). *Law, Rights and Discourse*: The Legal Philosophy of Robert Alexy. Londres: Hart Publishing, 2007, pp. 59-68.

MACEDO JÚNIOR, Ronaldo Porto. *Do Xadrez à Cortesia*: Dworkin e a Teoria do Direito Contemporânea. São Paulo: Saraiva, 2013.

MACINTYRE, Alasdair. *After Virtue:* A Study in Moral Theory. 3ª ed. Notre Dame: University of Notre Dame Press, 2007.

MARMOR, Andrei; SARCH, Alexander. The Nature of Law. In: ZALTA, Edward N. (ed.). *The Stanford Encyclopedia of Philosophy*, Fall 2019 Edition. Stanford:

Metaphysics Research Lab, Stanford University. Disponível em <https://plato.stanford.edu/archives/fall2019/entries/lawphil-nature/>.

MCILWAIN, Charles Howard. *Constitutionalism:* Ancient and Modern. Ithaca: Cornell University Press, 1940.

MERQUIOR, José Guilherme. *O Liberalismo* Antigo e Moderno. Rio de Janeiro: Nova Fronteira, 1991.

MOORE, Michael S. Law as a Functional Kind. In: GEORGE, Robert P. (ed.). *Natural Law Theory:* Contemporary Essays. Oxford: Clarendon Press, 1992, pp. 188-242.

MOTTA, Francisco José Borges. *Levando o Direito a Sério*: uma Crítica Hermenêutica ao Protagonismo Judicial. 2ª ed. Porto Alegre: Livraria do Advogado, 2012.

______________. *Ronald Dworkin e a Decisão Jurídica.* Salvador: Juspodivm, 2017.

MURATA, Daniel. *Reason, Respect, and the Law*: Bernard Williams and Legal Normativity. Tese de Doutorado, Escola de Direito da Universidade de Surrey, 2022.

MURPHY, Mark. *Natural Law in Jurisprudence and Politics.* Cambridge: Cambridge University Press, 2006.

OAKESHOTT, Michael. The Concept of a Philosophical Jurisprudence. In: OAKESHOTT, Michael. *The Concept of a Philosophical Jurisprudence*: Essays and Reviews, 1926-51. Exeter: Imprint Academic, 2007, pp. 154-183.

______________. Rule of Law. In: OAKESHOTT, Michael. *On History and Other Essays.* Totowa: Barnes & Noble, 1983, pp. 119-164.PATTERSON-TUTSCHKA, Monicka. Leveller John Lilburne and the Liberal-Republican Tradition. *Perspectives on Political Science*, vol. 43, n. 04, out./dez. 2014, pp. 213-222.

PERRY, Stephen. Hart's Methodological Positivism. *Legal Theory*, vol. 04, n. 04, dez. 1998, pp. 427-467.

______________. Interpretation and Methodology in Legal Theory. In: MARMOR, Andrei. *Law and Interpretation*. Oxford: Oxford University Press, 1997, pp. 97-135.

PETTIT, Philip. *Republicanism*: A Theory of Freedom and Government. Oxford: Oxford University Press, 2002.

POSTEMA, Gerald J. PATTARO, Enrico (ed.). *A Treatise of Legal Philosophy and General Jurisprudence*, vol. 11. Legal Philosophy in the Twentieth Century: The Common Law World. Nova York: Springer, 2011.

POSTEMA, Gerald J. *Bentham and the Common Law Tradition*. Oxford: Oxford University Press, 2004.

______________. Conversations with Professor Gerald J. Postema. Entrevista concedida a Lesley Dingle e Daniel Bates. *The Squire Law Library*, University of Cambridge, 30 jun. 2014. Disponível em <https://bit.ly/3krCtXU>.

______________. Fidelity in Law's Commonwealth. In: KLIMCHUK, Dennis; AUSTIN, Lisa M. (eds.) Private Law and the Rule of Law. Oxford: Oxford University Press, 2014, pp. 17-40.

______________. From Law's Existence to Law's Rule: Reflections on Kramer's Understanding of the Rule of Law. In: MCBRIDE, Mark; KURKI, Visa A. J. (eds.) *Without Trimmings*: The Legal, Moral, and Political Philosophy of Matthew Kramer. Oxford: Oxford University Press, 2022.

______________. Implicit Law. In: WITTEVEEN, Willem J.; VAN DER BURG, Wibren (eds.). *Rediscovering Fuller:* Essays on Implicit Law and Institutional Design. Amsterdam: Amsterdam University Press, 1999, pp. 255-275.

______________. Jurisprudence as Practical Philosophy. *Legal Theory*, vol. 04, n. 03, set. 1998, pp. 329-357.

______________. Jurisprudence, The Sociable Science. *Virginia Law Review*, vol. 101, n. 04, jun. 2015, pp. 869-901.______________. *Law's Rule*: The Nature, Value, and Viability of the Rule of Law. Oxford: Oxford University Press, 2023.

______________. Law's Rule: Reflexivity, Mutual Accountability, and the Rule of Law. In: ZHAI, Xiaobo; QUINN, Michael (eds.). *Bentham's Theory of Law and Public Opinion*. Cambridge: Cambridge University Press, 2014, pp. 07-39.

______________. Norms, Reasons, and Law. *Current Legal Problems*, vol. 51, n. 01, 1998, pp. 149-179.

______________. Positivism and the Separation of Realists from their Scepticism: Normative Guidance, the Rule of Law and Legal Reasoning. In: CANE, Peter (ed.). *The Hart-Fuller Debate in the Twenty-First Century*. Londres: Hart Publishing, 2010, pp. 259-290.

PRIEL, Dan. Lon Fuller's Political Jurisprudence of Freedom. *Comparative Research in Law & Political Economy Research Papers*, Osgoode Hall Law School, n. 55/2013, 2013.

______________. Jurisprudential Disagreements and Descriptivism. *Anuario de Filosofía y Teoría del Derecho*, n. 08, jan./dez. 2014, pp. 483-518.

______________. Reconstructing Fuller's Argument Against Legal Positivism. *Comparative Research in Law & Political Economy Research Papers*, Osgoode Hall Law School, n. 16/2013, 2013.

PYKE, Steve. *Philosophers*. Oxford: Oxford University Press, 2011.

RAZ, Joseph. *The Authority of Law.* 2ª ed. Oxford: Oxford University Press, 2011.

______________. *Between Authority and Interpretation:* On the Theory of Law and Practical Reason. Oxford: Oxford University Press, 2009.

______________. *Ethics in the Public Domain:* Essays in the Morality of Law and Politics. Oxford: Oxford University Press, 1996.

______________. The Law's Own Virtue. *Oxford Journal of Legal Studies*, vol. 39, n. 01, Spring 2019, pp. 01-15.

______________. *Practical Reasons and Norms.* 3ª ed. Oxford: Oxford University Press, 2002.

______________. The Purity of the Pure Theory. *Revue Internationale de Philosophie*, vol. 35, n. 138 (4), 1981, pp. 441-459.

______________. Two Views of the Nature of the Law: A Partial Comparison. In: COLEMAN, Jules (ed.). *Hart's Postscript*: Essays on the Postscript to The Concept of Law. Oxford: Oxford University Press, 2005, pp. 01-38.

RUNDLE, Kristen. *Forms Liberate*: Reclaiming the Jurisprudence of Lon L Fuller. Oxford: Hart Publishing, 2012.

______________. Gardner on Fuller: A Response to 'The Supposed Formality of the Rule of Law'. *Jurisprudence*, vol. 06, n. 03, 2015, pp. 580-587.

SELZNICK, Philip. Legal Cultures and the Rule of Law. In: KRYGIER, Martin; CZARNOTA, Adam. *The Rule of Law after Communism*. Aldershot: Ashgate, 1999, pp. 21-38.

SHAPIRO, Scott J. The "Hart–Dworkin" Debate: A Short Guide for the Perplexed. In: RIPSTEIN, Arthur (ed.) *Ronald Dworkin*. Cambridge: Cambridge University Press, 2007, pp. 22-55.

______________. *Legality*. Cambridge: The Belknap Press, 2011.

______________. What Is the Rule of Recognition (And Does It Exist)? In: ADLER, Matthew; HIMMA, Kenneth Einar (eds.). *The Rule of Recognition and the U.S. Constitution*. Oxford: Oxford University Press, 2009, pp. 235-268.

SHKLAR, Judith N. *Montesquieu*. Oxford: Oxford University Press, 1987.

______________. Political Theory and the Rule of Law. In: HUTCHESON, Allan C.; MONAHAN, Patrick (eds.). *The Rule of Law*: Ideal or Ideology. Toronto: Carswell, 1987, pp. 01-16.

SKINNER, Quentin. *A Genealogy of the Modern State*. Proceedings of the British Academy, vol. 162, 2009, pp. 325-370.

STRECK, Lenio Luiz. *Dicionário de Hermenêutica*: Cinquenta verbetes fundamentais da Teoria do Direito à luz da Crítica Hermenêutica do Direito. 2ª ed. Belo Horizonte: Letramento, 2020.

______________. *Hermenêutica Jurídica e(m) Crise*: Uma Exploração Hermenêutica da Construção do Direito. Porto Alegre: Livraria do Advogado, 2013.

______________. *Verdade e Consenso*: Constituição, Hermenêutica e Teorias Discursivas. 6ª ed. São Paulo: Saraiva, 2017.

TAMANAHA, Brian Z. *A Realistic Theory of Law*. Cambridge: Cambridge University Press, 2017.

______________. *On the Rule of Law*: History, Politics, Theory. Cambridge: Cambridge University Press, 2004.

VAN ROOJEN, Mark. Moral Cognitivism vs. Non-Cognitivism. In: ZALTA, Edward N. (ed.) *The Stanford Encyclopedia of Philosophy*, Fall 2018 Edition. Stanford: Metaphysics Research Lab, Stanford University. Disponível em <https://plato.stanford.edu/archives/fall2018/entries/moral-cognitivism/>.

VÄYRYNEN, Pekka. Thick Ethical Concepts. In: ZALTA, Edward N. (ed.). *The Stanford Encyclopedia of Philosophy*, Summer 2019 Edition. Stanford: Metaphysics Research Lab, Stanford University. Disponível em <https://plato.stanford.edu/archives/sum2019/entries/thick-ethical-concepts/>.

WALDRON, Jeremy. All We Like Sheep. *Canadian Journal of Law and Jurisprudence*, vol. 12, n. 01, jan. 1999, pp. 169-186.

______________. The Concept and the Rule of Law. *Georgia Law Review*, vol. 43, n. 01, 2008, pp. 01-61.

______________. Constitutionalism: A Skeptical View. In: WALDRON, Jeremy. *Political Theory*: Essays on Institutions. Cambridge: Harvard University Press, 2016, pp. 23-44.

______________. Isaiah Berlin's Neglect of Enlightenment Constitutionalism. In: WALDRON, Jeremy. *Political Political Theory*: Essays on Institutions. Cambridge: Harvard University Press, 2016, pp. 274-289.

______________. Is the Rule of Law an Essentially Contested Concept (In Florida)? *Law and Philosophy*, vol. 21, n. 02, mar. 2002, pp. 137-164.

______________. Legal and Political Philosophy. In: COLEMAN, Jules L.; HIMMA, Kenneth Einar; SHAPIRO, Scott J. (ed.). *The Oxford Handbook of Jurisprudence and Philosophy of Law*. Oxford: Oxford University Press, 2012, pp. 352-381.

______________. Normative (or Ethical) Positivism. In: COLEMAN, Jules (ed.). *Hart's Postscript*: Essays on the Postscript to The Concept of Law. Oxford: Oxford University Press, 2005, pp. 410-434.

______________. Public Rule of Law: Inaugural Conference of International Society for Public Law. *NYU Public Law Research Paper* n. 14-41, jun. 2014. Disponível em <https://ssrn.com/abstract=2480648>.

______________. Positivism and Legality: Hart's Equivocal Response to Fuller. *New York University Law Review*, vol. 83, n. 04, out. 2008, pp. 1135-1169 (1169).

______________. The Rule of Law. In: ZALTA, Edward N. (ed.) *The Stanford Encyclopedia of Philosophy*, Summer 2020 Edition. Stanford: Metaphysics Research Lab, Stanford University. Disponível em <https://plato.stanford.edu/archives/sum2020/entries/rule-of-law/>.

______________. The Rule of Law and the Importance of Procedure. In: FLEMING, James E. (ed.) *Nomos*, L: Getting to the Rule of Law. Nova York: New York University Press, 2011, pp. 03-31.

______________. Stare Decisis and the Rule of Law: A Layered Approach. *Michigan Law Review*, vol. 111, n. 01, 2012, pp. 01-32.

______________. Vagueness in Law and Language: Some Philosophical Issues. California Law Review, vol. 82, 1994, pp. 509-540.

______________. Why Law – Efficacy, Freedom, or Fidelity? *Law and Philosophy*, vol. 13, n. 03, ago. 1994, pp. 259-284.

WEIL, Simone. *Note sur la suppression générale des partis politiques.* Paris: Books on Demand, 2019 (1950).

WILLIAMS, Bernard. *Ethics and the Limits of Philosophy.* Cambridge: Harvard University Press, 1985.

______________. Realism and Moralism in Political Theory. In: WILLIAMS, Bernard. *In the Beginning was the Deed:* Realism and Moralism in Political Argument. Princeton: Princeton University Press, 2008, pp. 01-17.

WITTGENSTEIN, Ludwig. *Philosophische Untersuchungen/Philosophical Investigations.* 4ª ed., traduzida por G. E. M. Anscombe, P. M. S. Hacker e Joachim Schulte. Oxford: Blackwell, 2009.

Impresso por:

Docuprint

CNPJ 01.036.332/0001-99